Aldous Huxley · Seele und Gesellschaft

Serie Piper
Band 1453

Zu diesem Buch

Undogmatisch, illusionslos, doch frei von Resignation sind die in diesem Band enthaltenen Bestandsaufnahmen der modernen Malaise, ihrer Wurzeln und ihrer Heilungschancen. Ob in den knappen politischen Glossen der dreißiger Jahre, in der Auseinandersetzung mit Utopismen und ihren philosophischen Vorläufern oder in der Darlegung eigener Grundpositionen – immer verbinden diese Texte großes Wissen mit hoher Ausdruckskraft und humaner Teilnahme. Gegen die Wortführer einer »Verengelung« des Menschen stellt Huxley die wahren Wohltäter der Menschheit, von den Pionieren der Abwässersanierung bis hin zu den spirituellen Meistern des Verstehens.

Die vorliegende dreibändige Ausgabe erscheint aus Anlaß des 100. Geburtstags von Aldous Huxley. Ein Großteil dieser Essays wird hiermit dem deutschen Lesepublikum erstmals vorgestellt.

Aldous Huxley, geboren 1894 in Godalming, Surrey, gestorben 1963 in Hollywood. Wurde in Eton erzogen; Studium in Oxford. Journalist und Kritiker. Schrieb Romane, Erzählungen, Essays, Reisebeschreibungen und Gedichte. Mit seinem 1932 erschienenen Roman »Schöne neue Welt« erlangte er Weltruhm.

Aldous Huxley

Seele und Gesellschaft

Diagnosen und Prognosen

Essays III

Aus dem Englischen von Hans-Horst Henschen,
Herberth E. Herlitschka, Sabine Hübner,
Werner v. Koppenfels

Herausgegeben von Werner v. Koppenfels

Piper
München Zürich

Von Aldous Huxley liegen in der Serie Piper außerdem vor:

Die Pforten der Wahrnehmung/Himmel und Hölle (6)
Die Kunst des Sehens (216)
Narrenreigen (310)
Affe und Wesen (337)
Eiland (358)
Glücklich bis ans Ende ihrer Tage (423)
Der kleine Mexikaner (456)
Die ewige Philosophie (563)
Wiedersehen mit der Schönen neuen Welt (670)
Kontrapunkt des Lebens (946)
Zeit muß enden (1046)
Das Genie und die Göttin (1142)
Eine Gesellschaft auf dem Lande (1297)
Die Teufel von Loudun (1510)
Parallelen der Liebe (1682)

Sämtliche Essaybände Aldous Huxleys, denen die hier gesammelten Beiträge entnommen sind, wurden im Verlag Chatto & Windus in London veröffentlicht. Die einzelnen Buchtitel sind jeweils am Ende eines Textes genannt.

ISBN 3-492-11453-9
Originalausgabe
April 1994

Umschlag: Federico Luci
Umschlagfoto: Piper-Archiv
Gesamtherstellung: Clausen & Bosse, Leck
Printed in Germany

Inhalt

SKEPSIS UND GLAUBE

POLITIK
UND DIE ZUKUNFT
DES MENSCHEN

Revolutionen

›Das Proletariat‹. Karl Marx war es, der das leblose und widerwärtige Kauderwelsch von Politikern, Journalisten und nachdenklichen Leuten um dieses Wort bereicherte (ein Kauderwelsch, das in manchen Kreisen beschönigend als »die Sprache der modernen Ideologie« bezeichnet wird). ›Das Proletariat‹. Für Marx konnotierten diese fünf Silben etwas äußerst Unangenehmes, etwas für die Menschheit im allgemeinen und die Bourgeoisie im besonderen sehr Beschämendes. Wenn er sie aussprach, schwebten ihm die englischen Industriestädte der ersten Hälfte des 19. Jahrhunderts vor. Er dachte an Kinder, die für einen Shilling eine Arbeitswoche von hundertsechzehn Stunden leisteten. An Frauen, die anstelle der kostspieligeren Pferde dazu benutzt wurden, in den Bergwerksstollen Kohleloren zu ziehen. An Männer, die in dreckiger, entwürdigender und ungesunder Umgebung endlose Arbeiten verrichteten, die gerade genug Geld für sich und ihre Familien einbrachten, um sie vor dem Verhungern zu bewahren. Er dachte an alle die niederträchtigen Dinge, die im Namen von Fortschritt und nationalem Wohlergehen begangen worden waren. An all die scheußlichen Gemeinheiten, die gottesfürchtige christliche Damen und Herren willfährig hinnahmen oder an denen sie sogar persönlich teilhatten, weil sie als unausweichlich galten wie Sonnenauf- und -untergang, weil sie angeblich in Übereinstimmung mit den unveränderlichen, den unumstößlich göttlichen Gesetzen der politischen Ökonomie standen.

Die Lohnsklaven des frühen und mittleren 19. Jahrhunderts wurden ein gut Teil schlechter behandelt als die meisten Leibeigenen der Antike und der Neuzeit. Natürlicherweise; denn ein Leibeigener war ein wertvolles Besitztum, und niemand macht leichtfertig wertvolle Besitztümer zuschanden. Erst als die Eroberung der Neuen Welt Sklaven in gewaltigem Überfluß und billig verfügbar gemacht hatte, erlaubte es sich die Klasse der Eigner, verschwenderisch mit ihren Ressourcen an Arbeitskräften umzugehen. So rotteten die Spanier die gesamte Eingeborenenbevölkerung Westindiens in wenigen Generationen aus. Die durchschnittliche Lebenserwartung eines Indianersklaven, der in einer Mine arbeitete, betrug ein Jahr. Wenn er sich zu

Tode gearbeitet hatte, kaufte der Minenbesitzer für ihn einen anderen Sklaven – praktisch umsonst. Sklaven waren ein natürliches Produkt des Bodens, das die Spanier nach Belieben zu vergeuden sich herausnahmen, so wie die Amerikaner es sich heute herausnehmen, nach Belieben verschwenderisch mit dem Erdöl umzugehen. In normalen Zeiten aber, wenn der Nachschub an Sklaven begrenzt war, gingen die Eigner sorgsamer mit ihrem Besitz um. Der Sklave wurde dann mit wenigstens ebensoviel Rücksicht behandelt wie ein Esel oder ein Maultier.

Die Industriellen des 19. Jahrhunderts waren in der Lage von Eroberern, die über ein plötzlich erhöhtes Nachschubkontingent von Arbeitssklaven verfügten, das sie einsetzen konnten. Die maschinelle Fertigung hatte die Produktion gesteigert, und bisher unbebaute Landstriche lieferten billige Nahrungsmittel, während importierte Stickstoffdünger die heimische Versorgung verbesserten. Deshalb war ein gewisses Bevölkerungswachstum möglich, und wenn es einer Bevölkerung möglich ist zu wachsen, tut sie das im allgemeinen anfangs rasch und, wenn eine bestimmte Dichte erreicht ist, mit verminderter Beschleunigung.

Die Industriellen des vergangenen Jahrhunderts lebten zuzeiten des raschesten Bevölkerungswachstums. Es gab unaufhörlichen Nachschub an Sklaven. Sie konnten es sich leisten, verschwenderisch damit umzugehen; und indem sie ihr Bewußtsein mit dem tröstlichen Gedanken betäubten, daß das alles ja in Übereinstimmung mit jenen ehernen Gesetzen geschah, die in den wissenschaftlichen Kreisen der Zeit so beliebt waren, und im wahren christlichen Gottvertrauen darauf bauten, daß die Lohnsklaven ihre Entschädigung schon in einer besseren Welt finden würden, *waren* sie verschwenderisch – und zwar mit Macht! Die Lohnsklaven wurden im Eiltempo zu Tode geschunden; aber es gab stets neue, die darauf drängten, die Plätze ihrer Vorgänger einzunehmen, und die Kapitalisten geradezu baten, auch *sie* zu Tode zu schinden. Die Effizienz dieser Sklaven, die bei Hungerlöhnen zu Tode geschunden wurden, war natürlich sehr niedrig; aber es gab ja so viele davon, und sie kosteten so wenig, daß die Eigner darauf bauen konnten, daß ihre bloße Quantität irgendwelche Qualitätsmängel schon wettmachen würde.

Das war die Lage in der Welt der Industrie, als Marx seine berühmten und beinahe weltweit ungelesenen Werke schrieb. Das Proletariat in der Form, wie er es kannte, wurde ausgebeutet und gequält wie zuvor nur die Opfer der sklavenhalterischen Vergangenheit. Marx' ganze Theorie der zeitgenössischen Geschichte und der kommenden industriellen Entwicklung hing von der kontinuierlichen Existenz eben jenes besonderen Proletariats ab, mit dem er vertraut war. Die Möglichkeit, daß dieses Proletariat einmal zu existieren aufhören könne, sah er nicht voraus. Aus seiner Sicht war ihm vorherbestimmt, für immer und ewig gequält und ausgebeutet zu werden – das heißt: so lange, bis eine Revolution den kommunistischen Staat gegründet hatte.

Die historischen Fakten haben ihn widerlegt. Das Proletariat in der Form, wie er es kannte, hatte – oder hat, wenn die Behauptung nicht zu summarisch klingt – in Amerika und in geringerem Maße auch im industrialisierten Europa zu existieren aufgehört. Je höher der Grad der industriellen Entwicklung und der materiellen Zivilisation (die, beiläufig angemerkt, durchaus nicht dasselbe ist wie Zivilisation *tout court*), um so vollständiger ist die Transformation des Proletariats gewesen. In den am weitesten industrialisierten Ländern ist das Proletariat nicht mehr verelendet; es hat am Wohlstand teil, sein Lebensstil kommt dem der Bourgeoisie nahe. Nicht mehr Opfer, ist es gegenwärtig und mancherorts auf dem besten Wege, Täter zu werden.

Die Ursachen dieses Wandels sind zahlreich und verschiedenartig. In den Tiefen der menschlichen Seele liegt etwas verborgen, das wir uns rational als Verlangen nach Gerechtigkeit deuten. Es ist die dunkle Vorstellung von der Notwendigkeit einer gewissen Ausgewogenheit in den Dingen des Lebens; wir sind uns ihrer als einer Leidenschaft für Gerechtigkeit bewußt, als Hunger nach Rechtschaffenheit. Ein offensichtlicher Mangel an Ausgewogenheit in der Außenwelt verletzt dieses Gerechtigkeitsgefühl in uns, verletzt es graduell und wachsend, bis wir uns gegen die Kräfte des Ungleichgewichts zu reagieren und häufig übertrieben zu reagieren gehalten fühlen. Ganz wie die aristokratischen Machthaber im Frankreich des 18. Jahrhunderts sich aufgrund ihres verletzten Gerechtigkeitsgefühls gehalten fühlten, humanitäre Gesinnung und Gleichheit zu predigen, ihre ererbten Privilegien aufzugeben und kampflos den Forderungen der Revolutionäre nachzugeben, erließen die bürgerlich-industriellen Machthaber des 19. Jahrhunderts Gesetze, um ihrer eigenen Begehrlichkeit Grenzen zu setzen, übergaben mehr und mehr von ihrer Macht an eben das Proletariat, das sie so schändlich unterdrückt hatten, und empfanden in Einzelfällen sogar eine merkwürdig masochistische Lust daran, sich den Opfern aufzuopfern, die Diener zu bedienen und sich von den Unterdrückten unterdrücken zu lassen.

Wenn sie sich entschlossen hätten, ihre Macht erbarmungslos auszuüben, hätten sie die Lohnsklaven auch weiterhin ausbeuten können, ganz so, wie sie sie in der Frühphase des Jahrhunderts ausgebeutet hatten. Aber zu einem solchen Entschluß konnten sie sich einfach nicht durchringen, denn die in ihrem Gleichgewicht gestörte Welt des frühen Industriezeitalters wurde im tiefsten Seelengrunde als Greuel empfunden. Daher rührt im späteren 19. Jahrhundert dann die »feige Furcht vor Größe«, die die Herrenklasse immer wieder befallen hat, und noch befällt. Und darin liegt eine der Ursachen des Wandels.

Es ist eine Ursache, die historische Materialisten, die sich nicht mit realen Menschenwesen, sondern mit dem abstrakten *homo oeconomicus* auseinandersetzen, nicht bedenken. Sie ist dennoch wirkmächtig. In der Welt, in der die historischen Materialisten zu Hause sind, gab es auch stets große Aufgaben in Hülle und Fülle: Organisation des Proletariats. Revolutionäre Propaganda, die in mehr oder weniger revolutionärer Gewalt gipfelt. Und vor allem die folgenschwere Entdeckung, daß es sich für den Kapitalisten auszahlt, ein wohlstandsgesättigtes Proletariat um sich zu haben. Es zahlt sich für ihn aus, gut zu zahlen, denn wer gut bezahlt wird, ist auch ein guter Konsument, insbesondere wenn er von den unaufhörlichen Einflüsterungen der modernen Werbung hypnotisiert wird. Die Politik des modernen Kapitalismus läuft darauf hinaus, dem Proletariat beizubringen, sich verschwenderisch zu verhalten, ihm seine Verschwendungssucht zu organisieren und zu erleichtern und sie gleichzeitig durch die Zahlung höherer Löhne als Entgelt für hohe Arbeitsproduktivität zu ermöglichen. Dem neureichen Proletariat wird eingeflüstert, daß es ausgeben soll, was es verdient, und sogar seinen künftigen Verdienst in die Jagd nach Konsumgegenständen investieren soll, die die Werbefachleute ihm überzeugend als Bedarfs- oder zumindest unerläßliche Luxusartikel anpreisen. Der Geldumlauf und die Prosperität des modernen Industriestaates sind damit gewährleistet – so lange jedenfalls, bis die jetzt übertrieben ausgebeuteten Ressourcen des Planeten dahinzuschwinden beginnen. Aber diese Möglichkeit liegt nach den Maßstäben eines individuellen Lebens, wenn auch nicht nach denen der

Geschichte und noch unendlich viel weniger nach denen der Geologie, vorerst in weiter Ferne.

Was passiert im Augenblick, was passiert aller Wahrscheinlichkeit nach in Zukunft mit Karl Marx' Proletariat? Augenblicklich, kurz gesagt, folgendes: Es wird ein Zweig der Bourgeoisie – eine Bourgeoisie, die zufällig in Fabriken und nicht in Büros arbeitet; eine Bourgeoisie mit Öl- statt mit Tintenfingern. Außerhalb der Arbeitszeit ist der Lebensstil dieser beiden Zweige der Bourgeoisie derselbe. Und zwar unvermeidlich, weil sie ja dieselben Löhne beziehen. In hochindustrialisierten Staaten wie Amerika besteht eine Tendenz zur Angleichung der Einkommen. Es besteht eine Tendenz, den ungelernten Arbeiter genauso hoch zu bezahlen wie den gelernten – oder eher, weil das maschinelle Arbeitsgerät die Differenz zwischen ihnen aufhebt, gelernte und ungelernte Arbeiter zu einem einzigen halbgelernten Typus mit einem bestimmten Standardlohn zu verschmelzen – und den Handarbeiter ebenso hoch zu bezahlen wie den Akademiker und Geistesarbeiter. (Beim gegenwärtigen Stand der Dinge verdient er häufig mehr als der Geistesarbeiter. Ein Bauingenieur, der die Arbeiten an einem amerikanischen Wolkenkratzer leitet, kann gegenwärtig geringer bezahlt werden als ein Stukkateur, der die Innenarbeiten am Mauerwerk des Gebäudes ausführt. Maurer verdienen mehr als viele Ärzte, Bauplaner, Chemiker, Lehrer und andere. Das liegt zum Teil daran, daß die Handwerker zahlreicher und besser organisiert sind als die Geistesarbeiter und gegenüber den Kapitalisten eine bessere Verhandlungsposition haben; zum anderen Teil aber daran, daß bestimmte Berufe von den Endprodukten eines Erziehungs- und Bildungssystems überlaufen sind, das mehr Möchtegern-Geistesarbeiter produziert, als es Arbeitsplätze dafür gibt – oder als es Geister gibt, die arbeiten!)

Um aber auf unser völlig umgemodeltes Proletariat zurückzukommen: Die Angleichung der Einkommen – jenes glückliche Endziel, aus dem, wie Mr. Bernard Shaw erwartet, automatisch alle Segnungen fließen werden – ist im kapitalistischen System in Amerika auf dem Wege der Realisierung. Was die nahe Zukunft verheißt, ist eine weite Hochebene von standardisierten Gehältern – wobei sich diese Hochebene aus Handarbeitern und dem Großteil der Klasse von Bürokräften und Schmalspur-Akademikern zusammensetzt – mit einer relativ kleinen Zahl von Spitzeneinkommen, die in die mehr oder weniger schwindelerregenden Höhen von Überfluß aufragen. Auf diesen Gipfeln thronen die Eigentümer ererbten Reichtums, die Direktoren aus Industrie und Bankwesen und die außergewöhnlich fähigen und erfolgreichen Vertreter akademischer Berufe.

Diese Transformation des Proletariats in einen Zweig der Bourgeoisie vorausgesetzt, weiter auch diese Angleichung der Einkommen vorausgesetzt – und zwar auf einer beispiellos hohen Ebene und in einem beispiellos weiten Bereich –, verlieren die Lehren des Sozialismus einen Großteil ihres Reizes, und die kommunistische Revolution wird ziemlich sinnlos. Die Bewohner des Paradieses träumen nicht von anderen Himmeln in der Ferne (während es für mich sehr viel wahrscheinlicher ist, daß sie manchmal recht sehnsüchtig nach der Hölle Ausschau halten). Das sozialistische Paradies ist eine Welt, in der alle gleichberechtigt sind und die Sattheit von jedermanns Bauch vom Staat garantiert wird. Für den Durchschnittsmenschen werden die wichtigsten Punkte dieses Programms die allgemeine Gleichheit und die Sättigung dieses Bauches sein; er wird sich nicht darum kümmern, wer ihm diese Segnungen verbürgt, solange sie ihm eben verbürgt werden. Wenn der Kapitalismus sie ihm verbürgt, wird er nicht von einem gewaltsamen Umsturz des Kapitalismus träumen, nur um dann genau dieselben Vorteile vom sozialistischen Staat zu bekommen. So daß es, wenn sich die gegenwärtige Tendenz fortsetzt, den Anschein hat, daß die Gefahr einer rein kommunistischen Revolution in den hochentwickelten Ländern wie Amerika verschwinden wird.

Was jedoch passieren kann, ist ein eher gradueller Wandel in der gegenwärtigen Organisation der kapitalistischen Gesellschaft. Ein Wandel, für den dann der Kapitalismus weitestgehend selbst verantwortlich gewesen sein wird. Denn dadurch, daß dieser Kapitalismus die Löhne, die gegenwärtig niedrig sind, auf ein höheres Niveau hebt, damit alle seine Produkte kaufen können, tut er mehr für die Demokratisierung der Gesellschaft als alle idealistischen Prediger für die Menschenrechte zusammengenommen. Er hat nämlich diese berühmten Rechte und die Behauptung, daß alle Menschen gleich seien, von einer artigen Fiktion in die ersten Umrisse eines Faktums verwandelt. Dabei, so scheint mir, bereitet der Kapitalismus seinen eigenen Niedergang vor – oder eher den Niedergang der extrem reichen Leute, die heute an der Spitze kapitalistischer Unternehmen stehen. Denn es ist offenkundig, daß man nicht Demokratie predigen kann – und nicht nur predigen, sondern sie in weiten Teilen der Gesellschaft in harter Münze in praktische Wirklichkeit umsetzen –, ohne in den Menschen das Bedürfnis zu erwecken, folgerichtig zu handeln und die Teildemokratisierung der Gesellschaft ihrem wirklichen Ende entgegenzuführen.

Wir werden, wie ich glaube, die Realisierung dessen sehen, was auf den ersten Blick wie eine Paradoxie anmutet – die Durchsetzung völliger demokratischer Gleichheit als Ergebnis nicht von monströser Ungerechtigkeit, Armut, Unzufriedenheit und nachfolgender blutiger Revolution, sondern von teilweiser Gleichstellung und weltweiter Prosperität. Den vergangenen Revolutionen mißlang es, die perfekte Demokratie hervorzubringen, in deren Namen sie stets unternommen wurden, weil die großen Massen der Unterdrückten auf zu elende Weise arm waren, als daß sie in der Lage gewesen wären, sich wirklich die Möglichkeit auszumalen, ihren Unterdrückern ebenbürtig zu werden. Nur diejenigen, die bereits auf gutem Wege zur ökonomischen Gleichheit mit ihren Herren waren, haben jeweils von diesen Revolutionen profitiert. Revolutionen haben immer nur den bereits Wohlhabenden und gut Organisierten Vorteile gebracht. In Amerika, im modernen Kapitalismus, ist das gesamte Proletariat wohlhabend und gut organisiert; deshalb ist es in der Lage, seine essentielle Gleichheit mit seinen Herren zu spüren. Es steht zu seinen reichen industriellen Oberherren in derselben Beziehung wie die englische Industrie- und Bildungsbourgeoisie im Jahre 1832 zu ihren Großgrundbesitzern oder die Anwälte, Kaufleute und Bankiers im Jahre 1789 zur französischen Krone und ihren Adeligen.

Die Einkommen sind gestiegen; automatisch wird sich die Forderung erheben, daß sie auch wieder gesenkt werden sollten. Wenn ein Stukkateur ebensoviel verdient wie ein Bauingenieur, ein Öl-Bohrer ebensoviel wie ein Geologe (und laut der modernen kapitalistisch-demokratischen Theorie stehen ihnen dieselben Bezüge zu, insofern jeder ein Mensch oder, in der Sprache der Ökonomie, Konsument ist) – wenn diese Gleichheit für theoretisch gerecht gehalten und in der Praxis durch die Zahlung gleicher Löhne und Gehälter abgesegnet wird, kann es offensichtlich keine vertretbare Ungleichheit zwischen den Einkommen von Stukkateur und Ingenieur auf der einen und Geschäftsführer und Aktionär auf der anderen Seite mehr geben.

Die Einkommen werden entweder gewaltsam oder, was wahrscheinlicher ist, durch einen graduellen und mehr oder weniger schmerzlosen Prozeß von Propaganda, Druck der öffentlichen Meinung und schließlich Gesetzgebung in eben dem Maße nach unten nivelliert, wie sie jetzt erhöht werden; gewaltige Vermögen werden aufgeteilt; die Eigentumsbeteiligung an Aktiengesellschaften wird immer weiter gestreut, und die Direktoren solcher Unternehmen werden ebenso hoch bezahlt wie der ungelernteste Arbeiter oder der spezialisierteste wissenschaftliche Experte in seinem Arbeitsbereich, ebenso hoch und nicht mehr. Denn warum sollte ein Konsument mehr erhalten als ein anderer? Niemand hat mehr als einen Magen, den er füllen, einen Rücken, den er mit Kleidern ausstaffieren, und einen Hintern, den er in ein Auto zwängen kann. Innerhalb eines Jahrhunderts sollte der industrialisierte Westen die mehr oder weniger vollständige Verwirklichung von Mr. Shaws Traum vom gleichen Einkommen für alle sehen.

Aber was, wenn der Traum Wirklichkeit geworden ist? Wird das Gespenst der Revolution dann endgültig zu Grabe getragen und die Menschheit danach immerwährend glücklich leben? Mr. Shaw wenigstens scheint es sich so vorzustellen. Wenn ich mich recht erinnere, läßt er nur einmal während der ganzen Durststrecke seines *Guide to Socialism* die Vermutung laut werden, daß der Mensch nicht allein von der Einkommensgleichheit lebt; und dann äußert er diese Vermutung so schwach, so beiläufig, daß beim Leser dennoch stets der Eindruck erhalten bleibt, in der Gleichheit der Einkünfte liege die Lösung jedes Problems beschlossen, das das Leben zu bieten hat.

Eine phantastische Lehre, um so absurder, als sie scheinbar so positivistisch ist! Denn nichts könnte chimärischer sein als die Vorstellung, daß der Mensch dasselbe ist wie der *homo oeconomicus*, und die Probleme des Lebens, des Menschenlebens, durch irgendwelche bloß ökonomische Maßnahmen gelöst werden können. Die Voraussetzung, daß die Angleichung der Einkommen diese Probleme zu lösen vermag, ist nur geringfügig weniger absurd, als anzunehmen, sie wären durch die weltweite Installation von sanitären Einrichtungen oder durch die Verteilung von Ford-Limousinen an jedes Mitglied der Spezies Mensch in den Griff zu bekommen. Daß die Angleichung der Einkommen in mancher Hinsicht von Nutzen sein mag, ist offenkundig. (Sie kann in anderer auch vom Übel sein; sie würde beispielsweise die vollständige praktische Verwirklichung des demokratischen

Ideals bedeuten, und das liefe dann wiederum nahezu unvermeidlich auf die Apotheose der niedrigsten menschlichen Werte und die spirituelle und materielle Herrschaft der schlechtesten Menschen hinaus.) Aber gut oder schlecht, die Angleichung der Einkünfte vermag an die wirklichen Quellen der gegenwärtigen Unzufriedenheit nicht mehr zu rühren als irgendeine andere Buchführungsoperation im großen Maßstab, beispielsweise ein Modell das den Erwerb jeder erdenklichen Ware durch Ratenzahlung ermöglicht.

Das wirkliche Problem mit dem gegenwärtigen sozialen und industriellen System ist nicht, daß es einige Leute reicher macht als andere, sondern daß es das Leben für alle zutiefst unlebenswert macht. Jetzt, da nicht nur die Arbeit, sondern auch die Freizeit vollständig mechanisiert ist; jetzt, da sich das Individuum mit jeder neuen Weiterentwicklung der gesellschaftlichen Organisation weiter entwertet und herabgesetzt sieht, vom Emblem des Menschentums zur bloßen Verkörperung einer sozialen Funktion; jetzt, da vorgestanzte, jede Eigeninitiative ersparende Belustigungen eine immer intensivere Langeweile in immer weiteren Sphären verbreiten – ist die Existenz stumpf und unerträglich geworden. Und wie stumpf und unerträglich, das ist den großen Massen der materiell zivilisierten Menschheit noch gar nicht aufgegangen. Lediglich die Intelligenteren haben es bisher bewußt realisiert. Auf diese Erkenntnis wiederum reagieren diejenigen, deren Intelligenz nicht von irgendeiner besonderen Begabung, irgendeinem inneren Drang zu schöpferischer Tätigkeit begleitet wird, mit intensivem Haß, mit regelrechter Zerstörungswut. Dieser Typ des intelligenten Alleshassers ist bewundernswert und schreckenerregend von André Malraux in seinem Roman *Les Conquérants* porträtiert worden. Ich empfehle ihn allen Soziologen zur Lektüre.

Die Zeit ist nicht mehr fern, da die gesamte Bevölkerung und nicht nur einige wenige außergewöhnlich intelligente Individuen bewußt bemerken werden, daß das Leben unter dem gegenwärtigen Regime zutiefst unlebenswert geworden ist. Und was dann? Man konsultiere André Malraux. Die Revolution, die dann ausbricht, wird keine kommunistische sein – es wird kein Bedürfnis nach einer solchen Revolution mehr geben, wie ich bereits gezeigt habe, und überdies wird niemand mehr an die Verbesserung der Menschheit oder irgend etwas ähnliches glauben. Es wird eine nihilistische Revolution sein. Zerstörung um der Zerstörung willen. Haß, universaler Haß, und ein zielloses und deshalb vollständiges und umfassendes Zertrümmern von allem. Und die Anhebung der Einkommen durch beschleunigte Verbreitung der weltweiten Mechanisierung (Maschinen sind kostspielig) wird lediglich die Heraufkunft dieser großen Orgie des universalen Nihilismus beschleunigen. Je reicher, je zivilisierter im materiellen Sinne wir werden, um so rascher wird sie sich ereignen. Wir können nur hoffen, daß sie sich nicht in unseren Tagen ereignet.

(*Do What You Will*, 1929; Ü.: Hans-Horst Henschen)

Die neue Romantik

Die Romantiker haben für viele und vielfältige Schmähungen herhalten müssen. Die Parteigänger der Klassik machten ihnen ihre hysterische Zügellosigkeit zum Vorwurf. Die Realisten nannten sie Lügner und Feiglinge, die sich vor der unangenehmen Wahrheit ängstigten. Den Moralisten mißfiel ihre Erhöhung von Leidenschaft und Gefühl. Die Philosophen beklagten sich über ihr vernunftfeindliches Vorurteil und ihren Aufruf zu einer oberflächlichen Mystik. Die Sozialisten und Autoritätsgläubigen schließlich empfanden eine Abneigung gegen ihren Individualismus. Jeder ihrer Feinde bewirft sie mit einem anderen Ziegelbrocken. Doch Ziegelbrocken lassen sich zurückwerfen. Die Romantiker können den Klassizisten entgegenhalten, sie seien langweilig und von rationaler Kälte; den Realisten, sie beschäftigten sich ausschließlich mit Schmutz und Verfall; den Moralisten, ihr Ideal bloßer Instinktunterdrückung sei dumm, weil stets erfolglos; den Philosophen, ihre berühmte Reine Vernunft habe sie der Lösung der Welträtsel nicht näher gebracht als der Reine Instinkt einer Kuh; und den Autoritätsgläubigen und Sozialisten, ihre Staatstyrannei und ihr Kollektivismus sei wenigstens ebenso unnatürlich wie schrankenloser Individualismus. Töpfe und Pfannen mögen sich streiten; ihre Farbe aber ist sprichwörtlich dieselbe. Die meisten Feinde der Romantik sind auf ihre Weise ebenso zügellos und einseitig (das heißt: ebenso romantisch) wie die Romantiker selbst.

Die Aktivitäten unseres Zeitalters sind unbestimmt und vielgestaltig. Keine einzige literarische, künstlerische oder philosophische Tendenz beherrscht eindeutig das Feld. Statt dessen gibt es ein wahres Babel von Auffassungen und einander widerstreitenden Theorien. Inmitten dieser allgemeinen Verwirrung aber ist es möglich, eine merkwürdige und bezeichnende Melodie herauszuhören, die in jedem der nachgeordneten Babels in verschiedenen Tonarten und von unterschiedlichen Instrumenten wiederholt wird. Es ist die Weise unserer modernen Romantik.

Auf der Stelle wird dagegen eingewendet werden, daß kein Zeitalter dem der echten Romantik weniger ähnlich sein könnte als unseres. Und ich beeile mich, diesem Einwand zuzustimmen. Die moderne

Romantik hat nicht die mindeste Ähnlichkeit mit der der Moore, Musset und Chopin, ganz zu schweigen von der Romantik eines Shelley, Victor Hugo oder Beethoven. Sie ist in Wirklichkeit deren genaues Gegenteil. Die moderne Romantik ist die auf den Kopf gestellte alte, mitsamt der Umwertung aller ihrer Werte. Das Plus der alten ist das Minus der modernen; das Gute der modernen ist das alte Schlechte. Was damals schwarz war, ist heute weiß, was weiß war, heute schwarz. Unsere Romantik ist das fotografische Negativ dessen, was während der entsprechenden Jahre des vergangenen Jahrhunderts in Blüte stand.

Am unmittelbarsten wurde der Unterschied zwischen den beiden Dimensionen von Romantik in der Politik deutlich. Die Revolutionäre der Zeit vor hundert Jahren waren Demokraten und Individualisten. Für sie war der höchste politische Wert jene persönliche Freiheit, die Mussolini als verwesenden Leichnam beschrieben hat und die die Bolschewiken als durch und für die müßiggängerische Bourgeoisie erfundenes Ideal verhöhnten. Die Männer, die für die englische *Reform Bill* von 1832 agitierten oder die die Pariser Revolution von 1830 in die Wege leiteten, waren Liberale. Individualismus und Freiheit waren die obersten Ziele, die sie verfolgten. Das Ziel der kommunistischen Revolution in Rußland lag darin, dem Individuum jedes Recht, jede Spur persönlicher Freiheit (einschließlich der Gedankenfreiheit und des Rechts auf den Besitz einer Seele) zu entziehen und es in einen Baustein der großen ›Kollektiven Menschheit‹ zu verwandeln – jenes einzigartigen mechanischen Monstrums, das im bolschewistischen Jahrtausend an die Stelle der unreglementierten Horden ›seelenbelasteter‹ Individuen treten sollte, die gegenwärtig den Erdball bewohnen. Für die Bolschewiken liegt etwas Scheußliches und Unziemliches im Schauspiel von etwas so ›Chaotisch-Vitalem‹, so ›Mystisch-Organischem‹ wie einem Individuum mit einer Seele, persönlichen Vorlieben und speziellen Begabungen.

Den Individuen muß das Existenzrecht entzogen werden; der kommunistische Staat erfordert nicht Menschen, sondern Zähnchen und Rädchen im Getriebe des gewaltigen ›kollektiven Mechanismus‹. Für den bolschewistischen Idealisten ist Utopia nicht von einer von Henry Fords Fabriken zu unterscheiden. Nicht genug, daß die Menschen aus ihrer Sicht täglich *nur* acht Stunden im Banne der Werkhallendisziplin verbringen sollen. Das Leben außerhalb der Fabrik muß auch dem drinnen völlig gleichen. Die Freizeit muß ebenso durchorganisiert sein wie die Plackerei. Ins christliche Himmelreich gehen die Menschen nur ein, wenn sie geworden sind wie die Kinder. Die Bedingung ihres Eintritts ins bolschewistische Paradies auf Erden ist die, daß sie Maschinen ähnlich geworden sind.

Damit nicht der Eindruck entsteht, ich hätte die kommunistische Lehre zur Karikatur verzerrt, erlaube man mir, den Leser auf die zahlreichen Originaldokumente zu verweisen, die von Herrn Fulop-Miller in seinem sehr interessanten Buch über das kulturelle Leben in der Sowjetunion, *The Mind and Face of Bolshevism*, zitiert werden. Sie zeigen mit aller Deutlichkeit, daß die von Lenin und seinen Nachfolgern ausgearbeiteten politischen Lehren das genaue Gegenstück des revolutionären Liberalismus sind, wie er ein Jahrhundert zuvor von Godwin gepredigt und dithyrambisch von Shelley besungen wurde. Godwin und Shelley glaubten an den reinen Individualismus. Die Bolschewiken glauben an den reinen Kollektivismus.

Jede der beiden Einstellungen ist so ausschweifend romantisch wie die andere. Die Menschen können nicht abseits der Gesellschaft und ohne Organisation leben. Entsprechend können sie aber auch nicht ohne ein gewisses Quentchen Privatheit und persönlicher Freiheit leben. Der exklusive Idealismus Shelleys leugnet die offenkundigen Fakten der menschlichen Biologie und Ökonomie. Der exklusive Materialismus Lenins leugnet die nicht weniger offenkundigen und primären Gegebenheiten der unmittelbaren spirituellen Erfahrungen des Menschen. Die revolutionären Liberalen waren romantisch in ihrer Weigerung, einzuräumen, daß der Mensch nicht weniger soziales Tier ist als individuelle Seele. Die Bolschewiken sind romantisch in ihrer Weigerung, anzuerkennen, daß der Mensch mehr ist als ein soziales Tier, das sich dazu eignet, durch angemessenes Training in eine perfekte Maschine verwandelt zu werden. Beide sind zügellos und einseitig.

Die moderne Romantik bleibt keineswegs auf Rußland oder die Politik beschränkt. Sie ist in das Denken und die Künste jedes Landes eingesickert. Der Kommunismus hat sich nirgendwo außerhalb der Grenzen Rußlands durchgesetzt; aber die von den Bolschewiken betriebene romantische Verächtlichmachung spiritueller und individueller Werte hat in kleinerem oder größerem Ausmaß die ›junge‹ Kunst und Literatur jedes westlichen Volkes in Mitleidenschaft gezogen. So ist etwa die gesamte ›kubistische‹ Tendenz in der modernen Kunst (gegen die, wie man dankbar zur Kenntnis nimmt, Maler und Bildhauer nahezu geschlossen aufzubegehren scheinen) zutiefst symptomatisch für jenen Aufstand gegen Seele und Individuum, dem die Bolschewiken praktischen und politischen ebenso wie künstlerischen Ausdruck gegeben haben. Die Kubisten haben aus ihrer Kunst willentlich alles ›mystisch Organische‹ ausgemerzt und es durch solide Geometrie ersetzt. Sie waren geschworene Feinde aller ›Sentimentalität‹ (ein Lieblingswort im bolschewistischen Beschimpfungsvokabular), aller bloßen ›Literatur‹ – und das heißt: aller spirituellen und individuellen Werte, die dem Leben des einzelnen Bedeutung verleihen. Kunst, so behaupten sie, ist eine Frage der reinen Form. Ein kubistisches Gemälde ist etwas, aus dem alles, was auf die individuelle Seele als Seele einwirken könnte, getilgt worden ist. Es richtet sich ausschließlich (und sehr häufig, wie wir einräumen wollen, mit vollendeter Kunstfertigkeit) an einen abstrakten *homo aestheticus*, der in etwa derselben Beziehung zum realen und komplexen Menschenwesen steht wie der *homo oeconomicus* der Sozialisten oder das mechanisierte Bausteinchen des Kollektivwesens der Bolschewiken.

Die kubistische Entmenschlichung der Kunst wird häufig von einer romantischen und sentimentalen Bewunderung der Maschine begleitet. Maschinenteile finden sich großzügig durch die gesamte moderne Malerei verstreut. Es gibt Bildhauer, die angestrengt die von Ingenieuren erfundenen Formen zu reproduzieren versuchen. Fortgeschrittene Architekten setzen ihren Ehrgeiz darein, Wohnhäuser ununterscheidbar von Fabriken zu machen; in Le Corbusiers Redeweise ist ein Haus eine »bewohnbare Maschine«.

›Junge‹ Schriftsteller sind von der Maschinenwelt ebenso angetan wie ›junge‹ Künstler. Welche Dithyramben zum Lob der Maschinenwelt sind nicht, in freien Versen, aus dem amerikanischen Mittelwesten zu uns herübergedrungen! Auf dem europäischen Kontinent haben sich fortgeschrittene Schriftsteller zu ihrem eigenen Ergötzen ganze Fabel-Chicagos und -New-Yorks ausgeheckt, in denen jedes Haus ein Wolkenkratzer und jeder Wolkenkratzer eine Fabrik voll sich unaufhörlich drehender Räderwerke ist; in denen jede Straße von Hochbahnen befahren wird, Flugzeuge um jeden Schornstein kreisen, Leuchtreklamen an allen nackten Mauern erglänzen, Autos mit keiner geringeren Geschwindigkeit als sechzig Meilen umherrasen und ein Lärm herrscht wie in siebzig Pandämonien. Hier eine Übersetzung von *Majakowskis* Huldigung an Chicago:

> Chicago: Stadt
> Auf eine Schraube gebaut!
> Elektro-dynamo-mechanische Stadt!
> Spirale, aufgesetzt
> Auf eine stählerne Scheibe –
> Die sich zu jedem Stundenschlag
> Um die eigene Achse dreht!
> Fünftausend Wolkenkratzer,
> Granitene Sonnen!
> Die Plätze –
> Meilenhoch galoppieren sie zum Himmel,
> Wimmelnd von Millionen,
> Aus Stahltrossen geflochtene
> Fliegende Broadways...

Tom Moores Orientbeschreibungen in *Lalla Rookh* sind auf weit weniger phantastische Weise romantisch als dieses Produkt.

Die für die moderne Kunst so charakteristische Leidenschaft für Maschinen ist eine Art Regression auf das, was ich eine zweite Kindheit nennen möchte. Als Zwölfjährige waren wir alle verrückt nach Lokomotiven, Schiffsmaschinen und Werkzeugen. Es war der Ehrgeiz eines jeden von uns, Heizer oder Kraftfahrer zu werden – alles mögliche, wenn dieser Job uns nur den ständigen Kontakt mit der angebeteten Maschine ermöglichte. Als wir dann größer wurden, merkten die meisten von uns, daß menschliche Seelen wirklich viel sonderbarer und interessanter waren als die raffiniertesten Maschinen. Der moderne Künstler scheint geschrumpft zu sein; er ist wieder in die Betätigungen seiner Kindheit zurückgefallen. Er versucht zum Primitiven zu werden. Ebendies war der Fall – ausdrücklich sei daran erinnert – beim romantischen Rousseau. Aber während Rousseaus Wilder edel, verfeinert und intelligent war, ist der Primitive, dem unsere modernen Künstler ähneln möchten, eine Mischung aus Unterwelt-Apache, afrikanischem Neger und fünfzehnjährigem Schuljungen. Unsere modernen Rousseaus sehen geringschätzig auf die Psychologie herab (wie heftig wurde doch Proust von all den wirklich fortgeschrittenen jungen Leuten in Paris angegriffen!); sie verunglimpfen die Metaphysik in jeder Form; sie verschmähen Vernunft und Ordnung, und obwohl sie, wider alle Logik, weiter schreiben und malen, halten sie alle Kunst für Zeitverschwendung. Das ideale Leben ist in ihren Augen eines, das von Sport, Lärm, Maschinen und geselliger Gehetztheit erfüllt ist.

Ich persönlich fühle mich zu keiner der beiden Romantik-Spielarten besonders hingezogen. Wenn es für mich durchaus unabdingbar wäre, mich für eine davon zu entscheiden, würde ich, glaube ich, die ältere wählen. Eine Übertreibung der Bedeutung von Seele und Individuum auf Kosten von Materie, Gesellschaft, Maschinenwelt und Organisation scheint mir eine Übertreibung in der richtigen Richtung zu sein. Die neue Romantik steuert, soweit ich sehen kann, geradewegs dem Tode entgegen. (Aber was ich Tod nenne, würden die neuen Romantiker gerade Leben nennen und umgekehrt.) Nein, hätte ich zu entscheiden, würde ich keine dieser beiden Spielarten von Romantik wählen; ich würde dafür stimmen, einen Mittelweg zwischen ihnen einzuschlagen. Die einzige Philosophie des Lebens, die irgendeine Aussicht auf immerwährende Gültigkeit hat, ist eine Philosophie, die alle Gegebenheiten einbezieht – die Gegebenheiten von Geist *und* Materie, von Trieb *und* Intellekt, von Individualismus *und* Soziabilität. Der Weise wird beide Extreme von Romantik meiden und den realistischen goldenen Mittelweg wählen.

(*Music at Night*, 1931; Ü.: Hans-Horst Henschen)

Anmerkungen zur Freiheit und zu den Grenzen des Gelobten Landes

»Die mittelalterliche Freiheit«, sagte Lord Acton, »unterscheidet sich dadurch von der modernen, daß sie von Besitz und Vermögen abhängt.« Aber dieser Unterschied ist fraglos nur ein gradueller, kein prinzipieller. Es mag ja stimmen, daß Geld in einem modernen Gerichtsverfahren weniger Einfluß hat als in einem mittelalterlichen. Aber außerhalb des Gerichtshofes? Außerhalb steht es mir, zugegebenermaßen, nach Recht und Gesetz frei, zu arbeiten oder nicht zu arbeiten, ganz wie ich mich entscheide; denn ich bin kein Sklave. Nach Recht und Gesetz steht es mir frei, lieber hier als dort zu leben; denn ich bin an kein Land gebunden. Innerhalb angemessener Grenzen steht es mir frei, mich nach Herzenslaune zu amüsieren; kein Archidiakon fordert mir eine Buße für das ab, was er und seinesgleichen als Hingabe an unschickliche Ausschweifungen betrachten. Nach Recht und Gesetz steht es mir frei, jede beliebige Frau zu heiraten (mit der eventuellen Ausnahme eines Mitglieds der königlichen Familie), von meiner leiblichen Kusine bis zur Tochter eines Herzogs; kein Lord zwingt mich, ein Mädchen oder eine Witwe seiner Gutsherrengerichtsbarkeit zu ehelichen, kein Priester verbietet mir das Aufgebot für eine Heirat bis zum siebenten Grade der Blutsverwandtschaft. Das Verzeichnis aller meiner gesetzlichen Freiheiten würde sich auf mehrere Druckseiten belaufen. Niemand ist im Laufe der gesamten Geschichte so frei gewesen, wie ich es heute bin.

Schauen wir aber, was passiert, wenn ich von meinen gesetzlichen Rechten und Freiheiten Gebrauch mache. Da ich kein Leibeigener bin, entschließe ich mich, mit der Arbeit aufzuhören; das Ergebnis: Ich werde nächsten Montag zu verhungern anfangen. Da ich an kein Land gebunden bin, wähle ich Grosvenor Square und Taormina als Wohnsitz; bedauerlicherweise übersteigt allein die Miete für mein Londoner Haus mein Jahreseinkommen um das Fünffache. Da ich keinerlei Verfolgung durch klerikale Schnüffler ausgesetzt bin, mache ich mich anheischig, eine junge Frau zu einem netten kleinen Abendessen ins Savoy Hotel auszuführen; aber ich habe keine angemessene Garderobe und würde für diese einzige Abendunterhaltung mehr ausgeben, als ich in einer ganzen Woche verdiene. Nicht verpflichtet, auf Geheiß eines Herrn zu heiraten, und bei völlig freier Wahlmöglichkeit entschließe ich mich, in Chatsworth oder Welbeck nach einer Braut Ausschau zu halten; aber wenn ich die Klingel drücke, wird mir bedeutet, den Dienstboteneingang zu benutzen, und zwar schleunigst.

Alle meine gesetzlichen Rechte und Freiheiten erweisen sich in der Praxis als von Besitz und Vermögen abhängig, genau wie die Freiheiten meiner mittelalterlichen Vorfahren. Die Reichen können sich Freiheit en gros kaufen; die Armen müssen ohne sie auskommen, obwohl sie, theoretisch und nach Recht und Gesetz, Anspruch auf genausoviel davon haben wie die Reichen.

Ein Recht ist etwas, das ich auf Kosten anderer Leute habe. Sogar mein Recht, nicht ermordet und nicht versklavt zu werden, ist etwas, das ich auf Kosten derjenigen habe, die stärker sind als ich und mich töten oder in Knechtschaft nehmen könnten. Etwas wie ›natürliche Rechte‹ gibt es nicht; es gibt nur die Schlichtung widerstreitender Ansprüche. Was ich auf deine Kosten habe, sollte nicht mehr sein als das, was du auf meine Kosten hast: Das ist die Theorie des Rechts, wie auch immer seine Praxis aussehen mag.

Viele potentielle Mordopfer und Sklaven sind, wenn auch schwach, in letzter Instanz stärker als einige wenige Sklavenhalter und Mörder. Von Zeit zu Zeit haben das die Sklaven und potentiellen Mordopfer tatsächlich auf blutige Weise demonstriert. Diese Aufstände, wenn auch selten, ganz erstaunlich selten (die elende Geduld der Unterdrückten ist wahrscheinlich das unerklärlichste wie auch das bedeutsamste Faktum der gesamten Geschichte), haben doch ausgereicht, den Unterdrückern bemerkenswerte Konzessionen abzunötigen, nicht nur in der Theorie, sondern sogar in der Praxis.

Theoretisch und nach Recht und Gesetz sind wir heute alle frei; aber das Recht, von diesen Freiheiten Gebrauch zu machen, muß unter dem gegenwärtigen System auch weiterhin vom Besitz und dem persönlichen Geschick zum Eigentumserwerb abhängen. Manche Leute wie Landstreicher und gewisse Künstler genießen allerdings ein gut Teil Freiheit, ohne dafür bezahlen zu müssen; aber nur deshalb, weil sie im Gegensatz zu den meisten anderen Menschenwesen kein Interesse daran haben, Ansprüche auf Dinge geltend zu machen, die sich mit Geld bezahlen lassen.

Im egalitären Staat der Zukunft wird jede übermäßige Besitzanhäufung abgeschafft sein. Das aber schließt offenkundig die Abschaffung allen übermäßigen Freiheitsgenusses ein. Wenn jedermann über £ 300 jährlich verfügt, wird niemand weniger, aber wahrscheinlich auch niemand mehr Freiheit haben als derzeit ein besserer Sekretär. »Aber im Staat der Zukunft«, sagen die Propheten, »werden £ 300 jährlich den Gegenwert von £ 5000 Freiheit darstellen.« Und wenn wir fragen: wie, durch welches Wunder?, dann beschwören sie nicht irgendeinen *deus ex machina*, sondern die Maschine selbst.

Jedes Recht ist, wie wir gesehen haben, etwas, das wir auf Kosten anderer haben. Die Maschine ist der einzige ›andere‹, auf dessen Kosten wir guten Gewissens wirtschaften können, und der einzige ›andere‹, der dabei auch noch ständig effizienter wird.

Von mechanischen Domestiken bedient, die unablässige Arbeit metallischer Sklaven ausbeutend, wird der £-300-Mensch des Zukunftsstaates eine nahezu unbegrenzte Muße genießen. Ein rasches, kurztaktiges und billiges Transportsystem wird ihn in die Lage versetzen, den Globus freier zu umrunden als der unstete *rentier* des gegenwärtigen Zeitalters. Ebensowenig braucht er (es sei denn in seiner Privatsphäre) auf das Reiche-Leute-Privileg eines luxuriösen Lebensstils zu verzichten. Schon heute hat es die Massenproduktion den relativ Armen ermöglicht, sich an aufwendigen Unterhaltungsveranstaltungen in Szenarien von mehr als königlichem Glanz zu delektieren. Die Theater, in denen die Egalitaristen die Schwatz-, Kost-, Schmeck- und Fühlstücke auf sich wirken lassen, die Kettenrestaurants, in denen sie ihre synthetischen pochierten Eier auf Toast-Ersatz essen und ihre Kaffee-Surrogate schlürfen, werden ungeheuer viel größer und prächtiger dastehen als alles, was wir heutzutage kennen. Im Vergleich dazu wird sich Belsazars Thronsaal auf Martins berühmtem Gemälde ausnehmen wie eine elende kleine Freßkneipe und Bibbienas Paläste oder Piranesis imaginäre römische Tempel wie bloße Hundehütten, Verschläge und Schweinekoben.

Urbs Sion unica, mansio mystica, condita coelo
(oder vielmehr: mundo),
Nunc tibi gaudeo, nunc tibi lugeo, tristor, anhelo ...
Opprimit omne cor ille tuus decor, o Sion, o pax.
Urbs sine tempore, nulla potest fore laus tibi mendax.
O nova mansio, te pia concio, gens pia munit,
Provehit, excitat, auget, identitat, efficit, unit.

Du einzige Stadt Zion, mystischer Wohnort, im Himmel
(auf Erden) gegründet,
Bald freue ich mich deiner, bald beklag' ich dich, weine,
seufze...
Dieser dein Schmuck überwältigt jedes Herz, o Zion, o Friede.
Zeitlose Stadt, welcher Preis, den du nicht verdientest?
O neue Heimstatt, es schützt dich die fromme Schar,
die Gemeinde der Frommen
Geht voran, ermuntert, mehrt, eint, befestigt und stärkt dich.

Hoffen wir, daß diese *mansio mystica* sich als ebenso schön erweist, wie ihre Propheten das von ihr behaupten. Hoffen wir insbesondere, daß ihre Bewohner ihre allgemeinen und gleichen Freiheiten ebenso genießen wie wir die kleinen Freiheiten, die die gegenwärtige Weltordnung uns ungerechterweise zu kaufen erlaubt oder für deren widerrechtliche Aneignung sie uns bestraft.

Meine eigenen Hoffnungen werden, wie ich gestehen muß, von gewissen Zweifeln gedämpft. Denn aus meiner Sicht gibt es sowohl eine Gottheit, die unsere Zwecke formt, als auch eine, die sie verformt. Passenderweise (denn wie bösartige Hunde verdienen auch böse Götter üble Namen) heißt diese arglistige Gottheit das Gesetz der schwindenden Erträge. Es waren die Ökonomen, die ihr diesen Namen gaben und als erste ihre unangenehmen Aktivitäten erkannten und genau beschrieben. Es wäre jedoch irreführend zu vermuten, daß dieser Dämon sich einzig und allein auf die ökonomische Sphäre beschränkt. Das Gesetz der schwindenden Erträge behält in nahezu jedem Teilbereich unserer menschlichen Existenz seine Gültigkeit.

Da haben wir beispielsweise einen sehr melancholischen Menschen, der zum Essen Burgunder zu trinken beginnt. Seine Melancholie schwindet rasch dahin und weicht einer Heiterkeit, die sich mit jedem Schluck Burgunder stetig steigert, bis sie, nach drei Vierteln der ersten Flasche, ihr Maximum erreicht. Der Mann trinkt weiter; aber die nächste halbe Flasche bringt keine merkliche Veränderung seiner Stimmung mit sich; er bleibt, wo er war – auf dem Gipfel seiner frohgemuten Laune. Aber nur noch ein paar Gläser mehr, und seine Heiterkeit beginnt sich wieder zu verflüchtigen. Er wird zuerst zänkisch, dann weinerlich und fühlt sich schließlich schrecklich unwohl und damit elend. Gegen Ende seiner zweiten Flasche ist er schlechter dran als am Anfang mit nüchternem Magen.

Ähnlich nehmen von einem bestimmten Punkt an die Glückserträge aus einer Steigerung der Prosperität stetig ab. Das ist ein alter Gemeinplatz. Und lediglich unser nachklingender Glaube an die im 18. Jahrhundert grassierende Häresie der Perfektibilität hindert uns noch immer daran, den kaum weniger offensichtlichen Fakten im Erziehungsbereich ins Auge zu sehen. Denn Erziehung und Bildung sind dem Gesetz der Zweckverformung ebenso unterworfen wie Wein, Wohlstand und Kunstdünger. Eine Steigerung des Schulungsaufwandes oder der Schulungsintensität erbringt Gewinn in Form von gesteigerter geistiger Effizienz oder moralischer Festigung; von einem bestimmten Maximum an aber (das bei jedem Individuum variiert) mindern sich diese Gewinne stetig und können sogar in einen negativen Wert umschlagen. So wurden die Laienzöglinge in den mittelalterlichen Klöstern einer langen und spartanischen Erziehung zur Tugend unterworfen. »Kinder brauchen immerzu Züchtigung im Verein mit strenger Aufsicht, und Aufsicht im Verein mit Züchtigung«, sagt der Autor der Satzungen von Cluny; und ein oder zwei Jahrhunderte lang bekamen die Zöglinge sie denn auch – und nicht zu knapp. Aber das System brach zusammen; denn, wie ein gewissenhafter Abt gegenüber dem heiligen Anselm klagte: »Wir züchtigen unsere Knaben Tag und Nacht, und doch werden sie täglich schlimmer und schlimmer.« Die Gewinne der Erziehung hatten sich gemindert, bis zum Punkt des Umschlags ins Negative.

Genau dasselbe spielt sich in der Sphäre der Politik ab. Die Demokratisierung der politischen Institutionen erbringt Gewinne in Form von Zuwachs an Gerechtigkeit und Zuwachs an sozialer Effizienz. Dann wird ein Gipfelpunkt erreicht, und wenn der Prozeß weitergetrieben wird, beginnen die Gewinne zu sinken. In Italien beispielsweise begannen unmittelbar nach der Einführung des Verhältniswahlrechts die Ertragswerte ins Negative zu sinken. Daher dann – ein Grund unter anderen – der Aufstieg des Faschismus.

Was hat die Zwecke-verformende Gottheit zur Freiheit zu sagen? Fassen wir einige besondere Fälle ins Auge, und versuchen wir zu ermessen, wie der Gott sich zu jedem davon äußern wird.

»Eine perfekte Maschinenwelt«, sagen die Propheten, »wird uns wachsende Freiheit von der Arbeit bescheren, und wachsende Freiheit von der Arbeit wird zu wachsendem Glück führen.« Aber auch die Freizeit ist dem Gesetz schwindenden Gewinnzuwachses unterworfen. Jenseits eines bestimmten Punktes bringt mehr Freiheit von der Arbeit einen sich mindernden Glückszuwachs mit sich. Unter vollständigen Müßiggängern ist der Glückszuwachs häufig negativ, und man leidet unter akuter Langeweile. Überdies unterwerfen sich viele Müßiggänger, sobald sie von der Versklavung an die Arbeit befreit sind, freiwillig einer Versklavung an Unterhaltung und Gesellschaftspflichten, die noch sinnloser als Arbeit und häufig genauso anstrengend sind. Wird die müßige Mehrheit der egalitären Welt sich ihrem Charakter nach von der müßigen Minderheit der Jetztzeit unterscheiden? Nur die Eugeniker haben Grund zu dieser Annahme.

Fassen wir einen anderen Gesichtspunkt ins Auge, auf den die Propheten von Utopia so häufig verweisen. »Reisen«, sagen sie (und zu Recht), »fördert die Allgemeinbildung. Reisefreiheit ist ein bisher den Reichen vorbehaltenes Privileg gewesen. Freizeit in Verbindung mit billigen und raschen Transportmitteln wird dieses Privileg allen zugänglich machen. Deshalb werden alle die Allgemeinbildung erhalten, die vorzeiten nur einige wenige genießen durften.« Aber wieder einmal verformt die mißgünstige Gottheit den guten Zweck. Reisen bildet deshalb, weil es den Reisenden mit Menschen einer anderen Kultur als seiner eigenen in Berührung bringt, die unter andersartigen Bedingungen leben. Aber je mehr Menschen reisen, desto eher werden Kultur und Lebensstil überall zu Standardisierung neigen und desto weniger wird Reisen bilden. Es ist noch immer sinnvoll, von Burslem nach Udaipur zu reisen. Wenn aber alle Einwohner von Burslem häufig genug in Udaipur und alle Einwohner von Udaipur wiederum häufig genug in Burslem gewesen sind, wird es völlig sinnlos werden, die Reise anzutreten. Abgesehen von einigen geringfügigen geologischen und klimatischen Eigenheiten, werden die beiden Städte im wesentlichen ununterscheidbar geworden sein.

»Die Natur erhebt; das Erhabene und das Schöne sind moralisch und spirituell aufbauende Kräfte. In Utopia werden alle Menschen die finanziellen und mechanischen Mittel haben, sich mit den Schönheiten und Erhabenheiten der Natur vertraut zu machen.« Aber leider, wie ich bereits andernorts angemerkt habe, besitzen nur solche Völker, die das Landschaftliche geringschätzen, überhaupt noch Landschaften, die solcher Geringschätzung als Objekte dienen können.

Nationen, die das Ländliche lieben, zerstören, was sie bewundern. Das bezeugen die zweitausend Quadratmeilen Londoner Vorstädte. ›Schöne Flecken‹, die ganzen Bevölkerungen zugänglich sind, hören auf, schöne Flecken zu sein, und werden Blackpools. Freiheit hängt von Besitz und Vermögen ab; als nur wenige Eigentum hatten, stand es auch nur wenigen frei, Inspiration oder Trost bei den ›Schönheiten der Natur‹ zu suchen und zu finden. Im egalitären Staat werden alle Eigentum oder sein kommunistisches Äquivalent haben. Also wird es allen freistehen, auf dem Lande Inspiration und Trost zu suchen und zu finden. Je größer aber die Zahl derer, die sich dieser Freiheit bedienen, desto weniger wird diese Freiheit wert sein. Und das gilt anscheinend nicht nur fürs Reisen und die Freuden des Landlebens, sondern für praktisch alle bisher den wenigen einzelnen vorbehaltenen Privilegien und Freiheiten. Wir haben gesehen, daß von einem bestimmten Punkt an jeder Zuwachs an Freiheitsspielraum eine Minderung des Glücksgefühls mit sich bringt; das gleiche gilt anscheinend im Hinblick darauf, was man das Verbreitungsgebiet von Freiheit nennen könnte.

Also drängt sich eine Schlußfolgerung auf. Kontinuierlicher allgemeiner Fortschritt (nach den augenblicklichen Grundsätzen) ist nur unter zwei Bedingungen möglich: nämlich daß die vererbbaren Eigenschaften der fortschreitenden Bevölkerung verbessert (oder zumindest in eine spezifische Richtung verändert) werden, und zwar durch bewußte Zuchtwahl; und daß die Bevölkerung reduziert wird.

Zuwachs an materiellem Wohlstand, Zuwachs an Freizeit, Zuwachs an Freiheit und Zuwachs an Erziehungs- und Bildungseinrichtungen sind völlig sinnlos für Individuen, bei denen jeglicher Zuwachs dieser Art jenseits eines rasch erreichten Maximums zu einer Minderung des Quantums an Glück, ethischem Wert und geistiger Effizienz führt. Nur wenn wir den kritischen Punkt, an dem der Güterzuwachs in Minderung des psychologischen Gewinns umschlägt, nach oben verschieben, können wir kontinuierlichen Fortschritt für das Individuum und auf dem Wege über das Individuum für die Gesellschaft insgesamt zur Realität werden lassen. Wie aber können wir diesen kritischen Punkt höher ansetzen? Durch bewußte Zuchtwahl und Selektion. Wenigstens bietet uns keine andere Methode die mindeste Aussicht auf Erfolg.

Soviel zur ersten Bedingung kontinuierlichen Fortschritts; jetzt zur zweiten. Manche Erfahrungen sind, darüber besteht Einvernehmen, wertvoll an sich. Sie werden gegenwärtig von einigen wenigen privilegierten Menschenwesen gemacht; es würde einen Fortschritt ins Reich der sozialen Gerechtigkeit bedeuten, wenn sie von allen gemacht werden könnten. Wie wir aber gesehen haben, läuft die Streuung und Ausdehnung von Privilegien im allgemeinen auf ihre Wertminderung und -zerstörung hinaus. Erfahrungen, die, von wenigen gemacht, erlesen waren, hören automatisch auf, erlesen zu sein, wenn sie von vielen gemacht werden. Eine bestimmte Zahl solcher erlesenen Erfahrungen könnte allen Mitgliedern einer Bevölkerung zugänglich gemacht werden, vorausgesetzt, sie ist hinreichend klein. (Ein Beispiel: Wo die Bevölkerung klein ist, brauchen schöne Ausflugsziele nicht zu Blackpools zu werden.) In diesen Fällen kann der Fortschritt für das Individuum nur unter der Bedingung zur Realität werden, daß die fortschreitende Gemeinschaft, deren Mitglied es ist, absolut klein bleibt. Wo die Gemeinschaft groß ist, muß ihre Mitgliederzahl reduziert werden.

Es gibt jedoch andere Fälle, in denen die erlesenen Erfahrungen auf gar keinen Fall einer ganzen Bevölkerung zugänglich gemacht werden könnten, auch wenn sie noch so klein ist. Denn in diesen Fällen liegt die Erlesenheit der Erfahrung gerade darin, daß sie nur von einer Minderheit gemacht und geteilt werden kann. Um solche Erfahrungen zu ermöglichen, wird es in jeder künftigen egalitären Gesellschaft erforderlich sein, eine Reihe sich wechselseitig ausschließender Klubs zu schaffen – oder besser: Geheimgesellschaften, religiöse Sekten, meinetwegen sogar Hexensabbate. Nur mit solchen Mitteln können Mitglieder einer egalitären Gesellschaft freien Zugang zu der unendlich kostbaren Erfahrung erhalten, einer überlegenen Minorität anzugehören.

(*Music at Night*, 1931; Ü.: Hans-Horst Henschen)

Stierkämpfe und Demokratie

Der Stierkampf ist in Frankreich verboten. Und doch finden Stierkämpfe an den verschiedensten Orten der Provence und des Languedoc oft und offen statt. Wer bereit ist, die vorgeschriebene Strafe zu zahlen – in diesem Fall ein Bußgeld –, den hindert nichts daran, das Gesetz so oft zu übertreten, wie es ihm beliebt. Das Bußgeld wird von den Stierkampf-Veranstaltern in ihre Kalkulation der Gesamtkosten einbezogen. Die Karten sind teuer. Das Publikum darf sich das Privileg der Gesetzübertretung ruhig etwas kosten lassen.

Stierkämpfe, bei denen der Stier nicht abgeschlachtet wird, sind meines Wissens in Frankreich nicht verboten. Solange man ihn nicht umbringt, kann man auf den Stier einstechen, soviel man will. Für diese weniger blutrünstige Sportart ist das Eintrittsgeld unbeträchtlich. Um einen Dollar bekommt man schon einen ausgezeichneten Sitzplatz. Die Sache ist so preiswert, weil die Gesamtunkosten relativ niedrig sind: Es fällt keine Bußgeldzahlung an, und ein gelöcherter Stier ist immer noch ein nützliches Mitglied der stierischen Gesellschaft. Aus einem toten läßt sich nur mehr zähes Rindfleisch machen oder (je nach der Zahl der Löcher in seiner Haut) Schuhleder von mäßiger Qualität. Zum bloßen Löchern kann man sich einen Stier mieten; um ihn aber ganz umzubringen, muß man ihn zuvor käuflich erwerben, und zwar – da gute Kampfstiere selten sind und eigens für die militärische Karriere gezüchtet werden – zu einem saftigen Preis.

Dies alles würde, wie gesagt, den billigen Eintrittspreis für die nicht-tödlichen Corridas einigermaßen schlüssig erklären. Doch es gibt zweifellos noch andere, rein psychologische Gründe für die Preisdifferenz. Das Publikum ist schärfer auf einen blutigen als auf einen (relativ) unblutigen Kampf. In den Anzeigen für die höherrangigen und ungesetzlichen Stierkämpfe wird das Wort *MORT* immer in den größten Buchstaben ausgedruckt. Der Tod ist die Hauptattraktion. Das bloße Löchern hat schon eine gewisse mäßige Anziehungskraft; doch nicht genug, um das Publikum zum Kauf der Karten zu animieren.

Wo kein Tod geboten wird, da muß man Männer und Frauen wenigstens mit niedrigen Preisen anlocken. Die Navarros und Chaplins des stierischen Entertainment sind diejenigen Stiere, denen man Dolche ins Herz stößt. Kein bloß punktierter Stier kann darauf hoffen, zu einem Star erster Güte aufzusteigen. Ihm fehlt völlig das gewisse ETWAS. Deshalb ist seine Hatz schon für einen Dollar zu besichtigen.

Ich persönlich mache mir nicht besonders viel aus Stierkämpfen, egal ob mit oder ohne Todesfolge. Es hat für mich wenig Unterhaltungswert, dabei zuzuschauen, wie man Tiere mit spitzen Pflöcken vollsteckt, mit Lanzen spickt und ihnen schließlich, bei besonders feierlichen Gelegenheiten, mit einem Stoßdegen das Herz durchbohrt, worauf sie einen Moment lang auf schwachwerdenden Beinen herumschwanken (während ihnen in der Regel das Blut in einer kräftigen Fontäne aus den Nüstern schießt), um schließlich als Haufen von Rindfleisch und Schuhleder in den Sand zu sinken. Und es amüsiert mich nur mäßig, die Toreros ihr rituelles Ballett rings um ein stumpfes, rasendes oder widerstrebendes Tier aufführen zu sehen. Zwar bewundere ich aufs höchste ihren Mut und weiß die Eleganz und Präzision ihrer Gesten zu schätzen. Aber die ganze Zeit über, während ich ihnen zusehe, muß ich daran denken, daß dieser Mut doch einen würdigeren Gegenstand finden könnte und daß eines jener berühmten russischen Ballette einen noch reizvolleren Anblick böte. Und wenn einer der Männer verwundet wird (was gar nicht so selten vorkommt) oder gar getötet, so kann ich den Nervenkitzel nicht so genießen, wie es sich eigentlich gehört.

Meinen letzten Stierkampf sah ich im römischen Amphitheater in Nîmes, und selbst der – so prachtvoll das Schauspiel in diesem großartigen architektonischen Rahmen ohne Zweifel war – hat mich ziemlich kaltgelassen. Darin unterschied ich mich ganz offensichtlich von der großen Mehrzahl der Zuschauer. Die riesige Menschenmenge unterhielt sich augenscheinlich aufs allerbeste. Als das große Amphitheater noch neu war, hatten sich oft 25000 Männer und Frauen auf den Sitzreihen gedrängt, um sich (nach allen Berichten, die wir davon haben, mit rauschhafter Begeisterung) nicht an einer Stier-, sondern an einer Menschenhatz zu ergötzen: an Gladiatorenkämpfen bis zum Tod der Teilnehmer und am Abschlachten von Verbrechern und Sklaven.

Wenn man solche Spektakel heutzutage zu neuem Leben erweckte, ob sich wohl noch ein Publikum zum Zuschauen und Applaudieren fände? Ich halte das durchaus für möglich. Das Abschaffen blutrünstiger Unterhaltung ist immer das Werk einer Minderheit gewesen: So war es die christliche Priesterschaft, die gegen den Willen der Bevölkerungsmehrheit die Unterdrückung der römischen Zirkusspiele durchsetzte. Daß man in jüngster Zeit die öffentlichen Hinrichtungen abgeschafft hat, war das Werk einiger weniger entschlossener Menschenfreunde. Wenn es eine Volksabstimmung gegeben hätte, wäre dann die Stimme des Volkes auf ihrer Seite gewesen? Das erscheint zweifelhaft. Unserer ganzen Zivilisierung zum Trotz glaube ich: Wenn heute ein unternehmungslustiger Manager Gladiatorenkämpfe aufführen ließe, dann fänden sich immer noch genug Leute, um die alten Amphitheater zu füllen. Mehr noch, ich glaube, der tüchtige Unternehmer würde zwanzig Dollar für den Sitzplatz verlangen und auf keiner einzigen seiner Karten sitzenbleiben.

Es ist wahrscheinlich ein Glück, daß unsere Demokratie mehr eine Sache der Theorie ist als der Praxis.

(*Chicago Herald*, 21. September 1931; Ü.: Werner von Koppenfels)

Zu Besuch auf einem Schlachtschiff

Insekten sind schon widerwärtig genug, wenn man sie in normaler Größe betrachtet; in vergrößertem Maßstab wirken sie einfach schauerlich. So hat die Mikrofotografie einer Laus oder Hornisse etwas von der Faszination des extrem Grauenhaften an sich. Versehen mit natürlichen Feilen, Sägen und Bürsten, ein lebendes Arsenal von Zangen, Lanzetten, Sonden und Haken, enthüllt sich das vergrößerte Insekt als Mischung aus einer Fabrik auf Füßen und einer wandelnden Folterkammer.

Neulich hatte ich in einem Mittelmeerhafen Gelegenheit, ein Schlachtschiff zu besichtigen. Während ich auf dem sonnendurchwärmten Panzer des Ungeheuers herumkletterte oder mich durch die komplizierten Windungen seiner eisernen Eingeweide vorantastete, fühlte ich mich wie ein Parasit am Leib eines Rieseninsekts. In millionenfacher Vergrößerung hockte die gigantische Wanze auf dem Wasser, all ihre giftige Wappnung zu einem einzigen Vernichtungsinstrumentarium aufgeschwollen: jede Borste eine Kanone, jede Pore ein Torpedoschacht. Ihre Antennen erhoben sich masthoch; ihre Fühler waren Entfernungsmesser und Funkdrähte; in der Apparatur der Brücke und in den Kontrolltürmen der Geschützanlage erkannte ich die Nervenganglien der Kreatur. Ihre Innereien waren zu Turbinen vergrößert, ihre Schuppen zu Panzerplatten.

Und wie stand es mit der Population einheimischer Parasiten? Die Seeleute waren, wie ich bemerkte, in der Regel kleingewachsen, gebleicht durch die Gefangenschaft in der schwarzen Welt unter Deck (die Rasse der großen, bronzefarbenen Teerjacken ist ausgestorben; an ihre Stelle ist der angelernte Fabrikarbeiter getreten, der unter äußerst ungesunden Bedingungen Maschinenwartung betreibt). Sie hatten etwas von der kränklichen Weiße jener kleinen blassen Zecken an sich, die an der Unterseite größerer Käfer herumwimmeln.

Wenn die Widerwärtigkeit von Insekten mit jeder neuen Vergrößerungsstufe wächst, so war diese kolossale Wanze, die da im Hafen von Toulon schwamm, dieser milliardenfach vergrößerte giftige Wasserkäfer, mit Sicherheit das abstoßendste Exemplar seiner Gattung, das ich je zu Gesicht bekommen habe. Die größte und eben deshalb die tierischste aller Wanzen. Und was ihre tierische Qualität so anstößig machte, war die Tatsache, daß sie, anders als ein Skorpion oder eine Laus, eben nicht tierisch geboren war: Man hatte sie mit voller Überlegung zum größten, widerlichsten und gefährlichsten Ungeziefer konstruiert. Menschen hatten dieses enorme Arbeitsmodell eines abstoßenden Insekts ausdrücklich zu dem Zweck geschaffen, andere Menschen damit zu vertilgen.

Kurz nach dem 1871er Krieg notierte Flaubert die Bemerkung eines chinesischen Diplomaten: »Wie, diese Dinge versetzen euch in Erstaunen?« (Der philosophische Chinese bezog sich auf den Krieg und die Kommune.) »Aber es ist doch ganz in der Ordnung so; so ist es die Regel. Was ihr erstaunlich findet, ebendas ist in China der Normalzustand und ist es zu allen Zeiten gewesen. Gerade das Gegenteil davon ist exzeptionell.«

Die Statistiken bekräftigen die Wahrheit dieser Worte auf erschreckende Weise. Von 1496 v. Chr. bis 1925 n. Chr., also über eine Periode von 3421 Jahren, wurden 3153 Jahre lang örtliche und internationale Kriege geführt, und ganze 268 Jahre herrschte Friede auf Erden. Die Zahlen stammen von Prof. W. Pella, einer anerkannten Autorität auf dem Gebiet, und sind ohne Zweifel korrekt. Was gedenken wir im Hinblick auf ihre Botschaft zu tun?

Flauberts Chinesenweisheit läuft darauf hinaus, daß die Zukunft so sein werde, wie die Vergangenheit war. Die sechzig Jahre, die seit seiner Weissagung verstrichen sind, haben ihm soweit recht gegeben. Soll er auch weiterhin recht behalten? Wir haben die Wahl; es steht in unserem Belieben, seine Worte als wahr oder lügenhaft zu erweisen. So unglaublich es scheint, unsere Staatsmänner sind offenbar eifrig darauf bedacht, den Wahrheitsbeweis für ihn zu führen und die nächsten 3000 Jahre – oder doch die nächsten dreißig, denn nur für die sind sie (gottlob) unmittelbar verantwortlich – ebenso mörderisch zu machen wie die ganze Vergangenheit.

Ungeachtet aller Übereinkommen, Pakte und Konferenzen wird die See noch immer von Mammutwanzen unsicher gemacht, ist die Erde ein Madengewimmel umherkriechender Tanks, erdröhnt die Luft vom Gebrumm der stählernen Wespen, die wir einzig und allein zu dem Zweck geschaffen haben, eine maximale Zahl von Männern, Frauen und Kindern in minimaler Zeit umzubringen. Unsere Welt ist lausig vor lauter Aufrüstung, und wir haben so völlig allen Verstand und Anstand verloren, daß wir unseren ungezieferverseuchten Zustand mit Gleichgültigkeit akzeptieren. Hätten wir nur für ein paar Groschen Vernunft und Insektengift, wir wären für alle Zeiten unsere widerwärtigen Schmarotzer los. Aber wir bleiben lieber verwanzt. Wir riskieren es lieber, von unseren selbstgeschaffenen Mordinsekten selbst umgebracht zu werden.

(*Chicago Herald*, 25. September 1931; Ü.: Werner von Koppenfels)

Deutsche Freudenfeuer

Vor einigen Tagen hörte ich die seltsamste Rundfunksendung, die mir je über den Äther zugetragen worden ist. Sie kam von einer süddeutschen Radiostation, und ihr Anlaß war eine jener rituellen Bücherverbrennungen, die sich zu so einer unverwechselbaren Attraktion des neuen Regimes entwickelt haben. Die Veranstaltung begann damit, daß einer der unwichtigeren Minister des Nazikabinetts eine Ansprache hielt – eine große Rede an die deutsche Jugend, jene Hitlerjugend, die die verkommene Republik in eine Art von Wagnerischem Walhalla verwandeln soll.

Die Vorstellung war dramatisch und die Regie äußerst wirkungsvoll. Ehe jedes einzelne Buch den Flammen überantwortet wurde, erklang ein drohender Trommelwirbel, von der Art, die früher militärischen Exekutionen voranging. Dann erscholl das mißtönende Gebrüll des Redners, der den jeweiligen Autor anprangerte, indem er ihn einen schweinischen Internationalisten nannte, einen schmutzigen jüdischen Verräter, einen schändlichen Jugendverderber, der Moral und Vaterlandsliebe unterwühlt.

Des Redners Lieblingsadjektiv außerhalb seines begrenzten Vorrats an Schimpfwörtern war ›undeutsch‹. »Undeutscher Geist« kreischte er jedem Schriftsteller hinterher, dessen Werk verbrannt wurde. Wenn das Ganze nicht ein so tragischer Rückfall in barbarische Stammesrituale wäre, ich hätte lauthals gelacht. Denn die Vorstellung von etwas Undeutschem war wirklich sehr komisch. Ebenso komisch wie unenglisch oder unamerikanisch, unfranzösisch, unjugoslawisch, unestnisch, unvenezolanisch.

Patrioten aller Länder, einschließlich Monaco, Andorra und San Marino, macht ordentlich Gebrauch von dieser Art adjektivischer Beschimpfung! Der Sinn der Worte ist immer ein und derselbe: Sie bedeuten: ›nicht nach meinem persönlichen Geschmack‹. Für einen Nazi ist ein undeutscher Deutscher eben jemand, dessen Sicht zufällig nicht mit der seinen übereinstimmt, und den er deshalb haßt. Falls Einstein und Thomas Mann von undeutschen Deutschen sprächen (was sie wahrscheinlich bleibenlassen), so würden sie sich dabei auf die Nazis beziehen, auf ebenjene Leute, die eifrig dabei sind, all die

Dinge zu zerstören, die diese großen Verbannten als das Wertvollste an der deutschen Kultur betrachten.

Gibt es wirklich so etwas wie einen wahrhaft deutschen Deutschen, einen genuin finnischen Finnen? Diese Frage ist unbeantwortbar; man kann sich allenfalls darauf einigen, daß es ganz natürlicherweise wohl eine gewisse Ähnlichkeit von Denk- und Verhaltensmustern unter Menschen gibt, die in derselben Tradition aufgewachsen sind. Es gibt beispielsweise einen kleinsten gemeinsamen Nenner des Engländertums, der sich vom k. g. N. der Amerikanität unterscheidet. Die meisten hervorragenden Geister entfernen sich ebendeshalb, weil sie hervorragen, vom Mittelwert ihres Landes. Jede Nation ist stolz auf Genies, die ihrem Wesen nach un-national sind.

(*Chicago Herald*, 19. September 1933; Ü.: Werner von Koppenfels)

Illegaler Humor: Naziverordnung verbietet Bayernwitze

Die kleinsten und unansehnlichsten Notizen in der Presse sind oft die aufschlußreichsten. Etwa dieser vierzeilige Absatz, der, kleingedruckt und in weitem Abstand von der Titelseite, vor ein paar Tagen in meiner Morgenzeitung erschien: »Der Verkauf von Postkarten mit komischen Szenen und Karikaturen aus dem bayerischen Volksleben wurde untersagt; die Nazibehörden sind der Auffassung, daß an Bayern nichts Komisches ist.« Das war alles. Doch welch eine faszinierende und bezeichnende Nachricht!

»Es ist nichts Komisches an Bayern.« Es ist gleichfalls, an und für sich, nichts Komisches an Juden, Schwiegermüttern und den Einwohnern von Aberdeen. Das Leben ist eine ebenso ernsthafte, ja tragische Angelegenheit für Leute, die zufällig Cohen oder Macpherson heißen, wie für jedermann sonst. Doch das Lachen ist nun einmal unentbehrlich für die Gesundheit von Leib und Seele; und zufällig existiert eine Tradition, die festgesetzt hat, daß die Worte und Taten von Leuten, die diese Namen tragen, zum Lachen sind.

Die Menschen können nicht ständig neue Witze erfinden, ebensowenig, wie sie sich andauernd neue Religionen oder poetische Stile ausdenken können. Daher die Traditionen. Es gibt eine Reihe von ehrwürdigen Gelächter-fördernden Traditionen, ebenso wie solche, die der Pietät oder dem literarischen Ausdruck förderlich sind. Die Herausbildung einer lachförderlichen Tradition impliziert die Schaffung einer Mythologie. Schotten und Juden haben ihren angestammten Sitz auf dem Olymp des Lächerlichen; und die Bayern hatten den ihren auf dem komischen Olymp Deutschlands – so lange, bis die Nazis den Leuten verboten, über sie zu lachen. Die Helden/Opfer solcher Mythologien nehmen das Gelächter ihrer Mitmenschen nur selten übel; denn sie wissen wohl, daß sie, indem sie es auslösen, zu Wohltätern einer Menschheit werden, der sich normalerweise nur allzuwenig Anlaß für Heiterkeit bietet.

Den Deutschen hat man nun eine ihrer wenigen Quellen der Heiterkeit durch staatliche Verordnung genommen. Das war vermutlich zu erwarten. Die Bayern sind eine nordische Rasse, und nordische Rassen sind, per definitionem, erhaben. Witze über heilige Dinge oder Völker zu reißen, ist Blasphemie. Daher der Bannstrahl gegen komische Postkarten und Karikaturen.

In ihrem ersten, rauschhaften Eifer fühlten sich alle revolutionären Regierungen bemüht, den Stab über alle möglichen Privatangelegenheiten zu brechen, die man in normalen Zeiten als ethisch indifferent betrachtet. Das Verbot bayerischer Karikaturen hat eine genaue Entsprechung in jenem Verbot, dem während der Französischen Revolution Visitenkarten und Neujahrsgrüße verfielen. Im Dezember 1791 wurde der Gebrauch von Visitenkarten durch ein Dekret der Nationalversammlung untersagt. Im nächsten Jahr ging der Konvent noch einen Schritt weiter und untersagte, unter Androhung der Todesstrafe, das Versenden von Glückwünschen auf postalischem Weg und die alte Sitte der Neujahrsbesuche bei Verwandten und Bekannten.

Dieser absonderliche Akt der Tyrannei wurde (wie üblich) mit den höchsten moralischen Prinzipien begründet. Das Versenden von Glückwünschen wurde als Akt gesellschaftlicher Heuchelei gebrandmarkt; Mitbürgern seine Aufwartung zu machen, war eine schmachvolle Form der Schmeichelei. So etwas war einer vernunftbegabten Kreatur unwürdig, die die Segnungen von Freiheit, Gleichheit und Brüderlichkeit genoß. Die Nazi-Theorie erhebt nur die Nordmenschen zu göttlichem Rang; die französischen Revolutionäre bestanden dagegen darauf, daß der Homo Sapiens als solcher göttlicher Natur sei. Und wenn er sich nicht gottgemäß verhielt, wenn er mehr Homo als Sapiens war, dann mußte er bestraft werden.

Es ist tröstlich zu erfahren, daß schon nach wenigen Jahren das Dekret des Konvents zum toten Buchstaben geworden war. Unter dem Direktorium benützten die Leute ihre Visitenkarten und machten ihre Neujahrsbesuche so selbstverständlich wie eh und je. Hoffen wir, daß spätestens 1940 die Deutschen wieder über ihre bejahrten Bayernwitze kichern dürfen.

(*Chicago Herald*, 19. April 1934; Ü.: Werner von Koppenfels)

Der wildgewordene Affe: eine Lektion aus *Gullivers Reisen*

In Momenten wie dem gegenwärtigen – Momenten einer gefährlichen politischen Krise – kommt mir immer eine ganz bestimmte Episode aus *Gullivers Reisen* in den Sinn. Gulliver ist in Brobdingnag, unter den Riesen. Er hat schon Ärger mit den örtlichen Wespen und Fröschen gehabt, und nun erwarten ihn noch viel schlimmere Dinge. Eines schönen Tages, in einem unbewachten Augenblick, wird er vom Lieblingsaffen der Königin ergriffen und auf das Palastdach entführt. Dort, sechs oder siebenhundert Meter hoch über der Erde, macht sich der Affe daran, mit seinem lebenden Spielzeug zu spielen. Hilflos im Griff dieser enormen Faust gehalten, zappelt Gulliver eine scheinbare Ewigkeit lang über dem Abgrund. Endlich naht Hilfe; der Affe läßt seinen Gefangenen fallen (zum Glück auf die Ziegel, und nicht über den Dachrand) und springt davon. Gulliver ist noch einmal davongekommen, mit ein paar Schürfungen und einem Heidenschrecken.

An diese Episode, wie gesagt, muß ich immer dann denken, wenn in der politischen Welt etwas geschieht, das über die gängigen Schrecklichkeiten hinausgeht. Im Angesicht der Drohung oder, schlimmer noch, der eingetretenen Katastrophe von Krieg, Revolution oder wirtschaftlichem Zusammenbruch ganzer Völker fühle ich mich (und mit welch gräßlichem Gefühl totaler Hilflosigkeit!) wie Gulliver in der Klaue des Brobdingnagschen Affen. Als Mensch entdecke ich auf einmal, daß ich mich in den Klauen einer unmenschlich starken, stumpfsinnigen und verantwortungslosen Kraft befinde. Der gigantische Affe, Politik mit Namen, läßt mich über dem bodenlosen Abgrund zappeln – und nicht nur mich; denn wir alle sind Gullivers und hängen hilflos in derselben riesigen, haarigen Pranke.

Das menschliche Verhalten zeigt die erstaunlichsten Widersprüchlichkeiten. Der Mensch benimmt sich bald mit fast übermenschlicher Rationalität, bald mit bestialischer Stupidität; einmal ist er von wahrer Engelsgüte, zu anderen Zeiten so grausam, daß wir uns unter den Spinnen und Skorpionen nach Entsprechungen umsehen müssen. »Was für ein Wunderwerk ist der Mensch! Wie edel an Vernunft! Wie unbegrenzt an Gaben!« Hamlet hat recht; doch recht hat leider auch Isabella, wenn sie sagt, daß der Mensch, »einem wütenden Affen gleich, so ausgefallene Possen unter dem hohen Himmel spielt, daß Engel weinen«.

Die Politik ist eines jener Tätigkeitsfelder, die der Mensch gewählt hat, um sich wie ein wildgewordener Affe aufzuführen. Angesichts der politischen Chronik der Menschen seit 1914 fühlen wir uns gewiß nicht allzu geneigt, zu sagen: »Wie edel an Vernunft! Wie unbegrenzt an Gaben!« Unsere spontane Reaktion auf die Mehrzahl politischer Geschehnisse ist der Horrorschrei Gullivers in den Klauen des Affen.

Wütend äffisches Verhalten ist relativ harmlos, solange es nur sporadisch und in kleinem Maßstab an den Tag gelegt wird. Doch Politik ist wildgewordenes Affentum mit System, vergrößert, depersonalisiert und rationalisiert (denn der Mensch zwingt seine Ratio in den Dienst seines Affentums) – mit Hilfe einer komplexen Maschinerie. Deshalb ist es so gefährlich. Eine Maschinerie, die, einmal in Gang gesetzt, aus der Kraft der Trägheit weiterrollt; es ist unglaublich schwer, sie wieder anzuhalten. So gibt es keinen Politiker, der bewußt darauf hinarbeitet, die Zivilisation zu zerstören. Trotzdem zwingt ihn die Maschine, die er bedient, dazu, sich so zu verhalten, als sei die Zerstörung der Zivilisation das Endziel all seiner Anstrengungen.

(*The Chicago Herald*, 13. April 1935; Ü.: Werner von Koppenfels)

Worte und Verhaltensweisen

Worte bilden den Faden, auf den wir unsere Erfahrungen aufreihen. Ohne sie lebten wir nur spasmodisch und stoßweise. Nicht einmal der Haß ist so stark, daß Tiere, wenn sie abgelenkt werden, ihn nicht vergessen könnten, sogar im Angesicht des Feindes. Man beobachte zwei Katzen, die sich ducken, unmittelbar vor einem Kampf. Bitterböse funkeln die Augen; aus den tiefsten Tiefen der Kehlen steigen abgerissene, merkwürdige Drohgeräusche; die Schwänze, gleichsam von einer Art Eigenleben erfüllt, zucken und erbeben. Welch gezielte Intensität von Haß! Noch ein Augenblick, und es muß zur Explosion kommen. Aber nein; urplötzlich wendet sich eines der beiden Geschöpfe ab, hebt einen Hinterlauf zu einem mehr als faschistischen Gruß, und mit derselben starren und konzentrierten Aufmerksamkeit, die zuvor seinem Feind gegolten hatte, beginnt es, sich sauber zu lecken. Tierische Liebe steht ebenso im Banne von Ablenkungen wie tierischer Haß. Die stumme Kreatur lebt ein Leben, das aus diskreten und im Verhältnis zueinander irrelevanten Episoden besteht.

Allem Anschein nach verdankt sich die Konsistenz des menschlichen Charakters den Worten, an die alle menschlichen Erfahrungen geknüpft sind. Wir sind zielbewußt, weil wir unsere Gefühle mit erinnerbaren Worten beschreiben, unsere Wünsche im Sinne irgendeiner Art von Argumentation rechtfertigen und rationalisieren können. Angesichts eines Feindes erlauben wir es keinem plötzlichen Impuls, uns von unseren Gefühlen abzulenken; das bloße Wort ›Feind‹ reicht hin, uns unseren Haß gegenwärtig zu halten, uns davon zu überzeugen, daß wir gut daran tun, wütend zu sein. Ähnlich überbrückt das Wort ›Liebe‹ für uns jene Abgründe zeitweiliger Gleichgültigkeit und Langeweile, die sich gelegentlich sogar zwischen den glühendsten Liebenden auftun. Gefühl und Verlangen statten uns mit unserer Triebkraft aus; die Worte verleihen dem, was wir tun, Kontinuität und lenken in bemerkenswertem Maße unsere Orientierung.

Unangemessene und schlecht gewählte Worte vergiften das Denken und führen zu falschem oder dummem Verhalten. Die meisten

Arten von Unwissenheit sind überwindbar, und in der Mehrzahl aller Fälle ist Dummheit tatsächlich das, als was sie Buddha bezeichnete, nämlich Sünde. Denn es ist, bewußt oder unbewußt, die Vorsätzlichkeit, die uns veranlaßt, etwas nicht zu wissen oder nicht verstehen zu können – weil das Unverständnis uns ermöglicht, guten Gewissens unangenehmen Verpflichtungen und Verantwortlichkeiten aus dem Wege zu gehen, weil Unwissenheit die beste Entschuldigung dafür ist, auch weiterhin zu tun, was man möchte, aber nicht tun sollte. Unsere Geltungsbedürfnisse kämpfen unaufhörlich darum, uns nicht nur vor äußeren Feinden, sondern auch vor dem Zugriff des anderen und besseren Selbst zu beschützen, mit dem sie auf so beunruhigende Weise verknüpft sind. Ignoranz ist der wirksamste Abwehrmechanismus des Egoismus gegen jenen Dr. Jekyll in uns, der nach Vollkommenheit strebt; Dummheit seine subtilste Kriegslist. Wenn wir uns, wie das so häufig geschieht, entschließen, unserer Erfahrung mittels Worten Kontinuität zu verleihen, die die Fakten verfälschen, liegt das daran, daß die Verfälschung für uns als Egoisten irgendwie von Vorteil ist.

Hier sei beispielsweise an den Kriegsfall erinnert. Der Krieg ist für alle, die über Kriegsausbruch und Kriegsführung zu entscheiden haben, etwas ungeheuer Schmähliches – ebenso für diejenigen, die seine bloße Existenz ertragen. Überdies sind die Fakten der Kriegsführung für Menschen mit entwickelter Sensibilität einfach abstoßend und entsetzlich. Diese Fakten zu verfälschen und damit den Krieg weniger böse erscheinen zu lassen, als er in Wirklichkeit ist, schlägt doppelt zu unserem Vorteil aus. Durch Unterdrückung und Entstellung der Wahrheit schützen wir unser Zartgefühl und wahren unsere Selbstachtung. Nun ist Sprache aber unter anderem ein Mittel, das die Menschen zur Unterdrückung und Entstellung der Wahrheit benutzen. Weil wir die Realität des Krieges für zu unangenehm halten, als daß wir ihr ins Auge blicken könnten, bringen wir eine verbale Alternative zu dieser Realität hervor, die ihr parallel läuft, ihrer Qualität nach aber ganz verschieden davon ist. Was wir ins Auge fassen, ist fortan nicht das, worauf wir gefühlsmäßig reagieren und worüber wir unsere moralischen Urteile abgeben, ist nicht der Krieg, wie er in Wirklichkeit ist, sondern eine Fiktion des Krieges, wie sie in unserer wohltuend verfälschenden verbalen Diktion existiert. Unsere Dummheit, die sich im Gebrauch einer unangemessenen Sprache zeigt, stellt sich bei genauerem Hinschauen als höchst verfeinerte Gerissenheit heraus.

Das Schockierendste am Krieg ist die Tatsache, daß seine Opfer und Instrumente individuelle Menschenwesen sind und daß diese individuellen Menschenwesen durch die scheußlichen Konventionen der Politik dazu verurteilt sind, in Auseinandersetzungen, die nicht ihre eigenen sind, zu morden und ermordet zu werden, Unschuldige zu mißhandeln und ihrerseits, auch wenn sie keinerlei Verbrechen an ihren Feinden verschuldet haben, Grausamkeiten aller Art zu erdulden.

Die Sprache von Strategie und Politik ist dazu ausersehen, diesen Sachverhalt soweit wie möglich zu bemänteln, um den Anschein zu erwecken, daß Kriege nicht von Individuen ausgefochten würden, die darauf abgerichtet sind, einander kaltblütig und ohne vorhergehende Provokation zu ermorden, sondern entweder von unpersönlichen und deshalb gänzlich unmoralischen und fühllosen Kräften oder von personifizierten Abstraktionen.

Hier einige Beispiele der ersten Art von Verfälschung. Anstelle von »Kavalleristen« oder »Infanteristen« sprechen Militärschriftsteller gern von »Säbeln« und »Gewehren«. Ein Satz aus einer Beschreibung der Schlacht von Marengo kann deshalb folgendermaßen lauten: »Laut Victors Bericht verlief der Rückzug der Franzosen geordnet; zumindest steht fest, daß die Regimenter zusammenhielten, denn die sechstausend österreichischen Säbel fanden keine Gelegenheit mehr, sie anzugreifen.« Die Schlacht spielt sich zwischen Säbeln in Reih und Glied und gestaffelten Musketen ab – ein bloßer Zusammenprall von Eisenwaren.

Bei anderen Anlässen ist nicht einmal mehr die Rede von etwas derartig vulgär Materiellem wie Eisenwaren. Die Kämpfe werden zwischen Platonischen Ideen, zwischen den Abstraktionen von Physik und Mathematik ausgetragen. Kräfte wirken aufeinander ein; Massen werden in Bewegung gesetzt. Oder alles ist gar ein Problem der Geometrie. Linien schwanken oder weichen; sind auseinandergezogen oder eingekreist; drehen sich um einen Angelpunkt.

Im Gegensatz dazu wurden die Kombattanten gelegentlich auch persönlich gesehen, das heißt als Personifizierungen. Da ist der »Feind« im Singular, der »seine« Pläne macht, »seine« Schläge führt. Die Zuschreibung persönlicher Charakteristika an Kollektivwesen, geographische Gegebenheiten und Institutionen ist, wie wir sehen werden, eine Quelle endloser Verwirrungen im politischen Denken, der Ursprung unzähliger politischer Fehler und Verbrechen. Die Personifizierung in der Politik ist ein Irrtum, in den wir verfallen, weil es uns als Egoisten zum Vorteil gereicht, wenn wir uns in der Lage fühlen, heftigen Stolz auf unser eigenes Land und uns selbst als seine Angehörigen zu empfinden und zu glauben, daß alle uns selbst anzulastenden Mißlichkeiten in Wirklichkeit das Werk fremder Mächte sind. Es ist leichter, heftige Empfindungen gegenüber einer Person als gegenüber einer Abstraktion zu hegen; daher unsere Neigung zu politischen Personifizierungen.

In manchen Fällen sind militärische Personifizierungen bloße Sonderfälle politischer Personifizierungen. Ein besonderes Kollektivwesen, die Armee oder die kriegführende Nation, wird mit dem Namen und zugleich mit den Attributen einer Einzelperson ausgestattet, damit wir in der Lage sind, es intensiver zu lieben oder zu hassen, als wir das könnten, wenn wir es uns als das dächten, was es wirklich ist: eine Anzahl verschiedener Individuen. In anderen Fällen wird die Personifizierung zur Bemäntelung der wesenseigenen Absurdität und Monstrosität des Krieges eingesetzt. Absurd und monströs am Krieg ist, daß Menschen, die keinerlei persönliche Fehde haben, darauf abgerichtet werden, einander kaltblütig zu ermorden.

Durch die Personifizierung miteinander im Krieg liegender Armeen oder Länder werden wir fähig, uns den Krieg als Konflikt zwischen Individuen vorzustellen. Dasselbe Resultat wird erzielt, wenn man Kriege so beschreibt, als würden sie ausschließlich von den befehlshabenden Generälen und nicht von den einzelnen Soldaten in ihren Armeen geführt. (»Rennenkampf hatte von Schubert zurückgedrängt.«) In beiden Fällen wird stillschweigend vorausgesetzt, daß der Krieg von einer Boxrunde in irgendeiner Kneipe nicht zu unterscheiden ist – wohingegen er sich in der Realität davon radikal unterscheidet. Eine Prügelei zwischen zwei Individuen ist entschuldbar; vorsätzlich organisierter Massenmord ist eine monströse Schandtat. Wir entscheiden uns noch immer dafür, Krieg als Instrument der Politik zu benutzen; und deshalb wäre es unpassend, die volle Verruchtheit und Absurdität des Krieges zu begreifen. Wenn wir sie nämlich einmal verstanden hätten, würden wir gewisse Anstrengungen zu unternehmen haben, diese widerwärtige Angelegenheit loszuwerden.

Entsprechend benutzen wir, wenn wir über den Krieg sprechen, eine Sprache, die seine Realität bemäntelt oder beschönigt. Wenn wir die Fakten soweit wie möglich ignorieren, setzen wir stillschweigend voraus, daß Auseinandersetzungen nicht von Soldaten ausgefochten werden, sondern von Dingen, Prinzipien, Allegorien, personifizierten Kollektivwesen oder (gerade noch menschlich) von gegnerischen Befehlshabern, die in einem Zweikampf gegeneinander antreten.

Aus demselben Grunde benutzen wir, wenn wir die Fortschritte und Ergebnisse von Kriegen zu beschreiben haben, eine große Vielzahl von Euphemismen. Sogar den glühendsten Patrioten und Militaristen widerstrebt es, das Kind beim Namen zu nennen. Um ihre Absichten sogar vor sich selbst geheimzuhalten, benutzen sie malerische Metaphern. So hören wir sie beispielsweise lauthals nach Flugzeugen schreien, die zahlreich und schlagkräftig genug sind, die feindlichen »Hornissen in ihrem Nest zu vernichten« – mit anderen Worten: die thermische, hochexplosive und chemische Kampfstoffe auf die Einwohner benachbarter Länder abwerfen können, bevor diese ihrerseits Zeit gefunden haben, uns das gleiche anzutun. Und wie beruhigend ist doch die Sprache von Historikern und Strategen! Bewundernd verbreiten sie sich über jene militärischen Genies, die immer ganz genau wissen, »wann sie die Linie des Feindes zu zerschlagen haben« (selbst ein einziger Kombattant würde die geometrischen Konstruktionen der Personifizierung stören); wann sie »seine Flanke aufrollen«, wann sie »eine Umfassungsbewegung« ausführen müssen. So als ob sie Ingenieure wären, die Materialstärken und Widerstandsverteilungen diskutieren, reden sie von abstrakten Entitäten wie »Mannschaftsstärke« und »Feuerkraft«. Sie fassen die sich lange hinziehenden Leiden und Greuel des Grabenkampfes in dem Ausdruck »strategische Abschleifung« zusammen; das Massaker und die Verstümmelung von menschlichen Wesen wird dem Schleifen einer Linse gleichgestellt.

Ein gefährlich abstraktes Wort, das in allen Diskussionen über den Krieg auftaucht, ist »Gewalt«. Diejenigen, die an die Gewährleistung kollektiver Sicherheit durch Militärpakte gegen einen möglichen Aggressor glauben, sind diesem Wort besonders zugetan. »Man kann und wird«, sagen sie, »keine internationale Gerechtigkeit haben, wenn man nicht bereit ist, sie mit Gewalt durchzusetzen.« »Friedliebende Länder müssen sich zusammenschließen, um mit Gewalt gegen aggressive Diktaturen vorzugehen.« »Demokratische Institutionen müssen geschützt werden, notfalls mit Gewalt.« Und so fort.

Nun hat das Wort ›Gewalt‹ aber, wenn es im Hinblick auf menschliche Beziehungen benutzt wird, keine eine und einzige, definitive Bedeutung. Da ist die ›Gewalt‹, wie sie von Eltern angewendet wird, wenn sie ihre Kinder, ohne jede Zuhilfenahme physischer Gewalt, zwingen, auf eine besondere Weise zu handeln oder etwas zu unterlassen. Da ist die ›Gewalt‹, wie sie von Wärtern in psychiatrischen Anstalten eingesetzt wird, wenn sie versuchen, einen Geisteskranken davor zu bewahren, sich selbst oder andere zu verletzen. Da ist die ›Gewalt‹, wie sie die Polizei einsetzt, wenn sie eine Menschenmenge kontrolliert, und jene andere ›Gewalt‹, wie sie sie bei einem Schlagstockeinsatz benutzt. Und schließlich ist da die ›Gewalt‹, wie sie im Krieg in Erscheinung tritt. Diese Gewalt variiert natürlich je nach den technologischen Mitteln, die den kriegführenden Parteien zur Verfügung stehen, je nach der Politik, die sie verfolgen, und je nach den besonderen Umständen des fraglichen Krieges. Ganz allgemein aber kann gesagt werden, daß im Krieg ›Gewalt‹ ein Ausmaß von Gewalttätigkeit und Hinterlist bezeichnet, das bis an die äußerste Grenze dessen reicht, was in der Macht der kämpfenden Parteien steht.

Quantitative Unterschiede bringen, wenn sie hinreichend groß sind, qualitative Unterschiede hervor. Die ›Gewalt‹, die der Krieg ist, insbesondere der moderne Krieg, ist sehr verschieden von der ›Gewalt‹ einer Polizeiaktion, und die Benutzung desselben Wortes zur Beschreibung der beiden ungleichen Phänomene ist zutiefst irreführend. (Noch irreführender ist natürlich die explizite Gleichstellung eines Krieges, der von alliierten Völkerbund-Mächten gegen einen Aggressor geführt wird, mit einer Polizeiaktion gegen einen Kriminellen. Das erste ist der unbegrenzte Einsatz von Gewalt und Täuschung gegen Unschuldige wie Schuldige; das zweite ist der Einsatz streng begrenzter Gewalt und eines Minimums von Täuschung, und zwar ausschließlich gegen den Schuldigen.)

Die Realität ist eine Abfolge von konkreten und besonderen Situationen. Wenn wir über solche Situationen nachdenken, sollten wir die konkreten und besonderen Worte benutzen, die dafür gelten. Wenn wir abstrakte Worte verwenden, die ebensosehr (oder ebensowenig) für andere gelten, werden wir mit Sicherheit ungenau denken.

Fassen wir die oben zitierten Sätze ins Auge und übersetzen wir das abstrakte Wort ›Gewalt‹ in eine Sprache, die (wenn auch unangemessen) die besonderen und konkreten Realitäten der zeitgenössischen Kriegsführung wiedergibt.

»Man kann und wird keine internationale Gerechtigkeit haben, wenn man nicht bereit ist, sie mit Gewalt durchzusetzen.« Übersetzt wird das zu: »Man kann und wird keine internationale Gerechtigkeit haben, wenn man nicht bereit ist, im Hinblick auf eine gerechte Regelung thermische, hochexplosive und chemische Kampfstoffe auf die Bewohner fremder Städte abzuwerfen und im Gegenzug selbst mit thermischen, hochexplosiven und chemischen Kampfstoffen bombardiert zu werden.« Nach Abschluß dieses Verfahrens soll Gerechtigkeit von der siegreichen Partei verordnet werden – das heißt: wenn es eine siegreiche Partei gibt. In diesem Zusammenhang sei angemerkt, daß diese Gerechtigkeit an sich auch am Ende des letzten Krieges von der siegreichen Partei verordnet werden sollte. Bedauerlicherweise aber war nach vierjährigem Kampf die Verstimmung bei den Siegern so groß, daß sie sich außerstande sahen, eine gerechte Regelung zu treffen. Die Alliierten ernten im Nazi-Reich, was sie in Versailles gesät haben. Die Sieger im nächsten Krieg werden im Verlauf der Kampfhandlungen intensive Bombardements mit thermischen, hochexplosiven und chemischen Kampfstoffen erdulden müssen. Wird ihre Stimmung besser sein als die der Alliierten von 1918? Werden sie in besserer Verfassung sein, um eine gerechte Regelung zu treffen? Die Antwort lautet ganz offensichtlich: nein. Es ist psychologisch nahezu unmöglich, daß Gerechtigkeit mit den Methoden zeitgenössischer Kriegsführung verbürgt werden könnte.

Die nächsten beiden Sätze bilden zusammen eine Einheit. »Friedliebende Länder müssen sich zusammenschließen, um mit Gewalt gegen aggressive Diktaturen vorzugehen. Demokratische Institutionen müssen geschützt werden, notfalls mit Gewalt.« Übersetzen wir wiederum: »Friedliebende Länder müssen sich zusammenschließen, um thermische, hochexplosive und chemische Kampfstoffe auf die Einwohner von Ländern abzuwerfen, die von aggressiven Diktatoren beherrscht werden. Sie müssen das tun und sich natürlich mit den Konsequenzen abfinden, um den Frieden und die demokratischen Institutionen zu bewahren.« Unverzüglich stellen sich zwei Fragen. Erstens: Ist es wahrscheinlich, daß der Frieden durch einen Prozeß gesichert werden kann, der darauf abzielt, das geordnete Leben unserer hochkomplexen Gesellschaften aufs nackte Chaos zu reduzieren? Und zweitens: Ist es wahrscheinlich, daß im Zustand des Chaos demokratische Institutionen blühen werden? Erneut fallen die Antworten eindeutig negativ aus.

Mit der Benutzung des abstrakten Wortes ›Gewalt‹ anstelle von Ausdrücken, die zumindest den Versuch unternehmen, die Realitäten des Krieges in seiner heutigen Form zu beschreiben, verbergen die Prediger kollektiver Sicherheit durch militärische Zusammenarbeit vor sich und anderen nicht nur die zeitgenössischen Fakten, sondern auch die wahrscheinlichen Konsequenzen ihrer Lieblingspolitik. Der Versuch, Gerechtigkeit, Frieden und Demokratie durch ›Gewalt‹ zu sichern, scheint ganz vernünftig zu sein, bis wir erstens gewahr werden, daß dieses unverbindliche Wort unter den Gegebenheiten unseres Zeitalters für Aktivitäten einsteht, die fast unvermeidlich auf das soziale Chaos hinauslaufen; und zweitens, daß die Konsequenzen von sozialem Chaos Ungerechtigkeit, ständiger Krieg und Gewaltherrschaft sind. In ebendem Augenblick, da wir in konkreten und besonderen Begriffen über den konkreten und besonderen Prozeß namens ›moderner Krieg‹ nachdenken, sehen wir, daß eine Politik, die in der Vergangenheit wirksam gewesen (oder zumindest nicht auf eine völlige Katastrophe hinausgelaufen) ist, in der unmittelbaren Zukunft keinerlei Aussicht auf Wirksamkeit hat. Der Versuch, Gerechtigkeit, Frieden und Demokratie mittels ›Gewalt‹ zu gewährleisten – und das bedeutet in diesem besonderen geschichtlichen Augenblick den Einsatz von thermischen, hochexplosiven und chemischen Kampfstoffen –, ist etwa so vernünftig wie der Versuch, ein Feuer mit jener farblosen Flüssigkeit zu löschen, die zufällig nicht Wasser, sondern Petroleum heißt.

Was für die ›Gewalt‹ in Form von Krieg gilt, gilt in noch höherem Maße für die ›Gewalt‹ in Form von Revolution. Es ist schon an sich sehr unwahrscheinlich, daß soziale Gerechtigkeit und sozialer Friede durch thermische, hochexplosive und chemische Kampfstoffe gewährleistet werden könnten. Anfangs werden die Parteien in einem Bürgerkrieg möglicherweise zögern, solche Instrumente gegen ihre Mitbürger einzusetzen. Aber es besteht wenig Zweifel, daß die Kombattanten, wenn der Konflikt sich hinauszieht (wie das im Falle der Auseinandersetzung zwischen der etwa gleich starken Linken und Rechten einer hochindustrialisierten Gesellschaft sehr wahrscheinlich wäre), ihre Skrupel schließlich fahrenlassen würden.

Die Alternativen, mit denen wir uns konfrontiert sehen, scheinen klar genug. Entweder erfinden wir eine neue Technik zur Inszenierung von Revolutionen und zur Regelung internationaler Auseinandersetzungen und setzen sie gewissenhaft ein; oder wir klammern uns an die alte Technik und zerstören uns selbst, indem wir ›Gewalt‹ einsetzen (das heißt thermische, hochexplosive und chemische Kampfstoffe). Diejenigen, die, aus welchen Gründen auch immer, das Wesen der zweiten Alternative mit einer unangemessenen Sprache bemänteln, leisten der Welt einen denkbar schlechten Dienst. Sie führen uns in eine der Versuchungen, der für uns am schwersten Widerstand zu leisten ist – die Versuchung, der Realität zu entfliehen, so zu tun, als seien die Fakten nicht, was sie sind. Wie Shelley (aber ohne Shelleys genaues Bewußtsein dessen, was er tat) weben wir unausgesetzt

A shroud of talk to hide us from the sun
Of this familiar life;

Einen Rede-Schleier, der uns vor der Sonne
Dieses vertrauten Lebens schützen soll.

Wir schützen uns geistig durch ein ausgeklügeltes System von Abstraktionen, Mehrdeutigkeiten, Metaphern und Vergleichen vor der Realität, die wir gar nicht allzu genau erkennen wollen; wir belügen uns selbst, um weiterhin die Entschuldigung des Nichtwissens zu haben, das Alibi von Dummheit und Unverständnis, damit wir auch weiterhin guten Gewissens die monströsesten Verbrechen begehen und tolerieren können:

The poor wretch who has learned his only prayers
From curses, who knows scarcely words enough
To ask a blessing from his Heavenly Father,
Becomes a fluent phraseman, absolute
And technical in victories and defeats,
And all our dainty terms for fratricide;
Terms which we trundle smoothly o'er our tongues

Like mere abstractions, empty sounds to which
We join no meaning and attach no form!
As if the soldier died without a wound:
As if the fibers of this godlike frame
Were gored without a pang: as if the wretch
Who fell in battle, doing bloody deeds,
Passed off to Heaven translated and not killed;
As though he had no wife to pine for him,
No God to judge him.

Der arme Schelm, der seine einzigen Gebete
Aus Flüchen lernt, der kaum die Worte hat,
Von seinem Himmelsvater Segen zu erflehen,
Wird ein gewandter Sätzeschmied, auftrumpfend,
Ein Fachmann in Siegen und Niederlagen
Und all den hübschen Wendungen für Brudermord;
Wendungen, die uns glatt auf die Lippen kommen
Wie bloße Abstraktionen, leere Laute, denen
Wir weder Sinn beimessen, noch Gestalt!
Als ob so ein Soldat ganz ohne Wunde stürbe;
Als wärn die Fasern dieses gottgleichen Gebildes
Ganz ohne Pein durchbohrt; als ob der arme Teufel,
Nach blutigen Taten im Gefecht gefallen,
Zum Himmel aufführe – entrückt, und nicht getötet –;
Als hätte er kein Weib, ihn zu beweinen,
Und keinen Gott, um ihn zu richten.

Die Sprache, die wir mit Bezug auf den Krieg benutzen, ist unangemessen, und ihre Unangemessenheit soll eine Realität bemänteln, die so abstoßend ist, daß wir sie gar nicht kennenlernen möchten. Die Sprache, die wir mit Bezug auf die Politik benutzen, ist ebenfalls unangemessen; hier aber hat unser Mißgriff einen ganz anderen Zweck. In diesem Fall ist unser Hauptziel, solche ihrem Wesen nach wohltuenden Empfindungen wie Stolz und Haß, Selbstachtung und Verachtung anderer zu erwecken und, wenn sie einmal erweckt sind, zu rationalisieren und zu rechtfertigen. Zu diesem Zweck sprechen wir über politische Fakten mit Worten, die sie mehr oder weniger vollständig entstellen.

Die konkreten Realitäten der Politik sind individuelle menschliche Wesen, die in nationalen Gruppen zusammenleben. Politiker – und in gewissem Ausmaß sind wir alle Politiker – lassen an die Stelle dieser konkreten Realitäten Abstraktionen treten und gehen dann dazu über, jede dieser Abstraktionen durch Personifizierung mit einem Schein von Konkretheit zu besetzen. Beispielsweise besteht die konkrete Realität, deren Abstraktion ›Britannien‹ heißt, aus etwas mehr als vierzig Millionen verschiedener Individuen, die auf einer Insel am Westrand Europas leben. Die Personifizierung dieser Abstraktion tritt in klassischem Kostüm und mit einer sehr großen Toastwendegabel in der Hand auf der Rückseite unserer Kupfermünzen in Erscheinung; in verbaler Form taucht sie immer dann auf, wenn wir über internationale Politik reden. ›Britannien‹, die Abstraktion von vierzig Millionen Briten, ist mit Gedanken, sinnlichen Anschauungen und Gefühlen und sogar mit einem Geschlecht ausgestattet – denn trotz John Bull ist das Land immer weiblich.

Nun ist es natürlich möglich, daß ›Britannien‹ mehr ist als ein bloßer Name – es ist eine Wesenheit, die eine bestimmte Art von Realität besitzt, eine Realität, die unterschieden ist von der der Individuen, die die Gruppe bilden, auf die der Name angewendet wird. Aber diese Wesenheit ist, wenn sie denn existiert, zweifellos keine junge Dame mit einer Toastwendegabel; noch ist es möglich zu glauben (obwohl manche hervorragenden Philosophen diese Lehre gepredigt haben), daß sie etwas besitzt, das einem persönlichen Willen ähnelt. Man muß T. H. Green zustimmen, wenn er sagt, es gäbe »nichts in einer Nation, wie erhaben auch ihre Mission, noch in einer Gesellschaft, wie perfekt auch ihre Organisation sein mag, das nicht auch in den Personen liegt, die die Nation oder die Gesellschaft bilden ... Wir können nicht erwarten, daß irgendein Nationalgeist oder -wille außerhalb des Geistes oder des Willens von Individuen existiert«.

In ebendem Augenblick aber, da wir über unsere Welt entschlossen im Sinne von individuellen Personen nachzudenken beginnen, sehen wir uns gleichzeitig im Sinne von Universalität darüber nachdenken. »Die großen Volksreligionen«, schreibt Alfred Whitehead, »sind das Ergebnis eines sich entwickelnden religiösen Bewußtseins, das universal ist, nämlich unterschieden von einem stammesmäßigen oder sozialen. Gerade weil es universal ist, führt es das Merkmal der Vereinzelung ein.« (Und, hätte er hinzufügen können, weil es ein einzelnes ist, führt es das Merkmal der Universalität ein.) »Der Grund für diesen Zusammenhang von Universalität und Einzelheit ist der, daß Universalität eine Loslösung von den unmittelbaren Gegebenheiten des eigenen Umkreises mit sich bringt.« Und umgekehrt führt die Loslösung von den unmittelbaren Gegebenheiten des eigenen Umkreises, insbesondere von solchen Gegebenheiten wie Stamm oder Nation, führt das Beharren auf der Person als der grundlegenden Realität zur Konzeption einer allumfassenden Einheit.

Eine Nation kann also mehr sein als eine bloße Abstraktion, kann irgendeine Art von realer Existenz abseits der sie konstituierenden Mitglieder führen. Aber es besteht kein Grund zu der Annahme, daß sie eine Person ist; es besteht sogar jeder erdenkliche Grund zu der Annahme, daß sie es nicht ist. Diejenigen, die sich dahingehend äußern, sie sei eine Person (und manche gehen sogar noch weiter und sprechen von ihr als von einem persönlichen Gott), tun das, weil diese Fehlbestimmung in ihrem Interesse als Egoisten liegt.

Im Falle der herrschenden Klasse sind diese Interessen teilweise materieller Art. Die Personifizierung der Nation als heiliges Wesen, das von den sie konstituierenden Mitgliedern verschieden und ihnen überlegen ist, ist lediglich (ich zitiere die Äußerungen eines großen französischen Juristen, Léon Duguit) »eine Weise der Autoritätsdurchsetzung, mit der man die Menschen glauben machen will, daß sie eine Autorität *de jure* und nicht bloß *de facto* ist«. Wenn die Herrschenden eines Landes gewohnheitsmäßig von der Nation sprechen, als sei sie eine Person mit Gedanken, Gefühlen und einem eigenständigen Willen, legitimieren sie lediglich ihre eigene Macht. Personifizierung führt leicht zu Deifizierung; und wo die Nation vergöttlicht wird, hört ihre Regierung auf, eine bloße Zweckdienlichkeit zu sein wie Kanalanlagen oder Telefonsysteme, beansprucht, an der Weihe der Wesenheit teilhabend, die sie repräsentiert, Weisungen aufgrund göttlichen Rechts zu erteilen, und verlangt den unangefochtenen Gehorsam, wie man ihn einer Gottheit schuldet. Die Herrschenden haben in der Regel wenig Mühe, ihre Freunde zu erkennen. Hegel, der Mann, der eine unangemessene Redefigur zu einer ganzen Philosophie der Politik umformulierte, war ein Liebling der preußischen Regierung. »Es ist«, hatte er geschrieben, »der Gang Gottes in der Welt, das der Staat ist.« Das ihm von Friedrich Wilhelm III. verliehene Ehrenzeichen hatte er reichlich verdient.

Im Gegensatz zu den Herrschenden haben die Beherrschten keinerlei materielles Interesse an der Benutzung einer unangemessenen Redeweise über Staaten und Nationen. Für sie macht sich der verbale Mißgriff dafür psychologisch bezahlt. Die personifizierten und vergöttlichten Nationen werden für die sie konstituierenden Individuen zu einer Art Erweiterung ihres selbst. Die übermenschlichen Eigenschaften, die nun einmal zu der jungen Dame mit der Toastwendegabel, zu der jungen Dame mit Zöpfen und einem metallenen Büstenhalter, zu der jungen Dame mit der phrygischen Haube gehören, werden von individuellen Engländern, Deutschen und Franzosen zumindest teilweise für ihre eigenen gehalten. *Dulce et decorum est pro patria mori.* Es bestünde aber keine Notwendigkeit zu sterben, kein Kriegsbedürfnis, wenn es nicht noch süßer gewesen wäre, für das eigene Land zu prahlen und zu stolzieren, zu hassen, zu schmähen, zu betrügen und zu tyrannisieren. Die Loyalität zur personifizierten Nation, zur personifizierten Klasse oder Partei gibt den Loyalen das Recht, allen jenen Leidenschaften freien Lauf zu lassen, die ihnen gute Manieren und Moralkodex in ihren Beziehungen zu den Nachbarn sonst nicht an den Tag zu legen erlaubten.

Die personifizierte Wesenheit ist nicht nur ein großes und edles, sondern auch ein wahnsinnig stolzes, eitles und reizbares Wesen; schrecklich habgierig; ein Aufschneider; von keinerlei Rücksicht auf wahr und falsch gehemmt. (Hegel verurteilte alle diejenigen als hoffnungslos seicht, die an die Aktivitäten von Nationen ethische Maßstäbe anlegen. Jede im Namen des Staates begangene Niedertracht zu verzeihen und ihr Beifall zu spenden, war für ihn ein Zeichen philosophischer Tiefe.) In der Identifizierung mit diesem Gott finden die Individuen Trost und Erleichterung von den Zwängen normalen gesellschaftlichen Anstands und fühlen sich selbst gerechtfertigt, wenn sie innerhalb vorgeschriebener Grenzen ihren kriminellen Neigungen freien Lauf lassen. Als loyaler Nationalist oder Parteianhänger kann man sich den Luxus erlauben, sich guten Gewissens schlecht zu benehmen.

Die bösen Leidenschaften werden überdies durch einen weiteren sprachlichen Irrtum gerechtfertigt – durch den Irrtum, von bestimmten Kategorien von Personen so zu reden, als wären sie bloße verkörperte Abstraktionen. Ausländer und alle diejenigen, die nicht mit uns übereinstimmen, werden nicht nur als Männer und Frauen wie wir selbst und unsere Landsleute betrachtet; sie werden als Repräsentanten und gewissermaßen als Symbole einer Klasse aufgefaßt. Insofern sie überhaupt irgendeine Art von Persönlichkeit haben, ist das die Persönlichkeit, die wir irrtümlich ihrer Klasse zuschreiben – eine Persönlichkeit, die definitionsgemäß schon an sich böse ist. Wir wissen, daß das Verletzen oder Töten von Menschen falsch ist, und es widerstrebt uns, bewußt zu tun, was wir für entschieden falsch halten. Aber wenn besondere Männer und Frauen als bloße Repräsentanten einer Klasse vorgestellt werden, verschwindet das Widerstreben, zu verletzen oder zu töten.

Brown, Jones und Robinson werden nicht mehr für Brown, Jones und Robinson gehalten, sondern für Häretiker, Heiden, Juden, Nigger, Barbaren, Hunnen, Kommunisten, Kapitalisten, Faschisten oder Liberale – was immer der Fall sein mag. Wenn sie einmal mit solchen Namen belegt und in die verwünschte Klasse eingereiht worden sind, für die die Namen passen, hören Brown, Jones und Robinson auf, als das betrachtet zu werden, was sie in Wirklichkeit sind – nämlich menschliche Wesen –, und werden für die Benutzer dieser verhängnisvoll unangemessenen Sprache zu bloßen Schädlingen oder, schlimmer noch, Dämonen, die so schmerzhaft und gründlich wie möglich zu vernichten nur recht und billig ist. Wo immer Personen im Spiel sind, erheben sich moralische Fragen. Herrscher über Nationen und Parteiführer halten moralische Grundsätze für unangenehm. Deshalb geben sie sich solche Mühe, ihre Gegner zu depersonalisieren. Alle gegen eine feindliche Gruppe gerichtete Propaganda hat nur ein einziges Ziel: diabolische Abstraktionen an die Stelle konkreter Personen zu setzen. Das Ziel des Propagandisten liegt darin, eine bestimmte Menge von Menschen vergessen zu machen, daß bestimmte andere Mengen von Menschen eben auch Menschen sind. Indem er sie ihrer Persönlichkeit beraubt, verweist er sie in ein Reich jenseits der Grenzen moralischer Verpflichtung. Bloße Symbole können keine Rechte haben – insbesondere dann nicht, wenn das, wofür sie als Symbole einstehen, definitionsgemäß böse ist.

Politik kann nur unter einer Bedingung moralisch werden: daß nämlich ihre Probleme ausschließlich im Sinne einer konkreten Realität besprochen und bedacht werden; und das heißt: im Sinne von Personen. Menschliche Wesen zu depersonalisieren und Abstraktionen zu personifizieren sind komplementäre Irrtümer, die mit unerbittlicher Logik zum Krieg zwischen Nationen und zu götzenhafter Anbetung des Staates mit nachfolgender Unterdrückung durch die Regierung führen. Alles gegenwärtige politische Denken ist eine in unterschiedlichen Graden auftretende Mischung von Denken im Sinne konkreter Realitäten und Denken im Sinne entpersönlichter Symbole und personifizierter Abstraktionen.

In demokratischen Ländern werden die Probleme der Innenpolitik in der Hauptsache im Sinne einer konkreten Realität ins Auge gefaßt; die der Außenpolitik dagegen vorwiegend im Sinne von Abstraktionen und Symbolen. In diktatorisch geführten Ländern ist die Relation von konkretem zu abstraktem und symbolischem Denken niedriger als in demokratischen Ländern. Diktatoren sprechen wenig von Personen, dagegen viel von personifizierten Abstraktionen wie Nation, Staat, Partei und depersonalisierten Symbolen wie Juden, Bolschewiken oder Kapitalisten. Die Dummheit von Politikern, die über eine Welt von Personen sprechen, als ob es eben keine Welt von Personen wäre, ist hauptsächlich ihrem Eigeninteresse zuzuschreiben. Die Herrschenden wissen, daß sie in einer fiktiven Welt von Symbolen und personifizierten Abstraktionen effektiver herrschen können, und die Beherrschten wissen, daß sie in einer solchen Welt Triebregungen befriedigen können, deren Unterdrückung eigentlich die Gepflogenheiten guter Sitte und die Gebote der Moral von ihnen verlangen. Genaues Denken ist die Bedingung richtigen Verhaltens. Es ist überdies in sich selbst ein moralischer Akt; denn wer genau denken will, muß beachtlichen Versuchungen widerstehen.

(*The Olive Tree*, 1937; Ü.: Hans-Horst Henschen)

Morgen und morgen und dann wieder morgen

Zwischen 1800 und 1900 räumte die Lehre von der ›Taube auf dem Dach‹ in der Mehrzahl westlicher Hirne ihren Platz der Doktrin vom ›Spatzen in der Hand‹. Die motivierende und kompensierende Zukunft wurde nicht mehr als entkörperlichter Glückszustand aufgefaßt, den ich und meine Freunde nach dem Tode genießen sollten, sondern als Bedingung irdischen Wohlergehens für meine Kinder oder (wenn das ein wenig zu optimistisch klang) für meine Enkel oder Urenkel.

Die gläubigen Anhänger der Lehre von der ›Taube auf dem Dach‹ trösteten sich früher über alle ihre gegenwärtigen Leiden mit dem Gedanken an eine posthume Glückseligkeit hinweg, und wann immer sie sich dazu aufgelegt fühlten, andere Menschen noch elender zu machen als sie selbst es waren (und das war fast immer der Fall), rechtfertigten sie ihre Kreuzzüge und Verfolgungen mit der Schutzbehauptung, sie praktizierten, mit dem herrlichen Ausdruck des heiligen Augustinus, lediglich eine »wohltätige Strenge« (*benigna asperitas*), die für das himmlische Wohlergehen der Seelen durch Zerstückelung oder Marter bloßer Leiber in den untergeordneten Dimensionen von Raum und Zeit sorgte. In unseren Tagen trösten sich die revolutionären Anhänger der ›Spatz in der Hand‹-Doktrin über ihre *eigenen* Leiden hinweg, indem sie der wunderbaren Zeit gedenken, der die Menschen in hundert Jahren entgegengehen, und fahren dann fort, Liquidationen und Versklavungen großen Stils mit dem Hinweis auf die edlere, humanere Welt zu rechtfertigen, die diese Greueltaten auf die eine oder andere Weise ins Leben rufen würden.

Nicht alle Anhänger der ›Spatz in der Hand‹-Doktrin sind Revolutionäre, so wenig wie alle ›Taube auf dem Dach‹-Gläubigen Peiniger waren. Diejenigen, die hauptsächlich an anderer Leute künftiges Leben denken, neigen dazu, Missionare, Kreuzfahrer und Ketzerverfolger zu werden. Die anderen dagegen, die vor allem um ihre eigene Zukunft besorgt sind, finden sich mit dem Lauf der Welt ab. Die Predigten Wesleys und seiner Nachfolger liefen darauf hinaus, die ersten Generationen von Industriearbeitern mit ihrem unerträglichen Los zu versöhnen, und trugen dazu bei, England vor den Schrecknissen einer regelrechten Revolution zu bewahren.

Heute tröstet der Gedanke an das Glück ihrer Urenkel im 21. Jahrhundert die ernüchterten Nutznießer des Fortschritts und immunisiert sie gegen die kommunistische Propaganda. Jetzt leisten die Verfasser von Werbebroschüren für diese Generation das, was die Methodisten für die Opfer der ersten Industriellen Revolution taten.

Die Literatur der Zukunft ist, ebenso wie ihr Äquivalent, die Literatur der Ferne, gewaltig. Mittlerweile muß sich die Bibliographie Utopias auf Tausende von Titeln belaufen. Moralisten und politische Reformer, Satiriker und Science-fiction-Autoren – alle haben ihr Schärflein zum Korpus imaginärer Welten beigetragen. Weniger malerisch, aber erhellender als diese Produkte von Phantasie und idealistischem Eifer sind die Voraussagen, die von nüchternen und gutunterrichteten Männern der Wissenschaft getroffen wurden. Drei sehr wichtige Werke prophetischen Zuschnitts sind diesbezüglich in den letzten zwei oder drei Jahren erschienen – *The Challenge of Man's Future* von Harrison Brown, *The Foreseeable Future* von Sir George Thomson und *The Next Million Years* von Sir Charles Darwin. Sir George Thomson und Sir Charles Darwin sind Physiker, und Harrison Brown ist ein hervorragender Chemiker. Wichtiger noch, jeder dieser drei ist mehr und Besseres als ein bloßer Spezialist.

Beginnen wir mit dem weitesten Ausblick in die Zukunft – *The Next Million Years*. Paradox genug, ist es in mancher Hinsicht leichter zu erraten, was sich im Laufe von zehntausend Jahrhunderten ereignen wird als in einem einzigen. Woran liegt es, daß kein Zukunftsdeuter Millionär wird und keine Versicherungsgesellschaft bankrott geht? Ihr Geschäft ist dasselbe – die Vorhersage der Zukunft. Während aber die Mitglieder der einen Gruppe fortgesetzt erfolgreich sind, treffen die der anderen Gruppe, wenn überhaupt, nur gelegentlich ins Schwarze. Der Grund dafür ist einfach. Versicherungsgesellschaften befassen sich mit statistischen Durchschnittswerten. Zukunftsdeuter haben es mit besonderen Einzelfällen zu tun. Man kann mit einem hohen Grad von Genauigkeit vorhersagen, was hinsichtlich einer großen Zahl von Menschen oder Dingen geschehen wird. Aber vorherzusagen, was mit irgendeinem besonderen Ding oder irgendeiner besonderen Person geschehen wird, ist für die meisten von uns ganz unmöglich und sogar für die spezifisch begabte Minderheit außerordentlich schwer.

Die Geschichte des nächsten Jahrhunderts bringt sehr große Zahlen ins Spiel; folglich ist es möglich, bestimmte Voraussagen dazu mit einem recht hohen Grad an Sicherheit zu treffen. Obwohl wir aber ziemlich zuversichtlich sagen können, daß es Revolutionen, Kriege, Massaker, Wirbelstürme, Dürren, Flutkatastrophen, Rekord- und Mißernten geben wird, können wir weder die Daten dieser Ereignisse noch die genauen Orte, noch gar ihre unmittelbaren, kurzfristigen Konsequenzen spezifizieren. Wenn wir uns aber auf eine längere Perspektive einstellen und die größeren Zahlen ins Auge fassen, die in der Geschichte der nächsten zehntausend Jahrhunderte ins Spiel kommen, finden wir, daß diese Auf- und Abbewegungen der menschlichen und der Naturereignisse dazu neigen, sich auszugleichen, so daß es möglich wird, eine Kurve zu zeichnen, die den Durchschnittsverlauf der künftigen Geschichte ausweist, den Mittelwert zwischen Zeitaltern von Kreativität und Zeitaltern von Dekadenz, zwischen günstigen und ungünstigen Umständen, zwischen den fluktuierenden Polen von Triumph und Katastrophe. Das ist der versicherungsstatistische Zugang zur Prophezeiung – im großen Maßstab realistisch, und einigermaßen verläßlich. Es ist jene Art von Zugang, die es dem Propheten erlaubt zu sagen, daß im Leben von x% aller Frauen geheimnisvolle, stattliche Männer auftreten werden, aber nicht, welche besondere Frau ihnen erliegen wird.

Ein domestiziertes Tier ist ein Tier, das einen Herrn hat, der in der Lage ist, ihm Kunststücke beizubringen, es zu sterilisieren oder es zu zwingen, nur dann Junge zu werfen, wenn er es für angebracht hält. Der Mensch dagegen ist sogar im höchstzivilisierten Zustand eine wilde Spezies, die Junge nach dem Zufallsprinzip wirft und ihren Bestand immer bis an die Grenze des verfügbaren Lebensmittelvorrats vermehrt. Der Betrag an verfügbaren Lebensmitteln kann durch die Erschließung neuer Nahrungsquellen gesteigert werden, ebenso durch das auf Hungersnöte, Krankheiten oder Kriegszustände zurückzuführende plötzliche Verschwinden eines beträchtlichen Teiles der Population oder durch Verbesserungen der landwirtschaftlichen Nutzungstechniken. In jeder gegebenen Phase der Geschichte gibt es praktische Grenzen für den zur Zeit verfügbaren Nachschub an Nahrungsmitteln. Überdies gibt es, so wie die Naturvorgänge und die Größe des Planeten nun einmal sind, eine absolute Grenze, die niemals überschritten werden kann. Der Mensch als wilde Spezies wird immer versuchen, sich bis an die Grenzen der jeweiligen Phase zu vermehren. Folglich müssen sehr viele Mitglieder der Spezies immer am Rande des Hungertodes leben. Das war so in der Vergangenheit, ist so zum gegenwärtigen Zeitpunkt, da ungefähr sechshundert Millionen Männer, Frauen und Kinder mehr oder weniger ernstlich unterernährt sind, und wird auch in den nächsten Jahrmillionen so sein – ein Zeitraum, bei dem man erwarten darf, daß sich der Homo sapiens in irgendeine andere Spezies verwandelt haben wird, die der unseren auf unvorhersehbare Weise unähnlich, aber natürlich noch immer den Gesetzen unterworfen sein wird, die das Leben der wilden Tiere bestimmen.

Auch wenn wir das Faktum vielleicht nicht zu würdigen wissen, bleibt es dennoch ein Faktum: Wir leben in einem Goldenen Zeitalter der menschlichen Geschichte – nicht nur der vergangenen Geschichte, sondern auch der künftigen Geschichte. Denn wir leben, wie das Sir Charles Darwin und viele andere vor ihm bereits dargelegt haben, wie betrunkene Seeleute, wie die unverantwortlichen Erben eines millionenschweren Onkels. In einem beständig steigenden Tempo vergeuden wir heute das Kapital an mineralischen Erzen und fossilen Brennstoffen, die während Hunderter von Jahrmillionen in der Erdkruste gespeichert wurden. Wie lange kann diese Vergeudungsorgie anhalten?

Die Schätzungen variieren. Aber wir sind uns alle einig, daß der Mensch dieses Kapital innerhalb weniger Jahrhunderte oder höchstens einiger Jahrtausende aufgezehrt haben und gezwungen sein wird, in den verbleibenden neuntausendneunhundertundsiebzig oder -achtzig Jahrhunderten seiner Laufbahn als Homo sapiens streng nach seinen Einkünften zu leben. Sir Charles ist der Meinung, daß der Mensch mit Erfolg den Übergang von reichlich vorhandenen zu seltenen Erzen und sogar zu Meerwasser vollziehen wird, von Kohle, Öl, Uran und Thorium zu Sonnenenergie und aus Pflanzen gewonnenem Alkohol. Ungefähr ebensoviel Energie, wie jetzt verfügbar ist, kann aus den neuen Quellen geschöpft werden – aber mit einem weitaus größeren Aufwand an menschlicher Arbeitszeit, einer sehr viel intensiveren Kapitalinvestition in Maschinen. Und dasselbe gilt für die Rohstoffe, von denen die industrielle Zivilisation abhängt. Mit beträchtlich größerem Arbeitsaufwand wird es den Menschen gelingen, die erschöpften Reste des Mineralreichtums des Planeten auszubeuten oder nicht-metallische Ersatzsubstanzen für die Elemente herzustellen, die sie vollständig aufgebraucht haben. Unter solchen

Umständen werden manche Menschenwesen noch immer recht gut leben, wenn auch nicht mehr in dem Stil, an den wir, die Vergeuder des planetarischen Kapitals, gewöhnt sind.

Harrison Brown hat seine Zweifel hinsichtlich der Fähigkeit der menschlichen Rasse, den Übergang zu neuen und weniger konzentrierten Energiequellen und Rohstoffen zu vollziehen. Aus seiner Sicht gibt es drei Möglichkeiten. »Das erste und bei weitem wahrscheinlichste Verhaltensmuster ist die Rückkehr zur agrarischen Lebensweise.« Diese Rückkehr, so Brown, wird nahezu mit Sicherheit stattfinden, bis der Mensch nicht nur in der Lage ist, den technologischen Übergang zu neuen Energiequellen und Rohstoffen zu vollziehen, sondern auch das Kriegführen aufzugeben und gleichzeitig seine Bevölkerungsmenge zu stabilisieren. Sir Charles ist, beiläufig gesagt, davon überzeugt, daß es dem Menschen nie gelingen wird, diese Bevölkerungsmenge zu stabilisieren. Für kurze Zeit mag hie und da Geburtenkontrolle praktiziert werden. Aber jede Nation, die ihren Bevölkerungszuwachs einschränkt, wird letztlich von anderen Nationen verdrängt werden, die ihren eigenen keinerlei Restriktionen unterworfen haben. Überdies schränkt jede Geburtenkontrolle, durch Reduktion des mörderischen Wettbewerbs innerhalb der Gesellschaft, die sie praktiziert, das Wirken der natürlichen Selektion ein. Wo immer aber der freie Lauf der natürlichen Selektion beschnitten wird, setzt rasch biologische Degeneration ein.

Und dann sind da die kurzfristigen praktischen Schwierigkeiten. Die Herrscher freier Staaten sind nie in der Lage gewesen, sich auf eine gemeinsame Politik in bezug auf Wirtschaft, Abrüstung und Bürgerrechte zu einigen. Ist es also wahrscheinlich, ist es auch nur vorstellbar, daß sie sich auf eine gemeinsame Politik in bezug auf das sehr viel heiklere Problem der Geburtenkontrolle einigen werden? Die Antwort scheint negativ auszufallen. Und wenn sie sich, wie durch ein Wunder, doch einigen sollten oder wenn eines Tages eine Weltregierung ins Leben gerufen werden würde: Wie könnte eine Politik der Geburtenkontrolle durchgesetzt werden? Die Antwort: nur durch totalitäre Methoden und sogar dann ziemlich ineffektiv.

Kommen wir auf Harrison Brown und die zweite seiner Zukunftsversionen zurück. »Es besteht die Möglichkeit«, so schreibt er, »daß das Bevölkerungswachstum stabilisiert, daß Kriegshandlungen vermieden und daß der Übergang zu neuen Ressourcen mit Erfolg vollzogen wird. In diesem Falle wird sich die Menschheit mit einem Leitbild konfrontiert sehen, das als die zweitwahrscheinlichste Möglichkeit am Horizont der Ereignisse heraufdämmert – mit der Möglichkeit der vollständig kontrollierten und kollektivierten Industriegesellschaft.« (Eine solche Gesellschaft der Zukunft ist in meinem eigenen Roman-Essay über den Utopismus beschrieben, in *Brave New World.*)

»Die dritte Möglichkeit, mit der sich die Menschheit konfrontiert sieht, ist die einer weltweiten, freien Industriegesellschaft, in der menschliche Wesen in angemessener Harmonie mit ihrer Umwelt leben können.« Das ist eine erfreuliche Aussicht; aber Harrison Brown dämpft unseren Optimismus, indem er rasch hinzufügt, es sei »unwahrscheinlich, daß ein solches Leitbild lange existieren kann. Es wird mit Sicherheit schwer zu verwirklichen sein, und es wird, einmal verwirklicht, nur schwer aufrechterhalten werden können.«

Es ist eine wahre Erleichterung, von diesen düsteren Spekulationen über die fernere Zukunft zu Sir George Thomsons prophetischer Sicht dessen zurückzukehren, was vom gegenwärtigen Goldenen Zeitalter bleibt. Insoweit leicht verfügbare Energien und Rohstoffe betroffen sind, hat es der Mensch der westlichen Welt nie so gut gehabt wie heute und wie er es, wenn er sich nicht entschließt, sich in der Zwischenzeit selbst auszumerzen, auch in den nächsten drei, fünf oder vielleicht sogar zehn Generationen haben wird. Zwischen heute und dem Jahr 2050, wenn die Gesamtbevölkerung des Planeten wenigstens fünf und vielleicht sogar acht Milliarden Menschen betragen wird, wird zu den aus Kohle, Öl und Wasser-Staudämmen gewonnenen Energien die Atomkraft hinzutreten, und der Mensch wird über mehr mechanische Sklaven gebieten als je zuvor. Er wird mit dreifacher Schallgeschwindigkeit fliegen, er wird mit einer Geschwindigkeit von siebzig Knoten in unterseeischen Schiffahrtslinien reisen, er wird bislang ungelöste Probleme mit Hilfe elektronischer Denkmaschinen lösen. Hochwertige Metallvorkommen werden noch immer reichlich verfügbar sein, und die physikalische und chemische Forschung wird die Menschheit lehren, sie effektiver zu nutzen, und gleichzeitig eine Unmenge neuer synthetischer Materialien bereitstellen.

Inzwischen werden die Biologen nicht müßig sein. Verschiedene Algen, Bakterien und Pilze werden domestiziert, selektiv gezüchtet und dazu eingesetzt werden, verschiedene Arten von Nahrungsmitteln zu liefern und in der chemischen Synthese Leistungen zu vollbringen, die sonst nur mit ungeheurem Aufwand zu erreichen wären. Bildhafter gesprochen (denn Sir George ist ein Mann von Einbildungskraft): Es werden neue Affenarten gezüchtet werden, die in der Lage sind, die mühsameren Formen von Landarbeit zu übernehmen wie Früchte-, Baumwolle- oder Kaffeeschotenpflücken. Elektronenstrahlen werden auf besondere Areale von Pflanzen- und Tierchromosomen gerichtet, und auf diese Weise könnte es möglich werden, bestimmte kontrollierte Mutationen hervorzubringen. Auf medizinischem Gebiet kann der Krebs endgültig verhütet und Senilität (»das ganze Phänomen des Alters ist merkwürdig und unbegriffen«) aufgeschoben, vielleicht sogar beinahe unendlich weit aufgeschoben werden. »Der Erfolg«, fügt Sir George hinzu, »wird, wenn er kommt, aus irgendwelchen ganz unerwarteten Richtungen kommen; irgendeine physiologische Entdeckung wird die gegenwärtigen Vorstellungen davon verändern, wie und warum Zellen im gesunden Körper wachsen und sich teilen, und mit der richtigen Grundlagenforschung wird sich auch eine neue Aufklärung einstellen. Es sind nur die ziemlich leichten Oberflächenprobleme, die sich dadurch lösen lassen, daß man direkt an ihnen arbeitet; die Lösung anderer hängt von noch ungeleisteter Grundlagenforschung ab und bleibt unerreichbar, solange dieses Grundwissen nicht erworben worden ist.«

Kurzum, die Aussichten für die industrialisierte Minderheit der menschlichen Populationen sind für die nächste Zeit bemerkenswert erfreulich. Vorausgesetzt, wir hüten uns vor Selbstmord durch Krieg, können wir in der Tat sehr guten Zeiten entgegensehen. Daß wir mit unserer guten Zeit unzufrieden sein werden, versteht sich von selbst. Jeder von Individuen oder Gesellschaften gemachte Zugewinn gilt nahezu sofort als selbstverständlich. Die leuchtende Decke, zu der wir unsere sehnsüchtigen Augen aufheben, wird, wenn wir zum nächsten Stockwerk hinaufgestiegen sind, zu einem Streifen mißachteten Linoleums unter unseren Füßen. Aber das Recht auf Desillusionierung ist ebenso grundlegend wie jedes andere im Katalogangebot. (Gegenwärtig ist das Recht auf das Streben nach Glück nichts anderes als das anders formulierte Recht auf Desillusionierung.)

Wenden wir uns von der industrialisierten Minderheit jener großen Mehrheit zu, die die unterentwickelten Länder bewohnt, sind die unmittelbaren Zukunftsaussichten weniger tröstlich. Die Bevölkerung dieser Länder wächst um mehr als zwanzig Millionen jährlich, und in Asien zumindest ist die Nahrungsmittelproduktion pro Kopf, laut den jüngsten und genauesten Schätzungen, heute um zehn Prozent geringer als im Jahre 1938. Die durchschnittliche Nahrungsmenge in Indien beläuft sich auf etwa 2000 Kalorien täglich – weit unter dem Optimalwert. Wenn die Nahrungsmittelproduktion des Landes um vierzig Prozent gesteigert werden könnte – und die Experten glauben, daß sie bei großer Anstrengung und gewaltiger Kapitalinvestition in fünfzehn oder zwanzig Jahren tatsächlich derart gesteigert werden könnte –, würde das verfügbare Lebensmittelaufkommen die gegenwärtige Bevölkerung mit 2800 Kalorien pro Tag versorgen, eine Zahl, die noch immer unter dem Richtwert liegt. Aber in zwanzig Jahren (von heute an gesehen) wird sich die Bevölkerung Indiens um annähernd hundert Millionen vermehrt haben, und die zusätzliche, mit so großer Anstrengung und so großem Aufwand produzierte Nahrungsmenge wird wenig mehr als hundert Kalorien zur gegenwärtigen, erbärmlich unangemessenen Tagesration beitragen. Unterdessen ist es nicht einmal wahrscheinlich, daß eine vierzigprozentige Steigerung der Nahrungsmittelproduktion sich in den nächsten zwanzig Jahren überhaupt erzielen läßt.

Die Aufgabe der Industrialisierung der unterentwickelten Länder, die sie in die Lage versetzen soll, genügend Nahrungsmittel für ihre Bevölkerung zu produzieren, ist äußerst schwierig. Die Industrialisierung des Westens wurde durch eine Reihe historischer Zufälle möglich. Die Erfindungen, die die Industrielle Revolution in Gang setzten, wurden genau zum richtigen Zeitpunkt gemacht. In Amerika und Australien wurden von europäischen Siedlern oder ihren Nachkommen gewaltige Areale von Ödland erschlossen. Ein großer Überschuß an billigen Nahrungsmitteln wurde verfügbar, und ebendieser Überschuß versetzte die Kleinbauern und Landarbeiter, die in die Städte abwanderten und Fabrikarbeiter wurden, in die Lage, sich ihren Lebensunterhalt zu verdienen und ihre Nachkommen zu mehren. Heute gibt es kein brachliegendes Land mehr – zumindest keines das sich für leichte Urbarmachung eignet –, und der Gesamtüberschuß an Nahrungsmitteln ist klein im Verhältnis zu den gegenwärtigen Bevölkerungen. Wenn eine Million asiatischer Kleinbauern enteignet und zur Arbeit in die Fabriken geschickt würde, wer wollte die Nahrungsmenge produzieren, die ihre Arbeit ehedem lieferte? Die naheliegende Antwort lautet: Maschinen. Aber wie kann die Million neuer Fabrikarbeiter die erforderlichen Maschinen herstellen, wenn sie unterdessen nicht ernährt werden? Bis sie die Maschinen herstellen, können sie nicht von dem Land ernährt werden, das sie ehedem bebaut haben; und es gibt keinen Überschuß an billigen Nahrungsmitteln von anderen, weniger dicht besiedelten Ländern, der sie in der Zwischenzeit ernähren könnte.

Und dann ist da das Problem des Kapitals. »Die Wissenschaft«, hört man häufig sagen, »wird alle unsere Probleme lösen.« Vielleicht wird sie das tatsächlich tun, vielleicht auch nicht. Bevor die Wissenschaft jedoch anfangen kann, irgendwelche praktischen Probleme zu lösen, muß sie in Gestalt brauchbarer Technologie angewendet werden. Die Anwendung von Wissenschaft im großen Maßstab aber ist äußerst kostenintensiv. Ein unterentwickeltes Land kann nicht industrialisiert oder mit einer effizienten Landwirtschaft versorgt werden, es sei denn durch Investition eines sehr hohen Kapitalbetrages. Und was ist Kapital? Es ist das, was übrigbleibt, wenn die primären Bedürfnisse einer Gesellschaft befriedigt sind. In einem Großteil Asiens werden die primären Bedürfnisse eines Großteils der Bevölkerung nie befriedigt; folglich bleibt auch nichts übrig. Die Inder können etwa ein Hundertstel ihres Prokopf-Einkommens sparen. Die Amerikaner können zwischen einem Zehntel und einem Sechstel dessen, was sie verdienen, sparen. Da das Einkommen der Amerikaner sehr viel höher liegt als das der Inder, ist der verfügbare Kapitalbetrag in den Vereinigten Staaten etwa siebzigmal größer als der verfügbare Kapitalbetrag in Indien. Wer hat, dem wird gegeben, und denjenigen, die nicht haben, wird sogar das wenige, was sie haben, noch genommen. Wenn die unterentwickelten Länder auch nur partiell industrialisiert und auf dem Nahrungsmittelsektor zu Selbstversorgern gemacht werden sollen, wird es nötig sein, einen umfassenden internationalen Marshall-Plan aufzustellen, der Beihilfen in Form von Getreide, Geld, Maschinen und ausgebildeten menschlichen Arbeitskräften vorsieht. Das alles aber wird völlig nutzlos sein, wenn die Bevölkerung in den verschiedenen unterentwickelten Bereichen auch weiterhin wachsen darf, und zwar etwa im gegenwärtigen Maßstab. Wenn das Bevölkerungswachstum in Asien nicht stabilisiert werden kann, sind alle Industrialisierungsversuche zum Scheitern verurteilt, und der letzte Stand der Dinge wird weitaus schlimmer sein als der erste – denn es wird weitaus mehr Menschen geben, die Hungersnöten und Seuchen zum Opfer fallen können, und zugleich sehr viel mehr politische Unzufriedenheit, blutigere Revolutionen und scheußlichere Gewaltherrschaften.

(*Adonis and the Alphabet*, 1956; Ü.: Hans-Horst Henschen)

SOZIO-PSYCHOLOGISCHES

Acedia

Die Einsiedler in der Thebais waren dem Ansturm von mancherlei Dämonen ausgesetzt. Die meisten dieser bösen Geister näherten sich verstohlen mit dem Einbruch der Nacht. Aber einer war darunter, ein Unhold von grausamer Schlauheit, der sich nicht scheute, im hellen Tageslicht umherzustreifen. Die heiligen Männer der Wüste nannten ihn den *daemon meridianus;* denn er bevorzugte für seine Heimsuchungen die heißesten Stunden des Tages. Er lauerte den Mönchen auf, wenn sie vom Arbeiten in der bedrückenden Hitze matt und zerschlagen waren, und nutzte den Augenblick ihrer Schwäche, um sich Einlaß in ihre Herzen zu verschaffen. Und welche Verheerungen richtete er dort an, sobald er sich einmal eingenistet hatte! Plötzlich erschien seinem armen Opfer der Tag unerträglich lang und das Leben verzweifelt leer. Es trat vor die Tür seiner Zelle, blickte zur Sonne auf und fragte sich, ob sie wohl ein neuer Josua mitten auf ihrer Himmelsbahn angehalten hatte. Dann ging er zurück in den Schatten, um darüber nachzugrübeln, ob sein Leben in dieser Zelle wirklich ein gutes Werk darstellte und ob das Dasein überhaupt einen Sinn hatte. Danach schaute er wieder zur Sonne hin und fand sie ganz augenscheinlich bewegungslos und die Stunde der gemeinsamen Abendmahlzeit so fern wie zuvor. Und endlich kroch er zurück in seine Zelle und sank, versank durch Überdruß und Mattigkeit der Seele hinab in die schwarzen Tiefen der Verzweiflung und des hoffnungslosen Unglaubens. Wenn das geschehen war, lächelte der Dämon zufrieden und ging seiner Wege, in dem Bewußtsein, ein gutes Mittagswerk verrichtet zu haben.

Dem ganzen Mittelalter war dieser Dämon unter dem Namen Acedia bekannt. Die Mönche waren nach wie vor seine bevorzugten Opfer, doch auch unter der Laienschaft machte er zahlreiche Eroberungen. Zusammen mit *gastrimargia, fornicatio, philargyria, tristitia, cenodoxia, ira* und *superbia* gilt *acedia* oder *taedium cordis* als eine der acht Hauptsünden, denen der Mensch unterworfen ist. Die ungenauen Psychologen des Bösen sprechen üblicherweise von *acedia* so, als sei sie die reine Trägheit. Doch Trägheit ist nur eine der zahlreichen Erscheinungsformen des schleichenden und komplexen Lasters namens Acedia. Chaucers Abhandlung darüber in seinem *Parson's Tale* enthält eine recht genaue Beschreibung dieser Verirrung des Geistes: »Acedia«, so verrät er uns, »bebürdet einen Mann schwer und macht ihn vergrübelt und verdrossen.« Sie lähmt den Willen, »verstrickt den Menschen in Schwerfälligkeit und Schneckengang«, wann immer er sich zu einer Handlung aufraffen will. Acedia erzeugt die Scheu, irgendeine gute Tat anzupacken, und schließlich den Wahn der Verzweiflung. Auf ihrem Weg zu dieser äußersten, hoffnungslosen Wahnvorstellung bringt sie noch eine reiche Ernte minderer Sünden hervor, als da sind Müßiggang, Säumigkeit, *lâchesse*, Seelenkälte, mangelnde Andacht sowie »die Sünde weltlicher Kümmernis, die da heißt *tristitia*, und schlägt den Menschen nieder, wie Sankt Paulus lehret«.

Die sich durch *acedia* versündigt haben, finden ihre ewige Heimstatt im fünften Kreis des Inferno. Sie stecken im gleichen schwarzen Sumpf wie die Sünder des Zornes, und ihre Jammerworte brodeln in Schlammblasen an die Oberfläche:

Fitti nel limo dicon: »Tristi fummo
nell'aer dolce che dal sol s'allegra,
portando dentro accidioso fummo;
Or ci attristiam nella belletta negra.«
Quest'inno si gorgolian nella strozza,
che dir nol posson con parola integra.

Im Schlamme hockend sprechen sie: »Trüb lebten wir
in süßer Luft, die sich der Sonne freut,
da uns im Innern Trübsalsdunst umfing.
Nun lehrt der schwarze Sumpf uns ewiges Trauern.«
Sie gurgeln den Gesang in schmutziger Brühe,
Da heile Rede-Gabe sie verloren.

Die Acedia ist nicht zusammen mit den Klöstern und dem Mittelalter aus der Welt verschwunden. Auch die Renaissance war ihr verfallen. Wir finden eine ausladende Beschreibung ihrer Symptome in Burtons *Anatomy of Melancholy*. Die Ergebnisse der Machenschaften des Mittagsdämons laufen jetzt unter den Namen Hypochondrie oder Spleen. Dem Spleen widmete der liebenswerte Mr. Matthew Green,

Beamter der Obersten Zollbehörde, jene achthundert Achtsilber, die seine Anwartschaft auf die Unsterblichkeit begründen. Für ihn ist das Ganze nichts weiter als eine krankhafte Verstimmung, die sich durch angemessene Diät heilen läßt:

Hail! water gruel, healing power,
Of easy access to the poor...

Willkommen, Wundermittel Wasserschleim,
Den Armen wohlvertraut, und rasch bereit...;

durch Lachen, Lektüre und die Gesellschaft unaffektierter junger Damen:

Mothers, and guardian aunts, forbear
Your impious pains to form the fair,
Nor lay out so much cost and art
But to deflower the virgin heart...

Mütter und Tanten, von eurem Bemühn
Laßt ab, die Schönen schändlich zu erziehn,
Künste und Kosten darauf zu verlieren,
Ein jungfräuliches Herz zu deflorieren...;

oder auch dadurch, daß man dem Parteiengezänk, starken Getränken, Puritanern und Missionaren aus dem Weg geht. Besonders den Missionaren, deren Unternehmungen Mr. Green jegliche finanzielle Unterstützung immer entschieden verweigerte:

I laugh off spleen, and keep my pence
From spoiling Indian innocence...

Ich lach den Spleen fort, und geb keinen Penny her
Dafür, daß man Indianer-Unschuld korrumpiert...;

und schließlich dadurch, daß man die Rechtsanwälte, das Gedichteschreiben und die Gedanken an die eigene Zukunft strikt meidet.

The Spleen erschien in den dreißiger Jahren des 18. Jahrhunderts. Die Acedia war immer noch wenn schon keine Sünde, so doch eine Krankheit. Doch der Wandel kündigte sich an. »Die Sünde weltlicher Kümmernis, die da heißt *tristitia*« wurde zu einer literarischen Tugend, zu einer geistigen Modeerscheinung. Die Apostel der Melancholie hatten ihre empfindlichen Hörner eingezogen, und der Mann von Gefühl vergoß seine Tränenströme. Danach kam das 19. Jahrhundert und mit ihm die Romantik; und sie war der Triumph des Mittagsdämons: Acedia in ihrer komplexesten und grausamsten Form, als Mischung aus Langeweile, Kummer und Verzweiflung, wurde nunmehr zur Inspirationsquelle der größten Dichter und Romanciers und ist es bis zum heutigen Tage geblieben. Die Romantiker nannten dieses grauenvolle Phänomen *mal du siècle*. Doch der Name machte keinen Unterschied: Die Sache war noch ein und dieselbe. Der Mittagsdämon hatte allen Grund, mit dem 19. Jahrhundert zufrieden zu sein, denn damals geschah es, daß, in den Worten Baudelaires,

L'Ennui, fruit de la morne incuriosité
Prit les proportions de l'immortalité...

Die Langeweile, Frucht öder Abstumpfung,
Ausmaße annahm von Unsterblichkeit.

Ein eigenartiges Phänomen, diese Entwicklung der Acedia von der Position einer verdammungswürdigen Todsünde zuerst auf den Status einer Krankheit hin und dann zu einer ihrem Wesen nach lyrischen Empfindungsweise, die als Anregungskraft für einen großen Teil der charakteristischsten modernen Literatur fruchtbar wurde. Das Bewußtsein universeller Vergeblichkeit, das Gefühl verzweifelter Langeweile, mit dem entsprechenden Wunsch, »irgendwo, irgendwo außerhalb der Welt« zu sein, oder jedenfalls nicht an dem Ort, wo man gerade ist, all dies hat mehr als ein Jahrhundert lang die Dichtung und den Roman inspiriert. In Matthew Greens Tagen wäre es ganz undenkbar gewesen, ein ernsthaftes Gedicht zum Thema *ennui* zu schreiben. Zur Zeit Baudelaires war der *ennui* als lyrischer Gegenstand ebenso akzeptabel geworden wie die Liebe; und die Eintönigkeit der Provinz Acedia ist uns als Inspiration geblieben, als eines der ernstesten und eindringlichsten Themen überhaupt. Was hat dieser Tatbestand zu bedeuten? Denn ganz offensichtlich ist das Fortschreiten der Acedia ein geistiges Ereignis von beträchtlichem Gewicht. Wie läßt es sich erklären?

Es ist nicht so, als hätte das 19. Jahrhundert den Trübsinn erfunden. Langeweile, Hoffnungslosigkeit und Verzweiflung hat es immer gegeben, und all dies wurde in der Vergangenheit ebenso eindringlich empfunden, wie wir es heute empfinden. Doch irgend etwas muß geschehen sein, um diese Empfindungen achtbar und eingestehbar zu machen; sie sind nicht länger sündhaft, oder lediglich als Symptome einer Krankheit zu betrachten.

Was geschehen ist, war ganz einfach die Geschichte seit 1789. Das Scheitern der Französischen Revolution und der noch spektakulärere Sturz Napoleons pflanzte Acedia in das Herz der Jugend – nicht nur Frankreichs, sondern ganz Europas –, die an die Freiheit glaubte und deren Heranwachsen im rauschhaften Zeichen von Glorie und Geniekultur gestanden hatte. Was dann kam, war der industrielle Fortschritt mit seiner monströsen Vermehrung von Schmutz, Elend und übelerworbenem Reichtum; die Besudelung der Natur durch die moderne Industrie reichte an sich bereits hin, um empfindliche Geister niederzuschlagen. Die Entdeckung, daß die politische Emanzipation, für die man so lange und hartnäckig gekämpft hatte, das reinste Nichts von einem Hirngespinst war, solange die industrielle Versklavung ungebrochen blieb, gehörte zu den weiteren schrecklichen Enttäuschungen des Jahrhunderts.

Ein etwas weniger offensichtlicher Grund für das Vorherrschen existentieller Langeweile war das unverhältnismäßige Wachstum der großen Städte. Sobald sie sich an die fieberhafte Hektik dieser wenigen großen Zentren gewöhnt hatten, fanden die Menschen das Leben außerhalb ihrer Grenzen unerträglich fade. Doch gleichzeitig wurden sie durch die rastlose Gehetztheit des Stadtlebens so erschöpft, daß sie sich nach der langweiligen Eintönigkeit der Provinz zu sehnen begannen, nach exotischen Inseln, selbst nach anderen Welten – nach irgendeinem Hafen der Ruhe.

Und schließlich kam, als Krönung dieses Riesengebäudes von Versagen und Desillusion, die entsetzliche Katastrophe des Krieges von 1914. Auch andere Epochen haben Unheil erlebt und bittere Enttäuschungen erlitten; doch in keinem Jahrhundert sind die Desillusionen einander so dicht und mit so gnadenloser Geschwindigkeit auf dem Fuß gefolgt wie im neunzehnten und zwanzigsten, aus dem guten Grund, weil kein Jahrhundert zuvor so rapide und tiefgreifende Veränderungen erlebt hat. Das *mal du siècle* war ein unvermeidliches Übel; ja, wir können mit einem gewissen Stolz darauf verweisen, daß wir ein Recht auf unsere Acedia haben. Für uns ist sie keine Sünde und keine Erkrankung der hypochondrischen Partien mehr; sie ist ein Geisteszustand, den uns das Schicksal auferlegt hat.

(*On the Margin*, 1923; Ü.: Werner von Koppenfels)

Vergnügungen

Wir haben seit 1914 einiges über die Kräfte gehört, die die Zivilisation bedrohen. Erst war es der preußische Militarismus; dann die Deutschen generell; dann die Verlängerung des Krieges; dann seine Verkürzung; dann, einige Zeit später, der Vertrag von Versailles; dann der französische Militarismus – all das laufend begleitet von so sekundären Bedrohungen wie der Prohibition, von Lord Northcliffes Presse, Mr. Bryans moralischen Kreuzzügen und Sauberkeitsaposteln à la Comstock ...

Die Zivilisation jedoch hat den vereinten Attacken dieser Feinde wundersam widerstanden. Denn sie steht heute, im Jahre 1923, letztlich nicht gar so weit von dem Ort entfernt, wo sie in jener »sagenhaften Zeit der Riesen vor der Flut« – ganze neun Jahre ist es her – gestanden hatte. Wo genau sie damals stand, zwischen Neandertal auf der einen Seite und Athen auf der anderen – das ist eine Frage, die jeder nach seinem persönlichen Geschmack beantworten mag. Die entscheidende Tatsache ist, daß diese Herausforderer unserer Zivilisation in ihrem jetzigen Zustand – einschließlich des größten Krieges und des dümmsten Friedens, die die Weltgeschichte kennt – sich bislang an den meisten Orten auf das bloße Drohen beschränkt und heftiger gebellt als zugebissen haben.

Nein, die Gefahren, die unsere Kultur bedrohen, kommen nicht so sehr von außen – von wilden Männern, Kriegen und dem Bankrott, den Kriege nach sich ziehen. Die alarmierendsten Gefahren drohen von innen: Sie gelten eher dem Geist als dem Leib und Besitz des heutigen Menschen.

Unter all den vielen toxischen Substanzen, die die moderne Zivilisation sich auf dem Wege der Selbstvergiftung heimlich und leise im eigenen Innern zusammenbraut, scheint mir keine verderblicher (und gibt sich zugleich harmloser) als jenes sonderbare und entsetzliche Ding, das unter dem Etikett »Vergnügung« rangiert. »Vergnügung« (ich setze das Wort zwischen Anführungszeichen, um anzuzeigen, daß ich nicht die echten Vergnügungen meine, sondern all die organisierten Aktivitäten, die offiziell unter demselben Namen laufen), »Vergnügung«! – was für Alptraumvisionen das Wort heraufruft!

Wie jeder halbwegs vernünftige und empfindsame Mensch verabscheue ich Arbeit. Doch ich wollte lieber acht Stunden pro Tag in einem staatlichen Büro absitzen, als zu einem Leben verdammt sein, das aus lauter »Vergnügungen« besteht. Ja, ich glaube, ich würde sogar lieber eine ganze Million Worte an jährlichen Zeitungsartikeln zu Papier bringen.

Das Grauenhafte an der modernen »Vergnügung« kommt daher, daß jede Art von organisierter Zerstreuung dazu neigt, fortschreitend immer schwachsinniger zu werden. Früher gab es Zeiten, da widmeten sich die Leute solchen Zerstreuungen, die immerhin den Aufwand einer gewissen geistigen Anstrengung verlangten. Im 17. Jahrhundert etwa fanden Angehörige des Königshauses und ihre Höflinge ein echtes Vergnügen daran, gelehrten Predigten zuzuhören (denen des Dr. Donne zum Beispiel) oder akademischen Disputationen über strittige Punkte aus Theologie und Metaphysik. Unter den Veranstaltungen zur Unterhaltung des pfälzischen Kurfürsten anläßlich seiner Heirat mit der Tochter Jakobs I. befand sich auch eine syllogistische Argumentation über ich weiß nicht mehr welches Thema zwischen dem liebenswürdigen Lord Großsiegelbewahrer Williams und einer Schar weniger prominenter Logiker aus Cambridge. Man stelle sich die Reaktion eines heutigen hohen Herrn vor, wenn ihm seine getreue Universität eine derartige Erlustigung böte.

Fürstliche Persönlichkeiten waren nicht die einzigen Menschen, die damals intelligenten Vergnügungen zugetan waren. Zu elisabethanischen Zeiten konnte man sich darauf verlassen, daß jede Lady und jeder Gentleman, die den üblichen Grad von Bildung besaßen, auf Verlangen ihren Part in einem Madrigal oder einer Motette übernehmen konnten. Wer die außerordentliche Komplexität und Raffiniertheit der Musik des 16. Jahrhunderts kennt, weiß, was das bedeutet. Um ihrem jeweiligen Lieblings-Zeitvertreib nachzugehen, mußten unsere Vorfahren ihren Geist ungewöhnlich kräftig anstrengen. Auch das ungebildete Volk frönte solchen Vergnügungen, die den Einsatz einer gewissen Intelligenz, Individualität und persönlichen Initiative verlangten. Sie hörten sich beispielsweise *Othello, King Lear* und *Hamlet* an – und fanden diese Stücke offenbar auch unterhaltsam und verständlich. Sie sangen und machten eine Menge Musik. Und weit draußen, auf dem Lande, durchliefen die Bauern Jahr um Jahr die traditionellen Riten – die Frühjahrs- und Sommertänze, den winterlichen Mummenschanz, die Zeremonien beim Einbringen der Ernte – alles so, wie es sich für die jeweilige Jahreszeit schickte. Ihre Vergnügungen waren intelligent und lebendig, und sie selbst waren es, die sich aus eigener Anstrengung unterhielten.

All das haben wir gründlich geändert. Anstelle der alten Vergnügungen, die Intelligenz und Eigeninitiative verlangen, haben wir Riesenorganisationen, die uns mit vorgefertigten Zerstreuungen beliefern – Zerstreuungen, die von den Vergnügungshungrigen keinerlei persönliche Teilnahme und geistige Anstrengung verlangen. Den unzähligen Demokratien auf der Welt bringen eine Million Kinos ein und dasselbe schale Gewäsch. Viertrangige Schriftsteller und Stückeschreiber hat es immer gegeben; doch in der Vergangenheit gaben ihre Werke schnell den Geist auf, ohne die Grenzen der Stadt oder des Landes, wo sie erschienen, zu überschreiten. Heutzutage gehen die Erfindungen der Drehbuchschreiber von Los Angeles aus um die ganze Welt. Ein endloses Publikum läßt sich passiv von diesem lauen Unsinnsbad einweichen. Sie müssen dazu weder den Geist strapazieren noch wirklich teilnehmen: Es reicht, einfach dazusitzen und die Augen aufzuhalten.

Brauchen die Demokratien Musik? Früher hätten sie selbst aufgespielt. Heute drehen sie nur das Grammophon an; oder wenn sie etwas mehr auf der Höhe der Zeit sind, stellen sie ihren Radioapparat auf der richtigen Wellenlänge ein und lauschen der üppigen Altstimme aus dem Funkhaus, die ihnen »Des Schnitters Schlummerlied« zum besten gibt.

Und wenn sie Literatur brauchen, so gibt es ja die Presse. Gewiß, ihre nominelle Aufgabe ist es, Information zu verbreiten. Doch ihre wirkliche Funktion besteht darin, genau wie das Kino eine Unterhaltung zu liefern, die das Bewußtsein beschäftigt hält, ohne ihm die kleinste Anstrengung oder auch nur einen Gedanken abzuverlangen. Diese Funktion, das muß ihr der Neid lassen, erfüllt sie mit dem allergrößten Erfolg. Jahrelang kann man seine zwei Zeitungen jeden Werktag und dazu eine am Sonntag lesen, ohne daß es einen einzigen Gedanken kostet oder mehr Mühe, als es erfordert, die Augen halbwach die Spalte hinabwandern zu lassen.

Es gibt immer noch einige Teile der Bevölkerung, die athletische Sportarten betreiben, bei denen eine gewisse Eigenbeteiligung verlangt wird. Nicht wenige Angehörige der Mittel- und Oberschicht spielen Golf und Tennis in eigener Person und schießen auf Vögel – wenn sie reich genug dazu sind –, hetzen den Fuchs oder fahren Ski in den Alpen. Doch die große Mehrheit der Bevölkerung ist heute soweit, den Sport nur noch nach dem Stellvertreterprinzip zu betreiben: Sie zieht die Zuschauerrolle beim Fußball den Strapazen und Risiken des tatsächlichen Spiels vor. Immerhin – alle Klassen tanzen noch; aber sie tanzen, rings um die Welt, mit denselben Schritten nach denselben Melodien. Jede örtliche oder persönliche Eigenheit ist sorgsam aus den Tänzen heraussterilisiert worden.

Diese mühelosen Vergnügungen und vorgefertigten Zerstreuungen, genau die gleichen für alle und jeden in der ganzen westlichen Welt, sind mit Sicherheit eine schlimmere Drohung für unsere Kultur als es je die Deutschen waren. Die Arbeitsstunden des Tages sind bereits, für die große Mehrheit der Menschen, von der Ausübung rein mechanischer Tätigkeiten beansprucht, die weder geistige Leistung noch Individualität, noch Initiative erfordern. Und nun wenden wir uns auch noch in den Mußestunden Vergnügungen zu, die ebenso mechanisch stereotyp, geistlos und unanregend sind wie unsere Arbeit. Wenn man solche Art von Muße mit solcher Arbeit addiert, so ist die Summe ein großartiger Tag – ein Segen, wenn er endlich herum ist.

Im Zuge derartiger Selbstvergiftung hat unsere Zivilisation alle Aussicht, in eine Art vorzeitiger Senilität zu versinken. Mit geistigen Anlagen, die durch mangelnden Einsatz fast verkümmert sind, unfähig, sich zu unterhalten, mit so stumpfem Desinteresse an den fertigen Vergnügungen, die ihr von außen angeboten werden, daß nur die allergröbsten Reize einer ständig wachsenden Gewaltsamkeit und Geschmacklosigkeit sie noch berühren, wird die Demokratie der Zukunft an chronischer und tödlicher Langeweile kranken. Vielleicht wird sie den Weg gehen, den die Römer gingen: jene Römer, die am Ende – genau wie wir – die Fähigkeit verloren, sich zu unterhalten; jene Römer, die – genau wie wir – von gebrauchsfertigen Vergnügungen lebten, an denen sie keinen Anteil hatten. Ihr tödlicher *ennui* forderte immer mehr Gladiatoren, immer mehr seiltanzende Elefanten, das Abschlachten von immer rareren und weiter hergeholten Tieren.

Der unserige würde nicht weniger verlangen; doch dank einiger Idealisten bekommt er noch nicht alles, was er verlangt. Die gewaltsamsten Formen der Unterhaltung kann man sich nur illegal verschaffen; wer seine Lust an Totschlag und Quälerei befriedigen möchte, muß Mitglied des Ku-Klux-Klans werden. Doch es besteht kein Grund zur Resignation: Vielleicht erleben wir es noch, daß auf der Bühne des Hippodroms Blut fließt. Vielleicht erweist sich der Druck der Langeweile, die nach Linderung schreit, als zu übermächtig für unsere Idealisten.

(*On the Margin*, 1923; Ü.: Werner von Koppenfels)

Arbeit und Freizeit

Reformer sehen voller Freude einer Zeit entgegen, wo dank einer effizienten Gesellschaftsstruktur und perfektionierter Maschinen niemand mehr hart und viel arbeiten muß und alle Männer und Frauen so viel Freizeit haben werden wie heutzutage nur wenige Privilegierte. In diesem Goldenen Zeitalter wird man nur noch vier bis fünf Stunden pro Tag arbeiten müssen. Über den Rest seiner Zeit kann jeder frei verfügen.

Kaum ein fühlender Mensch wird es fertigbringen, derlei Bestrebungen nicht gutzuheißen. Man muß sich seines Übermenschentums schon in geradezu arroganter Weise sicher sein, um selbstgefällig die Sklaverei zu akzeptieren, die es ja erst ermöglicht, ein Übermensch zu sein. Der arme Nietzsche unterzeichnete Briefe am Ende seines Lebens mit »Nietzsche Caesar« und starb in der Irrenanstalt. Vielleicht ist dies der Preis, den man – zumindest als intelligenter Mensch, denn die gemütlichen Dummköpfe bezahlen ja nie, so wie sie auch nie etwas erhalten – für die unerschütterliche Überzeugung von der eigenen Überlegenheit bezahlen muß.

Daß man mit einem Ideal sympathisiert, muß jedoch nicht heißen, daß man ihm unkritisch gegenübersteht; wer feste Überzeugungen besitzt, darf gerade deswegen aufs Denken nicht verzichten. Den meisten Menschen wird zuviel Arbeit aufgebürdet, die außerdem noch stumpfsinnig ist. Diese Tatsache könnte und sollte unsere Empörung und unser Mitleid wecken. Und doch dürfen uns derlei Emotionen nicht daran hindern, jene Pläne zu kritisieren, die den Status quo ändern wollen. Die Sozialreformer wünschen ein System herbei, in dem alle Menschen ebenso oder fast ebensoviel Freizeit haben wie heutzutage die begüterten und müßigen Klassen. Man darf wohl trotz aller Sympathie bezweifeln, daß dieses Ziel wirklich so erstrebenswert ist.

Beginnen wir mit einer simplen Frage: Was sollen denn die Leute mit der Freizeit anfangen, die sie durch eine neue Gesellschaftsstruktur und perfektere Maschinen gewonnen haben? Zukunftspropheten geben auf diese Frage immer die gleiche Antwort, mit kleinen Abweichungen, je nach dem persönlichen Geschmack. Henri Poincaré zum

Beispiel hatte die Vorstellung, der Mensch der Zukunft verbringe seine Freizeit damit, »über die Naturgesetze nachzusinnen«. Mr. Bernard Shaw scheint diese Ansicht weitgehend zu teilen. Nachdem sie mit vier Jahren jedes Interesse an so kindischen Dingen wie Liebe, Kunst und menschlichem Umgang verloren haben, benutzen die Alten in *Back to Methuselah* ihre endlos verlängerte Existenz dazu, über die rätselhafte, wunderbare Schönheit des Kosmos zu meditieren. Mr. H. G. Wells schildert in *Men like Gods* eine Rasse sportlicher Chemiker und mathematischer Physiker, die nackt herumlaufen und, anders als Mr. Shaws enthaltsamere Alte, in den Pausen zwischen ihren Experimenten vernunftgemäß die freie Liebe praktizieren. Für Kunst interessieren sie sich ebenfalls, und auch für Gesellschaftsspiele sind sie sich nicht zu gut.

Diese drei Antworten auf unsere Fragen sind typisch. So unterschiedlich jeder Prophet die jeweilige Bedeutung der diversen Aktivitäten, aus denen sich die allgemein als ›höher‹ eingestuften Lebensformen zusammensetzen, bewerten mag: *daß* die Lebensform unserer müßigen Nachkommen eine höhere sein wird, darin ist man sich einig. Wißbegierig werden sie sich mit ›dem Besten‹ vertraut machen, das je über alles ›gelehrt und gesagt worden ist‹; sie werden vollendete Musik hören; sie werden sich künstlerisch und handwerklich betätigen (zumindest so lange, bis ihnen auch diese Beschäftigungen kindisch vorkommen); sie werden Naturwissenschaften, Philosophie und Mathematik studieren und über das wunderbare Geheimnis der Welt meditieren, in der sie leben.

Mit einem Wort, diese privilegierten Klassen einer Zukunft, die in allzu weiter Ferne zu wähnen keinerlei Grund besteht – im Ernst, vielleicht erleben sogar unsere Enkel noch den Vierstundentag –, werden all das tun, was die privilegierten Klassen der Gegenwart so auffallend zu tun versäumen.

Wie viele reiche Müßiggänger mag es gegenwärtig geben, die in ihrer Freizeit über die Naturgesetze nachdenken? Das entzieht sich meiner Kenntnis; ich weiß nur, daß ich selten welche kennenlerne. Freilich treten viele Reiche als Mäzene auf oder versuchen sich sogar aus Liebhaberei in den schönen Künsten. Aber jeder, der sich einmal unter ›kunstliebenden‹ Reichen aufgehalten hat, weiß, wie sehr diese Pflege und Förderung der Kunst dem Snobismus entspringt, wie seicht und verlogen der lauthals geäußerte Enthusiasmus meistens ist. Die müßigen Klassen befassen sich mit Kunst aus dem gleichen Grund wie mit Bridge – um der Langeweile zu entrinnen. Zusammen mit dem Sport und der Liebe hilft ihnen die Kunst, das Vakuum ihrer Existenz auszufüllen.

In Monte Carlo und Nizza begegnet man jenen Reichen, deren Hauptinteressen Spiel und Liebe sind. Meinem Reiseführer zufolge verzeichnet allein schon Monte Carlo jährlich zwei Millionen Besucher. Also konzentrieren sich wohl sieben Achtel der müßigen Bevölkerung Europas auf diesen Küstenstreifen. Fünftausend Jazzbands spielen täglich zu ihrem Vergnügen. Hunderttausend Autos transportieren sie rasant von einem Ort zum anderen. Riesige Aktiengesellschaften bieten ihnen alle erdenklichen Zerstreuungen an, von Roulette bis Golf. Legionen von Prostituierten strömen aus der ganzen Welt hierher, und es wimmelt nur so von hingebungsvollen Liebhabern der sanften Leidenschaft. Vier Monate im Jahr ist die französische Riviera ein Paradies auf Erden. Und wenn die vier Monate vorüber sind, kehren die reichen Müßiggänger in ihre nördlichen Heimatländer zurück, wo sie zwar weniger prächtige, aber doch recht zuverlässige Filialen jenes Paradieses erwarten, das sie zurückgelassen haben.

Die reichen Müßiggänger Monte Carlos sind, wie gesagt, die, deren Hauptmittel gegen Langeweile oder ernste Gedanken Liebe und Spiel heißt. Viele von ihnen sind auch ›künstlerisch angehaucht‹. Aber ich glaube, den interessantesten Exemplaren kunstverständiger Reicher begegnet man nicht in Monte Carlo. Um sie wirklich in ihrem Element zu erleben, muß man schon nach Florenz fahren. Florenz ist die Heimat derer, die sich mit gleicher Inbrunst dem Mah-Jongg-Spiel und der Leidenschaft für Fra Angelico hingeben. Bei Tee und Kuchen plaudern sie, falls sie selbst schon zu alt für die Liebe sind, über die Ausschweifungen der jüngeren Generation; doch fertigen sie außerdem auch noch Aquarellskizzen an und lesen die *Blümlein des heiligen Franziskus.*

Um den reichen Müßiggängern Gerechtigkeit widerfahren zu lassen, darf ich keinesfalls jene respektable Minderheit vergessen, die sich in Werken der Wohltäterei (fast hätte ich gesagt »der Tyrannei«), in Politik, Kommunalverwaltung und gelegentlich in wissenschaftlichen oder naturwissenschaftlichen Studien übt. Ich zögere, den Ausdruck ›im Dienste der Menschheit‹ zu verwenden: Denn er wurde so oft als Ideal hochgehalten, von einem solchen Pack von Zeitungsverlegern, knallharten Geschäftsleuten und professionellen CVJM-Moralisten, daß er jede echte Bedeutung verloren hat. Nach Meinung unserer modernen Messiasse erreichen diejenigen schon das ›Ideal des Dienstes am Menschen‹, die effizient einträgliche Geschäfte machen, und zwar gerade mit so viel Ehrlichkeit, daß sie dabei nicht im Gefängnis landen. Barer Handel wird so zur schönen Tugend erhoben. Das Ideal des Dienstes an der Menschheit, das den besten Teil der müßig-begüterten Klasse Englands beseelt, hat nichts mit den Dienstleistungsidealen zu tun, auf die sich Inserenten in amerikanischen Illustrierten so oft berufen. Ohne diese Klarstellung hätte man mein Lob vielleicht wenn schon nicht schlichtweg beleidigend, so doch ganz abscheulich schwach auf der Brust gefunden.

Es gibt also eine bewundernswerte Minderheit. Aber selbst bei gebührender Berücksichtigung dieser Minderheit und ihrer Beschäftigungen kann man, wenn man aufrichtig ist, nicht behaupten, daß die unbeschäftigten Klassen der Gegenwart, oder überhaupt irgendeiner uns bekannten historischen Epoche, besonders gute Reklame für Freizeit machen. Es ist keineswegs erhebend mitanzusehen, wie die reichen Müßiggänger in Monte Carlo oder auch im Florenz der Künste ihre Zeit verbringen.

Und auch der Gedanke daran, was die unmüßigen Stände mit jenen kurzen Stunden der Erholung beginnen, die ihnen zwischen Arbeit und Schlaf gewährt werden, ist nicht sehr beruhigend. Anderen bei sportlichen Spielen zuzusehen, im Kino Filme anzuschauen, Zeitungen und belanglose Romane zu lesen, Musik am Radio und auf Schallplatten zu hören und mit Zug und Omnibus von einem Ort zum anderen zu kutschieren – dies, nehme ich an, sind die Hauptbeschäftigungen, denen der Arbeiter in seiner Freizeit nachgeht. Einzig und allein, daß sie billig sind, unterscheidet sie von den Zerstreuungen der Reichen. Und was geschieht, wenn man die Freizeit verlängert? Es wird noch mehr Kinos, Zeitungen, schlechte Romane, Radios und billige Autos geben müssen. Nehmen mit der Freizeit auch Bildung und Wohlstand zu, dann wird man noch mehr russische Ballette und noch mehr Filme, noch mehr Zeitungen wie die *Times* und noch mehr *Daily Mails* brauchen, noch mehr Kasinos und noch mehr Buchmacher und Fußballspiele, noch mehr teure Operninszenierungen und noch mehr Schallplatten, noch mehr Hugh Walpoles und noch mehr

Nat Goulds. Wenn dieselben Ursachen auf dieselben Organismen einwirken, ist mit denselben Wirkungen zu rechnen. Und normalerweise und solange wir in geschichtlichen Dimensionen denken, ist die menschliche Natur praktisch unveränderlich; der Organismus bleibt derselbe. *Argal*, wie Launcelot Gobbo gesagt hätte...

Da dem so ist, steht ferner zu befürchten, daß eine Zunahme der Freizeit mit einer Zunahme gewisser seelischer Übel einhergehen wird – als da wären Langeweile, Ruhelosigkeit, Spleen und ein allgemeiner Lebensüberdruß – an denen die müßig-begüterten Klassen seit jeher leiden.

Eine weitere Folge von mehr Freizeit, vorausgesetzt, sie ist mit einem leidlich hohen Lebensstandard verknüpft, wird ein stark wachsendes Interesse der jetzigen arbeitenden Klasse an allem sein, was mit Liebe zu tun hat. Liebe in all ihrer üppigen Vielfalt kann nur in einer Gesellschaft wohlgenährter, unbeschäftigter Menschen gedeihen. Man sehe sich einmal die Literatur an, die von Mitgliedern der müßigen Klassen für ihresgleichen geschrieben wurde, und vergleiche sie mit der Literatur der arbeitenden Bevölkerung. Man vergleiche *La Princesse de Clèves* mit *The Pilgrim's Progress*, Proust mit Charles Garvice, Chaucers *Troilus and Cressida* mit den volkstümlichen Balladen. Es wird einem sofort klar, daß die müßigen Klassen seit jeher ein viel leidenschaftlicheres, und ich möchte sagen professionelleres, Interesse an der Liebe hatten als die arbeitende Bevölkerung. Schwerarbeit und komplizierte Liebesaffären schließen sich aus. Liebe, zumindest auf die Art und Weise, wie es sich nicht-berufstätige Frauen wünschen, ist eine Ganztagsbeschäftigung. Sie erfordert sowohl Energie als auch Muße. Doch genau das ist es, was dem, der schwer arbeitet, fehlt. Man reduziere seine Arbeitszeit, und er wird über beides verfügen.

Wenn morgen oder in ein paar Generationen alle Menschen so ein müßiges Leben führen könnten wie heute nur einige wenige, hätte dies, soweit ich sehe, folgende Konsequenzen: Die Nachfrage nach Zeitkillern und Denksurrogaten wie Zeitungen, Filmen, Romanen, billigen Verkehrsmitteln und drahtlosen Telefonen würde enorm steigen, oder um es pauschaler auszudrücken, es gäbe einen erhöhten Bedarf an Sport und Kunst. Es bestünde ein weitverbreitetes Interesse an der schönen Kunst des Liebens. Und unzählige Menschen, die gegen diese geistigen und moralischen Übel bisher immun gewesen waren, würden an Langeweile, Depression und einer generellen Unzufriedenheit erkranken.

Tatsache ist, daß die meisten Menschen, so wie sie jetzt erzogen werden, fast zwangsläufig ihre Freizeit solchen Beschäftigungen widmen, die wenn nicht ausgesprochen verwerflich, so doch dumm und nutzlos sind und, schlimmer noch, insgeheim auch als nutzlos verdächtigt werden.

Tolstoi erschien die Idee der Muße für alle absurd, ja gottlos. Sozialreformer, die das Ideal einer allgemeinen Muße hochhielten, waren in seinen Augen Verrückte. Sie wollten alle Menschen jenen reichen, faulen Städtern gleichmachen, unter denen er seine Jugend verbracht hatte und die er so tief verachtete. Für ihn waren sie Verschwörer gegen das Wohl der Menschheit.

Wichtig erschien Tolstoi nicht, daß die Arbeiter mehr Gelegenheit zum Müßiggang bekamen, sondern daß die Müßiggänger arbeiteten. Seine soziale Idee war Arbeit für alle in natürlicher Umgebung. Er hätte gern gesehen, daß alle Männer und Frauen auf dem Land lebten und sich von ihren selbstbestellten Feldern ernährten. Sämtliche Utopisten prophezeien ja gern, daß eine Zeit kommen wird, wo der Mensch die Landwirtschaft aufgibt, um von synthetischer Nahrung zu leben; Tolstoi fand diesen Gedanken abstoßend. Doch wenn er damit auch zweifellos recht hatte, so sind die Propheten der synthetischen Nahrung wahrscheinlich doch bessere Seher als er. Es ist wahrscheinlicher, das sich die Menschheit urbanisiert, als daß sie verländlicht wird. Aber diese Wahrscheinlichkeiten interessieren uns hier nicht. Uns interessieren lediglich die Ansichten Tolstois über die Freizeit.

Tolstois Abneigung gegen die Freizeit beruhte auf seinen eigenen Erfahrungen als jugendlicher Müßiggänger und auf der Beobachtung anderer reicher Müßiggänger, Männer wie Frauen. Er zog den Schluß, die Muße sei, nach Lage der Dinge, eher ein Fluch als ein Segen. Und wenn man Monte Carlo oder die anderen irdischen Paradiese der Müßiggänger besucht, kann man ihm kaum widersprechen. Die meisten Menschen arbeiten und denken nur unter Zwang. Freizeit rentiert sich aber bloß für den, der auch ohne Zwang den Wunsch nach geistiger Arbeit verspürt. In einer Gesellschaft, die nur aus solchen regen Geistern bestünde, wäre die Freizeit ein wahrer Segen. Aber solch eine Gesellschaft hat es nie gegeben, und sie ist derzeit auch nicht in Sicht. Wird man sie je ins Leben rufen können?

Diejenigen, die da glauben, man könne alle Mängel der Natur durch eine geeignete Erziehung korrigieren, werden diese Frage bejahen. Und tatsächlich ist hinlänglich klar, daß sich die Erziehungswissenschaft noch in einem sehr rudimentären Zustand befindet. Wir besitzen zwar genügend physiologische Kenntnisse, um Gymnastikübungen empfehlen zu können, die den Körper zu seiner Bestform entwickeln. Aber vom Verstand, und vor allem vom Wachstum des Verstandes, wissen wir wesentlich weniger; und selbst das, was wir wissen, wird nicht systematisch oder universell auf die Probleme der Erziehung angewandt. Unser Verstand ist wie der durch sitzende Lebensweise erschlaffte Körper des Städters – untauglich und schwach entwickelt. Bei einer Vielzahl von Menschen endet die intellektuelle Entwicklung schon in der Kindheit; sie gehen mit den intellektuellen Fähigkeiten fünfzehnjähriger Jungen und Mädchen durchs Leben. Ein geeigneter, auf echten psychologischen Erkenntnissen beruhender Kurs für geistige Gymnastik böte zumindest jedem die Möglichkeit, seinen Verstand optimal zu entwickeln. Eine wunderbare Aussicht! Der Gedanke daran, wie die von der Mehrzahl der Menschen erreichbare optimale Entwicklung aussieht, wird unsere Begeisterung für die Erziehung jedoch etwas abkühlen. Jemand mit angeborener Begabung verhält sich im Hinblick auf seine speziellen Fähigkeiten zu einem Untalentierten wie ein menschliches Wesen zu einem Hund. Mathematisch betrachtet bin ich im Vergleich zu Newton ein Hund; musikalisch bin ich im Vergleich zu Beethoven und künstlerisch im Vergleich zu Giotto ein Hund. Ganz zu schweigen davon, daß ich im Vergleich zu Blondin ein Hund bin, was das Seiltanzen angeht; ein Billard spielender Hund im Vergleich zu Newman; ein boxender Hund im Vergleich zu Dempsey; ein Wein verkostender Hund im Vergleich zu Ruskins Vater, und so weiter. Selbst wenn ich eine perfekte Ausbildung in Mathematik, Musik, Malerei, Seiltanz, Billard, Boxen und Weinverkosten erhielte, wäre ich doch nur ein dressierter Hund statt eines Hundes im Naturzustand. Diese Aussicht scheint mir nur mäßig erhebend.

Erziehung und Ausbildung könnten jedermann ein Optimum an intellektueller Entwicklung garantieren. Aber wäre dieses Optimum in den meisten Fällen denn auch optimal genug, um zu verhindern, daß eine totale Freizeitgesellschaft jene bedauerlichen Eigenschaften entwickelt, die für die müßigen Klassen schon immer typisch waren?

Ich kenne unzählige Leute, denen die bestmögliche Ausbildung zuteil wurde, die unsere Zeit zu bieten hat, und die ihre Freizeit trotzdem so verbringen, als hätten sie nie eine Ausbildung genossen. Aber freilich ist unsere beste Erziehung zugegebenermaßen schlecht (wenn auch gut genug für all unsere Talente und Genies); vielleicht werden jene Leute eines Tages, wenn die Erziehung wahrhaft effizient geworden ist, in ihrer Freizeit doch über die Naturgesetze nachdenken. Vielleicht. Ich wage es zu bezweifeln.

Mr. Wells in seiner Eigenschaft als Erziehungsapostel verlegt seine Utopie dreitausend Jahre in die Zukunft; Mr. Shaw, weniger optimistisch, was die Natur und einen Evolutionsprozeß des Bewußtseins angeht, rückt seine Utopie ins Jahr 30000. Geologisch gesehen sind diese Zeiträume alle gleich kurz. Doch leider sind wir keine Fossilien, sondern Menschen. Schon dreitausend Jahre erscheinen uns ungemein lang. Der Gedanke, daß der Mensch in dreitausend oder dreißigtausend Jahren möglicherweise ein schönes, vernunftbestimmtes Leben führen wird, birgt nur wenig Trost und Stärkung. Der Mensch pflegt nur an sich selbst, seine Kinder und seine Kindeskinder zu denken. Und er hat recht damit. In dreißigtausend Jahren mag ja alles zum besten stehen. Aber dummerweise müssen wir erst noch diese geologische Viertelstunde herumbringen, die die Gegenwart von jener rosigen Zukunft trennt. Und ich ahne schon, daß eins der kleineren, oder vielleicht sogar eins der Hauptprobleme dieser Viertelstunde das Problem der Freizeit sein wird. Bis zum Jahr 2000 ist der Sechsstundentag überall die Regel, und in den folgenden hundert Jahren wird sich das Maximum vermutlich auf fünf Stunden oder sogar noch weniger reduzieren. Die Natur wird bis dahin keine Zeit gehabt haben, die Denkgewohnheiten der Rasse zu ändern; und die Erziehung wird trotz aller Weiterentwicklung nichts anderes erreichen, als Hunde in dressierte Hunde zu verwandeln. Wie werden Männer und Frauen ihre stetig wachsende Freizeit ausfüllen? Indem sie über die Naturgesetze nachdenken, wie Henri Poincaré? Oder eher mit der Lektüre der *News of the World*? Ich bin gespannt.

(*Along the Road*, 1925; Ü.: Sabine Hübner)

Krieg der Generationen?

Über das Alter schrieb ein junger Mann in den Tagen der Königin Elisabeth:

> Alter ist häßlich, Jugend herzlos meist:
> Ihr Leib mißfällt uns, ihnen unser Geist.
>
> *Age is deformèd, youth unkind:*
> *We scorn their bodies, they our mind.*

Die Zeiten haben sich geändert. Heutzutage mißfällt »uns« Jungen nicht nur ihr Leib, sondern auch (und ganz besonders) ihr Geist. Und wir mißachten ihn so nachdrücklich, daß in zwei politisch »fortschrittlichen« Staaten, Italien und Rußland, das Altsein ein entscheidendes Hindernis für die Ausübung politischer Macht ist. Der Appell von Faschismus und Kommunismus gilt der Jugend, und ihr allein.

Die Gründe für diesen Sachverhalt sind nicht schwer zu finden. Für Menschen, die in einer unveränderten oder sich sehr langsam verändernden Umwelt leben, ist das Alter, soweit es vom physischen Verfall verschont bleibt, ein Aktivposten. Eine lange Erfahrung vergangener Lebensumstände befähigt einen alten Menschen dazu, gegenwärtige Umstände von grundsätzlich ähnlicher Natur wirkungsvoll zu meistern. Er muß nur erneut das tun, was er schon zuvor mit Erfolg getan hat. Doch wenn die gegenwärtigen Umstände wesensmäßig von denen der Vergangenheit verschieden sind, was dann? Dann ist die Erfahrung eines alten Menschen offensichtlich kein Vorteil mehr.

Der technologische Fortschritt hat die Umstände des menschlichen Daseins radikal verändert. Die Dinge sind nicht mehr das, was sie vor vierzig, dreißig, ja noch vor zwanzig Jahren waren. Die angewandte Wissenschaft hat frühere Erfahrung um ihre gegenwärtige Anwendbarkeit gebracht. Doch viele unserer Väter leben noch und sind – außerhalb Rußlands und Italiens – immer noch mit der Ausübung von Macht betraut. Wir werden weitgehend von Leuten regiert, die fast alles, was sie über die Welt wissen (denn Jugend ist die eigentliche

Lehrzeit) zu einem Zeitpunkt gelernt haben, als die Welt völlig anders aussah als heutzutage. Kann es uns da überraschen, wenn die Revolutionäre von heute der Jugend den Vorzug geben?

Doch Revolutionäre werden ebenso älter wie wir anderen auch. Die Jungen, die an dem Marsch auf Rom teilnahmen oder die Oktoberrevolution in Gang setzten, sind jetzt in den Dreißigern oder gar in den Vierzigern. Wie lyrisch sangen sie das Lob der Jugend in jenen fernen heldenhaften Tagen! Wie grimmig verhöhnten sie die Graubärte und das satte Mittelalter! Ich habe den Verdacht, daß die meisten von ihnen allmählich anfangen, ihre starken Worte von damals zu bereuen.

Die Umstände und die Theoretiker der Revolution haben sich offenbar dazu verschworen, im Schoß der gegliederten Gesellschaft eine neue Art von Bürgerkrieg zu entfesseln: nicht so sehr den Klassen- als den Generationenkampf; den Konflikt nicht zwischen Arm und Reich, sondern zwischen Jung und Alt. Ich nenne diesen Krieg neu, weil er uns in den zivilisierten Gesellschaften schockierend unvertraut erscheint. Unter primitiven Völkerschaften war und ist ein Keulenschlag über den Hinterkopf das Pendant einer Ruhestandspension. Selbst Könige mußten sich diesem allgemeinen Gesetz unterwerfen. Die Zulus etwa dienten ihrem Häuptling in absoluter Gefolgschaftstreue, solange er jung und kraftvoll war. Sobald er die ersten Anzeichen von Altersschwäche zeigte, wurde er von denselben Menschen umgebracht, die ihn kurz zuvor noch fast wie einen Gott verehrt hatten. »Besorg mir Haarfarbe«, so bat der oberste Zulu-König verzweifelt den weißen Reisenden, der ihn besuchte. »Haarfarbe!« Er begann, grau zu werden. Nicht lange danach brachen seine Krieger in seine Schlafkammer ein und durchbohrten ihn mit ihren Speeren.

(*Chicago Herald*, 29. Dezember 1931; Ü.: Werner von Koppenfels)

»Mohnsaft«

Der Völkerbund ist eine mutige Institution: Er hat sich vorgenommen, den Drogenhandel zu untersuchen und schließlich auch zu unterbinden. Einen Bericht seiner jüngsten Überlegungen zu diesem Thema habe ich vor mir liegen. Es ist ein denkbar bedrückendes Dokument – bedrückend in seiner Beschreibung der Welt, in der wir leben, und bedrückend als Enthüllung des amtlichen philanthropischen Geisteszustands.

Was sind die Fakten? Die Polizei ist überall im Einsatz, doch der illegale Handel geht weiter. Keine noch so große Wachsamkeit kann den Schmuggel mit so hochkonzentrierten und daher so leicht zu befördernden und verbergenden Stoffen wie Morphinen und Kokain unterbinden. Die Logik dieser Fakten drängt dem amtlichen Geist eine unabweisbare Schlußfolgerung auf: Alle bisherigen Maßnahmen sind nur »ein erster Schritt zur Begrenzung der Herstellung des Rohmaterials«. Die Beschaffungsquellen müssen verstopft werden.

Opium stellt ein Viertel der gesamten persischen Exporte dar. Welche Entschädigung will man den persischen Anbauern für eine selbstauferlegte Produktionsbeschränkung anbieten? Und wer soll entschädigen? Und wenn die persische Zufuhr ausfällt, was dann? Der Mohn wird weiterblühen – an fast jeder beliebigen Stelle der Erde. Im 19. Jahrhundert durchgeführte Experimente haben ergeben, daß man in der nächsten Umgebung von Edinburgh Rekordernten von Mohn erzielen kann. Doch warum ist dann nach wie vor Persien die Opium-Kornkammer der Welt? Die Gründe sind rein wirtschaftlicher und keineswegs moralischer Natur. (Der moralische Schauder vor Drogen ist eine ganz moderne Erfindung. Noch vor vierzig Jahren war Rauschgiftsucht durchaus mit der Heldenrolle in populären Romanen vereinbar: Sherlock Holmes etwa war dem Kokain zugetan.) Die Gründe, um es nochmals zu sagen, waren ökonomischer Art. Arbeitskräfte kosten in Edinburgh mehr als in Teheran, und die Opiumernte verlangt eine Menge Handarbeit.

Die Schotten konnten mit den Persern auf diesem Gebiet nicht konkurrieren. Doch nehmen wir einmal an, man würde den weiteren Opiumanbau in Persien verhindern. Der Opiumpreis würde sofort in die Höhe schnellen, so wie in den Vereinigten Staaten nach Einführung der Prohibition der Preis für Alkohol hochging. Unverzüglich und ganz automatisch würde der Schmuggel zu einem einträglichen Geschäft. Mohn gedeiht in allen gemäßigten Klimazonen: Millionen armer Bauern warten verzweifelt auf die Gelegenheit, zu etwas Geld zu kommen. Und da redet der Völkerbund davon, die Beschaffungsquellen zu verstopfen!

Selbst beim Kokain, das aus einem wesentlich begrenzter anbaufähigen Gewächs als Mohn gewonnen wird, gäbe es große Schwierigkeiten, die Produktion zu drosseln. Außerdem wird die Droge höchstwahrscheinlich in Kürze auf synthetischem Wege herstellbar sein. Mit einem Schlag wird dann die ganze Welt zu einer möglichen Nachschubquelle. Und wo Geld zu machen ist, werden mögliche Quellen ganz zwangsläufig zu wirklichen Quellen. Prohibition, das hätte der US-Beobachter beim Völkerbund ruhig weitersagen können, ist wirkungslos. Und doch schlug ebendieser Beobachter als einzig mögliche Lösung des Problems eine totale Prohibition vor. Die Weisheit des amtlichen philanthropischen Geistes geht unergründliche Wege.

Die einzige Radikalkur für eine Krankheit besteht darin, ihre Ursache zu beseitigen. Die Ursache von Alkoholismus und Rauschgiftkonsum liegt in einem allgemeinen Unbefriedigtsein an der Wirklichkeit. Mehr oder weniger häufig und nachhaltig empfinden Männer und Frauen einen Widerwillen gegen die Welt, in der sie leben, und gegen die Persönlichkeit, mit der Natur und Erziehung sie ausgestattet haben. Alkohol und Drogen bieten einen Fluchtweg aus dem Gefängnis der Welt und der eigenen Persönlichkeit. Bessere und sicherere Lebensbedingungen, eine bessere Gesundheit, bessere Wachstumsbedingungen, die einen harmonischer ausgewogenen Charakter ergeben, würden viel dazu beitragen, die Wirklichkeit allgemein erträglich und sogar erfreulich erscheinen zu lassen. Doch es darf bezweifelt werden, ob selbst in Utopia die Wirklichkeit zu allen Zeiten als allgemein befriedigend empfunden würde. Auch in Utopia würden sich die Leute gelegentlich nach einer Fluchtmöglichkeit sehnen, und sei es nur aus der strahlenden Monotonie des Glücks.

Der Völkerbund tritt für eine Drogenprohibition ein – das ist genauso, als würde man die chirurgische Entfernung der Pusteln als Pockenkur empfehlen. Es gibt nur eine rationale Methode, das Drogen- und Alkoholproblem anzugehen: Man muß erstens die Realität so annehmbar machen, daß die Menschen nicht ständig den Drang verspüren, ihr zu entfliehen; und man muß ihnen zweitens, wann immer sie das dringende Bedürfnis empfinden, einmal Urlaub zu nehmen, eine seelisch harmlose Fluchtroute bieten.

Das Geld, das man – völlig umsonst – für die Durchsetzung eines Drogenverbots ausgibt, sollte besser auf biochemische Forschungen verwendet werden, mit dem Ziel, den idealen Ersatz für Alkohol, Kokain und Opium zu entdecken. Vielleicht besteht die Aussicht, daß der philanthropische Geist ungefähr ein Jahrhundert zu spät auf diese Einsicht stößt; im Augenblick jedoch scheint er sich ganz der absurden und unheilstiftenden Prohibitionspolitik verschrieben zu haben.

(*Chicago Herald*, 7. Januar 1932; Ü.: Werner von Koppenfels)

Mönche unter Reagenzgläsern

Dahlem gehört zu den Garten-Vorstädten von Berlin. Es war Frühling, als ich zuletzt da war. Der Flieder und alle Kastanienbäume standen in voller Blüte; das Auge fand sich verwöhnt und entzückt, und ein zarter Duft schwebte in der Luft. Nach der bedrückend monumentalen oder einfach öden Häßlichkeit der Berliner Stadtmitte wirkt Dahlem im Frühling fast wie ein Garten Eden.

Hier und da erscheinen, bunt über dieses vorstädtische Paradies verstreut, einige Dutzend strenge und massive Gebäude. Schulen vielleicht? Aber wo sind die Kinder? Krankenhäuser? Doch es gibt keinerlei Indizien für Krankenschwestern, Patienten oder Besucher. Klöster? Nein, ihre Gärten bieten sich mauerlos dem Blick der Öffentlichkeit dar; und schließlich ist das hier Berlin – das protestantische, jüdische, heidnische Berlin.

Obgleich unzutreffend, ist die letzte Vermutung doch die beste. Denn diese Baulichkeiten beherbergen die Kaiser-Wilhelm-Institute für naturwissenschaftliche Forschung, und derartige Einrichtungen sind tatsächlich so etwas wie die Klöster der heutigen Welt. Ihre Insassen sind, wie die der mittelalterlichen Klosteranlagen, von der Welt abgeschieden: Sie haben sich vom Niederen im Namen des Höheren, von den materiellen zugunsten der spirituellen Güter losgesagt. In Armut und Askese schuften sie zum größeren Ruhm der Wahrheit.

Wir nennen unsere Zeit gern eine aufgeklärte, und vergessen dabei, daß auch in den besten Epochen die Aufklärung immer partiell und unvollkommen bleibt. Was die breite Mehrheit der Menschen angeht, ist jedes Zeitalter der Geschichte ein finsteres Zeitalter – die Lichtquellen sind stets nur wenig zahlreich und weit auseinanderliegend.

Im heutzutage so benannten ›finsteren Mittelalter‹ brannten sie in den Klöstern; etwas heller und zahlreicher brennen sie heute an solchen Orten wie Dahlem. In der rohen, hitzigen, stürmischen Finsternis des gewöhnlichen Lebens erproben diese wissenschaftlichen Mönche die zarte Flamme des reinen Gedankens, eines interesselosen geistigen Tuns.

Und wie mühevoll, mit welch unermüdlicher Hingabe! In einer Klosterzelle von Dahlem sah ich einer Gruppe biologischer Nonnen zu, die damit beschäftigt war, Raupen zu wiegen, zu messen und zu fotografieren. Ringsumher, in glasverschlossenen Käfigen, wimmelte zu Tausenden eine potentielle ägyptische Plage. Die Forschungen galten der nach wie vor zutiefst dunklen Frage nach dem Ursprung der Arten. Mein Führer geleitete mich in einen anderen Raum, wo ich sah, wie sich ein Hoherpriester des Instituts, als sei er dabei, ein mittelalterliches Missale zu illuminieren, über sein binokulares Mikroskop beugte. Auf dem Objektträger lag ein Froschei. Mit einer gläsernen Nadel, so dünn, daß ihre Spitze praktisch unsichtbar schien, war er am Ausschneiden und Pfropfen. Eine zweiköpfige Kaulquappe würde das Ergebnis seiner Mühe sein. In einer angrenzenden Zelle studierte einer der Äbte, mit der Stoppuhr in der Hand, das Verhalten von Bienen und Einsiedlerkrebsen. Die Feinheiten der wissenschaftlichen Doktrin sind fast ebenso kurios wie die der Theologie.

Ich verließ das Kloster in dem Gefühl, daß seine Mönche im großen und ganzen um ihr Geschick zu beneiden sind. Sie arbeiten für Ziele, über deren Wert sie keine Zweifel hegen; sie haben wenig mit anderen Menschenwesen zu schaffen und sind nicht in deren meist abscheuliche Geschäftigkeit verwickelt. Was könnte befriedigender sein? Andere Leute nehmen ihnen die Mühe ab, die klösterlichen Entdeckungen für das praktische Leben anwendbar zu machen und zu nutzen, etwa, um Arbeitskraft einzusparen (und Arbeitslosigkeit zu schaffen); die Sterblichkeitsrate zu senken (und eine gefährliche Übervölkerung zu schaffen); die Menschheit mit einer Unterhaltungsmaschinerie zu versorgen (für die Verbreitung von Stumpfsinn und Vulgarität) oder mit Waffen (für die Vereinfachung des Massenmordes).

All das hat mit den Mönchen der Wissenschaft nichts zu tun. Sie sind allein mit der Wahrheit über die Natur der Dinge befaßt. Wenn Leute jenseits der Klostermauern törichten oder zerstörerischen Gebrauch von der Wahrheit machen, dann um so schlimmer für die Welt. Die Mönche haben damit nichts zu schaffen.

(*Chicago Herald*, 25. Juni 1932; Ü.: Werner von Koppenfels)

Der Kult des Infantilen

In allen Hochkulturen der Vergangenheit war der Vorrang erwachsener Interessen und Werte ein selbstverständlicher Grundsatz. Sokrates und Lukrez, Dante und Chaucer, Shakespeare, Milton, Voltaire – alle Repräsentanten der schöpferischen Epochen unserer Geschichte waren erwachsen und schufen erwachsene Werke. Doch zu Beginn des 19. Jahrhunderts machte sich ein Wandel in der erwachsenen Welt bemerkbar, und zwar sowohl im Bereich des Tatsächlichen als auch in den Fiktionen der Kunst. Der morbide Kult des Infantilen setzte ein.

Ein frühes Symptom dafür findet sich in Wordsworths Bemerkung, daß »das Kind der Vater des Mannes« ist – ein Diktum, das den Wert des Kindseins über den der Reife erhebt. Für alle früheren Autoren war der Mann immer und ganz fraglos der Vater des Kindes; mit anderen Worten, die erwachsenen Interessen und Werte standen auf einer höheren Stufe als die der Kindheit.

Mit Charles Dickens wurden die Symptome bedenklicher. Dickens genießt das zweifelhafte Verdienst, einen völlig neuen Typus des Helden erfunden zu haben. Für ihn ist die höchste Form des Menschentums nicht der erwachsene Heros, sondern das Baby in mittleren Jahren. Die Chereeble-Brüder und Pickwick: sie sind die typischen Dickensschen Heiligen. Objektiv betrachtet, und ohne den Heiligenschein köstlicher Lächerlichkeit, mit dem Dickens sie versehen hat, sind diese kahlköpfigen alten Windelnässer die abstoßendsten Monstrositäten, die man sich denken kann. Um dieselbe Zeit wie Pickwick wurde jene schreckliche Ausgeburt viktorianischer Phantasie geboren, die Baudelaire als *la jeune fille assassine de l'art* bezeichnete, das kunstmordende junge Mädchen. Über zwei Generationen lang tyrannisierte dieses Geschöpf die angelsächsische Kultur. Sie bestimmte, daß alle Literatur sich, in Lowells Worten, durch eine »jungmädchenhafte Zurückhaltung« auszuzeichnen habe; kein Schriftsteller dürfe je etwas zu Papier bringen, bei dem er Bedenken hätte, es seiner zwölfjährigen Tochter zum Lesen zu geben. Selbst heute noch ist diese Mörderin aller Künste und erwachsenen Werte an der Macht. Hat sie nicht erst kürzlich einen einflußreichen amerikanischen Senator zu der Erkärung inspiriert, lieber wolle er einem Kind Opium geben als die Werke von D. H. Lawrence? – und die Tugend eines jungen sechzehnjährigen Mädchens sei kostbarer als alle Bücher, die in den Vereinigten Staaten erschienen?

Die Mythologie des Infantilen wurde in unserem Jahrhundert durch eine neue und frappante Schöpfung bereichert: die Gestalt des Peter Pan. In Barries Buch wird der Infantilismus sich seiner selbst bewußt und dabei grauenvoll schelmisch und kokett. Das Beunruhigende daran ist, daß *Peter Pan* ganz unzweifelhaft einem populären Bedürfnis entsprach. Die Leute wollen sich im Kindischen suhlen. Tatsächlich ist die volkstümliche Anbetung der Babyhaftigkeit und ihres Kurswertes schon so weit gediehen, daß die katholische Kirche – bislang eine durch und durch erwachsene Institution – es für tunlich befand, das Musterexemplar moderner Infantilität zu kanonisieren, die heilige Theresa von Lisieux. Man braucht nur diese moderne Sancta Theresa mit ihrer großen spanischen Namensschwester aus dem 16. Jahrhundert zu vergleichen (einer der bedeutendsten Frauengestalten aller Zeiten), um zu erkennen, daß dem kollektiven Geist westlicher Kultur in jüngster Zeit etwas äußerst Befremdliches, ja Erschreckendes zugestoßen sein muß.

Zumal in Amerika hat die Idolatrie des Kindischen ein solches Ausmaß erreicht, daß die erwachsene Existenz weitgehend der kindlichen untergeordnet wird. Im Familienkreis sind es die Kinder, die den Ton angeben: Die Älteren müssen brav folgen. Von jeder Generation wird erwartet, daß sie ihr Erwachsensein auf dem Altar der nächsten Generation opfert. Wie töricht das alles ist, verrät uns die einfachste Mathematik: Wir sind zwanzig Jahre lang Kinder, vierzig oder fünfzig Jahre erwachsen. Der Kult des Kindischen hindert die Menschen daran, während der letzten zwei Drittel ihrer natürlichen Existenz sinnvoll zu leben. Die Kindheit hat ohne Frage ihre Rechte: doch die Reife nicht minder. Diese Erwachsenen-Rechte verlangen zumindest ebensoviel Achtung wie die des Kindes.

(*Chicago Herald*, 24. Dezember 1932; Ü.: Werner von Koppenfels)

Warum sinkt die Selbstmordrate in Kriegszeiten?

Selbstmord ist in Büchern wesentlich häufiger als im Leben. Eine Statistik aus dem Bereich der Weltliteratur ist meines Wissens noch nie erarbeitet worden. Doch wenn sie vorläge, würde sie vermutlich enthüllen, daß die Selbstmordziffer der fiktionalen Heldinnen und Helden bei drei oder sogar bei vier Prozent liegt.

Im wirklichen Leben schwankt diese Rate unter den zivilisierten Nationen zwischen 0,1 und 0,25%. Die Differenz zwischen der wirklichen und der literarischen Ziffer ist ein Maßstab für die Bedeutung, die die Phantasie der Menschen dem Selbstmord beimißt. Und mit gutem Grund befaßt sich die allgemeine Vorstellung so nachhaltig mit dem Phänomen der Selbstzerstörung. Daß dieser Akt unermeßliche Bedeutung für das suizidale Individuum und seine Freunde besitzt, versteht sich von selbst. Doch er ist darüber hinaus auch soziologisch bedeutsam. Die Suizidzahlen der Statistik enthalten eine Fülle aufschlußreicher und überraschender gesellschaftlicher Lektionen.

Die beunruhigendste unter diesen statistisch enthüllten Bedeutsamkeiten ist die Tatsache, daß in allen zivilisierten Ländern die Zahl der Menschen, die ihre eigene Existenz beenden, ständig im Steigen begriffen ist. Ebenso wie der Krebs geht auch der Selbstmord mit dem Fortschritt Hand in Hand. Mit jeder Zunahme der Komplikationen des sozialen Lebens nimmt auch die Suizidrate zu.

Es gibt zweifellos viele unterschiedliche Methoden, um den Wert einer bestimmten Kultur zu erfassen. Doch wenn man den Selbstmord-Test anwendet, so ist die erstrebenswerteste Lebensform die des frommen Bauern, der aus seinem Glauben lebt.

Kaum weniger beunruhigend als das allgemeine Ansteigen der Selbstmordrate während der letzten fünfzig Jahre war die Art, wie sie während des Krieges auf einmal steil absank. In den wichtigsten kriegführenden Ländern sank sie unter der Heimatbevölkerung auf ganze dreißig Prozent, und sogar unter den Neutralen wurde ein Rückgang um zehn Prozent verzeichnet. Mit anderen Worten, für all jene, die nicht gerade in den Schützengräben standen, war das Leben zur Kriegszeit anderthalbmal soviel wert wie im Frieden. Die Gründe dafür sind nicht allzuschwer zu finden. Der Krieg erzeugt gewaltige

Gruppenemotionen, die den einzelnen in einen chronischen Rauschzustand versetzen. Tätigkeiten, die im Frieden unerträglich langweilig und sinnlos erscheinen, nehmen eine ganz neue Bedeutung an, wenn sie sich mit dem Titel »kriegswichtige Arbeit« gewürdigt sehen. Nicht zuletzt ist der Krieg eine Quelle endloser Gefühlsregungen und Stimulantien. Jede Tagesration an Nachrichten wirkt wie die neueste Fortsetzung eines langgezogenen Reißers, und so spannend ist dieser Edgar-Wallace-Roman des wirklichen Lebens, daß sogar die Neutralen, die nicht direkt in die Wechselfälle der Handlung einbezogen sind, sich davon so sehr fesseln lassen, daß sie darüber die Gründe, sich selbst umzubringen, völlig vergessen.

(*Chicago Herald*, 19. September 1934; Ü.: Werner von Koppenfels)

Hyperion gegen Satyr

Nur wenige Monate vor Ausbruch des Zweiten Weltkriegs unternahm ich mit Thomas Mann einen Spaziergang an einem Strand 15–20 Meilen südwestlich von Los Angeles. Zwischen Brechern und Highway erstreckte sich ein breiter Sandgürtel, glatt, sanft geneigt und – himmlische Überraschung! – nur von Pelikanen und Schnepfen bevölkert. Weitab lagen die Verkehrsstauungen von Santa Monica und Venice Beach. Hier gab es fast keine Häuser mehr; es gab auch keine Kinder, niemand lustwandelte in Lendenschurz und Büstenhalter, kein einziger Sonnenanbeter ging seiner seltsam rituellen Obsession nach. Welch ein Wunder – wir waren allein. In Gespräche über Shakespeare und die Kunst der Glasharmonika vertieft, schritt ich neben dem großen Mann einher. Die Damen folgten in einigem Abstand. Sie waren es, die, mit offeneren Augen als ihre allzu literarischen Gatten, das wahrhaft erstaunliche Phänomen zuerst bemerkten. »Wartet«, riefen sie uns nach, »so wartet doch!« Und als sie uns eingeholt hatten, deuteten sie nur stumm mit der Hand ins Gelände. Vor unseren Füßen, und soweit das Auge in beiden Richtungen blickte, war der Sand mit kleinen weißlichen Gegenständen übersät, die wie tote Raupen dalagen. Und dann begann es uns zu dämmern. Die toten Raupen waren aus Gummi und hatten einst als Verhütungsmittel von der Art gedient, die Mantegazza so beredt charakterisiert: *»una tela di ragna contro il pericolo, una corazza contro il piacere«* (ein Spinngewebe gegen die Gefahr, ein wahrer Harnisch gegen das Vergnügen).

Continuous as the stars that shine
And twinkle in the milky way,
They stretched in never-ending line
Along the margin of a bay:
Ten thousand saw I at a glance ...

Unübersehbar, wie der Schein
Des milchig hellen Sternenpfades,
Zogen sie endlos, Reihn um Reihn,

Sich hin am Bogen des Gestades:
Zehntausend sah ich auf ein Mal...

Zehntausend? Aber wir waren schließlich in Kalifornien und nicht im Lake District. Der Maßstab war amerikanisch, die Zahl dementsprechend astronomisch. Zehn Millionen sah ich auf ein Mal. Zehn Millionen Embleme und Mementos moderner Liebe.

O bitter barren woman! what's the name,
The name, the name, the new name thou hast won?

O bitter unfruchtbares Weib! welch einen Namen, Namen,
Welch neuen Namen hast du dir erworben?

Und der alte Name, der Name des bitter fruchtbaren Weibes – welchen Klang hatte der? Solche Fragen lassen sich nur stellen und diskutieren, nie aber beantworten – außer im weitesten und mißverständlichsten Sinn. Verallgemeinerungen über ›das Weib‹ sind wie Anklagen gegen eine ganze Nation: unterhaltsam als Zeitvertreib, aber denkbar ungeeignet, irgendeinen Ertrag an Wahrheit oder Nutzen abzuwerfen.

Einstweilen gab es eine andere, eine einfachere und konkretere Frage: Wie in aller Welt waren diese Gegenstände hierher gelangt, und warum in derart orgiastischem Überfluß? Unter allen möglichen Spekulationen nahmen wir unseren Spaziergang wieder auf. Ein paar Minuten später stieg uns die anrüchige Antwort von selbst in die Nase. Vor der Küste, und nicht allzuweit von unserem schönen Strand entfernt, lag der Ausfluß, durch den Los Angeles den unverdünnten und ungeklärten Inhalt seiner Kloaken ableitete. Die Embleme moderner Liebe und andere gute Dinge waren mit der Flut angeschwemmt worden. Daher also kam die wunderbare Einsamkeit. Wir drehten um und strebten schnellen Schrittes dem geparkten Auto zu.

Vierzehn Jahre sind seit jenem denkwürdigen Strandspaziergang vergangen. Landeinwärts haben sich inzwischen drei oder vier große Städte ins Dasein gestürzt. Die Bohnenfelder und die Japanischen Gärten aus Lastwagen-Wracks jener längstvergangenen Tage sind heute von Häusern, Drugstores, Supermärkten, Autokinos, Junior

Colleges, Düsenjägerfabriken, Waschsalons und sechsspurigen Autobahnen überzogen. Aber statt daß die Strände – wie zu erwarten wäre – nun noch dichter mit Malthusischem Treibgut und unsäglichem Strandgut besternt wären, ist der Sand sauber, die Quarantäne aufgehoben. Kinder buddeln, gründlich bestrahlte Sonnenbader grillen vor sich hin, man planscht und kreischt in der Brandung. Das ist des Volkes wahrer Himmel – aber dergleichen hat man auch andernorts schon gesehen. Das Neue liegt nicht in dem wohltuend alltäglichen Zweck, der Volksbelustigung, sondern in dem phantastisch ingeniösen Mittel, durch das dieser Zweck erreicht wurde.

Zwölf Meter über dem Strand, in einer 75 Morgen großen Oase, die man aus den Sanddünen geschaufelt hat, steht eines der Wunderwerke moderner Technologie, das Hyperion-Werk zur Aktivierung von Klärschlamm. Doch ehe wir damit beginnen, die Verdienste des aktivierten Klärschlamms zu erörtern, wollen wir uns ein wenig Zeit nehmen, um den Schlamm in seiner ungeklärten Form zu betrachten, in seiner Eigenschaft als schlichter und altmodischer Schmutz.

Schmutz, mit all seinen Begleiterscheinungen an Gerüchen und Insekten, wurde einstmals als unabänderlicher Bestandteil in der göttlichen Ordnung der Dinge hingenommen. In seiner Jugend, noch ehe er unter dem Namen Innozenz III. in die Machtpolitik einstieg, fand Lotario de' Conti Zeit, ein Buch über das *Elend des Menschseins* zu verfassen. »Wie schmutzig der Vater«, so sinnierte er, »wie niedrig die Mutter, wie abstoßend die Schwester!« Und kein Wunder; denn: »Im toten Zustand gebären die Menschenwesen Fliegen und Würmer, im lebenden erzeugen sie Würmer und Läuse.« Und weiter: »Betrachtet die Pflanzen, betrachtet die Bäume: Sie bringen Blüten, Blätter und Früchte hervor. Aber was bringt *ihr* hervor? Nissen, Läuse und Ungeziefer. Bäume und Pflanzen scheiden Öl, Wein und Balsam aus – ihr dagegen Speichel, Rotz, Harn und Kot. Sie verbreiten die Süße aller Wohlgerüche – ihr aber den allerabscheulichsten Gestank.« In der Ära des Glaubens war der *homo sapiens* zugleich *homo pediculosus, homo immundus*, der lausige, unsaubere Mensch – nur etwas tiefer stehend als die Engel, aber per Definition lausig, und dies nicht etwa im akzidentiellen, sondern im essentiellen Sinn. Und erst die Gehilfin des Menschen: »*sic nec extremis digitis flegma vel stercus tangere patimur, quomodo ipsum stercoris saccum amplecti desideramus?*« (Wir, die wir davor zurückschaudern, auch nur mit den Fingerspitzen ein Schleimklümpchen oder ein wenig Kot anzufassen, wie kommt es, daß wir danach gieren, einen solchen Sack voller Kot zu umarmen?) Doch Menschenaugen sind nicht, was sie nach dem innigen Wunsch Odos von Cluny sein sollten: »gleich den Augen böotischer Luchse«, um durch die glatte, milchzarte Oberfläche hindurch in die darunterliegende brodelnde Kloake zu schauen. Daher kommt es, daß, wie es so schön heißt,

There swims no goose so grey but soon or late
Some honest gander takes her for his mate.

So grau ist keine Gans im Teich, daß sie am Ende
Nicht einen braven Gänserich als Gatten fände.

So kommt es (um diese Vorstellung in die Sprache mittelalterlicher Orthodoxie zurückzuübersetzen), daß am Ende doch jeder Kotsack umarmt wird – mit dem Ergebnis, daß wieder ein neues Stück beseelter Widerlichkeit sich auf dem Meer des Elends einschiffen muß, nach einem Bestimmungshafen, der, bei der kleinen Zahl der zum Heil Ausersehenen, fast mit Sicherheit die Hölle ist. Das Embryo dieses künftigen Verworfenen besteht »aus höchst ekelhaftem Samen«, in Verbindung mit »Blut, das durch die Hitze der Lust verdorben wurde«. Und als wollte Er ein für allemal klarstellen, was Er von der ganzen Prozedur hält, hat Gott verordnet, daß »die Mutter in Unflat und Gestank empfangen soll«.

Daß es ein Heilmittel gegen Unflat und Gestank geben könnte – nämlich Seife und Wasser – war im 13. Jahrhundert ein fast undenkbarer Gedanke. Schon allein deshalb, weil es so etwas wie Seife noch kaum gab. Die Substanz war freilich schon Plinius bekannt, als Importartikel aus Gallien und Germanien. Doch über tausend Jahre später, als Lotario de' Conti seine Abhandlung schrieb, begannen die Bürger von Marseille soeben erst die Möglichkeit, das Zeug in größeren Mengen herzustellen, in Betracht zu ziehen. In England wurde Seife erst von der Mitte des 14. Jahrhunderts an gewerblich hergestellt. Und dann, selbst wenn Seife reichlich zur Verfügung gestanden hätte, so wäre ihr Gebrauch zur Milderung des »Unflats und Gestanks«, der damals der Liebe untrennbar anhing, jedem rechtdenkenden Theologen als ganz und gar unstatthafte, weil lediglich physische Lösung eines ontologischen und moralischen Problems erschienen: als Flucht mit Hilfe eines höchst vulgär materialistischen Tricks aus einer Situation, die Gott selbst in alle Ewigkeit zu einer Unappetitlichkeit verurteilt hatte, die ihrer Sündhaftigkeit angemessen war. Eine Empfängnis frei von Unflat und Gestank hätte den Anschein erweckt (welche Blasphemie!), unbefleckt zu sein.

Und endlich gab es da noch die Tugend der Schamhaftigkeit. Die Schamhaftigkeit hatte in jenem Zeitalter der Regeln und Schubfächer ihre eigenen Queensberry-Regeln – kein Waschen unterhalb der Gürtellinie! Als an sich schon sündiger Akt war ein solcher gegenwärtiger Schamverstoß mit allen möglichen künftigen Gefahren für die Schamhaftigkeit belastet. Havelock Ellis hat im Laufe seiner Tätigkeit als Geburtshelfer in den Londoner Slums eine direkte Relation zwischen Schamhaftigkeit und der Angst, physischen Abscheu zu erregen, beobachtet. Sobald seine Patientinnen begriffen hatten, »daß ich keinerlei Ekel vor dem empfand, was unter den gegebenen Umständen zweckmäßig und notwendig war, geschah es fast ausnahmslos, daß alle Anzeichen der Schamhaftigkeit sogleich verschwanden«. Sind »Unflat und Gestank« erst einmal abgeschafft, so hat man damit auch eine der Hauptursachen weiblicher Schamhaftigkeit abgeschafft, und zugleich eines der allerdankbarsten Themen für die Kanzelberedsamkeit.

Ein zeitgenössischer Dichter hat seine Leser aufgefordert, von der körperlichen Liebe zu denen, die sich zuviel waschen, Abstand zu nehmen. Bei Fragen des Geschmacks hat es bekanntlich wenig Sinn, nach Gründen zu fragen – bei philosophischen Überzeugungen dagegen sehr wohl. Neben mancherlei anderen Dingen ist der hochbegabte Mr. Auden ein verspäteter Vertreter jener Schule, die dafürhält, daß der Geschlechtsakt aufgrund seiner metaphysischen Befleckung möglichst auch physisch unrein sein sollte.

Schmutz schien demnach früher in der Natur und Ordnung der Dinge zu liegen, und Schmutz war tatsächlich allgegenwärtig. Doch eigentümlicherweise erzeugte dieser allesdurchdringende Schmutz nie sein eigenes psychologisches Gegengift – die Gleichgültigkeit vollkommener Gewöhnung. Jedermann stank, jeder war geplagt von Ungeziefer; und doch gab es in jeder neuen Generation wieder viele, die sich niemals mit den altvertrauten Zuständen abfinden konnten. Was sich im Verlauf der Geschichte verändert hat, ist nicht die Ekelreaktion auf den Schmutz, sondern die Moral, die daraus abzuleiten war. »Schmutz«, so sagen die Menschen des 20. Jahrhunderts, »Schmutz ist ekelhaft. Deshalb wollen wir rasch etwas tun, um den Schmutz loszuwerden.« Schmutz war vielen unserer Vorfahren nicht weniger widerwärtig, als er uns heutzutage fast allgemein erscheint. Doch wie anders die Moral, die sie daraus zu ziehen beschlossen. »Schmutz ist ekelhaft«, sagten sie. »Daher sind die Menschenwesen, die ihn hervorbringen, ekelhaft, und die von ihnen bewohnte Welt ist nicht nur ein Tal der Tränen, sondern auch der Exkremente. Dieser Stand der Dinge ist von Gott verordnet, und wir können nichts anderes tun als fröhlich unser Ungeziefer ertragen und uns vor unseren Kadavern ekeln, all dies in der Hoffnung (die freilich nicht allzu begründet ist, da wir doch wahrscheinlich verdammt werden) auf baldige Entrückung an einen besseren Ort. Einstweilen aber läßt sich als Tatsache beobachten, daß die Leibeigenen sogar noch schmutziger sind als ihre Herren. Daraus folgt, daß man sie ebenso schlecht behandeln muß, wie sie riechen.«

Die Gewohnheit, an den Armen eben jenen Schmutz zu verabscheuen, in dem zu leben man sie nötigte, hat das Mittelalter überlebt und sich bis in die Gegenwart hinein erhalten. Die Politik von Shakespeares aristokratischen Helden und Heroinen ist eine Politik des Abscheus. Laufburschen und andere Mitglieder der unteren Stände waren verächtlich, weil sie lausig waren – nicht in dem metaphorischen Sinn, in dem das Wort heute gebraucht wird, sondern wortwörtlich; denn die Laus, in den Worten von Sir Hugh Evans, »pflegt trauten Umgang mit dem Menschen und ist Sinnbild der Liebe.« Und die Lausigen waren auch die Übelriechenden. Ihre Kleidung war alt und dreckig, ihr Körper verschwitzt, ihr Mund stank schaurig vor lauter Fäulnis. Es half nichts, daß – wie es ein großer viktorianischer Sozialreformer ausdrückt – »die Armen unmöglich, soviel Umsicht sie auch aufbringen, dem fürchterlichen Unheil ihrer Umgebung entgehen können«. Sie waren eben ekelhaft, und das war für den aristokratischen Politiker genug. Um die Stimmen des gemeinen Volkes werben hieß einfach »um ihren stinkenden Atem betteln«. Kandidaten für ein durch Wahl zu vergebendes Amt waren Menschen, die »vom stinkenden Atem der Knoblauchfresser gelenkt werden«. Als die römischen Bürger gegen ihn stimmten, nannte Coriolan sie

Hundepack, des Hauch ich hasse
Wie fauler Sümpfe Dunst; des Gunst mir teuer
Wie unbegrabner Männer totes Aas,
Das mir die Luft vergiftet!

Und Menenius apostrophiert dieselben Bürger als

das Pack,
Das unsere Luft verpestet hat, als ihr
Die schweißigen Mützen in die Höhe warft
Und schriet: Verbannt sei Coriolan!

Und weiter heißt es, als man Caesar die Krone anbot, »kreischte das Gesindel und klatschte in die rauhen Fäuste und warf die schweißigen Nachtmützen in die Höhe und gab eine solche Last stinkenden Atems von sich, weil Caesar die Krone ausschlug, daß Caesar fast daran erstickt wäre; denn er ward ohnmächtig und fiel nieder; und ich für meinen Teil«, so fügt Casca hinzu, »wagte nicht zu lachen aus Furcht, ich möchte den Mund auftun und die böse Luft einatmen«. Dasselbe »Handwerkervolk mit schmutzigem Schurzfell« verfolgte Kleopatras Phantasie in ihren letzten Stunden:

sein trüber Hauch,
Widrig von ekler Speis, umwölkt uns dampfend
Und zwingt uns, ihren Dunst zu atmen.

Im Verlauf seiner Evolution, so nimmt man an, hat der Mensch den Großteil seines olfaktischen Zentrums der Entwicklung seines Großhirns geopfert, also den Geruchssinn der Intelligenz. Dennoch spielen in der Politik, ebenso wie in der Liebe und in den gesellschaftlichen Beziehungen, Geruchsurteile nach wie vor eine entscheidende Rolle. In den zitierten Textstellen, genau wie in allen entsprechenden Passagen, die seit Shakespeares Tagen niedergeschrieben oder ausgesprochen wurden, äußert sich implizit ein Argument, das sich etwa so formulieren ließe: »Physischer Gestank ist ein Symbol, ja fast ein Symptom geistiger und moralischer Minderwertigkeit. Alle Mitglieder einer bestimmten Gruppe verbreiten physischen Gestank. Daher sind sie geistig und moralisch abstoßend, minderwertig, und entsprechend ungeeignet für eine Behandlung als Gleichberechtigte.«

Tolstoi, der genügend Klarsicht besaß, um die unerwünschten Folgen von Sauberkeit in den oberen Regionen und Verschmutzung der Armen in den Niederungen zu begreifen, besaß auch den Mut, als Heilmittel einen allgemeinen Rückzug aus dem Badezimmer zu empfehlen. Das Baden war aus seinem Blickwinkel ein Merkmal des Klassenunterschieds, eine Hauptursache aristokratischer Exklusivität. Denn die Fraktion der Menschheit, die sich, in Mr. Audens Worten, »zuviel wäscht«, empfindet einen äußerst lebhaften Widerwillen gegen den Umgang mit jenem Teil, der sich zuwenig wäscht. In einer Gesellschaft, wo beispielsweise nur einer unter fünfen sich den Luxus der Sauberkeit und des Wohlgeruchs leisten kann, ist christliche Brüderschaft nahezu unmöglich. Deshalb, so lautet Tolstois Argument, sollten sich die Bader der ungewaschenen Mehrheit anschließen. Nur dort, wo die Gleichheit vor dem Schmutz herrscht, kann echte und natürliche Brüderlichkeit gedeihen.

Mahatma Gandhi, der in diesen Dingen wesentlich realistischer dachte als sein russischer Mentor, fand eine andere Lösung für das Problem der diskriminierenden Sauberkeit. Statt die Bader vom Waschen abzuhalten, arbeitete er unermüdlich darauf hin, die Nichtbader sauber zu halten. Nicht durch die allgemeine Verbreitung von Schmutz, Ungeziefer und Gestank sollte die Brüderschaft der Menschen erreicht werden, sondern durch Bödenschrubben und den Bau von Aborten.

Spengler, Sorokin, Toynbee – alle philosophisch ausgerichteten Historiker und Soziologen unserer Zeit betonen nachdrücklich, daß eine stabile Zivilisation nur auf einem religiösen Fundament errichtet werden kann. Doch wenn der Mensch nicht vom Brot allein lebt, so lebt er auch nicht ausschließlich von Metaphysik und Andacht. Die Religion vermag den Abgrund zwischen Theorie und Praxis, Ideal und Wirklichkeit von sich aus nicht zu schließen. So waren etwa im Christentum die Glaubenslehren von Gottes Vaterschaft und der Brüderschaft der Menschen nie aus sich heraus zu verwirklichen: Die Menschen weigern sich einfach, ihre Nächsten zu lieben wie sich selbst. Soweit diese heftigen Abneigungen nationaler Natur sind, gibt es offenbar nichts, was wir dagegen tun könnten; unser bester Trost liegt da noch in Mr. Micawbers Hoffnung, es werde sich »früher oder später schon irgend etwas finden«. Doch im Hinblick auf die brüderliche Liebe innerhalb der Nationen *hat* sich etwas gefunden. Dieses

Etwas ist die auf vielen Gebieten erfolgte Entwicklung von Techniken, die die Menschen auf so preiswerte Art und Weise sauberhalten, daß sich praktisch jedermann den Luxus leisten kann, nicht physisch abstoßend zu sein.

Denn für Geschöpfe, die wie die meisten Fleischfresser in einem Bau oder einer Höhle leben, bedeutet elementare Sauberkeit entschieden einen biologischen Vorteil. Die Gewohnheit, sich ständig im eigenen Bett zu erleichtern, wird mit einer gewissen Wahrscheinlichkeit auf die Dauer unzuträglich. Im Gegensatz zu den Fleischfressern stehen die Primaten unter keinerlei evolutionärem Zwang, ihren Schließmuskel zu disziplinieren. Für diese freischweifenden Nomaden der Wälder ist ein Baum so gut wie ein anderer und jeder Augenblick gleichermaßen günstig. Es ist einfach, Katze und Hund stubenrein zu machen, doch so gut wie unmöglich, einem Affen die gleichen schätzenswerten Gewohnheiten beizubringen. Blutsmäßig steht uns nun aber Fipps ein gutes Stück näher als Miez oder Bello. Der Mensch hat seine Instinkte im Wald entwickelt; aber seit der Dämmerung der Zivilisation hat sich sein Leben in der komplizierteren Entsprechung zu einem Kaninchengehege abgespielt. Seine sanitären Grundbegriffe sind nicht, wie die der Katze, angeboren, sondern mußten erst mühsam anerworben werden. In dieser Hinsicht taten die älteren Theologen ganz recht daran, den Schmutz als natürliches Erbteil des Menschen und als wesentliches Element seiner gottgewollten Existenzform zu betrachten.

Doch ungeachtet ihres unnatürlichen Charakters wurde die Kunst, miteinander zu leben, ohne die ganze Stadt in eine Jauchengrube zu verwandeln, immer wieder neu entdeckt. Mohenjo-Daro verfügte am Anfang des dritten vorchristlichen Jahrtausends bereits über eine Abwasser-Anlage, und Knossos mehrere Jahrhunderte vor der Belagerung Trojas nicht minder; das gleiche gilt für viele Städte des alten Ägypten, wobei freilich diese Einrichtungen immer nur den Reichen vorbehalten waren. Den Armen erlaubte man, ihre wesensmäßige Minderwertigkeit dadurch zu beweisen, daß sie in ihren Slums zum Himmel stanken. Tausend Jahre später entwässerte Rom seine Sümpfe und überließ mit Hilfe der Cloaca Maxima seinen Schmutz dem arg getrübten Tiber.

Doch derartige Lösungen für das Problem des (um es vornehm auszudrücken) ›ungeklärten Schlammes‹ blieben die Ausnahme. Die

Hindus zogen es vor, ein Zehntel ihrer Bevölkerung zur Unberührbarkeit und zur täglichen Plage des Jaucheschleppens zu verdammen. In China ließ der sparsame Haushaltsvorstand den familiär erzeugten Schlamm in eine Grube fließen, um ihn, wenn er seinen Reifezustand erreicht hatte, meistbietend zu veräußern. Es gab Gestank, aber er machte sich bezahlt, und an die Äcker floß etwas von dem Phosphat und Stickstoff zurück, den ihnen die Ernten geraubt hatten. Im mittelalterlichen Europa diente jede Gasse als öffentliche Bedürfnisanstalt, jedes Fenster als Ausguß und Müllschlucker. Ganze Schweineherden wurden dem heiligen Antonius geweiht und drängten sich, mit einem Glöckchenhalsband versehen, durch die Straßen, um sich an dem Unrat zu mästen. Und es gab Abortgruben (wie jenes schwarze Loch, in das der patriotische Franziskaner Bruder Salimbene absichtlich seine Reliquie des heiligen Dominikus versenkte), es gab tragbare Nachtstühle, es gab Angehörige der niederen Stände, deren Aufgabe es war, den ungeklärten Schlamm abzuholen und jenseits der Stadtgrenzen zu deponieren. Doch immer häufte sich der Schlamm schneller auf, als er abtransportiert werden konnte. Der Schmutz war chronisch, und in den slumartigeren Quartieren grauenhaft. Und er blieb grauenhaft, bis weit in das 19. Jahrhundert hinein. Noch in den ersten Jahren von Königin Viktorias Regentschaft bestand das Sanitärsystem des Londoner East End darin, daß man alles in die fauligen Wasserteiche kippte, die immer noch zwischen den Bruchbuden verstreut im Gelände lagen. Von den Höhen ihrer überlegenen (wenngleich immer noch recht mangelhaften) Sauberkeit blickte die Mittel- und Oberschicht mit unverhohlenem Schauder herab auf den Großen Haufen der Ungewaschenen.

Die ersten modernen Abwassersysteme waren, genau wie ihre ägyptischen Vorgänger, den Reichen vorbehalten und bewirkten eine neue Ausweitung der Kluft zwischen Herrschenden und Beherrschten. Doch ständige Typhuserkrankungen und mehrere gefährliche Ausbrüche der asiatischen Cholera verliehen den Warnungen und Anklagen der sanitären Reformer einen gewissen Nachdruck. Zu ihrem Selbstschutz sahen sich die Reichen genötigt, etwas gegen den Schmutz zu unternehmen, zu dem ihre weniger begüterten Nachbarn verurteilt waren. Abwasseranlagen wurden auf die Gesamtfläche des städtischen Wohnbereichs ausgedehnt. Mit dem Ergebnis, daß das Schlammproblem lediglich eine lokale Verlagerung erfuhr. »Die Themse«, so wußte ein Sonderausschuß von 1836 zu berichten, »nimmt die exkrementale Materie von fast 1½ Millionen Menschen auf; die Waschlauge ihrer schmutzigen Kleidung; den Schmutz und Unrat von vielen hundert Manufakturen; den Abfall und die verrotteten vegetalischen Substanzen der Märkte; den stinkenden und blutigen Abfluß aus den Schlachthäusern; und die schwärenden Scheußlichkeiten aus Spitälern und Anatomien, deren Auflistung sich aus Gründen des Geschmacks verbietet. So wurde dieser herrliche Fluß, den uns die Vorsehung zu unserer Gesundheit, Erheiterung und für andere wohltätige Zwecke anvertraut hat, durch unsere Schuld in die gemeine Kloake Londons verwandelt, und die übelerregende Brühe, die in ihm fließt, wird jeden Tag aufs neue für die Einwohner der zivilisiertesten Hauptstadt Europas in ihn hineingepumpt.«

In England waren die Helden der langen Kampagne für eine Abwässersanierung eine seltsam und bunt gemischte Schar. Unter ihnen befand sich ein Bischof, Bloomfield von der Londoner Diözese; der Radikale Edwin Chadwick, ein Schüler Jeremy Benthams; ein Arzt, Dr. Southwood Smith; ferner ein Low Church-Literat, Charles Kingsley; und schließlich noch der siebente Earl of Shaftesbury, ein Aristokrat, der sich der Mühe unterzogen hatte, sich mit den tatsächlichen Existenzbedingungen der Arbeiterklasse vertraut zu machen. Gegen sie zogen die konföderierten Streitkräfte des Aberglaubens, der verbrieften Interessen und der trägen Gefühllosigkeit ins Feld. Es war ein harter Kampf; doch die Cholera erwies sich als zuverlässiger Verbündeter, und zum Ende des Jahrhunderts war der schlimmste Schlamassel bereinigt, selbst in den Slums. In einer Äußerung von 1896 nennt Lecky diese Leistung »die größte Errungenschaft unseres Zeitalters«. Nach der Einschätzung des Geschichtsschreibers hatten die sanitären Reformer mehr für das allgemeine Wohlergehen und die Linderung des menschlichen Elends getan als all die spektakulären Gestalten der langen Epoche zusammen. Und ihre Anstrengungen haben die Bühne für jenes Drama vorbereitet, das heute gespielt wird: die Umwandlung des englischen Kastensystems in eine egalitäre Gesellschaft. Ohne Chadwick und seine Kanalisation hätte es möglicherweise eine gewaltsame Revolution geben können, niemals aber den demokratischen Nivellierungsprozeß, die allmähliche Aufhebung der Unberührbarkeit, wie sie tatsächlich derzeit stattfinden.

Hyperion – wie hätte dieser Ort jene leidenschaftlich prosaischen Philanthropen, Chadwick und Bentham, beglückt! Und die Verbindung des geheiligten Namens mit Abwässern, des Klärschlamms mit dem großen Gott des Lichtes und der Schönheit – welche romantischen Koller hätte diese Blasphemie bei einem Keats oder Blake hervorgerufen! Und Lotario de' Conti – mit welchem Donnergepolter hätte er im Namen der Religion diesen vermessenen Beweis, daß der *homo immundus* die Verächtlichkeit seiner vorbestimmten Lebensform wirksam abändern kann, in Grund und Boden verdammt! Und erst der Dekan Swift – wie tief hätte ihn dieses Schauspiel beunruhigen müssen! Denn wenn die Celia seines Gedichts sich erleichtern könnte, ohne daß der Gedanke daran ihrem Liebhaber den Magen umdreht, wenn Yahoos, Lakaien und sogar Damen der Gesellschaft nicht länger unweigerlich stinken *müßten*, dann wäre ganz offensichtlich seine gesellschaftliche Aufgabe überflüssig geworden, und seine Neurose müßte sich nach einer anderen, weniger befriedigenden, weil weniger selbstquälerischen Äußerungsform umsehen.

Ein unterirdischer Fluß strudelt in Hyperions Tiefen. Mit einer Reinheitsquote von 99,7% ist er sauberer als die feinste Seife. Aber 800 Millionen Liter sind eine Menge Wasser; und drei Tausendstel dieser täglichen Menge sind noch ein ordentlicher Haufen Schmutz. Doch glücklicherweise bleibt das Verhältnis von Schmutz und Schmutzbeseitigern konstant. In dem Maße, wie die fäkalische Produktion ansteigt, tut dies auch die Population aerober und anaerober Bakterien. Emsiger und unendlich zahlreicher als Bienen schuften sie unermüdlich für unser Wohlergehen.

Die chemische Revolution beginnt mit einer Reihe riesiger seichter Wasserbecken, wo die Aeroben unter einer Oberfläche von ständig mit *Tide*, *Surf* und anderen seifeersetzenden Einsilbern schäumender Lauge am Werk sind. Für die Sanitäringenieure sind diese neuen Waschmittel ein gewaltiges Problem. Seife läßt sich sehr leicht in etwas anderes verwandeln; doch die Einsilber bleiben so stur, wie sie sind, und schlagen dabei so viel Schaum, daß man gezwungen war, die Flächen der aerobischen Becken mit einer Sprühanlage zu bearbeiten; sonst würde die Lauge aufsteigen wie das Bier in einem Krug und über das ganze Land verweht werden. Und das ist nicht der einzige Preis, der für ein leichteres Geschirrspülen anfällt. Diese Waschmittel sind gierig nach Sauerstoff: auf mechanischem und chemischem Weg nehmen sie den Aeroben die Luft weg. Riesige Kompressoren müssen Tag und Nacht arbeiten, um die Bedürfnisse der erstickungsbedrohten Bakterien zu befriedigen – ein Kubikmeter komprimierte Luft für jeden Kubikmeter Schlickbrühe.

Wenn die Aeroben getan haben, was sie können, wird der Schlick, nunmehr hochkonzentriert, in das ›Verdauungssystem‹ gepumpt. Auf den ersten Blick ähnelt dieses Verdauungssystem stark einer Ansammlung von 18 riesigen etruskischen Mausoleen. In Wirklichkeit besteht es aus einer Batterie kreisförmiger Tanks, jeder von über 30 m Durchmesser und an die 20 m tief in den Boden versenkt. In diesen Riesenzylindern sorgen Dampfrohre für eine anregende Dauertemperatur von 21 °C – die Temperatur, bei der die Aeroben ihr Werk mit maximaler Wirkung verrichten. Aus seinem scheußlich-pestilenzialischen Rohzustand wird der Schlamm durch diese treuesten Bundesgenossen der Zivilisation allmählich in Annehmlichkeit und Licht verwandelt – Licht in Form von Methangas, das ein Aggregat von neun 1688-PS starken dualen Kompressionsmotoren treibt, und Annehmlichkeit in Gestalt eines geruchlosen Feststoffes, der getrocknet, zu Schrot zerkleinert und eingesackt für $ 10 pro Tonne an die Farmer verkauft wird. Die Auspuffgase des dualen Verbrennungsaggregats erzeugen die Wärme für das ›Verdauungssystem‹; die Energie wird zum einen an elektrische Generatoren, zum anderen an zentrifugale Gebläse weitergeleitet. Die Elektrizität betreibt die Pumpen und den Maschinenpark der Düngemittelfabrik, während das Gebläse die Aeroben mit Sauerstoff versorgt. Nichts wird vergeudet. Selbst die Embleme moderner Liebe tragen ihr Quantum Kohlenwasserstoff zu den festen oder gasförmigen Endprodukten bei. Und zu gleicher Zeit stürzt ein anderer reißender Strom durch die unterseeische Ableitung, um sich eine Meile vor der Küste mit den Wassern des Pazifik zu vereinen. Das Problem, wie sich eine große Stadt sauberhalten läßt, ohne daß man einen Fluß verschmutzen, die Strände verpesten und die Erde um ihre Fruchtbarkeit bringen muß, ist triumphal gelöst worden. [...]

Kanalisationssysteme und Trockenreinigung, Hygiene und waschfreundliche Textilien, DDT und Penicillin – dieser Katalog verzeichnet eine Reihe technologischer Siege über zwei große Feinde der Zivilisation: Schmutz und das Sozialsystem der Unberührbarkeit, das der Schmutz hervorbringt.

Leider Gottes muß man kaum eigens dazusagen, daß diese Siege in keiner Weise endgültig oder gesichert sind. Wir können lediglich feststellen, daß der technologische Fortschritt in bestimmten hochindustrialisierten Ländern dazu geführt hat, daß einige der unvordenklichen Symbole der Klassendiskriminierung verschwunden sind. Diese Tatsache ist keine Garantie gegen das Entstehen neuer Symbole, die sich nicht weniger zwanghaft als die alten in ihren demokratiefeindlichen Tendenzen auswirken können. So sauber ein Mensch auch sein mag – wenn ihm in einem diktatorischen Staat das Parteibuch fehlt, dann stinkt er im übertragenen Sinn des Wortes und ist im besten Fall als Minderwertiger, im schlimmsten als Unberührbarer zu behandeln.

In der nominell christlichen Vergangenheit haben zwei unvereinbare Symbolsysteme den westlichen Geist zum Narren gehalten: innerhalb der Kirchen die Symbole der göttlichen Vaterschaft und der Brüderschaft der Menschen; und außerhalb die Symbole für Klassenunterschied, die Anbetung des Mammon und die Vergötzung von Dynastie, Provinz oder Nation. In der totalitären Zukunft – und wenn wir nicht aufhören, Kriege zu führen, wird die Zukunft des Westens unweigerlich totalitär sein – werden sich die altehrwürdigen Sinnbilder des Monotheismus und der Brüderschaft zweifellos erhalten. Gott wird der Eine sein, und die Menschen allesamt Seine Kinder, freilich in einem streng Pickwickschen Sinn. De facto wird es Sklaven und Herren geben, und die Sklaven wird man lehren, eine bornierte Dreieinigkeit von Nation, Partei und politischem Boss anzubeten. Samuel Butlers Musikbanken werden sogar noch mehr Musik machen als heutzutage, und die Währung, die sie ausgeben, wird sogar noch weniger gesellschaftliche und psychologische Kaufkraft besitzen als die Predigten in der Ära des Glaubens.

Symbole sind notwendig – ohne sie wären wir nicht denkfähig. Doch sie sind zugleich verhängnisvoll, denn das Denken, das sie ermöglichen, ist genausooft unrealistisch, wie es zutreffend ist. Darin besteht die wesensgemäß tragische Natur der menschlichen Lage. Es gibt keinen Ausweg aus diesem Dilemma – außer für den, der gelernt hat, über alle Symbole hinaus zur direkten Erfahrung der Grundtatsache göttlicher Immanenz vorzudringen. *Tat tvam asi* – du bist Es. Wenn dies erkannt ist, folgt alles übrige als Dreingabe. Bis dahin müssen wir uns mit so realen, wenngleich begrenzten Gütern bescheiden wie der Hyperion-Anlage und mit ihrem Wesen nach so prekären und veränderlichen Quellen des Guten, wie sie uns die wirklichkeitsnäheren unter unseren religiösen Symbolen erschließen.

(*Adonis and the Alphabet*, 1956; Ü.: Werner von Koppenfels)

Irrungen, Wirrungen, Kirrungen

Göring und Hitler zeigten sich in fast rührseliger Weise tierlieb; Stalins Lieblingskunstwerk war eine Zelluloid-Operette über das alte Wien mit dem Titel *Der große Walzer*. Und die Diktatoren sind nicht die einzigen, die ihre Gedanken und Gefühle auf getrennte, logikdichte Schubfächer verteilen: Die ganze Welt lebt in einem Zustand chronischer und beinahe systematischer Inkonsequenz. Jede Gesellschaft ist ein Fall von Persönlichkeitsspaltung und wechselt ohne alle Skrupel, ja ohne jedes Unrechtsbewußtsein von Jekyll zu Hyde, vom Wissenschaftler zum Schamanen, vom praktischen Geschäftsmann zum Dorftrottel. So ist unser eigenes Zeitalter eines der schrankenlosen Gewalt; doch es ist auch das Zeitalter des Wohlfahrtsstaates, des Vogelschutzes, der fortschrittlichen Erziehung und einer wachsenden Fürsorge für die Alten, die Behinderten, die Geisteskranken. Wir bauen Waisenhäuser und horten zugleich die Bomben, die einmal auf diese Waisenhäuser fallen werden. »Die dumme Konsequenz« sagt Emerson, »ist der Abgott der kleinen Geister: All die kleinen Staatsmänner, Politiker und Theologen beten sie an.« Nach diesem Maßstab müßten wir in wahrhaft großen Zeiten leben.

Daß alle, oder auch nur die meisten Menschen, je konsequent menschlich werden, erscheint mehr als unwahrscheinlich. So müssen wir uns mit den geringeren Segnungen der Arbeitslosenunterstützung und der Schulmahlzeiten mitten im Rüstungswettlauf zufriedengeben. Wir müssen uns mit dem Gedanken trösten, daß unsere pechschwarzen Finsternisse immerhin von einigen Lichtern ein klein wenig erhellt werden.

Zwischen Los Angeles und Long Beach, Ca., liegt eine Nervenheilanstalt, die diese unsere gesegnete Inkonsequenz wunderbar veranschaulicht. Bomberfabriken und Raketenlaboratorien umdrängen sie auf allen Seiten, ohne daß es ihnen bisher gelungen ist, diese Oase organisierter und kundiger Wohltätigkeit von der Landkarte zu löschen. Mit ihren weiten Wiesen, ihren baumgesäumten Wegen, ihrer losen Verteilung neutral aussehender Gebäude wirken die Anstaltsanlagen wie der Campus eines unprätentiösen College. Die Bewohner freilich sind leider ganz unverwechselbar keine Akademiker und

Jungstudenten beiderlei Geschlechts. Der Geist hat seinen eigenen Ort, und diese Menschen sind durch ihren Gang, ihre Haltung, ihren bedrückten oder ferne Unruhe verratenden Gesichtsausdruck erkennbar als Bewohner dunkler Welten, Welten voller Wirrsal und reich an privaten Schrecken. Doch wenigstens geschieht in dieser grünen Oase zwischen den Düsenjägern und Raketen nichts, um ihre Verwirrung zu steigern und ihre Schrecken zu vertiefen. Ganz im Gegenteil: Viel Intelligenz und guter Wille, viel Wissen und Geschick werden auf den gemeinschaftlichen Versuch verwandt, die abgeschnittene, purgatoriale Welt dieser Menschen in eine erträglichere und zugänglichere zu verwandeln.

Vor einiger Zeit nahm mich ein befreundeter Psychiater mit in diese Oase. Während ich durch eine der Stationen wanderte, fiel mir plötzlich mein erster Besuch in einer Heilanstalt wieder ein. Der Ort war Kaschmir, die Zeit vor über dreißig Jahren, und die Heilanstalt war keine wirkliche Heilanstalt, sondern der Teil des örtlichen Gefängnisses, in den man eben die Verrückten einsperrte. Nackt, verwahrlost, entsetzlich ungewaschen, hatte man diese Unglücklichen in Käfige gesteckt. Nicht in jene geräumigen Einhegungen, wie sie in unseren Zoos die Gibbons und Orang-Utans aufnehmen, sondern in schmutzig enge Pferche, wo ein paar Schritte in jeder Richtung die Insassen an das Sperrgitter stoßen ließen. Gewiß, Kaschmir ist weit, ›unzivilisiert‹, außerhalb der christlichen Welt. Aber langsam, daß wir uns nichts vormachen! Die Scheußlichkeiten, die ich dort oben im Himalaja zu sehen bekam, sind genau dieselben Scheußlichkeiten, die noch mein Großvater und seine Zeitgenossen in jeder beliebigen Irrenanstalt des zivilisierten und christlichen England, Frankreich oder Deutschland und auch im zivilisierten und christlichen Amerika sehen konnten. Unter den vielen finsteren und häßlichen Seiten unserer Geschichte sind nur wenige beschämender als die Chronik der Behandlung von Geisteskranken durch die westliche Menschheit. Diese Chronik wird ausführlich in Dr. Gregory Zilboorgs *Geschichte der medizinischen Psychologie* erzählt, und die Werke, die besondere Perioden und spezielle Aspekte des langen Martyriums der Geistesgestörten behandeln, füllen ganze Bibliotheken.

Die Peiniger der Irren haben sich vornehmlich aus zwei Berufsständen rekrutiert: dem medizinischen und dem klerikalen. Welchem von beiden sollen wir den ersten Preis zuerkennen? Hat die Geistlichkeit mehr sinnloses Leiden zu verantworten als die Ärzteschaft? Oder haben die Ärzte einen gewissen Mangel an Intensität bei ihrer speziellen Sorte von Folter (schließlich gingen sie nie soweit, einen Menschen lebendig zu verbrennen, nur weil er verrückt war) durch die längere Dauer der Prozedur und die weit größere Anzahl derer, die ihr unterworfen wurden, wettgemacht? Die Entscheidung ist durchaus delikat. Doch um niemandes Gefühle zu verletzen, wollen wir den Preis gleichmäßig auf die beiden Bewerber verteilen.

Für die Geisteskranken hatte die westliche Geschichte nur zwei Goldene Zeitalter. Das erste dauerte von etwa 50 v. Chr. bis ins zweite Jahrhundert unserer Zeit; das zweite begann, recht zögernd, in den frühen Jahren des 19. Jahrhunderts und dauert noch an. Während dieser Goldenen Zeitalter wurden die Geistesgestörten, oder zumindest jener Teil, der das Glück hatte, in den zivilisierteren Regionen der klassischen und modernen Welt zu leben, mit einem gewissen Maß an menschlichem Anstand behandelt, eben wie Mitmenschen im Unglück. In den dazwischenliegenden Jahrhunderten wurden sie entweder ignoriert oder systematisch gequält, zuerst (aus erstklassigen theologischen Gründen) durch die Geistlichkeit, danach (aus grundsoliden medizinischen Erwägungen) durch die Doktoren.

Wir sollten uns einmal folgende Frage stellen: Wenn ich im 18. Jahrhundert gelebt und an Geisteskrankheit gelitten hätte, was wäre dann mit mir geschehen?

Was damals mit einem geschah, hing zuallererst von der finanziellen Lage der eigenen Familie ab. Die vermögenden Kreise sperrten ihre irren Verwandten entweder in eine entlegene Ecke des Herrenhauses, oder sie verbannten sie mit einer Schar dienstbarer Geister in ein einsames Haus auf dem Lande, oder aber sie gaben sie gegen ein stattliches Entgelt in einer privaten Irrenanstalt in Kost und Logis, die nach wirtschaftlichen Gesichtspunkten von einem Arzt oder – unter ärztlicher Aufsicht – von irgendeinem bürgerlich verbrämten Gefängnisschließer betrieben wurde. Den Irren, die in der Dachkammer (wie Mr. Rochesters Frau in *Jane Eyre*) oder in einem Haus auf dem Lande festgesetzt waren, blieben die Härten der medizinischen Behandlung erspart, die sich nur in einer mit stämmigen Aufsehern und allerlei Züchtigungsinstrumenten ausgestatteten Institution verabreichen ließ.

Diejenigen Patienten, die eine Anstalt dieser Art aufnahm, wurden zunächst splitternackt ausgezogen. Grundsätzlich beließ man die Verrückten in einem Zustand partieller oder völliger Nacktheit. Diese Nacktheit löste das Problem der verschmutzten Kleider und trug in einer, wie man meinte, höchst heilsamen Weise dazu bei, dem Patienten ein Gefühl der Erniedrigung und Minderwertigkeit zu geben. Nach der Entkleidung schor man ihm oder ihr die Haare ab, als Vorbereitung für jenen Teil der Behandlung, bei dem verschiedene Salben in die Kopfhaut eingerieben wurden, um die Hirntätigkeit zu beruhigen oder auch anzuregen. Dann wurde er oder sie in eine Zelle gebracht, auf dem Bett festgeschnallt und für die Nacht eingeschlossen. Schlug der Patient um sich und brüllte, so war das ein Symptom des Wahnsinns; reagierte er mit stummer Resignation, so litt er offensichtlich unter einer krankhaften Form von Melancholie. Beide Fälle verlangten nach Behandlung, und diese Behandlung begann ordnungsgemäß am nächsten Morgen. In der medizinischen Literatur der Zeit heißt das: »Heilmaßnahmen zur Schwächung des Patienten«.

Über einen Zeitraum von acht bis zehn Wochen wurde das Opfer immer wieder zur Ader gelassen, wobei man ihm jedesmal mindestens einen Liter Blut abzapfte. Einmal pro Woche – oder auch in kürzeren Abständen, wenn der Arzt es für ratsam hielt – bekam es ein Brechmittel; einen »Schnellen Speier«, wie dies in der ausdrucksstarken Sprache unserer Vorfahren genannt wurde. Der beliebteste Schnelle Speier war ein Sud aus den Wurzeln von schwarzem Helleborus. Helleborus wurde seit den Tagen des Melampus, eines legendären Wahrsagers, den erstmals Homer erwähnt, verabreicht, um die Irren zu kurieren. Bei innerer Anwendung, so verraten uns die Toxikologen, verursacht Helleborus »Ohrensausen, Schwindel, Benommenheit, Durst bei gleichzeitigem Erstickunsgefühl, Anschwellen von Zunge und Rachen, Erbrechen und Durchfall, Verlangsamung des Pulsschlags und endlich Ohnmacht und Tod aufgrund von Herzlähmung. Eine Obduktion ergibt in der Regel starke Entzündungen im Magen-Darmbereich und insbesondere am After.« Die von den alten Seelenärzten verschriebenen Dosen waren zu gering, um letal zu wirken, doch vollkommen ausreichend, um ein gefährliches Syndrom hervorzurufen, das unter Medizinern »Helleborismus« heißt. Jede Verabreichung des Medikamentes löst ein iatrogenes (vom Arzt verursachtes) Leiden der peinlichsten und schmerzhaftesten Art aus.

Ein Schneller Speier war mehr als genug – es gab keine Freiwilligen für eine zweite Dosis. Alle späteren Behandlungen mit Helleborus mußten gewaltsam erfolgen. Nach fünf oder sechs Anfällen von Helleborismus war die Zeit reif für die Abführmittel: Senna, Rhabarber, Schwefel, Koloquinte, Antimon, Aloe; zu schwarzen Säften oder Riesenpillen vermischt, mußte der Patient diese starken Purgiermittel Tag für Tag hinunterwürgen. Nach einer zweimonatigen Kur aus Aderlässen, Erbrechen und Purgierungen waren die meisten Psychoten so weit durch »Heilmaßnahmen geschwächt«, daß sie sich nicht mehr imstande sahen, irgendwelche Scherereien zu machen.

Diese »Schwächungen« wurden jedes Frühjahr wiederholt, solange der Patient eingekerkert blieb, und in der übrigen Zeit mußte er eine strenge Diät halten – mit empfindlichem Mangel an Proteinen, Vitaminen und selbst Kalorien. Es ist ein Beweis für die Zähigkeit des Menschengeschlechts, daß nicht wenige Psychoten diese Behandlung jahrzehntelang überlebten. Ja, mehr als das. Trotz chronischer Unterernährung und periodischer Schwächung durch Heilmaßnahmen fanden einige von ihnen noch die Kraft zum ›gewaltsamen‹ Widerstand. Die Antwort auf solche Gewalttätigkeit waren mechanische Einschränkungen der Bewegungsfreiheit und körperliche Züchtigung. »Ich sah«, so schrieb Dorothea Dix im Jahre 1848, »in den Vereinigten Staaten mehr als 9000 Schwachsinnige, Epileptiker und Geisteskranke, ohne jeglichen angemessenen Schutz und Fürsorge, wundgerieben von der Last ihrer Ketten, gebeugt von Fesseln und schweren Eisenkugeln, die sie hinter sich herzerrten, von Stricken zerfleischt, mit Ruten geschunden und völlig verstört unter einem Unwetter von Flüchen und grausamen Hieben.«

Das Waffenarsenal einer englischen Anstalt der frühviktorianischen Periode umfaßte »Zwangsjacken, Handschellen, Beinschlösser, und verschiedene massive Vorrichtungen aus Leder und Eisen, einschließlich von Knebeln und gräßlichen Schrauben, um den Mund der Patienten gewaltsam zu öffnen, die nicht bereit oder sogar unfähig zur Nahrungsaufnahme waren«. Im Irrenhaus von Lancaster hatte man das gute altmodische Kettensystem ingeniös mit den neuesten Errungenschaften auf dem Gebiet der Installation kombiniert. Im Jahre 1840 waren seine beiden Gewahrsamsräume »mit Reihen von festverankerten Sitzen ausgestattet, die die doppelte Funktion eines gewöhnlichen Stuhls und eines Wasserklosetts erfüllten. Die Patienten wurden mit der Hand an den Armlehnen und mit den Füßen am Unterteil der chorstuhlartigen Vorrichtung fixiert.«

Die Irren von Lancaster waren noch relativ gut dran. Die Toiletten, an die sie gekettet waren, garantierten eine gewisse Sauberkeit, und das neuetablierte Heizungssystem, auf das die Anstalt zu Recht stolz war, bewahrte sie vor der langgezogenen Folter durch Erfrieren, die in jedem Winter das Los der überwältigenden Mehrzahl von geisteskranken Armen war. Denn während die privaten Irrenanstalten wenigstens einige der rudimentärsten leiblichen Tröstungen bereitstellten, waren die öffentlichen Einrichtungen und Arbeitshäuser, in denen man die psychotischen »Objekte der Barmherzigkeit« aufbewahrte, schlicht und einfach Gefängnisse. (In offiziellen Dokumenten wird die Formel »Objekte der Barmherzigkeit« abgekürzt, und die mittellosen Irren erscheinen regelmäßig als »Objekte«.)

»Ich habe sie nackt herumliegen sehen«, schreibt Esquirol über die Objekte in französischen Anstalten, »nur durch ein wenig Stroh vor dem feuchten, kalten Pflaster geschützt, das ihre Unterlage bildete.« Und dies ist William Tukes Augenzeugenbericht von 1811 aus der Irrenabteilung eines englischen Arbeitshauses: »Die armen Frauen waren völlig unbekleidet. Es war bitter kalt, und am Abend vor unserem Besuch war das Thermometer tief unter den Gefrierpunkt gefallen. Eines dieser hilflosen Objekte lag unter einer elenden Schicht Stroh begraben, ohne eine Decke oder selbst eine Schabracke, um sich vor der Kälte zu schützen.« Die Füße der angeketteten Irren waren oft mit Frostbeulen bedeckt. Von der Frostbeule zum Brand war es nur ein kleiner Schritt, und vom Brand über die Amputation zum Tod war der Weg auch nicht viel länger.

Die Irren wurden nicht nur gefangengesetzt: Man versuchte sogar, sie zu heilen. Die Prozeduren, durch die man die Kranken physisch auslaugte, sollten zugleich ihre geistige Gesundheit wiederherstellen. Psychosen führte man auf ein gestörtes Gleichgewicht der vier elementaren Säfte im Körper zurück sowie auf einen örtlichen Mangel oder Überschuß an den animalischen oder Lebensgeistern. Die Aderlässe, das Erbrechen und die Purgierungen sollten dazu dienen, die Eingeweide und den Kreislauf von den verderbten Säften zu befreien und zugleich das Hirn vom Druck der animalischen Geister zu entlasten. Die physiologische Behandlung wurde durch die psychologische ergänzt. Die letztere basierte auf dem weltweit anerkannten Grundsatz, daß die wirksamste Kur für den Wahnsinn der Schrecken ist. Boerhaave, die einflußreichste medizinische Autorität in der ersten Hälfte des 18. Jahrhunderts, wies seine Schüler an, »den Patienten ins Meer zu werfen, und so lange unter Wasser zu halten, wie er es gerade noch erträgt, ohne zu ersticken.« Von einem Tauchbad zum andern galt es, die Patienten durch die Androhung von Strafen in ständiger Angst zu halten. Die einfachste und bequemste Form der Bestrafung sind Schläge, und Schläge wurden folglich mit schöner Regelmäßigkeit ausgeteilt. Während seiner psychotischen Perioden erhielt selbst Georg III. Schläge – natürlich erst nach Zustimmung seines Staatsrates sowie beider Häuser des Parlaments. Doch Schläge »waren nur *eine* Form, und zudem noch die harmloseste, von Mißhandlung der Geisteskranken«. (Ich zitiere die Worte des großen französischen Reformers Dr. Pinel.) »Der Erfindungsreichtum der Quäler war ganz unglaublich.«

So hatte sich ein berühmter deutscher Doktor eine therapeutische Peinigung ausgedacht, die darin bestand, ein Seil um die Taille eines Patienten zu befestigen, ihn daran in schwindelnde Höhe emporzuhieven, um ihn dann blitzschnell, so daß er das Gefühl hatte, ins Leere zu fallen, in ein finsteres Kellerloch hinabzulassen, »das man zur Verbesserung der Wirkung mit einem Vorrat an Schlangen ausstatten sollte«. Eine ganz ähnliche Tortur beschreibt der Marquis de Sade en détail in seinem Roman *Justine*; dessen Heldin wird für ihre Tugend unter anderem dadurch bestraft, daß man sie in der Mitte eines Schachtes hängen läßt, der sich in ein Gewölbe voll Ratten und Leichen öffnet, während ihr augenblicklicher Peiniger ständig droht, von oben das Seil zu kappen. Daß auf diese teuflische Idee nicht nur der berühmteste Psychopath der Zeit gekommen ist, sondern auch einer ihrer führenden Psychiater, wirft ein bezeichnendes Licht auf die Einstellung unserer Vorfahren den Geisteskranken gegenüber. In bezug auf diese zur Opferrolle vorherbestimmten Menschen war Sadismus rechtens und angemessen – so sehr, daß er öffentlich eingestanden und im Sinne gängiger wissenschaftlicher Theorien rationalisiert werden konnte.

Entsprechendes wäre mir also zugestoßen, wenn ich im 18. oder noch in der ersten Hälfte des 19. Jahrhunderts geisteskrank geworden wäre. Hätte ich im 16. Jahrhundert gelebt, so hätte es mir noch schlimmer ergehen können. Denn zu jener Zeit hielt man die meisten

Symptome der Geisteskrankheit für übernatürlichen Ursprungs. So galt etwa die pathologische Weigerung, oder Unfähigkeit, zu sprechen als sicheres Zeichen dämonischer Besessenheit. Stummheit wurde nicht selten durch Anwendung der Folter und Tod auf dem Scheiterhaufen geahndet. Stumme Teufel werden in den Evangelien erwähnt; doch ein anderes hysterisches Symptom, nämlich lokale Schmerz-Unempfindlichkeit, führen die Evangelisten nicht an. Zum Unglück der Geisteskranken haben die frühen Kirchenväter dieses eigenartige Phänomen bemerkt. Für sie waren die unempfindlichen Punkte am Körper eines Geisteskranken »des Teufels Stigmata«, die Zeichen, mit denen Satan seine Menschenherden brandmarkte. Im 16. Jahrhundert pflegte man einen der Hexerei Verdächtigen systematisch mit einem Pfriem oder mit einer langen Nadel zu stechen; fand sich ein unempfindlicher Punkt, so war es erwiesen, daß das Opfer mit dem Teufel unter einer Decke steckte und daher gefoltert und lebendig verbrannt werden mußte.

Und dann gibt es Geisteskranke, die Stimmen hören, Visionen finsterer Gestalten sehen, Allmachts- oder Verfolgungswahn haben, sich einbilden, fliegen oder Tiergestalt annehmen zu können. Im 16. Jahrhundert wurden solcherlei verbreitete Symptome eines gestörten Geisteszustands als lauter Aussagen objektiver Tatsachen, als lauter offene oder verdeckte Geständnisse eines Bündnisses mit dem Erzfeind gewertet. Und es gab keinen Zweifel: Jeder, der sich mit dem Teufel verbündete, mußte gefoltert und lebendig verbrannt werden. Und wie steht es mit den Neurotikern, besonders den weiblichen, die unter sexuellen Illusionen leiden? »Alle Hexerei«, so verkünden die gelehrten geistlichen Verfasser des *Malleus Maleficarum*, des Standardlehrbuchs für Inquisitoren und Untersuchungsrichter im 16. Jahrhundert, »alle Hexerei entspringt fleischlicher Lust, nach der die Weiber unersättlich sind.« Daraus folgte, daß jede geistesgestörte Frau, deren Sexualphantasien ungewöhnlich lebhaft waren, Beziehungen zu einem Inkubus unterhalten mußte. Und das wiederum bedeutete auch für sie die Folter und den Scheiterhaufen.

Dr. Johann Weier, den man den Vater der Psychiatrie genannt hat, besaß die Menschlichkeit, den Mut und gesunden Menschenverstand, die Theorien und höllischen Praktiken der katholischen Theologen und Richter und der nicht weniger fanatischen protestantischen Hexenjäger seiner Zeit anzugreifen. Doch die Mehrheit selbst unter den Gebildeten hieß die Verbrechen und Verrücktheiten der Kirche gut. Weil er es gewagt hatte, Hexenbekenntnisse als Symptome von Geisteskrankheit zu behandeln, wurde Weier als Gesinnungsgenosse der Teufelsbrut angesehen, ja als regelrechter Hexenmeister. Daß man ihn nicht selbst verhaftet, gefoltert und verbrannt hat, verdankt er lediglich seinem Amt als Leibarzt eines regierenden Fürsten. Weier starb in seinem Bett, doch sein Buch wurde auf den Index gesetzt, und die Verfolgung der Geisteskranken hielt noch ein ganzes Jahrhundert lang unvermindert an.

Wie viele Hexen im 16. Jahrhundert gefoltert und verbrannt wurden, ist uns nicht genau bekannt. Die Schätzungen reichen von hunderttausend bis zu einigen Millionen. Viele der Opfer waren geistig völlig normale Anhänger des alten Fruchtbarkeitskultes, der noch in allen Teilen Europas fortlebte. Die übrigen wurden teils von Denunzianten zur Strecke gebracht, teils waren sie unglückliche Opfer einer Geisteskrankheit. »Wenn wir unter allen Insassen unserer heutigen Nervenheilanstalten«, so schreibt Dr. Zilboorg, »die Fälle von *dementia praecox*, einige der Alterspsychosen, einige der Paralytiker und der sogenannten rückgebildeten Depressionen aussonderten, so müßten wir feststellen, daß Bodin (der große französische Jurist, der Dr. Weier als Schwarzkünstler und Ketzer brandmarkte) ohne Zögern für alle den Scheiterhaufen gefordert hätte, in so charakteristischer Weise ähneln ihre Symptome denen, die er beschreibt. Es ist wahrhaft erstaunlich, daß die Vorstellungsgehalte der Geisteskrankheiten von vor vierhundert Jahren den heutigen noch so sehr gleichen.«

In der zweiten Hälfte des 17. Jahrhunderts hörten die Geistesgestörten auf, eine Beute des Klerus und theologisch gesinnter Juristen zu sein, und wurden statt dessen der Gnade und Barmherzigkeit der Doktoren überantwortet. Die im Namen Galens an ihnen begangenen Verrücktheiten und Verbrechen waren, wie wir gesehen haben, fast ebenso ungeheuerlich wie die von einer früheren Zeit im Namen Gottes verübten. Eine Besserung kam endlich in den letzten Jahren des 18. Jahrhunderts, und sie war den Bemühungen einiger nonkonformistischer einzelner zu verdanken; manche davon waren Ärzte, andere kamen von außerhalb der medizinischen Fraktion. Diese Nonkonformisten taten ihre Arbeit allem Desinteresse, ja nicht selten dem aktivem Widerstand der Offiziellen zum Trotz. Als Körperschaft hat weder die Kirche noch die Medizin jemals eine Reform der Behandlung von Geisteskranken in die Wege geleitet. Obskure Priester und Nonnen hatten sich oft liebevoll und verständnisbereit der Irren angenommen; doch die theologische Prominenz verstand Geisteskrankheit als Form von diabolischer Besessenheit, Ketzerei und Apostasie. Nicht viel anders dachte die medizinische Prominenz: Zwangsjacken, Schnelle Speier und systematischer Terror blieb die offizielle medizinische Strategie bis weit ins 19. Jahrhundert hinein. Erst spät und widerwillig akzeptierte sie die Reformen, die von heroischen Nonkonformisten eingeleitet worden waren, und schlug offiziell einen anderen, weniger schrillen Ton an.

Die Reform begann fast gleichzeitig auf beiden Seiten des Kanals. In England gründete William Tuke, ein dem Quäkertum entstammender Kaufmann, das York Retreat, ein Hospital für Geisteskranke, in dem es keinerlei Zwangsmaßnahmen gab und wo die psychologische Behandlung nicht darauf abzielte, die Patienten in Schrecken zu versetzen, sondern sie durch Überredung zum gemeinsamen Arbeiten, Spielen, Essen, Reden und Beten aus ihrer Isolation herauszuführen. In Frankreich gab es den Reformpionier Dr. Philippe Pinel, den man auf dem Höhepunkt der Französischen Revolution zum Direktor der Heilanstalt Bicêtre in Paris bestellte. Viele der Patienten wurden damals noch andauernd in lichtlosen Zellen angekettet gehalten. Pinel bat die Revolutionsregierung um die Erlaubnis, sie freizusetzen. Er stieß auf Ablehnung: Freiheit, Gleichheit und Brüderlichkeit waren für die Verrückten nicht vorgesehen. Pinel beharrte auf seinem Wunsch, und endlich wurde die Erlaubnis widerwillig gewährt. Was daraufhin geschah, ist in einem außerordentlich bewegenden Bericht festgehalten. »Der erste, an dem man das Experiment ausprobierte, war ein englischer Kapitän, dessen Geschichte niemand kannte und der schon seit vierzig Jahren in Ketten lebte. Er galt als besonders wild und gefährlich. Seine Wärter näherten sich ihm mit großer Vorsicht, da er einmal in einem Wutanfall einen von ihnen mit seinen Handschellen auf der Stelle erschlagen hatte. Keiner war so streng gefesselt wie er. Pinel ging ohne Begleitung in seine Zelle und sagt zu ihm: ›Kapitän, ich werde Anweisung geben, Sie von Ihren Ketten zu befreien und Ihnen die Freiheit geben, sich im Hof zu ergehen, wenn Sie geloben, sich gesittet zu verhalten und niemanden zu verletzen.‹ ›Ja, das gelobe ich‹, erwiderte der Irre, ›aber ihr wollt euch nur einen Scherz mit mir machen...‹ Die Ketten wurden ihm abgenommen, und die Wärter zogen sich zurück, wobei sie die Zellentür offenließen. Mehrmals richtete er sich von seinem Sitz auf und fiel immer wieder zurück; denn er hatte so lange Zeit in sitzender Stellung zugebracht, daß ihm der Gebrauch der Beine fremd geworden war. Nach einer Viertelstunde war er endlich soweit, daß er sich im Gleichgewicht halten konnte, und mit schwankenden Schritten erreichte er die Tür seiner finsteren Zelle. Sein erster Blick galt dem Himmel, und er rief aus: ›Wie schön! wie schön!‹ Den ganzen Rest des Tages über lief er, unter Ausrufen des Entzückens, unablässig umher. Am Abend kehrte er freiwillig in seine Zelle zurück und schlief friedlich ein.«

In Europa wurde das Pionierwerk von Tuke und Pinel durch Conolly, Esquirol und eine wachsende Zahl ihrer Nachfolger in den verschiedensten Ländern fortgeführt. In Amerika trug das Banner der Reform eine heroische Frau, Dorothea Dix. Um die Mitte des Jahrhunderts gehörten die schlimmsten Abscheulichkeiten des alten Regimes endgültig der Vergangenheit an. Man begann, die Geisteskranken als unglückliche Menschen zu behandeln und nicht länger als Objekte. Es war ein unermeßlicher Fortschritt, aber er ging noch nicht weit genug. Die Reform hatte wohl eine institutionelle Art der Fürsorge hervorgebracht, jedoch immer noch keine angemessene Heilbehandlung. Für die meisten Ärzte des 19. Jahrhunderts waren Dinge realer als Ideen, und das Studium der Materie schien ihnen wissenschaftlicher als das des Geistes. Der Wunschtraum der viktorianischen Medizin war es, in Zilboorgs Formulierung, eine von der Psychologie vollkommen unabhängige Psychiatrie zu entwickeln. Daher die verbreitete und leidenschaftliche Ablehnung all der Verfahren, die unter dem Namen ›Tierischer Magnetismus‹ oder Hypnose zusammengefaßt wurden. In Frankreich erzielten Charcot, Liébault und Bernheim mit hypnotischen Verfahren bemerkenswerte Ergebnisse; doch die europäischen und amerikanischen Psychiater, die intellektuell etwas auf sich hielten, zeigten solcher rein psychologischen Behandlung von Geisteskrankheiten die kalte Schulter und konzentrierten sich statt dessen auf die ›objektiveren‹ und ›wissenschaftlichen‹ Methoden der Chirurgie.

Natürlich war das alles schon einmal dagewesen. Den Patienten Löcher in den Kopf zu bohren war eine unendlich altehrwürdige Form der Psychiatrie. Das gleiche gilt für die Kastration zur Heilung der

Epilepsie. In Fortsetzung dieser großen alten Tradition entfernten die viktorianischen Doktoren die Eierstöcke bei ihren hysterischen Patientinnen und behandelten Neurosen bei jungen Mädchen mit der greulichen Operation, die den Ethnologen unter der Bezeichnung »weibliche Beschneidung« vertraut ist. Zu Beginn dieses Jahrhunderts spielte Metchnikoff für kurze Zeit die Rolle des Propheten, und der letzte Schrei in Medizinerkreisen hieß »Autointoxikation«. Im Verein mit fast allen übrigen Leiden wurden Neurosen auf intestinale Stauungen zurückgeführt. Keine Eingeweide, keine Stauungen – was könnte logischer sein? Die glücklichen Neurotiker, die sich eine größere Operation leisten konnten, gingen in die Klinik, ließen sich den Dickdarm herausschneiden und die kleineren Därme an den Stummel annähen. Wer sich von dieser Prozedur wieder erholte, fand sich um einen Grund für neue Neurosen reicher: Er oder sie mußte nun sechs bis achtmal am Tag die Toilette aufsuchen.

Die intestinale Stauung verschwand zusammen mit der Mode des Trippelrock, und der neue Renner war die fokale Infektion. Wenn man den chirurgischen Psychiatern Glauben schenkte, dann waren die Leute nicht etwa aufgrund von Konflikten in ihrem Unterbewußtsein neurotisch, sondern aufgrund von Mandelentzündungen und Zahnwurzelabszessen. Die Dentisten und Hals-Nasen-Ohren-Männer machten sich mit Nachdruck an die Arbeit: Zahn- und mandellos geworden, benahmen sich die Neurotiker, wie nicht anders zu erwarten, genauso neurotisch wie eh und je. Die fokalen Infektionen folgten den intestinalen Stauungen ins Reich des Vergessens, und die chirurgischen Psychiater ziehen derzeit den Direktangriff auf das Gehirn vor. Die gängige Methode heißt Schockbehandlung, oder aber präfrontale Lobotomie. Inzwischen sind die Pharmakologen auch nicht müßig geblieben. Die Barbiturate, vor nicht allzu langer Zeit als Allheilmittel gepriesen, haben Erzeugnissen wie Chlorpromazin, Reserprin, Frenquel und Miltown Platz gemacht. Soweit sie geeignet sind, die spezifisch psychologische Behandlung von Geisteskrankheiten zu erleichtern, mögen sich diese Beruhigungsmittel als äußerst wertvoll erweisen. Selbst als Symptomstopper haben sie ihren Nutzen.

Die grüne Oase zwischen den Düsenjägern und Raketen ist voll bis zum Überlaufen. Dasselbe gilt für alle anderen Nervenheilanstalten der westlichen Welt. Technologischer und ökonomischer Fortschritt scheint von psychologischer Regression begleitet zu sein. Die Häufigkeit von Neurosen und Psychosen ist offensichtlich im Steigen begriffen. Noch größere Kliniken, noch humanere Behandlung der Patienten, noch mehr Psychiater, noch bessere Pillen – das alles brauchen wir, und wir brauchen es dringend. Aber das alles wird unser Problem nicht lösen. Auf diesem Gebiet ist die Vorbeugung unendlich viel wichtiger als die Heilung; denn der geheilte Patient wird wieder in eine Umgebung entlassen, die Geisteskrankheit erzeugt. Doch wie läßt sich diese Vorbeugung realisieren? Das ist die 64-Milliarden-Frage.

(*Esquire*, Juni 1956; Ü.: Werner von Koppenfels)

PHILOSOPHIE UND REALWELT

First Philosopher's Song

A poor degenerate from the ape,
Whose hands are four, whose tail's a limb,
I contemplate my flaccid shape
And know I may not rival him,

Save with my mind – a nimbler beast
Possessing a thousand sinewy tails,
A thousand hands, with which it scales,
Greedy of luscious truth, the greased

Poles and the coco palms of thought,
Thrids easily through the mangrove maze
Of metaphysics, walks the taut
Frail dangerous liana ways

That link across wild gulfs remote
Analogies between tree and tree;
Outruns the hare, outhops the goat;
Mind fabulous, mind sublime and free!

But oh, the sound of simian mirth!
Mind, issued from the monkey's womb,
Is still umbilical to earth,
Earth its home and earth its tomb.

Erster Philosophen-Song

Ich dekadenter Sproß des Affen
(Der mit dem Schwanz und allen Vieren
Ins Leben greift) seh meinen Leib, den schlaffen,
Und weiß: ich kann nicht konkurrieren,

Außer im Geist, dem flinken Tier –
Mit tausend sehnigen Schwänzen klettert
Und tausendhändig er, voll Gier
Nach saftiger Weisheit, auf die fetten

Kokospalmstämme der Gedanken,
Schlüpft leicht durch das Mangrovendickicht
Der Metaphysik, nimmt die schwanken
Pfade, die die Liane flicht,

Spannt über weiten, wilden Raum
Analogien von Baum zu Baum,
Rast hasenschneller, überhüpft die Geiß:
Phantastischer, hehrer, freier Geist!

Doch hör das äffische Lustgebrüll!
Geist, diese Affenschoßgeburt,
Hängt an der Erde Nabelschnur:
Erde sein Heim, sein Grab, sein Ziel.

Fifth Philosopher's Song

A million million spermatozoa,
All of them alive:
Out of their cataclysm but one poor Noah
Dare hope to survive.

And among that billion minus one
Might have chanced to be
Shakespeare, another Newton, a new Donne –
But the One was Me.

Shame to have ousted your betters thus,
Taking ark while the others remained outside!
Better for all of us, froward Homunculus,
If you'd quietly died!

Fünfter Philosophen-Song

Abermillionen Spermatozoa,
  Die alle leben:
Welch eine Sintflut – und nur *ein* Noah
  Darf überleben.

Vielleicht steckte in dieser Abermillion
  Minus eins ein Shakespeare – warum nicht?
Vielleicht auch ein neuer Newton, ein Donne –
  Doch der Eine war ich.

Der drängt sich vor, schnappt die Arche, und Schluß –
  Die Besseren sind abserviert!
Unerhört! Wärst du dreister Homunculus
  Nicht besser krepiert?

(*Leda*, 1920; Ü.: Werner von Koppenfels)

Spinozas Wurm

»Stellen wir uns«, schreibt Spinoza, »einen kleinen Wurm im Blut vor, der genug Sehkraft hat, um die Blutpartikel, die Lymphe usw. unterscheiden zu können, und genug Einsicht, um beobachten zu können, wie eine Partikel von einer anderen abgestoßen wird, mit der sie in Kontakt kommt, oder ihr einen Teil ihrer eigenen Bewegung überträgt. Ein solcher Wurm würde so im Blut leben wie wir in diesem Teil des Universums und würde jede Partikel davon nicht als Teil, sondern als Ganzes auffassen, und er könnte auch nicht wissen, wie alle die Teile vom allgemeinen Wesen des Blutes beeinflußt und genötigt werden, sich aneinander anzupassen, wie von diesem Wesen gefordert, so daß sie gemäß einem unabänderlichen Gesetz zusammenarbeiten.« Und so weiter. Der Kern des Problems – und es ist der Kern von Spinozas ganzer Philosophie – liegt darin, daß wir eher im Infiniten als im Finiten leben und weben und unser Wesen haben sollten, daß unser Denken sich im Sinne der universalen Einheit und nicht im Sinne individueller Partikularitäten vollziehen sollte. Mit einem Wort, daß wir aufhören sollten, Würmer im Blut zu sein, und was werden? Schmetterlinge, vermute ich, die frei durch den Raum schweben.

Nun wäre es offensichtlich sehr angenehm, ein Schmetterling zu sein – angenehmer zweifellos, als wie ein Wurm zu leben, und sei es als ein Wurm im vollen, warmen Blut. Im Hinblick auf die Praxis aber, und empirisch gesprochen: *Können* sich Würmer denn nach Belieben in Schmetterlinge verwandeln? Liegt dieses Wunder im Rahmen ihrer Kräfte? Ich bin auf keinerlei Beweis gestoßen, der mich überzeugt hätte, daß das der Fall ist. Zwar können wir uns durch eine Anstrengung des abstrahierenden Geistes eine unendliche Einheit vorstellen, die allein Realität hat; wir können uns mit einiger Anstrengung dazu überreden, daß diese unendliche Einheit wirklich unteilbar und die Welt der Distinktionen und Relationen, in der wir normalerweise leben, reine Illusion ist. Zwar können wir, wiederum mit einiger Anstrengung, Zeit und Bewegung in die Sphäre der Illusion verweisen, indem wir sie als unsere besonders unangemessenen Auffassungen einer anderen Dimension des einzigen und unbeweglichen Raumes betrachten. Richtig ist auch, daß wir unter bestimmten Umständen die Existenz der allumfassenden Einheit als direkte Intuition tatsächlich *fühlen* können, daß wir in einer einzigen, aufblitzenden Einsicht zuinnerst des trügerischen Blendwerks der Alltagswelt von Distinktionen und Relationen gewahr werden können.

Aber diese Offenbarungen sind selten, und die rein intellektuelle Vergegenwärtigung dessen, was solche gelegentlichen mystischen Zustände direkt enthüllen, kann nur mit Anstrengung und gegen den Widerstand unserer grundlegendsten Denk-, Fühl- und Anschauungsweisen geleistet werden. Und selbst wenn es nicht so schwierig wäre, zur Vision dessen zu gelangen, was uns Philosophen und Mystiker aus Gründen, die nie völlig überzeugend wirken, als die Wahrheit verbürgen; selbst wenn es leicht für uns wäre, im Geiste aus der Welt der Distinktionen und Relationen in die der Unendlichkeit und Einheit überzugehen – wir wären damit der Fähigkeit, in dieser höheren Welt zu *leben*, doch kaum nähergekommen. Denn wir leben in und mit unseren Körpern; und unsere Körper weigern sich standhaft, anders als distinkt und relativ zu leben. Nichts kann den Körper bewegen, sich selbst als trügerisches Blendwerk anzuerkennen. »Du existierst nicht wirklich«, argumentiert der Intellekt, den Körper in die Rippen stoßend. »Du bist gar nicht wirklich da; Du bist nur ein Loch in der unendlichen Substanz. Es gibt keine andere Realität als das Eine.« »Mit dem ich«, fügt der Geist hinzu, »persönliche und ekstatische Bekanntschaft geschlossen habe. Was Du für Deine substantielle Individualität hältst«, fährt der Intellekt fort, »ist lediglich eine Negation der höheren Realität. *Sub specie aeternitatis* ist Dein Sein einfach ein Nicht-Sein.« Der Körper gibt keine Antwort; aber ein schwaches Rumpeln in jenem Teilbereich des körperlichen Blendwerks, den wir uns Bauch zu nennen angewöhnt haben, gemahnt daran, daß es hohe Zeit zum Mittagessen ist.

Do what you will, this world's a fiction.

Macht, was ihr wollt – diese Welt bleibt Fiktion.

All die Mühen all der Metaphysiker, die je über die Theorie der Erkenntnis nachgedacht haben, lassen sich in diesem einen Knittelvers Blakes zusammenfassen. Diese Welt, die Welt von Spinozas winzigem Wurm, ist eine unentrinnbare Fiktion. Ebenso unentrinnbar aber ist sie *unsere* Welt. »Was immer wir tun«, wir können uns von dieser Fiktion nicht freimachen. Nur bei seltenen Gelegenheiten und unter größten Schwierigkeiten können wir einen überdies noch befristeten Urlaub von dieser Fiktion nehmen – und dann ist es lediglich ein Teil von uns, nämlich nur der Geist, der sich seinen Weg zur höheren Realität bahnt (wenn es denn wirklich die höhere Realität ist, der er entgegenfliegt; und dafür gibt es natürlich keine mögliche Garantie). Inzwischen sitzt der Körper breit und fest inmitten der allzu gewichtigen Illusionen der Welt, rumpelt und stößt – mit welch vulgärer Beharrlichkeit, mit was für niedrigen und unplatonischen Geräuschen! – knurrende Forderungen nach seiner Mahlzeit aus.

Da wir dieser Welt der Illusion also doch nicht entrinnen werden, versuchen wir eben, das Beste aus der Sache herauszuholen. Aus der Not lassen sich hervorragende Tugenden machen. Das Schicksal hat es nun einmal so gefügt, daß wir Würmer werden sollen; begnügen wir uns also damit, Würmer zu sein; nein, tun wir ein übriges, laßt uns mit Begeisterung, ja energisch Würmer sein; entschließen wir uns, die besten aller möglichen Würmer zu werden. Denn letztlich ist ein guter Wurm besser als jenes nicht zu beschreibende Geschöpf, zu dem wir werden, wenn wir versuchen, über unseren Stand hinauszuwachsen, in die Welt der Flügel. Auch noch so viele Versuche können aus einem Wurm keinen Schmetterling machen, nicht einmal den unscheinbarsten aller Schmetterlinge. Von dem Ehrgeiz geschwellt, sich in einen Schwalbenschwanz oder in eine Camberwell Beauty zu verwandeln, gibt der hochgesinnte Wurm sein Bestes und wird zu gegebener Zeit nicht einmal ein Kohlweißling, sondern eine minderwertige, halbtote Version seines alten Selbst, die auf Flügeln der Einbildungskraft im Leeren herumtaumelt. Bei ihrer Suche nach übermenschlicher Weisheit opfern Philosophen und Mystiker einen Großteil wertvoller menschlicher Erkenntnis, ohne aber für ihr Opfer durch irgendeine engelhafte Macht belohnt zu werden. Was für die Sphäre der Erkenntnis gilt, gilt auch für die Sphäre des Verhaltens. Burns' ›Allzu-Gerechte‹ opfern ihre Menschlichkeit um des Übermenschentums willen, aber ihren Ehrgeiz können sie nach Lage der Dinge nie voll verwirklichen; ein Teil ihrer selbst muß immer und zwangsläufig auf der menschlichen Ebene verharren. Und auf dieser menschlichen Ebene sind ihre Opfer Verstümmelungen. In gewisser

Hinsicht mag es ihnen gelingen, moralisch betrachtet, mehr als Menschen zu werden; in anderer aber werden sie weniger. Sie verstümmeln sich selbst zur Subhumanität.

Seit dem Triumph des Christentums ist das Leben im Abendland im Banne der Vermutung gelebt worden, daß Würmer eigentlich Schmetterlinge werden sollten und daß diese Transformation unter bestimmten Voraussetzungen tatsächlich möglich ist. Die Erlangung von mehr Erkenntnis, als Menschen zugänglich ist, und ein mehr als menschenmöglicher Verhaltensmaßstab werden als Ideale hochgehalten; und gleichzeitig wird behauptet oder zumindest fromm gehofft, daß dieses Ideal realisierbar ist. In Wirklichkeit aber ist es das keineswegs – wie jedermann weiß, der sich auch nur ein wenig auf den Gebieten von Geschichte und Biographik umgetan oder hellhörigen und aufmerksamen Umgang mit seinen Mitgeschöpfen gepflegt hat.

Hat irgendein Ideal Schaden dadurch erlitten, daß es unrealisierbar war? Manche Leute würden sagen, daß das in Wirklichkeit um so besser für das Ideal war. Man halte einem Esel eine Möhre hin, aber gerade außerhalb seiner Reichweite, und er wird losrennen und immer weiter rennen. Wenn es ihm aber je gelänge, seine Zähne hineinzuschlagen, würde er auf der Stelle innehalten. Dasselbe, sagen die Moralisten, ist der Fall bei den Idealen; sie müssen, wie die Möhre, in immer weitere Ferne gerückt werden, wenn wir ihnen nachjagen. Ein leicht zu realisierendes Ideal büßt rasch seine anspornende Kraft ein. Nichts stürzt einen Menschen mit einem Schlage so tief in teilnahmslose Desillusion wie die Entdeckung, daß er alle seine Ambitionen erreicht und alle seine Ideale verwirklicht hat. Die Möhre erweist sich, einmal erschnappt, nur zu häufig als Sodomsfrucht. Aus eigener Kraft hochgekommene Karrieristen, deren Ideal zu Beginn der Erfolg war, sehen sich, wenn sie erfolgreich geworden sind, im allgemeinen gezwungen, andere und weiter entfernte Möhren zum Ausgleich für die aufzuhängen, die sie jetzt zwischen ihren Zähnen zermahlen. Sie müssen vorschützen, daß ihre Anstrengungen der Menschheit irgendeinen christlichen Dienst erweisen oder daß sie um irgendeiner guten Sache willen arbeiten (und sei es nur die Sache ihrer Aktionäre). Ohne diese entlegeneren und unerreichbaren Ziele sähen sie sich nicht mehr in der Lage, ihre bereits weit gediehene Arbeit des Geldscheffelns fortzusetzen.

Es gibt keine Möglichkeit, daß irgend jemand je die christlichen

Ideale erreichen könnte. Denn menschliche Wesen können nach Lage der Dinge eben einfach keine Übermenschen werden. Diejenigen, die diese Ideale akzeptieren, laufen keinerlei Gefahr, in Apathie oder Desillusionierung zu versinken. Die Möhre ist köstlich genug, um sie in Bewegung zu versetzen, und winkt weit genug entfernt, um sie für den ganzen Rest ihrer natürlichen Existenz in Trab zu halten. So weit, so gut. Das Ziel, das das christliche Ideal aufstellt, ist anziehend, seine anspornende Kraft unerschöpflich.

Wenn aber die Mittel, die zu diesem Ziel führen, schlecht sind, wird die Kraft, die unentwegt weiter anspornt, zu einer Kraft, die unentwegt Unheil anrichtet. Und wie wir bereits gesehen haben, *sind* die Mittel schlecht. Denn im Sinne der christlichen Auffassung kann Übermenschlichkeit an Erkenntnis wie an Verhalten nur anhand eines Moralsystems verwirklicht werden, das das unablässige Opfer alles dessen auferlegt, was man die allzu menschlichen Elemente der menschlichen Natur nennen könnte. Auf jener allzu menschlichen Ebene, auf der wir, wie es das Schicksal verfügt hat, zum größten Teil leben müssen, ob uns das nun gefällt oder nicht, sind diese Opfer Verstümmelungen. Diejenigen, die das christliche Ideal ernst nehmen, sehen sich unaufhörlich gezwungen, partiellen Selbstmord zu begehen.

Glücklicherweise hat die Mehrheit nomineller Christen das christliche Ideal zu keiner Zeit besonders ernst genommen; hätte sie es getan, wären die Rassen und Zivilisationen des Abendlandes wohl schon vor langer Zeit verschwunden. Aber die Menschen haben das christliche Ideal und seine minderen modernen Nachfolger, das wissenschaftliche und das soziale Ideal, immerhin so ernst genommen, daß es ihnen als Individuen und damit indirekt auch der Zivilisation, deren Repräsentanten sie sind, eine Wunde zufügen konnte, die sich im Laufe der Zeit vertieft hat und die sich, wenn sie nicht geheilt wird, unweigerlich als tödlich erweisen wird.

Das vollkommene Ideal wäre dann offensichtlich eines, das die ganze Attraktivität und die unerschöpfliche Stimulierungskraft des christlichen Ideals ohne die damit verbundene Schädlichkeit hat. Wie das christliche Ideal des Übermenschentums muß es jede letztliche Verwirklichung ausschließen. Aber die Mittel, deren sich die Menschen beim Versuch seiner Verwirklichung bedienen, müssen Mittel sein, die denen, die sie benutzen, keinerlei Schaden zufügen. Ein solches Ideal, scheint mir, wäre das Ideal nicht des Übermenschentums, sondern des vervollkommneten Menschentums. Lassen wir den Wurm versuchen, superlativisch er selbst zu sein, der beste aller möglichen Würmer.

Vervollkommnetes und vollendetes Menschentum – ein hohes und letztlich unerreichbares Ideal; ein Ideal, das, wie mir scheint, dem christlichen Ideal des Übermenschentums in vieler Hinsicht überlegen ist. Denn an der Wurzel dieses Strebens, im Hinblick auf Erkenntnis und Verhalten mehr zu sein als bloß menschlich, finden wir letzten Endes eine Art Feigheit, die Weigerung, sich – es sei denn verzweifelt, und das heißt mit den brutalsten und mechanischsten Mitteln – auf die Dinge, die komplizierten, schwierigen Dinge des Lebens wirklich einzulassen. Denn was ist das Streben nach Erkenntnis, die über menschliches Maß hinausgeht, anderes als eine Flucht aus den unendlichen Vielschichtigkeiten und Varietäten der Erscheinungen? Die Ideen von Plato, das Eine von Plotin, die Nichtse, die Götter, die Unendlichkeiten, die Wesenheiten all der Mystiker gleich welcher Religionen, all der transzendentalen Philosophen, all der Pantheisten – was sind sie anderes als bequeme und tröstliche Stellvertreter für den Wirrwarr der unmittelbaren Erfahrung, selbstverfertigte und deshalb heimelige spirituelle Kuschelnischen im fremden Universum? Und das brutale Opfer allen physischen, triebhaften und leidenschaftsbestimmten Lebens durch den Stoiker, die Selbstkastration des Asketen, die vom modernen Effektivitätshascher betriebene Entwertung aller Aktivitäten außer willens- und intelligenzgeleiteten auf der einen und rein mechanischen Routinearbeiten auf der anderen Seite – was sind alle diese ›hohen Grundsätze‹ anderes als verängstigte Flucht vor den Problemen des sozialen und individuellen Lebens?

Harmonisches Leben ist eine Frage von Takt und Sensibilität, von Urteil, Abwägung und unaufhörlicher Berichtigung, von guter Kinderstube und aristokratischer Moral aus Gewohnheit und Instinkt. Aber eben das ist zu schwierig. Es ist leichter, nach fixierten Regeln zu leben als nach Takt und Urteil; chirurgische Operationen sind leichter als lebendige Abstimmungen. Eine gußeiserne Moral ist nicht bewundernswert; sie ist im Gegenteil das Eingeständnis einer Lebensangst, einer Unfähigkeit, sich mit den Erfahrungsgegebenheiten in der Form, wie sie sich bieten, auseinanderzusetzen – mit einem Wort: einer Schwäche, bei der die Menschen Scham empfinden sollten, nicht Stolz. Das Streben nach Übermenschentum ist das zutiefst verwerfliche Eingeständnis, daß einem der Mumm, der Witz und das Maß dazu fehlt, ein erfolgreiches und vollständiges Menschentum zu praktizieren.

Die Verfechter des Übermenschentums haben die Angewohnheit, sich für ihr Versagen bei der Verwirklichung ihres Ideals dadurch zu trösten, daß sie sich in eine Phantasiewelt zurückziehen. Unsere Väter stellten sich diese Welt in einer diesseitigen Vergangenheit, aber auch in einer postumen Ewigkeit vor; die Großpropheten unserer Tage ordnen ihren Trostphantasien einen lokalen Wohnsitz auf unserem eigenen Planeten und in einer künftigen Zeit zu. Diese moderne Angewohnheit des Träumens von einer imaginären Zukunft wird als Zeichen unserer Überlegenheit über unsere abergläubischen und rückwärtsorientierten Vorfahren beklatscht. Warum, weiß nur der Himmel.

Der hochfliegendste unserer Übermensch-Verfechter ist Mr. Bernard Shaw, der uns, in *Back to Methuselah*, auffordert, seine Verzückungen angesichts des Schauspiels einer zukünftigen Erde zu teilen, die von geschlechtslosen alten Monstern an geistiger und physischer Mißbildung bewohnt wird. Wie gewöhnlich erweist sich das Höchste auf seltsame Weise als das Niedrigste. Wir trachten und streben in Kreisen, und wenn wir uns ausmalen, daß wir am übermenschlichsten sind, finden wir uns platterdings noch unterhalb der Tiere wieder. Shaws irdisches Paradies erweist sich als Beinhaus. Unter dem galvanischen Stimulus seines Witzes tollen die Mumien herum wie lauter verweste Lämmer; das alles ist sehr amüsant, ohne Zweifel, aber ach! wie greulich, wie unaussprechlich schrecklich! Shaws ganzes Geschreibsel ist trocken und frostig, leblos trotz allen Anscheins zuckender Lebendigkeit. In *Back to Methuselah* ist das Knochenklappern, die knisternde Auflösung von Mumienflor betäubend laut zu hören. Unausweichlich; denn *Back to Methuselah* ist das luftig-idealistischste, das über-übermenschlichste aller Stücke von Mr. Shaw. Das Höchste ist das Niedrigste.

Mich selbst ergreift, wann immer ich ein Buch über die Zukunft zu Gesicht bekomme, ein Gefühl von Langeweile und Erbitterung. Was zum Himmel sollte einen dazu veranlassen, sich den Kopf mit Spekulationen darüber zu zerbrechen, wie Menschen im Jahre 20000 n. Chr. aussehen, die dann aber nahezu mit Sicherheit ja doch nicht so aussehen werden? Dem hypothetischen Übermenschen sollte es überlassen bleiben, selbst auf sich aufzupassen. Da er definitionsgemäß vom Menschen wesentlich verschieden ist, können wir offensichtlich nichts tun, um sein Kommen zu beschleunigen oder zu verzögern. Das einzige, was in unserer Macht steht, ist, unser Bestes zu tun, um Menschen zu werden, hier und jetzt. Denken wir über die Gegenwart nach, nicht über die Zukunft. Tun wir es nicht, wird sehr bald keine Zukunft mehr da sein, über die nachzudenken ist. Gerade durch die Luftigkeit ihrer Ambitionen auf einen Status von Untermenschentum reduziert, werden die hochfliegenden Übermenschen einander umgebracht haben wie lauter tolle Hunde. Nicht-Existenz ist ihrem Wesen nach zukunftslos.

Die Mittel, mit denen Menschen sich in Übermenschen zu verwandeln suchen, sind mörderisch. Das große Verdienst des Ideals vervollkommneten Menschentums liegt darin, daß seine Verwirklichung nur mit Mitteln unternommen werden kann, die lebensbejahend, nicht lebenszerstörend sind. Denn der vervollkommnete Mensch ist der vollständige Mensch, der Mensch, in dem alle Elemente der menschlichen Natur bis zu jenem höchsten Grade entfaltet sind, der mit der Entwicklung und Aufrechterhaltung einer psychologischen Harmonie im Individuum und einer äußeren sozialen Harmonie zwischen dem Individuum und seinen Mitmenschen vereinbar ist. Der am Modell der chirurgischen Operation orientierte Typ von Sittlichkeit, der die praktische Ergänzung des übermenschlichen Ideals ist, muß bei denen, deren Bestreben es ist, Menschen im vollen Wortsinne zu werden, einer Moral der lebendigen Anpassung, von Takt und Geschmack, von ins Gleichgewicht gebrachten Widersprüchen weichen. Das Ideal vollendeten Menschentums verlangt von denen, die es sich zu eigen machen, nicht Selbst-Mord, sondern Selbst-Harmonie.

Der Hauptfehler der christlichen Moralisten und Idealisten hat darin bestanden, anzunehmen, daß der menschliche Charakter im Grunde beständig ist – oder aber, wenn schon in Wirklichkeit nicht sehr beständig, doch beständig gemacht werden sollte. Als empirische Tatsache läßt sich jedoch festhalten, daß menschliche Wesen im Grunde unbeständig sind. Männer und Frauen sind selten mehr als einige Stunden oder sogar Minuten hintereinander dieselben. Die Seele ist eine Art Hydra – Vielzahl nicht minder als Ein-Zahl, zahlreich in ihrer Einzigkeit. Ein Mensch ist bald der und bald jener andere Hydra-Kopf, der in ihm steckt. Das sind die naheliegenden Befunde der Alltagserfahrung. Die Großmoralisten leugnen diese naheliegenden Befunde manchmal oder räumen ihre Existenz zwar ein, aber nur, um ihnen den Krieg zu erklären. Das wahre Selbst des Menschen, versichern sie, ist das geistige Selbst; der Rest ist illusorisch, nebensächlich, unwesentlich. Diese Tatsachenbehauptungen sind natürlich nur verschleierte Wunschvorstellungen, maskierte Kommandoworte. Der Indikativ ist in Wirklichkeit ein Imperativ.

Wenn Philosophen, Moralisten oder Theologen vom ›wahren‹ Selbst, vom ›wahren‹ Gott, von ›wahren‹ im Gegensatz zu falschen Tugenden, Lehren, Lieben usw. sprechen, bringen sie in Wirklichkeit nur ihre eigenen, persönlichen Vorlieben zum Ausdruck. Und umgekehrt sind Worte wie ›nebensächlich‹, ›unwesentlich‹, ›illusorisch‹ im allgemeinen kaum mehr als das Schimpfvokabular von Gelehrten und Frommen. Ihre Position, ihr Alter und ihre Amtstracht erlauben es ihnen nicht, ihre Gegner verdammte Bastarde, Mistkerle oder Schweine zu nennen; sie müssen sich mit schwerfälligeren und umschreibenden Beschimpfungsformen begnügen. Diejenigen, die die Grundgegebenheiten der menschlichen Natur leugnen, sagen auf verschiedene und eher weniger aufrichtige Weise also nur dasselbe wie diejenigen, die sie zwar einräumen, aber verdammen. Der Mensch ist nicht konsistent, aber er sollte dazu gemacht werden. Denn Beständigkeit, die Beständigkeit der unermüdlichen Spiritualität, ist eines der Hauptmerkmale jenes übermenschlichen Wesens, das zu werden des Menschen Pflicht ist. Die Seele muß auf Einheitlichkeit reduziert werden, gewaltsam – wenn nötig durch chirurgischen Eingriff; alle Hydraköpfe müssen amputiert werden – bis auf einen. So verlangt es der Verfechter des Übermenschen, der Superhumanist. Der Humanist andererseits räumt allen Köpfen das gleiche Existenzrecht ein; seine Sorge ist darauf gerichtet, die ganze Sammlung wenn auch nicht in Frieden (denn das wäre unmöglich), so doch zumindest im Zustand ausgewogener Feindseligkeit zu halten, im Zustand einer chronisch unentschiedenen Kriegslage, bei der die Niederlagen gleichmäßig verteilt und die Siege vergänglich sind.

Das Moralsystem des Humanisten beruht auf Hingabe an die wirklichen Dinge des Lebens in der Form, wie es die Menschen leben. Er schreitet in der Gegenrichtung zu der des Superhumanisten voran;

denn anstatt vom willkürlichen Imperativ zum entsprechend phantastischen Indikativ überzugehen, schlägt er den Weg vom Indikativ der beobachteten und von der Erfahrung bestätigten Fakten zum Imperativ einer realistischen Ethik und einer vernünftigen Gesetzgebung ein.

»Homer irrte«, schrieb Heraklit von Ephesus, »Homer irrte, als er den Wunsch aussprach: ›Möchte der Streit nur unter den Göttern und Menschen vergehen!‹ Er begriff nicht, daß er damit um die Zerstörung des Universums betete; denn würde sein Gebet erhört, dann müßten alle Dinge vergehen.« Das sind Worte, die die Anwälte des Übermenschentums ernstlich bedenken sollten. Sie, die beständiger Vollkommenheit entgegenstreben, streben in Wahrheit der Vernichtung entgegen. Die Hindus hatten so viel Einsicht, dieses Faktum zu sehen, und den Mut, es zu verkünden: Das Nirwana, das Ziel ihres Strebens, ist das Nichtsein. Wo immer es Leben gibt, gibt es auch Unbeständigkeit, Spaltung, Streit. Sie sind offensichtlich sogar in den Gesellschaften und bei den Individuen vorhanden, die das superhumanistische Ideal übernehmen und sich von der superhumanistischen Ethik leiten lassen.

Glücklicherweise ist dieses Ideal, wie ich bereits angemerkt habe, nur selten wirklich ernst genommen worden; nur sehr wenige Menschen sind so weit gegangen, sich beim Versuch seiner Verwirklichung völlig selbst zu annihilieren. Nahezu alle Superhumanisten verfolgen ihr Ideal ruck- und stoßweise und gehorchen den Vorschriften ihrer Ethik nur auf sprunghafte Art, in den Zwischenzeiten leben sie human oder, häufiger noch, subhuman; denn je höher sie in ihren Anstrengungen, Übermenschen zu werden, steigen, um so tiefer fallen sie, wenn sich diese Anstrengungen erschöpft haben, in abstoßende Subhumanität zurück.

Ate und Nemesis sind reale Wesen; ihre Aktivitäten sind täglich zu beobachten. Sie sind vielleicht nicht ganz so böswillig und wild entschlossen, Leute zu bestrafen, die durch Zufall ihre Mutter heiraten, wie das die griechischen Tragödiendichter vorausgesetzt haben. Das Fatum entartet in ihren Tragödien nur allzu häufig von einer inneren, organischen Notwendigkeit zu einer äußeren, mechanischen. Manche Handlungen sind herkömmlicherweise schlecht; darauf stehen bestimmte Strafen. Wissentlich oder unwissentlich begeht ein Mensch eine dieser Handlungen. Flugs schnappt die Falle zu, und die ausgesetzte Strafe senkt sich auf sein Haupt. Das alles vollzieht sich sehr deutlich und mechanisch, wie ein gutfunktionierendes Uhrwerk; aber es ist nicht sehr real, es hat nichts mit dem Leben zu tun. Wir lachen über den Epigrammatiker Meleager, wenn er den schüchternen jungen Polyxenides daran gemahnt, daß die Zeit verfliegt und Nemesis, in Gestalt des reizlosen Alters, nur allzu bald an seinen glatten, unverschämt hübschen Hinterbacken Rache nehmen wird. Aber die Idee ist in Wirklichkeit weitaus weniger absurd als jene andere, die *Ödipus Rex* zugrunde liegt. Ein Paar ausnehmend hübsche Hinterbacken zu besitzen und sich dieser Tatsache auch noch eitel und kokett bewußt zu sein mag durchaus eine echte Verletzung des goldenen Mittelweges bedeuten. Aber unwissentlich die eigene Mutter zu heiraten ist kein echter Frevel; es ist lediglich ein Zufall. Nemesis ist das Prinzip des Gleichgewichts. Wenn man sich nicht selbst in ein ausbalanciertes Gleichgewicht bringt, werden die Götter das für einen besorgen – und zwar als Rachegötter! Die Lebensläufe der glühendsten Superhumanisten legen überreichlich Zeugnis von der Eifersucht des Himmels ab. Der *Deus prudens*, wie Horaz das göttliche Prinzip der Mäßigung nennt, verabscheut und bestraft jeden ausschließlichen oder nicht durch ein Gegengewicht ausgeglichenen Exzeß.

In der Praxis, ich wiederhole es, lebt die überwiegende Mehrheit auch der Superhumanisten inkonsistent. Die Kirche ist eine Sache, das Dorf eine andere; sie glauben auf die eine und handeln auf die andere Weise; sie mildern Spiritualität durch Fleischlichkeit, Tugend durch Sünde, Rationalität durch Aberglauben. Täten sie es nicht, hätten die Rassen des Abendlandes längst zu existieren aufgehört. Aufrichtigkeit mag die Menschen in der anderern Welt retten; in dieser aber gibt es fraglos kein Heil, es sei denn in der Unbeständigkeit. Die Superhumanisten haben sich gerettet, indem sie die Anforderungen ihrer Prinzipien unterliefen. Wenn das aber der Fall ist, wendet der Soziologe ein, warum dann ihre Prinzipien ändern wollen? Diese Leute überleben, weil sie ihre Prinzipien *manchmal* fahrenlassen, und sie lassen sich von einem gut Teil sozial unerwünschten Verhaltens abhalten, weil sie diesen Prinzipien *manchmal* nachkommen. Es handelt sich nicht darum, ob ihre Überzeugungen in irgendeinem absoluten Sinne des Wortes richtig oder falsch sind.

Warum sich also diesen Überzeugungen widersetzen, wenn man sieht, daß sie gute soziale Ergebnisse zeitigen? Der Baum muß nach seinen Früchten beurteilt werden und nach nichts sonst. Einverstanden; aber gerade weil die Früchte nicht gut genug sind, erhebe ich Einwände gegen den Baum. Denn wenn es auch richtig ist, daß die Menschen menschlich unbeständig sind, sogar unter einem Regime, das eine übermenschliche Konsistenz von Spiritualität und bewußtem Eigenwillen idealisiert, ist das Faktum dieser Idealisierung doch schädlich. Es ist schädlich, weil diejenigen, die das Ideal ernst nehmen (und die Kühnheit, die – im wahrsten Sinne – Unmöglichkeit des übermenschlichen Ehrgeizes zieht stets die potentiell besten Männer und Frauen an), nicht nur sich selbst vitalen Schaden antun, sondern durch Lehre und Beispiel auch ihren Mitmenschen. Sogar für diejenigen, die es nicht mit solch mörderischem oder selbstmörderischem Ernst behandeln, ist das Übermensch-Ideal schädlich. Ihre Überzeugung ist nicht stark genug, um sie vor inkonsistentem Leben zu schützen; aber sie *ist* stark genug, sie ihre Inkonsistenzen für ziemlich unglaubwürdig halten, sie Scham empfinden zu lassen vor allen Hydra-Köpfen ihres mannigfachen Seins, ausgenommen einen oder höchstens einige wenige. Die superhumanistische Sittenlehre hält sie dazu an, die größere Zahl ihrer normalen Aktivitäten als sündhaft, niedrig, entwürdigend oder bestenfalls trivial und unernst zu verdammen. Sie tun, was ihre Triebe ihnen gebieten, aber unter dem Zwang steter Selbstrechtfertigung. Sie haben Schuldgefühle angesichts ihrer Leidenschaften und bedauern, daß ihre Körper aus »allzu festem Fleisch« geschaffen sind. Ganz natürlich also, daß ihre triebhafte, gefühlsmäßige und physische Lebensqualität sinkt. Wovon man schlecht denkt, das wird auch zwangsläufig schlecht.

»Preisen nun muß man alle Götter«, sagt Pausanias im *Symposion*. Alle – die gewöhnlichen, ebenso wie die himmlische Aphrodite, Athene ebenso wie Ares und Bacchus, Pan und Priap und die Satyrn nicht minder als Artemis, Apollo und die Musen. Mit anderen Worten: Alle Manifestationen des Lebens sind gottähnlich, und jedes Element der menschlichen Natur hat ein Recht – sogar ein göttliches Recht –, zu existieren und seinen Ausdruck zu finden.

Daß sich eine stabile Gesellschaft aus Männern und Frauen formen läßt, die die Verehrung des Lebens in allen seinen inkonsistenten und widersprüchlichen Äußerungen bekunden, ist ein Faktum, das man aus der griechischen Geschichte belegen kann. Perikles hat in seiner Grabrede auf die ersten Opfer des Peloponnesischen Krieges eine bewundernswerte Beschreibung Athens im fünften vorchristlichen Jahrhundert hinterlassen. Athen war ein Ort, sagte er (ich paraphrasiere und kürze ab), wo jedermann seine Ansichten zu allen Staatsangelegenheiten frei äußern konnte; wo es allen freistand, im häuslichen Bereich zu tun, was ihnen beliebte; wo niemand offiziell in das Privatleben anderer eingriff und niemandes persönliche Neigungen ihm als Vergehen vorgehalten wurden. In ihren privaten Beziehungen waren die Athener frei; in allem aber, was das Vaterland betraf, hielt eine heilsame Scheu sie davon ab, falsches Spiel zu treiben; sie gehorchten den Staatsbeamten und den Gesetzen. Die Mühen öffentlicher Geschäfte wurden durch öffentliche Unterhaltungen und private Belustigungen gemildert. Den Verfechtern einer Kasernenhof-Disziplin – die abscheuliche Brut ist immer noch unter uns – begegnete Perikles mit einem Vergleich zwischen Athen und Sparta. Die Spartaner »plagen sich von früher Jugend an mit der anstrengenden Jagd nach Mut und Tapferkeit, während wir, wiewohl wir ungebundener leben, uns darum mit nicht geringerem Mut denselben Gefahren stellen. Wenn wir uns dafür entscheiden, Gefahren eher klaren Kopfes entgegenzutreten als nach hartem Training und eher unserer angeborenen Männlichkeit zu vertrauen als staatlich geschultem Mut, liegt der Vorteil bei uns; denn es bleibt uns erspart, uns künftiger Mühseligkeiten wegen im voraus zu sorgen, und wenn sie uns dann treffen, begegnen wir ihnen ebenso tapfer wie unsere abgeplackten Rivalen«.

Und das waren nicht die einzigen Ruhmestitel, die die Athener vorweisen konnten. »Wir sind Liebhaber einer Schönheit ohne Zügellosigkeit und einer Weisheit ohne Unmännlichkeit. Unsere Bürger kommen sowohl ihren privaten als auch ihren öffentlichen Pflichten nach und lassen es nicht zu, daß die Verstrickung in ihre eigenen Angelegenheiten sie hindert, an denen der Stadt Anteil zu nehmen.«

Der einzige Mangel an dieser Beschreibung ist der, daß sie zu nüchtern, zu wenig emphatisch ist – zumindest für uns, die alles, was für Perikles selbstverständlich war, völlig fremd anmutet. *Wie* fremd, das scheinen sich nur wenige der ordnungsgemäß klassisch Gebildeten, ja der berufsmäßigen Gelehrten je klarzumachen. Diese Unkenntnis ist im Grunde vorsätzlich. Wir *möchten* das volle Ausmaß der Differenz zwischen griechischer Weltsicht, griechischer Lebensart und der unseren einfach nicht wirklich zur Kenntnis nehmen. Für die meisten von uns wäre die Vergegenwärtigung zu verstörend; also schließen wir die Augen vor allem, was uns dazu zwingen könnte, und stellen uns die Griechen, wenn wir sie uns denn überhaupt vorstellen (was eine große Zahl überaus schätzenswerter Gelehrter ohnehin nie tut: sie ziehen es vor, ihre Studien in abstracto zu betreiben, so als sei die hellenische Welt nichts anderes als eine Reihe komplizierter algebraischer Gleichungen), auch weiterhin als eine Rasse sehr netter, gutaussehender und intelligenter englischer *public-school boys* vor. In Wirklichkeit aber waren die Griechen weder nett noch jungenhaft. Sie waren Männer – Männer in einem unvergleichlich viel umfassenderen und erwachseneren Sinne als die kraftlosen oder fossilen Kinder, die sich an unseren Universitäten zu Hütern der griechischen Tradition aufwerfen! Und ihr Verhalten war nach unseren Maßstäben sehr häufig unerhört und ungehörig.

Was Perikles für selbstverständlich hielt, war in aller Kürze folgendes: daß die Menschen ihr Wesen in der Form, wie sie es vorfanden, akzeptierten. Der Mensch hat Geist: sehr gut, soll er denken. Er hat genußfähige Sinne: soll er sinnlich sein. Triebe: sie sind dazu da, befriedigt zu werden. Leidenschaften: es tut einem Manne gut, ihnen von Zeit zu Zeit zu unterliegen. Einbildungskraft, Schönheitsgefühl, Scheu vor dem Heiligen: er soll schaffen, sich mit anziehenden Formen umgeben, Ehrfurcht empfinden. Der Mensch ist vielgestaltig, unbeständig, in sich selbst widersprüchlich; die Griechen akzeptierten das und lebten vielgestaltig, unbeständig und widersprüchlich. Ihr Polytheismus verlieh dieser realistischen Hinnahme göttliche Billigung. »Preisen nun muß man alle Götter.« Es bedurfte also keiner Schuldgefühle und keines Bewußtseins der eigenen Sündhaftigkeit. Die Wahrung des unstabilen Gleichgewichts zwischen so vielen einander feindlichen Elementen war eine Frage von Takt, gesundem Menschenverstand und ästhetischem Urteil. Gleichzeitig wirkten sich die Gewohnheiten patriotischen Eifers und Gehorsams nachdrücklich als einschränkende und mäßigende Gegenkraft aus.

Und dies wahrscheinlich noch weit nachdrücklicher als bei uns. Denn die Freiheit der Alten war nicht dieselbe wie die unsere. Was ihr Privatleben, ihre häuslichen Gewohnheiten anging, war sie uneingeschränkt; mit Bezug auf den Staat aber war sie strikt eingegrenzt. Es wäre einem Griechen nie eingefallen, für sich die anarchischen Zügellosigkeiten des modernen Individualisten zu fordern. Als Bürger war er sich bewußt, daß er sich und alles, was er besaß, der Stadt schuldete.

Dieses Gefühl war sogar in den letzten Jahrhunderten des Römischen Reiches noch so stark, daß die Kaiser von ihren wohlhabenderen Untertanen die maßlosesten Opfer an Geld, Zeit und Mühen verlangen durften. Zu Beginn des 4. Jahrhunderts wurden die mühseligen und finanziell aufwendigen senatorischen Ehrenämter in den Provinzen in erbliche Zwangsverpflichtungen umgewandelt. Die unglückseligen Beamten und ihre gesamte Nachkommenschaft wurden damit zu einer Art endloser Straf-Knechtschaft und immerwährender Geldbuße verdammt – zu einer erblichen Bestrafung, deren einzig voraussehbares Ende das Erlöschen oder der unabwendbare Ruin der ganzen Familie war. Kein Herrscher der Neuzeit hätte seinen Untertanen solche Opfer abverlangen dürfen; der Versuch hätte eine sofortige Revolution zur Folge gehabt. Die Römer des 4. Jahrhunderts fanden sich damit ab; sie waren Bürger und wußten, daß ihre Bürgerpflicht darin bestand ihren Verbindlichkeiten nachzukommen. Daß diese Traditionen guten Bürgertums von sich aus nicht ausreichten, den Menschen (im Gegensatz zum Bürger) in Ausgewogenheit und Harmonie zu halten, beweist die Geschichte der Römer. Bar allen ästhetischen Takts und Urteils, ohne das verfeinerte Gefühl der Griechen für Proportion und Harmonie, versanken die Römer, sobald sie sich zu Herren der Welt aufgeschwungen hatten, in den Zustand abstoßendster moralischer Verwahrlosung. Wie die Spartaner waren sie tugendhaft nur auf dem Kasernenhof.

Die Griechen waren also Realisten. Sie erkannten die Grundgegebenheit der menschlichen Inkonsistenz an und stimmten ihre Religion, ihre Ethik und ihre gesellschaftliche Organisation darauf ab. Wir täten gut daran, ihrem Beispiel zu folgen. Die modernen Lebensumstände verlangen nämlich gebieterisch, daß wir unsere moralische Inkonsistenz in den Rang eines Prinzips erheben; denn die modernen Lebensumstände begegnen der Vielgestaltigkeit des menschlichen Lebens mit solcher Feindseligkeit, daß wir, wenn wir nicht auf unserer Verschiedenheit bestehen, Gefahr laufen, von ihnen dahingerafft zu werden.

Was sind das für Gefahren, die unsere Welt bedrohen? Und wie hätten sich die Griechen dagegen geschützt?

Vom Monotheismus und der Bedrohung durch das Übermenschen-Ideal war bereits die Rede. Die Griechen strebten, wie ich gezeigt habe, nicht danach, Übermenschen zu werden, sondern Menschen – und das heißt: vielgestaltige, in einem Zustand ausgewogener Feindseligkeit zwischen ihren Komponenten lebende Geschöpfe –, und hielten alle Lebensäußerungen für göttlich.

Die Anbetung von Erfolg und Effizienz stellt eine weitere Bedrohung für unsere Welt dar. Was unsere Vorfahren auf den Altären der Spiritualität opferten, opfern wir auf denen der Hurengöttin und des Taylorismus. Das Werk von Weber, Tawney und anderen zeitgenössischen Historikern hat mit aller Deutlichkeit die Rolle herausgearbeitet, die Reformation und Protestantismus bei der Verbreitung der Erfolgsanbetung gespielt haben. Die Protestanten glaubten an Bibel und Prädestination. Ein Großteil der Bibel befaßt sich mit den alten Hebräern, die nicht an die Unsterblichkeit der Seele glaubten und die Auffassung vertraten, daß Tugend in dieser Welt durch Mehrung der Güter dieser Welt belohnt wird oder zumindest belohnt werden sollte. Die kalvinistische Prädestinationslehre postuliert, daß Gnade alles ist, dagegen die Werke – namentlich jene Werke, die von den mittelalterlichen Theologen gepriesen wurden, wie Kontemplation, Gelehrsamkeit, asketische Übungen und Barmherzigkeit – nichts. Gnade ließ sich ebenso leicht beim erfolgreichen Geschäftsmann finden wie beim kontemplativen Asketen. In der Tat sogar noch leichter. Denn der Umstand, daß der Geschäftsmann erfolgreich war, bewies, nach den Vorstellungen des Alten Testamentes, daß Gott auf seiner Seite stand; und Gott stand auf seiner Seite, weil er tugendhaft war.

Der uneigennützige, kontemplative, barmherzige Mensch war zur materiellen Erfolglosigkeit verdammt. Gott mußte ihn also hassen. Warum? Weil er böse war. Spätestens vom Beginn des 18. Jahrhunderts an, und zwar in den besten protestantischen Kreisen, wurde wahre Tugend in Bargeld gemessen. Die mittelalterliche Spiritualität war zweifellos fragwürdig; noch fragwürdiger aber ist die moderne Erfolgsanbetung. Wenn ein Mensch schon partiellen Selbstmord begehen muß, ist es besser, er begeht ihn im Namen von Uneigennützigkeit, Kontemplation und Barmherzigkeit als in dem von Geld und materiellem Komfort. Askese um der Liebe Gottes willen ist schon schlimm genug; aber Askese um der Mammonliebe willen ist unerträglich. Aber um dieser Mammonliebe willen ermahnen uns unsere modernen Stoiker, unser Fleisch abzutöten und unsere Leidenschaften unter Kontrolle zu halten. So unterstützte das Big Business die Alkohol-Prohibition, weil wir, mit den Worten von Henry Ford, zwischen Trinken und Industrialisierung zu wählen haben; weil, mit denen von Gary, Trinken und Wohlstand miteinander unvereinbar sind. Die Industrialisierung würde noch effizienter, der Wohlstand würde noch größer werden, wenn wir nicht nur den Whisky, sondern auch Eros und Wissenschaft, Liebe zur Erkenntnis und Liebe zu Frauen, schöpferische Einbildungskraft und schöpferisches Verlangen verbieten könnten. Aller ihrer Zerstreuungen beraubt, aus allen ihren privaten Paradiesen ausgeschlossen, würden die Menschen dann beinahe ebensogut arbeiten wie Maschinen. Der einzige legitime Wunsch, der ihnen verbliebe, wäre dann der Wunsch nach Dingen – nach all den zahllosen unnötigen Dingen, deren Besitz jenen Wohlstand ausmacht.

Wir sollten dem Protestantismus dafür dankbar sein, daß er dazu beigetragen hat, ganz gegen die Wünsche und Absichten seiner Begründer, den menschlichen Geist zu emanzipieren. Aber wir wollen auch nicht vergessen, ihn zu hassen, weil er all die alten Wertmaßstäbe herabgesetzt, weil er den Wohlstand geheiligt und dem Pharisäerkopf einen Heiligenschein aufgesetzt hat. Die Reformatoren haben die Jungfrau Maria vom Sockel gestürzt, aber an ihre Stelle die Hurengöttin gesetzt. Ich persönlich schwärme nicht besonders für Jungfrauen; aber ich ziehe sie letztlich den Huren vor. *Faute de mieux*. Aber es gibt Besseres. Was wir brauchen, ist eine neue Reformation, eine Hellenische Reformation, gemacht von Menschen mit einem Gespür dafür, daß es zwischen Hurenhaftigkeit und Jungfräulichkeit einen glücklichen Mittelweg gibt, daß die legitime Inhaberin des Heiligtums weder die eine noch die andere ist, sondern Aphrodite oder die Große Mutter. Die Griechen ähnelten weder Thomas von Kempen noch Samuel Smiles. Sie weigerten sich, den Körper dem Geist aufzuopfern; noch nachdrücklicher aber weigerten sie sich, Körper und Geist der Hurengöttin zu opfern.

Die dritte der großen Bedrohungen des modernen Lebens, die Wurzel vieler weitverzweigter Übel, ist die Maschine. Die Maschine ist gefährlich, weil sie nicht nur Arbeitsersparnis, sondern auch Schöpfungsersparnis mit sich bringt. Schöpferische Arbeit, gleichgültig wie bescheidener Art, ist die Quelle des gediegensten, am wenigsten vergänglichen Menschenglücks. Die Maschine beraubt die Mehrzahl der Menschen der eigentlichen Möglichkeiten dieses Glücks. Die Freizeit ist heute nahezu ebenso vollständig mechanisiert worden wie die Arbeit. Die Menschen vergnügen sich nicht mehr schöpferisch, sondern sitzen da und lassen sich passiv von mechanischen Geräten unterhalten. Die Maschinenwelt verdammt eines der vitalsten Bedürfnisse der Menschheit zu einer Frustration, die der erfinderische Fortschritt nur immer umfassender anwachsen lassen kann.

Aber obwohl schädlich, kann der Gebrauch von Maschinen nicht einfach eingestellt werden. Schreckliche Vereinfacher wie Tolstoi und Ghandi übersehen die offenkundigsten Fakten. Deren wichtigstes ist, daß die Maschinenwelt durch Produktionssteigerung auch ein Anwachsen der Bevölkerung ermöglicht hat. Es gibt heute doppelt so viele Menschen wie vor hundert Jahren. Die Existenz dieses Bevölkerungszuwachses hängt von der Existenz der modernen Maschinenwelt ab. Wenn wir die Maschinen verschrotten, töten wir zumindest die Hälfte der Erdbevölkerung. Wenn Ghandi sich für die Wiederbelebung bestimmter Handwerkszweige ausspricht, befürwortet er die Verurteilung von ungefähr neunhundert Millionen Menschen zum Tode. Tamerlans Schlächtereien sind bedeutungslos im Vergleich zu dem kosmischen Massaker, für das sich unser milder und vegetarischer Mahatma so ernsthaft ausspricht. Nein, ein Blutbad an neunhundert Millionen Menschen ist kein Teil der praktischen Politik. Die Maschinen müssen bleiben: das ist offensichtlich.

Sie müssen bleiben, obwohl sie in der Form, wie man sie derzeit gebraucht, der Menschheit gewaltige psychologische Verletzungen zufügen, die sich, wenn sie unbehandelt bleiben, als tödlich erweisen werden. Das einzige Heilmittel heißt systematische Inkonsistenz. Die lebenstötende Arbeit an der Maschine oder am Schreibtisch muß als notwendiges Übel betrachtet werden, das durch kreative Arbeit oder Freizeitbetätigungen auszugleichen ist. Die meisten zeitgenössischen Freizeitformen aber sind, wie wir bereits gesehen haben, ebenso vollständig von der schöpfungssparenden Maschine dominiert wie die meisten zeitgenössischen Formen von Arbeit. Bevor die Freizeit als Gegengift gegen die lebenszerstörende Arbeit eingesetzt werden kann, muß sie entmechanisiert werden. Diese Aufgabe wird sich als keineswegs leicht erweisen. Die Freizeit kann nur entmechanisiert werden, wenn zunächst ein allgemeines Bedürfnis nach ihrer Entmechanisierung geweckt wird. Mächtige Kräfte widersetzen sich, von drinnen und draußen wirkend, der Weckung dieses Bedürfnisses.

Von drinnen wirken Trägheit und die psychologische *vis inertiae*, die die Basis aller Gewohnheiten ausmacht. Die Menschen finden es nun einmal leichter, sich passiv unterhalten zu lassen, als sich aufzumachen und schöpferisch zu werden. Zwar ist schöpferische Arbeit ihrem Wesen nach interessant, und Passivität zutiefst langweilig. Aber sogar langweilige Anstrengungslosigkeit ist eine Art Lust; und die Gewohnheit des Müßiggangs, sei sie noch so lebenszerstörend, läßt sich nur schwer brechen. Passivität und Abhängigkeit von der Maschinenwelt stumpfen das Bedürfnis ab und mindern die schöpferische Kraft; bei der Jagd nach dem Ideal übermenschlicher geschäftlicher Effizienz verstümmeln die Menschen die imaginative und instinktive Seite ihres Wesens. Das Ergebnis ist, daß sie das Gefühl für Werte einbüßen, daß Urteil und Geschmack verderben und daß sie eine unwiderstehliche Tendenz entwickeln, das Mieseste zu lieben, wenn sie es zu Gesicht bekommen. Das Mieseste wird im Überfluß von den Filmproduzenten, den Zeitungsverlegern, den Rundfunkbetreibern und allen übrigen geliefert. Und obwohl diese Vorliebe für das Mieseste mit einem unbeschreiblichen *ennui* gemischt ist, wird sie doch allen Versuchen widerstehen, ihr diesen minderwertigen und trostlosen Gegenstand zu entziehen.

Dieser Widerstand wird von allen denen gestärkt, die ein finanzielles Interesse an der Belieferung der Massen mit schöpfungssparenden, standardisierten Formen von Unterhaltung haben. Die in die Unterhaltungsindustrie investierten Summen sind gewaltig; Schöpfungsersparnis ist zu einem verbrieften Anspruch erster Größenordnung geworden. Wenn die Menschen sich selbst unterhalten sollten, anstatt passiv Unterhaltung über sich ergehen zu lassen, gingen Millionen und Abermillionen von Kapital verloren. Also trifft jeder Ansatz dazu auf Widerstand. Die Werbung für Unterhaltungssparten, die jede eigenschöpferische Initiative ersparen, arbeitet unermüdlich und ist fürchterlich effektiv – denn es ist unser wenig beneidenswertes Ruhmesblatt, auf diesem Gebiet die alten Künste von Lüge, Sophisterei und Überredung zu einer Art absoluter Perfektion gebracht zu haben. In jeder Zeitung und Zeitschrift, in jeder Radiosendung, auf der Leinwand jedes Lichtspiel-Palastes werden endlos dieselben Behauptungen wiederholt: daß es keine andere gute Unterhaltung gibt als die der großen, schöpfungssparenden Gesellschaften und Trusts, daß der Höhepunkt menschlichen Glücks darin besteht, dazusitzen und sich passiv von Maschinen unterhalten zu lassen, und daß diejenigen, die sich diesem Unterhaltungsprozeß nicht unterwerfen, nicht nur als arme Trottel bemitleidet, sondern auch als altmodische, provinzielle Kümmerlinge verachtet werden.

Im Banne dieser Propaganda ist es natürlich schwer, ein Bedürfnis nach entmechanisierten Freizeitformen zu wecken. Aber wenn ein solches Bedürfnis nicht geweckt wird, sind die Völker des industrialisierten Westens, wie mir scheint, zur Selbstzerstörung verurteilt – zu einer Art Selbstmord aus geistiger Verderbnis. Die ersten Symptome von Massenwahn sind überall sichtbar. Noch ein paar Jahre, und der Patient tobt und wird gewalttätig. Das Predigen, Organisieren und Praktizieren von Inkonsistenz ist ein Problem von elementarster politischer Dringlichkeit. Die Staatskunst der unmittelbaren Zukunft wird (sofern sie gelungene Staatskunst ist) vor allem mit Fragen der Psychologie befaßt sein – mit den Beziehungen zwischen Individuum und Umwelt und mit den Beziehungen der Elemente zueinander, aus denen sich dieses Individuum zusammensetzt. Die politische Ökonomie, das Gleichgewicht der Kräfte, die Organisation der Regierung werden zweitrangige Probleme sein. Unausweichlich; denn ein beantwortetes Rätsel hört auf, Verwirrung zu stiften. Die alten politischen Rätsel sind zwar nicht gelöst, aber es gibt zumindest Zeichen, die dafür sprechen, daß sie lösbar sind.

So sind die Probleme im Zusammenhang mit den Verteilungskämpfen um Wohlstand, die früher als nur durch Revolutionen lösbar galten, heute im Begriff, friedlich beigelegt zu werden. Denn die Kapitalisten haben herausgefunden, daß es sich für sie auszahlt, den Lebensstandard so hoch wie möglich zu halten. Solange die Ressourcen des Planeten ausreichen, werden die Massenproduzenten ihr Bestes tun, um jedermann immer wohlhabender zu machen. Nationale Rivalitäten sind noch immer eine Quelle ernstlicher Gefahren; der Krieg zur Beendigung aller Kriege wurde durch einen Frieden besiegelt, der haargenau darauf berechnet war, jeden Frieden zu beenden. Inzwischen aber wird der Kapitalismus zunehmend international; es zahlt sich für das Big Business aus, jede Art von Krieg zu vermeiden. Friede auf Erden und guter Wille unter den Menschen sind die gewinnverheißendsten aller gewinnverheißenden Investitionen. Wenn sich die Engel am ersten Weihnachtstag nur die Mühe gemacht hätten, uns darüber aufzuklären!

Was die Regierungsprobleme im engeren Sinne angeht, so sind sie nicht gelöst, und sie können auch nie endgültig gelöst werden, aus dem einfachen Grunde, weil die Gesellschaften sich ändern und die Regierungsformen sich mit ihnen ändern müssen. Es gibt keine absolut richtige Regierungsform. Letzten Endes haben die Menschen diese einfache, aber wichtige Tatsache eingesehen, mit dem Ergebnis, daß Regierungsprobleme zum ersten Mal in der Geschichte mit einer wissenschaftlichen und rationalen Verfahrens- und Denkweise in Angriff genommen werden können. Sogar die göttlichen Rechte des Parlamentarismus und der politischen Demokratie können jetzt straflos in Frage gestellt werden. Seit die Welt reif für sie geworden ist, hat die Demokratie ständig an Prestige verloren. Die Menschen denken sehr viel weniger fanatisch über Freiheit, Gleichheit und Brüderlichkeit als noch vor einer Generation; sie sind bereit, das Problem der Regierungsform in nahezu derselben unvoreingenommenen und religionsfreien Einstellung in Angriff zu nehmen wie das genau analoge Problem einer Radioreparatur oder eines Hausbaus zu lösen versuchen. Wenn man sich diese Einstellung zu eigen gemacht hat, ist der Weg zur Lösung des Problems schon zur Hälfte gefunden.

Nein, die alten politischen Streitfragen sind zu relativer Bedeutungslosigkeit verblaßt. Das vitale Problem unseres Zeitalters ist das Problem der Versöhnung der Menschheit mit ihrer Rolle der Bürgerschaft in einem modernen Industriestaat. Der moderne gute Bürger, der alles andere als ein guter Bürger ist, ist weniger als ein Mensch, er ist ein Schwachsinniger oder Verrückter – gefährlich für sich selbst und die Gesellschaft, in der er lebt. Unter den augenblicklichen Gegebenheiten der Industriegesellschaft kann er Mensch nur außerhalb der Geschäftszeit sein. Er muß zwei Leben leben – oder eher ein Leben und eine automatische Simulation von Leben. Religion, Philosophie, Politik und Ethik müssen sich miteinander verschwören, um ihm eine doppelte Inkonsistenz aufzuerlegen – erstens eine Inkonsistenz zwischen Mensch und Bürger und zweitens eine zwischen den verschiedenen Komponenten der menschlichen Natur. Der gegenwärtige Versuch, ihm eine übermenschliche Konsistenz – ob an Spiritualität, Intellekt oder mechanischer Effizienz – aufzuerlegen, läuft auf die Verhängung untermenschlicher Verrücktheit hinaus. Aus Wahn erwächst auf lange Sicht Zerstörung. Nur durch Kultivierung seiner

Menschlichkeit darf der Mensch auf Selbstrettung hoffen. Die Schwierigkeiten dieser Aufgabe sind, wie wir gesehen haben, gewaltig. Ebenso nachhaltig aber sind die Sanktionen im Falle des Versagens. Spinozas kleiner Wurm hat die Wahl zwischen dem verzweifelten Versuch, ein kleiner Wurm zu bleiben, oder der Aufgabe seiner Existenz.

(*Do What You Will*, 1929; Ü.: Hans-Horst Henschen)

Pascal

I

Antworten auf das kosmische Rätsel

Pascal war mit den psychologischen Gründen für das Stellen und Lösen kosmischer Rätselfragen wohlvertraut. »*Il est bon*«, so sagt er, »*d'être lassé et fatigué par l'inutile recherche du vrai bien, afin de tendre les bras au libérateur.*« (Es ist gut, sich über der vergeblichen Suche nach dem wahren Gut ermüdet und erschöpft zu haben, um schließlich die Arme nach dem Befreier auszustrecken.) Mit einem Vers des Psalmisten kommt er an anderer Stelle auf dasselbe Thema zurück: »Die Wasser Babylons fließen und fallen und enteilen. O heiliges Zion, wo alles beständig ist und nichts fällt!«

Die Worte stammen von Pascal, doch sie drücken eine uralte und fast universale Sehnsucht aus, jene Sehnsucht, die alle Götter und höchsten Güter geboren hat, all die Inbegriffe des Wahren, Schönen und Gerechten, all die Offenbarungen, die Ein-und-alles, die unveräußerlichen Rechte einer irrenden und leidenden Menschheit. Denn das Absolute hat nur allzu menschliche Eltern. Erschöpfung und Ratlosigkeit, Elend und Vergänglichkeitsgefühl, Verlangen nach Gewißheit und Wunsch nach moralischer Rechtfertigung – sie alle zählen zu seinen Ahnen. »Nur Wandel und Verfall, soweit das Auge reicht«, schreibt der Autor des volkstümlichsten englischen Kirchenliedes, »Du, der sich niemals wandelt, steh mir bei«. Aus der Tatsache von Wandel und Verfall schließt die Logik des Verlangens auf die Existenz eines Unwandelbaren. Die Phänomene sind vielfältig und chaotisch: wenn sie doch einfacher, leichter verständlich wären! Der Wunsch ist der Vater des Gedankens. Es ist wünschenswert, daß es *noumena* oder ideelle Wirklichkeiten gibt; also muß es sie geben, muß die ideelle Welt in einem wesentlicheren Sinne wirklich sein als die alltägliche. *Quod erat demonstrandum.*

Ein ähnlicher Zaubertrick bringt aus der mißlich verwirrenden Vielheit das Eine zum Vorschein, zieht das Gute und Schöne aus dem brodelnden Mischmasch unterschiedlichster Geschmäcker, Empfindsamkeiten und Interessen hervor, folgert ideale Gerechtigkeit aus unserer realen Unbill und absolute Wahrheit aus den notwendigen und unvermeidlichen Relativismen des täglichen Lebens. Mit Hilfe eines ganz ähnlichen Verfahrens erfinden Kinder imaginäre Spielgefährten, um sich die Einsamkeit zu vertreiben und um ein langweiliges, reizloses Stück Holz in ein Pferd zu verwandeln, in ein Schiff, einen Eisenbahnzug oder was auch immer. Der Unterschied zwischen Kindern und Erwachsenen besteht darin, daß Kinder keinen Versuch unternehmen, ihre kompensatorischen Phantasien rational zu rechtfertigen; wogegen Erwachsene oder vielmehr Halbwüchsige (denn die überwiegende Mehrheit der zeitlich Erwachsenen ist, wenn sie überhaupt aus der Kindheit herauskam, nie über die Adoleszenz hinausgewachsen) diesen Versuch sehr wohl unternehmen.

Die Neubewußten und Neurationalen besitzen alle Untugenden der Neureichen: Sie protzen mit ihrem Besitz und prahlen mit ihrer Macht. Sie gehen alle biologisch brauchbaren Glaubenslehren durch, alle vitalistischen Phantasien der individuellen oder generischen Kindheit, um sie hochtrabend im Sinne ihres neuentdeckten Rationalismus zu ›erklären‹. Die Götter und Naturgeister werden dabei durch abstrakte *noumena* ersetzt: Zeus verblaßt zu Gerechtigkeit, Macht, Einssein; Athene wird zur Weisheit, Aphrodite entartet zur ideellen Schönheit. Neuerdings wird dieser Austausch der alten Gottheiten gegen hypostasierte Abstraktionen als ›Modernismus‹ bezeichnet und seltsamerweise für einen Fortschritt, eine Befreiung, einen entscheidenden Schritt hin zur Wahrheit gehalten. In Wirklichkeit sind natürlich die vom halbwüchsigen Geist ausgeheckten *noumena*, absolut gesehen, ebenso falsch (oder richtig – die Frage läßt sich nicht entscheiden) wie die mythologischen Gestalten, die sie verdrängt haben. Als vitale Symbole jedenfalls sind sie viel unzulänglicher. Die kindlichen Phantasien sind unmittelbar vom Leben selbst inspiriert. Die *noumena* der Halbwüchsigen sind Abstraktionen vom Leben, Flucht aus der Vielheit in die entkörperte Einheit. Die ideelle Welt ist ein denkbar mangelhafter Ersatz für das Märchenland und den Olymp.

Pascal war ein intellektuell Erwachsener, der sich mit voller Absicht dazu zwang, wie ein christlicher Philosoph zu denken – das heißt, wie eine unstabile und unausgeglichene Verbindung von Kind und Halbwüchsigem. Gegen die Selbstgefälligkeiten des ausgemachten Halbwüchsigen wütete er gnadenlos. Von einem derart scharfsinnigen, geistig erwachsenen Kritiker war nicht zu erwarten, daß er die scheinlogischen Beweisgründe der Rationalisten schlucken würde. »Verlache die Philosophie«, lautete sein Rat, »dann erst bist du ein echter Philosoph!« Er selbst war ein witziger Spötter. »*Feu M. Pascal*«, schrieb einer seiner Zeitgenossen, »*appelait la philosophie cartésienne le ›Roman de la Nature‹, semblable à Don Quichotte.*« (Der selige Herr Pascal nannte die cartesianische Philosophie den ›Roman der Natur‹, eine Art *Don Quijote.*) Was für ein hohes und meiner Meinung nach unverdientes Kompliment für Descartes! Die meisten der absonderlichen Romane, die wir als philosophische Systeme bezeichnen, ähneln weit eher Sidneys *Arcadia* oder dem *Grand Cyrus* als dem *Don Quijote*. Wie stolz wäre ich als Metaphysiker, im selben Atem mit Cervantes genannt zu werden! Doch Descartes hätte sich über den Seitenhieb, wenn er ihm zu Ohren gekommen wäre, sicher mehr geärgert als gefreut. Denn Descartes war Rationalist: Er glaubte an die Wirklichkeit seiner Abstraktionen. Er erfand Fiktionen und bildete sich dabei ein, die Wahrheit zu offenbaren.

Pascal wußte es besser. Pascal war ein kritischer Kopf, ein Realist, ein geistig Erwachsener. »Unsere Seele«, sagte er, »ist in den Leib geworfen, wo sie Materie, Zeit und Raum vorfindet. Darüber räsoniert sie und nennt es Natur und Notwendigkeit und kann an nichts anderes glauben.« Und weiter: »Es liegt nicht in unserem Vermögen, zu wissen, was Gott ist, noch, ob Er existiert.« Man könnte meinen, einen barmherzig gekürzten Diskurs von Kant zu lesen. Ich muß an dieser Stelle nicht eigens die Argumente Revue passieren lassen, mit denen Pascal die Anmaßung der Rationalisten demontiert, durch menschliche Mittel zur Erkenntnis irgendeines Absoluten zu gelangen. Montaignes Waffenkammer war bequem zur Hand; er schärfte die Waffen der Skepsis, mit denen sie reich bestückt war, und tauchte ihre Spitzen in Gift. Elegant, stilvoll, doch unbarmherzig wurden die Rationalisten niedergemäht. Etwas über hundert Jahre später wurden sie von Kant abermals geschlachtet und erneut nach Ablauf eines weiteren Jahrhunderts, diesmal mit Tamerlanscher Grausamkeit und Gründlichkeit, von Nietzsche. Pragmatisten, Humanisten und Wissenschaftsphilosophen setzten das Massaker fort. Obgleich niedergemäht, wachsen die Rationalisten immer wieder nach, wie die Häupter der Hydra. Die gelehrte und ungelehrte Welt wimmelt gleichermaßen von ihnen.

Dieses Überleben des Rationalismus im Angesicht einer unentrinnbar vernichtenden Kritik ist ein Tribut, wenn nicht an die Intelligenz, so doch an den Lebenswillen der Menschheit. Denn in seiner etwas grobschlächtigen und einfältigen Art ist der Rationalismus eine biologisch wertvolle Illusion, eine vitale Lüge. »Wenn die Wahrheit einer Sache unbekannt ist«, sagte Pascal zweihundert Jahre vor Nietzsche, »ist es gut, einen gemeinsamen Irrtum zu haben, an den sich der Geist der Menschen halten kann.« Der einzige Nachteil des Rationalismus als vitaler Lüge ist ihre ungenügende Vitalität. Vergleicht man die eine vitale Lüge mit der anderen, so ist die Vielgötter-Mythologie dem rationalistischen System aus Abstraktionen vorzuziehen. Die Falschheit des Rationalismus wird jedem offenbar, der bereit ist, seine Paralogismen mit den Augen unvoreingenommener und nüchterner Intelligenz zu betrachten. Wenn er ein biologisches Stimulans ist, dann nur ein recht schwaches. Mit seiner phänomenalen Intelligenz begriff Pascal, daß es keine Hoffnung gab, mit den Mitteln der Vernunft jenes Absolutum, nach dem er sich verzehrte, zu erreichen. Ein rationales Absolutum ist ein Widerspruch in sich. Das einzige Absolute, an das ein intelligenter Mensch ernsthaft glauben kann, ist ein irrationales. Seine Einsicht in die Torheit des Rationalismus bestätigte Pascal in seinem katholischen Glauben.

Offenbarung

»*C'est en manquant de preuves*«, sagt er von den Christen, »*qu'ils ne manquent pas de sens.*« (Obgleich ihnen die Beweise mangeln, ermangeln sie selbst nicht des rechten Sinnes.) Die Rationalisten, die niemals Mangel an Beweisen haben, beweisen damit ihre mangelnde Intelligenz. Wo es um Absolutes geht, ist die Vernunft unvernünftig. »*Il n'y a rien de si conforme à la raison que le désaveu de la raison.*« (Nichts ist vernunftgemäßer als die Absage an die Vernunft.) Als vernünftiger Mensch sagte Pascal der Vernunft ab und verschwor sich der Offenbarung. Die Absoluta der Offenbarung müssen echte Absoluta sein: unverrückbar und ewig mitten im ungewissen Fluß des Lebens, von aller Zufälligkeit unbefleckt. Sie *müssen* echt sein, weil Offenbarung sich als außermenschlich definiert. Doch die Definition des Außermenschlichen ist selbst wieder eine menschliche; und Offenbarungen sind nun einmal in menschliche Sprache gekleidet, sind das Werk von Einzelmenschen, die selbst allzumenschlich in Raum und Zeit leben.

So finden wir uns fatalerweise wieder auf die alten Bedingtheiten zurückverwiesen. Und auch all die scharfsinnigen geschichtlichen Argumente in den späteren Abschnitten der *Pensées* (Argumente, die Kardinal Newman dann mit gewohnter Subtilität weiterentwickeln sollte) bringen uns nicht wieder aus diesen Bedingtheiten heraus. Pascal versuchte, die historische Wahrheit der christlichen Offenbarung darzulegen. Doch leider Gottes gibt es so etwas wie die historische Wahrheit gar nicht – es gibt nur mehr oder minder plausible Ansichten über die Vergangenheit, Ansichten, die sich von einer Generation zur nächsten wandeln. Die Geschichte ist, mathematisch gesprochen, eine Funktion des Ausmaßes an Unwissenheit und persönlichem Vorurteil auf seiten der Historiker. Die Geschichte einer Epoche, die sehr wenige Dokumente hinterlassen hat, ist den Zufällen archäologischer Forschung ausgeliefert; ein glücklicher Fund kann von einem Tag zum anderen eine drastische Revision erzwingen. In Fällen, wo die Umstände uns offenbar zu endgültiger und andauernder Unwissenheit verdammt haben müßte, so könnte man annehmen, das eindeutige Nichtwissen der Historiker für eine gewisse Übereinstimmung der historischen Urteile sorgen. Doch das gilt nur, wenn die betreffenden Ereignisse belanglos sind. Solange das vergangene Geschehen eine gewisse Aktualität behält, ändert sich seine Geschichte von Epoche zu Epoche, werden dieselben Dokumente immer neu ausgelegt, wird dieselbe endgültige Unwissenheit zur Grundlage immer neuer Meinungen gemacht.

Wo es zahlreiche und widersprüchliche Dokumente gibt (und so groß ist die Fehlbarkeit menschlicher Zeugnisse, daß zahlreiche Dokumente immer widersprüchlich sind), wählt jeder Historiker das Beweismaterial, das zu seinen Vorurteilen paßt, und ignoriert oder schmälert alles übrige. Der historischen Wahrheit am nächsten kommen die übereinstimmenden Urteile aufeinanderfolgender Historikergenerationen über Ereignisse der Vergangenheit, an denen sie kein vitales Eigeninteresse haben. Ansichten über mittelalterliche Landbesitzverhältnisse werden vermutlich keinen allzu heftigen Schwankungen unterliegen, aus dem guten Grund, weil die Frage des mittelalterlichen Landbesitzes von rein akademischem Interesse ist und wohl auch bleiben wird. Das Christentum andererseits ist keine akademische Frage. Alle Dokumente zum Ursprung dieser Religion werden daher mit Sicherheit einer ständigen Neuauslegung unterworfen sein. Zweifelhafte menschliche Zeugnisse (und jedes menschliche Zeugnis ist zweifelhaft) haben in unterschiedlich beschaffenen und voreingenommenen Hirnen eine Vielfalt von Meinungen hervorgebracht und gerechtfertigt und werden dies weiter tun, solange das Christentum ein mehr als akademisches Interesse behält. Dies also ist die Wirklichkeit, aus der Pascal jenes nichtexistente Ding, die historische Wahrheit, ableiten wollte.

Historische Gründe für Pascals Glauben

Es mag merkwürdig erscheinen, daß Pascal die Sinnlosigkeit seines Versuchs, in der offenbarten Religion ein Absolutum zu finden, nicht begriffen haben sollte. Doch wenn er es unterließ, den Katholizismus ebenso realistisch zu behandeln wie andere Glaubenslehren, so deshalb, weil er an seine Absoluta glauben *wollte*. Er empfand ein dringendes Bedürfnis nach dem Absoluten, und dieses konstitutionelle Bedürfnis war stärker als sein Intellekt. Über Pascals Konstitution, über seine seltsame Seele, eine *anima naturaliter christiana*, doch von besonderer und ziemlich schrecklicher Christlichkeit, wird später noch einiges zu sagen sein. Vorerst geht es mir nur um die äußeren Umstände, die sein Verlangen, an die katholischen Absoluta zu glauben, beflügelten.

Jene Jahre um die Mitte des 17. Jahrhunderts, die den historischen Schauplatz von Pascals kurzem Dasein bildeten, waren für ganz Europa Jahre außergewöhnlicher Unrast und Entbehrung. Deutschland wurde vom blutrünstigsten aller Religionskriege verheert. In England kämpfte das Parlament gegen den König. Frankreich war durch das nutzlose Scharmützel der Fronde erschüttert. Es war, mit einem Wort, das Europa der Radierungen Callots: Auf seinen Landstraßen marschierten Kompanien hungriger und marodierender Landsknechte, und seine Krähen widmeten sich fleißig den Leichen, die von den Ästen jeder gut gewachsenen Eiche baumelten. Es wurde nach Herzenslust vergewaltigt, gedankenlos geplündert, erschossen und erhängt, mit gelegentlichen Foltervorführungen, um die Eintönigkeit des Ganzen etwas aufzulockern, und Räderungen als Sonntagsvergnügen. Pascal sah das Treiben in der Welt ringsum, und der Frieden erschien ihm das allererstrebenswerteste Gut, Frieden und Ordnung. Die politische Lage war im Grunde dieselbe wie diejenige, die in unseren Tagen Mussolini zum nationalen Retter gemacht hat, Primo de Rivera rechtfertigte und der Action Française so viele Anhänger zuführte. Hat es doch unsere moderne Anarchie fertiggebracht, aus dem ungläubigen Charles Maurras einen begeisterten Verfechter des Katholizismus zu machen.

Pascal war ein Maurras, der seinen Glauben an den Katholizismus so weit trieb, ihn sogar für wahr und nicht nur für politisch nützlich zu halten, für heilsam im Hinblick auf die eigene Person und nicht nur auf die unteren Schichten. Sein Heilmittel für die Wirren der Zeit war recht einfach: passiver Gehorsam der legal eingesetzten Obrigkeit gegenüber – etwa dem König von Frankreich oder der Republik Venedig. Wer sich gegen seine von der Vorsehung bestimmten Herren auflehnt, versündigt sich; das schlimmste aller Übel ist der Bürgerkrieg. Es ist die politische Weisheit der Verzweiflung. Doch um inmitten von Anarchie Frieden und Ordnung herbeizusehnen, muß man nicht unbedingt ein Christ sein. Pascals Rat zu verzweifelter Passivität hat seinen Ursprung in den politischen Ereignissen und nicht in seinen katholischen Überzeugungen; aber er rechtfertigte ihn mit seinen katholischen Überzeugungen. Denn aufgrund seiner völligen Verderbtheit ist der Mensch unfähig, ohne göttlichen Beistand etwas Gutes hervorzubringen. Daher ist jede Auflehnung, jeder Wunsch nach Änderung der bestehenden Einrichtungen töricht; denn jeder neu herbeigeführte Zustand muß als Werk der verderbten Menschennatur unweigerlich ebenso schlecht sein wie der, den er ersetzt. Ein Weiser nimmt deshalb die bestehende Ordnung hin, nicht etwa, weil sie gerecht ist oder die Menschen glücklich macht, sondern einfach, weil sie besteht und weil keine andere Ordnung die geringste Aussicht hätte, gerechter zu sein oder die Menschen glücklicher zu machen.

Die Geschichte zeigt, daß in Pascals Ansichten ein gut Teil Wahrheit steckt. Die Hoffnungen der Revolutionäre sind immer enttäuscht worden. Doch für einen, der das Leben in seiner Lebendigkeit schätzt, ist das kein Argument gegen Revolutionen: Der Glaube an ihre Wirksamkeit (wie unbegründet er sich auch durch die Ereignisse erweisen mag) wirkt als Stimulans auf das gegenwärtige Leben, als Ansporn zu gegenwärtigem Denken und Handeln. In dem Bestreben, die illusorischen Ziele einer Revolution zu erreichen, werden die Menschen dazu gebracht, intensiver der Gegenwart zu leben und mit erhöhter Energie zu denken, zu handeln und zu leiden; mit dem Ergebnis, daß sie eine neue Wirklichkeit schaffen (zweifellos eine ganz andere, als sie zu erschaffen wähnten – doch das spielt keine Rolle: Hauptsache, sie ist neu). Die neue Wirklichkeit eröffnet den in ihr Lebenden neue Hoffnungen und neuen Glauben, und die wiederum regen die Menschen dazu an, intensiver zu leben und eine weitere neue Realität zu schaffen. Und so fort, ad infinitum.

Doch dieses Argument hätte einen Pascal ganz sicher nicht zur Revolution bekehrt. Pascal hegte nicht den geringsten Wunsch, das gegenwärtige Leben intensiviert zu sehen. Er verabscheute das gegenwärtige Leben. Denn das gegenwärtige Leben ist ein einziges Gewebe aus Begierden und als solches von Grund auf antichristlich. Am liebsten hätte er die Abschaffung des ganzen gegenwärtigen Lebens gesehen; aus diesem Grund hatte er nichts übrig für irgendeine Lehre, ob religiöser, philosophischer oder sozialer Ausrichtung, die darauf abzielte, den Lebensprozeß zu steigern. Das Christentum, das er zu glauben und auszuüben beschloß, war regelrecht lebensfeindlich. [...]

Humanist und Christ

Pascals Metaphysik läßt sich als eine Art von positivistischer Skepsis charakterisieren, die mit christlicher Dogmatik temperiert und durch sie letztlich vollkommen aufgehoben ist. Ebenso in sich widersprüchlich ist seine Ethik; denn sie verordnet zugleich ein mehr als aristotelisches Maßhalten und ein christliches Übermaß. Pascal wirft den Menschen vor, daß sie es in ihrer Überheblichkeit den Engeln gleichtun wollen, und zugleich tadelt er sie dafür, nichts als Menschen zu sein. »*L'homme est ni ange ni bête, et le malheur veut que qui veut faire l'ange fait la bête.«* (Der Mensch ist weder Engel noch Tier, und sein Unglück will es, daß jeder Versuch, sich zum Engel zu machen, ihn zum Tier und zum Toren macht.) Ach ja – die Tatsachen beweisen, daß Pascal nur allzu recht hatte. Die Möchtegern-Engel dieser Welt *font la bête* in jedem möglichen Wortsinn: Sie machen sich zum Tier oder zum Narren, und oftmals beides zugleich.

Die realistische Weisheit Pascals zeigt sich an Bemerkungen wie dieser: »Ich bin ganz und gar bereit, meinen Platz (in der Mitte) einzunehmen, und weigere mich, am unteren Ende zu stehen – nicht weil es das untere, sondern weil es das Ende ist; ich würde genauso ungern am oberen Ende stehen.« Und weiter: »Vom Mittelweg abweichen heißt von der Menschheit abweichen; die Größe der menschlichen Seele besteht in ihrer Fähigkeit, den Mittelweg einzuhalten.« Pascal läßt viele Aphorismen dieser Art fallen. »Zuviel Freiheit ist ungut. Es ist nicht gut, alles Lebensnotwendige zu besitzen.« »*Ces grands efforts de l'esprit, où l'âme touche quelquefois, sont choses où elle ne se tient pas; elle y saute quelquefois.*« (Die großen Anstrengungen des Geistes, an die die Seele bisweilen rührt, sind Bereiche, in denen sie sich nicht halten kann; sie springt nur manches Mal kurz hinein.) »Was eines Menschen Tugend wert ist, ermißt sich nicht nach seinen höchsten Kraftanstrengungen, sondern aus seinem gewöhnlichen Verhalten.« Und so weiter.

Doch von dieser humanistischen Weisheit machte Pascal nur gelegentlichen und theoretischen Gebrauch. Was er da predigte, hat er selbst nicht praktiziert. Was er tatsächlich praktizierte, hielt seine Schwester als bewundernde Biographin fest: »Immer und in allen Dingen pflegte er nach Grundsätzen zu handeln... Es war ihm unmöglich, seine Sinne nicht zu gebrauchen; doch wenn er sich gezwungen sah, ihnen ein wenig Genuß zu gewähren, besaß er eine wunderbare Fähigkeit, den Geist abzuwenden und so vom Genuß abzuhalten. Bei Tisch hörten wir ihn nie die aufgetragenen Speisen loben... Und wenn irgendwer die Vortrefflichkeit eines Gerichtes rühmte, konnte er das nicht ausstehen; er nannte es ›der Sinnlichkeit nachgeben‹...; weil es, wie er sagte, ein Zeichen sei, daß man seinem Geschmackssinn zuliebe esse, und das sei in jedem Fall unrecht... In den frühen Tagen seiner Einkehr hatte er die für die Bedürfnisse seines Magens erforderliche Nahrungsmenge berechnet, und von da an überschritt er dieses Maß nie, wie groß auch sein Appetit sein mochte; und wie gering auch seine Essenslust sein mochte, er bestand darauf, die festgesetzte Menge zu sich zu nehmen.«

Sein Magen war nicht der einzige Teil seiner selbst, den Pascal abtötete. »Der Geist der Abtötung, der der wahre Geist der Liebe ist«, gab ihm ein, sich einen stachelbesetzten Gürtel anfertigen zu lassen. Diesen Gürtel legte er immer an, wenn er Besuch hatte; und sobald er merkte, daß er an der Unterhaltung Gefallen fand oder daß ihn seine eigene geistliche Führungsgabe befriedigte, »*il se donnait des coups de coude pour redoubler la violence des piqûres, et se faire ensuite ressouvenir de son devoir*« (dann preßte er die Ellenbogen an, um die Heftigkeit der Stiche zu verdoppeln und sich dadurch wieder an seine Pflicht zu erinnern). Später, als sein Leiden ihm die Konzentration auf seine Studien unmöglich machte, trug er den Gürtel andauernd, um mit seinen Stichen den Geist zu stetigem Eifer anzustacheln.

In den Zwischenzeiten solcher asketischer Betätigung schrieb Pascal über die Notwendigkeit, den Mittelweg einzuhalten und menschlich zu bleiben. Doch all das war Abstraktion und reine Theorie. Weder erlaubte ihm sein Christsein, wie ein Hellene zu leben, noch, wie ein Skeptiker zu denken. Als Philosoph betrachtete er die Welt und kam zu dem Schluß: *qui veut faire l'ange fait la bête*. Doch die offenbarte Religion bestand darauf, daß er danach trachten solle, ein Engel an Selbstverleugnung, an bewußter und beständiger Weltabkehr zu werden. Er versuchte es und wurde – wozu? Vielleicht zu einem Engel in einer anderen Welt, wer weiß? Der Philosoph kann nur für die unsere sprechen; und in dieser Welt machte der Möchtegern-Engel ordnungsgemäß und prompt *la bête*.

Daß er gegen jede Art von Sinnlichkeit Abscheu empfand, verstand sich von selbst. Er haßte alle Liebenden und ihr Begehren. Er haßte die Schönheit, die diese unreinen Begierden einflößte. »Wenn ich beispielsweise erwähnte, ich hätte eine hübsche Frau gesehen«, schreibt seine Schwester, Mme Périer, »dann tadelte er mich und sagte, ich dürfe so etwas nie in Gegenwart von Dienstboten und jungen Leuten erwähnen, da ich nie wüßte, welche Vorstellungen so etwas in ihnen erregen mochte.« Über die Ehe sagte er in seinem Brief an die Schwester, sie sei »*une espèce d'homicide et comme un déicide*« (eine Art Menschenmord, und fast ein Gottesmord). Denn denen, die eine Ehe eingehen, ist es ausschließlich um das Geschöpf zu tun und nicht mehr um den Schöpfer; der Mann, der eine Frau liebt, tötet Gott in seiner eigenen Seele, und indem er Gott tötet, tötet er am Ende sich selbst – auf ewig.

Er mißtraute selbst der Mutterliebe. »*Je n' oserais dire*«, schreibt Mme Périer, »*qu'il ne pouvait même souffrir les caresses que je recevais de mes enfants; il prétendait que cela ne pouvait que leur nuire, qu'on leur pouvait témoigner de la tendresse en mille autres manières.*« (Ich wage nicht zu sagen, daß er es nicht einmal ertragen konnte, mich von meinen Kindern liebkost zu sehen; jedenfalls behauptete er, dergleichen müsse ihnen schaden und man könne ihnen auch auf tausend andere Arten seine Zuneigung zeigen.) Gegen Ende seines Lebens wollte dieser Mann von ehernen Grundsätzen sich nicht einmal mehr das Vergnügen gönnen, seinen Freunden und Verwandten zugetan zu sein und von ihnen wiedergeliebt zu werden. »Es gehörte zu den Grundmaximen seiner Frömmigkeit, daß er niemandem erlaubte, sein Herz an ihn zu hängen; und er gab zu verstehen, daß die Menschen sich in Hinblick auf diesen Fehler nicht mit gebührender Sorgfalt prüften; einen Fehler, der schwerwiegende Folgen hätte und um so mehr zu fürchten sei, als er uns oft so völlig ungefährlich erscheine.«

Für wie gefährlich ihn Pascal selbst hielt, läßt sich aus den folgenden Worten eines kleinen Denkzettels entnehmen, den er immer bei sich trug und der nach seinem Tod in seinen Kleidern gefunden wurde: »Es ist nicht recht, daß Menschen an mir hängen... Es wäre Betrug an anderen, diesen Wunsch in ihnen zu wecken; denn ich bin keines Menschen Ziel und habe nichts, womit ich ihn zufriedenstellen könnte... Wenn ich andere dazu bringe, mich zu lieben, wenn ich sie an mich ziehe, so mache ich mich schuldig; denn ihr Leben und all ihre Sorge sollte dem Ziel dienen, Gott anzuhangen oder Ihn zu suchen.«

Der kranke Asket

Seine Grundsätze, sein Verlangen nach engelhafter Konsequenz, ließen ihn außerhalb wie innerhalb der Sphäre persönlichen Verhaltens und menschlicher Beziehungen *la bête* herauskehren. So verspürte er eine Abneigung gegen die Kunst, weil sie nicht mit der Moral deckungsgleich war, und der Moral hatte er sich nun einmal mit Haut und Haar verschrieben. »*Dans l'art*«, so sagt er, »*la règle est* [er meint: *doit être*] *l'honnêteté. Poète et non honnête homme.*« (In der Kunst sollte Ehrbarkeit die Regel sein. Doch ›Dichter‹ ist das Gegenteil von Ehrenmann.) Wie er die Dichter dafür haßte, daß sie andere Regeln beherzigten als die der Tugend und sich mehr wie Menschen als wie gute Menschen aufführten! Er empfand die volle Mißbilligung des Puritaners für das Theater, weil es den Leuten Liebesgedanken in den Kopf setzte und ihnen Vergnügen bereitete. Was immer Vergnügen bereitete, war diesem großen Hasser verhaßt. Derjenige Abschnitt der *Pensées*, der von den weltlichen Ablenkungen handelt, ist wohl der wirkungsvollste des ganzen Buches: Der Haß kam seinem Stil zugute.

Seine Mitmenschen widerten ihn an, weil sie imstande waren, sich zu vergnügen. Am liebsten hätte er alle Menschen so gehabt, wie er selbst war – von unablässigem Schmerz gepeinigt, schlaflos, von Krankheit erschöpft. »Siechtum«, so erklärte er, »ist der Naturzustand eines Christen; denn erst im Siechtum ist der Mensch so, wie er immer sein sollte: im Zustand des Leidens, der Pein, aller Sinnenfreuden beraubt, von allen Leidenschaften erlöst.« So jedenfalls dachte Pascal, der christliche Dogmatiker. Pascal, der Philosoph, sah die Sache etwas anders: »Ein weiteres Prinzip des Irrtums liegt in unseren Krankheiten. Sie verderben unseren Verstand und unser Urteil.« Der Naturzustand eines Christen ist daher, philosophisch gesprochen, ein Zustand chronischen Irrtums. Ein Kranker hat kein Recht dazu, die Tätigkeiten der Gesunden zu richten. Wer kein Ohr für Musik besitzt, ist nicht unbedingt der beste Kritiker eines Mozartschen Quartetts; und analog ist ein »aller Sinnenfreuden beraubter, von allen Leidenschaften erlöster« Moralist nicht vor allen anderen dazu berufen, über »Versuchungen« und die »niedere Natur« des Menschen zu räsonieren. Nur der Musikalische erfaßt die Bedeutung der Musik, und nur der Sinnliche und Leidenschaftliche vermag die Bedeutung der Sinne und Leidenschaften zu verstehen. Ein kranker Asket versteht nichts von alledem, eben weil er die Gefühle nicht erleben, die Handlungen nicht ausführen kann oder will, die zu verurteilen er auszieht. Er macht aus seiner Not eine Tugend und gibt seiner Schwäche heilige Namen.

»Die das Begehren in Schranken halten«, sagt Blake, »tun dies, weil das ihre schwach genug ist, sich in Schranken halten zu lassen.« Pascals siecher Leib war *naturaliter christianum.* »*Une douleur de tête comme insupportable, une chaleur d'entrailles et beaucoup d'autres maux*« (fast unerträgliche Schmerzen im Kopf, Hitze in den Eingeweiden und vielerlei andere Übel) hätten ihm auch das Heidesein einigermaßen schwer gemacht. Nietzsche wäre gerade durch die Schwierigkeit des Unterfangens zu einem Versuch verlockt worden; denn Nietzsche war überzeugt davon, daß ein Kranker kein Recht auf Askese hat – das wäre zu leicht. Nicht so Pascal. Er nahm sein Siechtum an und redete sich sogar ein, er sei für die Schmerzen im Kopf und die Hitze in den Eingeweiden dankbar. Und nicht nur nahm er das Siechtum für sich selbst an; er versuchte auch noch, es anderen aufzuoktroyieren. Er verlangte von aller Welt, so über die Welt im großen zu denken wie er selbst. Er wollte aller Welt Kopfschmerz, Schlaflosigkeit und Dyspepsie mit all ihren psychischen Begleiterscheinungen auferlegen. Die unter uns jedoch, die gottlob von diesen Leiden verschont sind, werden dankend auf die neuralgische Metaphysik Pascals verzichten, ebenso, wie wir es uns versagen, die asthmatische Philosophie eines zeitlich näheren invaliden Genies, nämlich Marcel Prousts, zu übernehmen. [. . .]

II

Das Universum des Kranken und seine Rechtfertigung

Krankheit verändert unseren Wahrnehmungsapparat und verändert damit die Welt, in der wir leben. Was ist wirklicher, was steht dem Ding an sich, so wie Gott es sieht, näher: das Universum des Gesunden oder des Kranken? Es ist offensichtlich unmöglich, darauf eine sichere Antwort zu geben. Der Gesunde hat die Mehrheit auf seiner Seite; aber die *vox populi* ist nicht unbedingt auch die *vox Dei*. Für alle praktischen und sozialen Zwecke ist die normale Welt sicher die bequemste, die wir bewohnen können; doch Bequemlichkeit ist noch kein Maßstab für Wahrheit. Der Gesunde unterliegt dem schweren kognitiven Nachteil, nicht interesselos zu sein: Die Welt ist ihm ein Ort zum Vorwärtskommen, ein Ort, wo nur die Überlebenstauglichsten auch überleben. Ob er will oder nicht, er sieht den nutzbezogenen Aspekt der Dinge.

Krankheit dagegen versetzt den Menschen vom Schlachtfeld des Existenzkampfes in eine Region biologischer Distanz: Er sieht etwas anderes als das bloß Nützliche. Dostojewskis Idiot, Fürst Mischkin, war ein Epileptiker. Jedem seiner Anfälle ging ein apokalyptisch mystisches Erlebnis voraus. Denker aus der Schule Max Nordaus hätten das Erlebnis in Begriffen der Epilepsie ›erklärt‹ – und damit hinwegerklärt. Doch eine Offenbarung verliert nicht deshalb an Glaubwürdigkeit, weil sie von einem Anfall begleitet ist; sie wird im Gegenteil dadurch glaubwürdiger. Denn der Anfall löst den Geist von der utilitären Wirklichkeit und erlaubt ihm, eine andere Realität wahrzunehmen oder für sich zu erschaffen, die weniger oberflächlich und zweckbetont ist als die normale Alltagswirklichkeit. (Die Gabe, die Welt ähnlich interesselos zu schauen, mit den Augen eines Kindes, eines Gottes, eines edlen Wilden, ist das Merkmal und Vorrecht des Künstlers. Der Künstler ist ein Mensch, der Offenbarungen empfängt, ohne sie mit epileptischen Anfällen bezahlen zu müssen.) Die Nordau-Schüler, die alles *sub specie Podsnapitatis* sehen, können es Mischkin oder letztlich auch Shakespeare, Blake und Beethoven nicht verzeihen, daß sie die Dinge *Sub specie eternitatis* sehen. Sie wollen Mischkins Erfahrung nicht gelten lassen. Ebensogut könnten sie sich weigern, das Zeugnis ihrer eigenen Sinne gelten zu lassen. Für den Mystiker oder Künstler ist die Offenbarung ein psychologisches Faktum wie Farbe oder Klang. Sie ist etwas Gegebenes – und darüber kann man nicht hinweg.

Talentierte Menschen könnte man als eine Sonderklasse chronischer Invaliden definieren. Der anderthalbmal Gescheite ist ebenso abnormal wie der Halbidiot, und da geistige Gesundheit nur eine Frage der Statistik ist, darf man ihn mit gleichem Recht einen Verrückten nennen. Es gibt eine Sorte von Allzunormalen, die ein besonderes Vergnügen an der Feststellung finden, alle großen Menschen seien krank oder wahnsinnig gewesen; es ist ihre Art, einem natürlichen, aber nicht sehr anziehenden Neidgefühl Luft zu machen und sich an Höherstehenden dafür zu rächen, daß sie so offenkundig höher stehen.

Doch selbst wenn sich beweisen ließe, daß sie recht haben und daß alle Genies Neurotiker, Syphilitiker und Schwindsüchtige waren, würde das nicht den geringsten Unterschied machen: Shakespeare war vielleicht eine Art von Mensch, die ein guter Eugeniker auf den ersten Blick kastrieren ließe – doch das hat ihn nicht daran gehindert, der Autor von *Antonius und Cleopatra* und *Macbeth* zu sein. Die

Meute haßt alle Überlegenen dafür, daß sie ihr nicht gleichen. Es lohnt sich nicht, auf ihr Gekläff zu hören. All ihre Argumente laufen darauf hinaus, daß die Talentierten anders sind als die Podsnap-Bande und freien Zugang zu Welten genießen, von denen der normale Menschenschlag durch Vererbung und Gewohnheit ausgeschlossen ist. Krankheit mag den Eintritt in diese podsnap-fernen Welten interesseloser Betrachtung erleichtern. Wenn sie das wirklich tut, dann hat Krankheit ihr Gutes. Und in jedem Fall bleiben geniale Werke und Leistungen, ganz unabhängig vom Gesundheitszustand ihrer Urheber, immer das, was sie sind.

Das medizinische Denunziantentum der Allzunormalen ist völlig belanglos und wäre nichts als komisch, wenn die Denunzianten nicht durch Anzahl und Einfluß gefährlich würden. So ist die Entdeckung beunruhigend, daß die Eugeniker offenbar darauf hinarbeiten, die Welt für andere Leute als die Podsnap-Sippschaft zu verrammeln. Nach dem Zeugnis von Major Leonhard Darwin sind die Überlebenstauglichsten diejenigen, die am meisten Geld verdienen. Daher müssen die verdienstvollen Reichen unbedingt ermutigt werden, ihre kostbare Art fortzupflanzen; diejenigen, die, aus welchen Gründen auch immer – Krankheit, Überspanntheit, zuviel oder zuwenig Intelligenz –, arm sind, gilt es zu entmutigen und notfalls zu sterilisieren. Wenn es nach Major Darwins Kopf geht, dann wird die Welt in ein paar Generationen ausschließlich von Podsnaps und Babbitts bevölkert sein – eine Erfüllung, die offenbar aufs innigste zu wünschen ist.

Pascal rechtfertigte sein Asketentum aus theologischen Gründen. Das Christentum verlangt von uns, das Fleisch abzutöten und nicht nach den Dingen dieser Welt zu gieren; und das Christentum ist göttlich inspiriert. Nicht asketisch zu sein ist daher ein Akt lästerlicher Auflehnung. Doch Askese läßt sich rechtfertigen, ohne daß man sich auf eine Offenbarung beruft, die auch noch so viel historisches Beweismaterial unmöglich verbürgen kann. Sie läßt sich rein psychologisch rechtfertigen. Asketische Praktiken sind Methoden, um künstlich eine Art geistiger oder körperlicher Anormalität oder Krankheit herbeizuführen. Diese Krankheit verändert den Wahrnehmungsapparat des Asketen, und damit ändert sich sein ganzes Universum. Er erlebt dabei Zustände von so außerordentlicher Fremdheit, daß er, bei religiöser Einstellung, das Gefühl einer unmittelbaren Verbindung mit der Gottheit hat. (Was tatsächlich der Fall sein mag oder auch nicht: wir sind einfach nicht in der Lage, es zu bejahen oder zu bestreiten.) Jedenfalls mißt der Asket solchen Zuständen den allerhöchsten Wert bei. Er tut dies aus unmittelbarer Intuition, und darüber läßt sich nicht argumentieren. Wenn der Asket solche Zustände, zusammen mit der Welt, die sie jeweils erschließen, als wertvoll empfindet, dann hat er ohne Frage das Recht, die Praktiken fortzusetzen, durch die sie herbeigeführt werden.

Pascal und der Tod

Bei Pascal, wie bei allen anderen Mystikern, war die Ekstase ein nur bei sehr seltenen Gelegenheiten auftretender Zustand. Soweit wir wissen, erlebte er ihre Freuden tatsächlich nur ein einziges Mal. Nur einmal wurde er von den göttlichen Flammen berührt. Seine alltägliche, chronische Offenbarung war eine dunkle, und ihre Quelle war nicht der Gott des Lebens: es war der Tod.

Nach einer mondlosen Nacht kommt die Morgendämmerung als eine Art Niedergang. Das Dunkel ist grenzenlos und leer; dann erscheint das Licht und füllt die Leere, bevölkert das Unendliche mit kleinen Belanglosigkeiten, erlegt dem Unbegrenzten seine Grenzen auf. Die tiefste, äußerste Dunkelheit ist die des Todes: im dunklen Gedanken an den Tod kommen wir der Vorstellung des Unendlichen so nahe, wie es uns endlichen Wesen nur irgend möglich ist.

Pascal machte früh mit dem Tod Bekanntschaft. Durch all die späteren Jahre seines kurzen Daseins lebte er umringt von den bodenlosen Finsternissen des Todes. All die metaphysischen Abgründe, die ihn – wie es hieß – begleiteten, wohin er auch ging, waren Öffnungen in den Schlund des Todes. All seine Meditationen über die Unendlichkeiten des Kleinen und Großen, über die unendliche Ferne von Leib und Geist und die noch unendlich unendlichere Ferne des Geistes von der wahren Liebe, waren vom Tod inspiriert, waren Rationalisierungen seines Todesbewußtseins. Der Tod regte ihn sogar zu manchen seiner mathematischen Spekulationen an; denn wenn es stimmt, daß, in Pascals Worten, »*même les propositions géométriques deviennent sentiments*« (selbst die geometrischen Lehrsätze zu Gefühlen werden), so ist das Umgekehrte ganz ebenso gewiß. Gefühle lassen sich zu geometrischen Lehrsätzen rationalisieren. Immer wenn Pascal über das mathematisch Unendliche spekulierte, grübelte er über jene unausgelotete Finsternis nach, mit der der Tod ihn eingekreist hatte. Pascals Gedanken werden nur unter der Bedingung verständlich, daß wir sie gegen diesen Hintergrund aus Finsternis betrachten. Ein Mensch, der die Unendlichkeit begriffen hat, nicht intellektuell, sondern mit seinem ganzen Wesen, sie in einem innersten und erschrekkenden Begreifen des Todes begriffen hat, bewohnt eine andere Welt als die, wo jene Menschen beheimatet sind, denen Tod und Unendlichkeit nichts als Worte bedeuten.

III

Der Gott des Lebens

Doch es gibt ebenso eine Offenbarung des Lebens wie des Todes. Pascal ist diese Offenbarung nie gewährt worden. Er konnte es nicht fassen, daß die Menschen sich mit ihren kleinlichen Geschäftigkeiten abgaben, mit ihren banalen Vergnügungen, statt mit den ungeheueren und fürchterlichen Fragen der Ewigkeit. Vom Dunkel des Todes umschlossen, staunte er darüber, daß die restliche Menschheit fähig war, an etwas anderes zu denken. Diese Achtlosigkeit für den Tod und das Unendliche schien ihm so fremd, daß er nicht anders konnte, als sie für übernatürlichen Ursprungs zu halten. »*C'est un appesantissement de la main de Dieu*« (Gottes Hand liegt schwer auf diesen Menschen) lautete seine Schlußfolgerung. Und er hatte recht. Gott legt tatsächlich seine Hand auf all jene, die Dunkel, Tod und Unendlichkeit vergessen können – doch nicht im Zorn und zur Strafe, wie Pascal meinte, sondern ermunternd und hilfreich.

Denn der Gott, der den Menschen untersagt, unablässig an das unendliche Dunkel zu denken, ist ein Gott des Lebens, nicht des Todes, ein Gott der Vielfalt und nicht der todesstarren Einheit. Pascal haßt die Welt für ihre Kraft, »daran nicht zu denken, woran sie nicht denken will«. Der Gott des Lebens aber will, daß die Menschen leben; und um zu leben, müssen sie Begierden haben; und um Begierden zu haben, müssen sie in einer Welt begehrenswerter Dinge leben. Doch »*le fini s'anéantit en présence de l'infini, et devient un pur néant*« (das Endliche wird zunichte in Gegenwart des Unendlichen, und wird zum reinen Nichts). Daher dürfen endliche Dinge nicht in Berührung mit dem Unendlichen gehalten werden, sonst wären sie nicht länger begehrenswert, und die Menschen würden aufhören, sie zu begehren, das heißt aufhören zu leben. (Pascals Unendlichkeit, das sollte beachtet werden, liegt außerhalb der endlichen Welt. Ein Geist dagegen, der »Unendlichkeit in einem Körnchen Sand und Ewigkeit in einer Blume« sieht, ist ein lebenanbetender, nicht ein todesverliebter Geist.) Nicht zu begehren, nicht zu leben wäre Lästerung und Auflehnung gegen den Gott des Lebens. [...]

Das Credo des Lebensanbeters

Den Lebensanbeter, zu dessen Bildnis ich die Diversitäten meiner Persönlichkeit bovarisieren möchte, stelle ich mir folgendermaßen vor. Er geht von der Grundannahme aus, daß das Leben auf diesem Planeten an sich wertvoll ist, ohne daß es dazu des Verweises auf hypothetische höhere Welten, Ewigkeiten und künftige Existenzen bedarf. »Ist es demnach nicht besser, allein zu bleiben und die Erde um ihres irdischen Selbst willen zu lieben?« Es ist besser, zumal wenn man Blakes Gabe besitzt, in einer Blume die Ewigkeit zu sehen und »die ganze Schöpfung als unendlich und heilig zu erleben... durch die Vervollkommnung der Lust unserer Sinne«.

Der Lebensanbeter nimmt weiterhin an, daß der Zweck des Lebens – wenn wir für den Augenblick die Unzahl der Zwecke beiseite lassen, die die einzelnen Lebenden ihm jeweils zuschreiben – ein Mehr an Leben ist, daß eben der Sinn des Lebens darin liegt zu leben.

Gott ist für den Lebensanbeter ganz fraglos das Leben selbst und offenbart sich in allen Lebensprozessen, auch noch in den (von unserem Standpunkt aus) abstoßendsten und bösartigsten. Denn der Lebensanbeter begreift mit Kant, daß ohne die gesellschaftsfeindlichen Neigungen des Menschen »ein arkadisches Leben vollkommener Harmonie und wechselseitiger Liebe entstehen würde, das alle Talente im Keim ersticken und abwürgen müßte«. Und mit Lotze stellt er fest, »daß unsere Tugend und Glückseligkeit nur aus einer aktiven Auseinandersetzung mit dem Bösen erblühen kann«. Und im Verein mit den Hindus erkennt er, daß Vollkommenheit zwangsläufig das Nirwana bedeutet und der Triumph des Guten die völlige Vernichtung des Daseins. Ein homogen vollkommenes Leben ist ein Widerspruch in sich: Ohne Gegensatz und Vielfalt ist kein Leben vorstellbar.

Darum trachtet er nach soviel Vielfalt und Gegensätzlichkeit, als nur immer zu haben sind; denn da er nicht, nach Hinduart, den Tod anbetet, will er mit einer Vollkommenheit, die Vernichtung bedeutet, nichts zu tun haben; und da er nicht, nach Christenart, sich von der Logik abkehrt, kann er an keine Vollkommenheit glauben, die nicht zugleich ein Nirwana der Existenzlosigkeit wäre. In Blakes *Marriage of Heaven and Hell* findet er seine Metaphysik der Lebensanbetung am besten ausgedrückt:

> Ohne Gegensätze kein Fortschreiten. Anziehung und Abstoßung, Vernunft und Energie, Liebe und Haß sind für das Dasein des Menschen lebensnotwendig.
>
> Der Mensch hat keinen Leib, der von seiner Seele unterschieden wäre; was man Leib nennt, ist ein von den Sinnen als hauptsächlichen Öffnungen des Geistes wahrgenommener Teil der Seele. Energie ist das einzige Leben: und sie kommt aus dem Leib... Energie ist ewige Wonne.
>
> Gott allein ist es, der handelt und seienden Wesen oder Menschen innewohnt. [...]

Ausgewogene Exzesse

Die Welt ist nur von denjenigen bewegt worden, die exzessiv gelebt haben. Doch dieses exzessive Leben war allzuoft, vom Standpunkt des individuellen Menschen aus, ein verstümmeltes, unvollständiges Leben. Weil er nur in eine Richtung übermäßig gelebt hat, wurde der weltbewegende einzelne vom Rang des vollen Menschen auf den einer fleischgewordenen Funktion degradiert. Wie unfruchtbar, wie erschreckend unzulänglich im Sinn einer menschlichen Existenz, war etwa das Leben Napoleons und Newtons! Solche Menschen gehen durch das Leben, ohne die meisten ihrer humanen Möglichkeiten je zu verwirklichen: Bis auf eines, oder einige wenige, halten sie all ihre Ichs im Stande dauernder Unterdrückung.

Vielleicht sind solche Opfer nötig und löblich. Vielleicht verlangt der Genius der Gattung psychische Massenopfer von denen, die er dazu ausersehen hat, seinen höheren Zwecken zu dienen. Ich behaupte nicht, daß mich dieser Genius in sein Vertrauen gezogen hat. Ich weiß nur, daß jeder das gute Recht besitzt, alle Teile seiner Persönlichkeit umzubringen, die er nicht mag oder nicht brauchen kann –

ein ebenso gutes Recht wie, sagen wir, sich die Zehen abzuhacken. Er hat jedoch kein Recht, anderen seinen Geschmack aufzudrängen, kein Recht dazu, herumzulaufen wie Tante Jobisca und aller Welt zu verkünden, daß »Pobbles ohne Zehen einfach glücklicher leben«. Sie tun es nicht. Keiner hat das Recht, mit Lüge und Gewalt seine Meinung anderen aufzudrängen. Umgekehrt haben diejenigen, die vollständig leben und das Potential des ganzen Menschen verwirklichen wollen, jedes Recht, dies auch zu tun, ohne daß sie dabei Gefahr laufen, von den Spezialisten eines ganz bestimmten Exzesses leiblich oder moralisch mißhandelt zu werden.

Das Ziel des Lebensanbeters ist es, die Vorteile eines ausgewogenen Maßhaltens mit denen des Übermaßes zu verbinden. Der maßvolle Aristoteliker verwirklicht sein gesamtes Potential nur teilweise; der Mensch des Übermaßes verwirklicht einen kleinen Teil seines Potentials voll und ganz; der Lebensanbeter will all seine Möglichkeiten voll verwirklichen: er will mit jeder seiner vielen Seelenkolonien voll und unmäßig leben. Er strebt danach, ein Übermaß an Selbstbewußtheit und Intelligenz durch ein Übermaß des intuitiven, instinktiven und eingeweidlichen Lebens im Gleichgewicht zu halten; die nachteiligen Folgen übermäßiger Kontemplation durch ein Übermaß von Aktion, exzessiven Genuß durch exzessive Askese zu heilen. Er wird unmäßige Leidenschaftlichkeit mit unmäßiger Keuschheit wechseln lassen. [...]

Dem Moralisten mögen die Glaubenssätze des Lebensanbeters subversiv und gefährlich erscheinen. Tatsächlich war das *Tu, was du willst* über dem Tor der Abtei Thelem nur an Menschen gerichtet, die »frei sind, wohlgeboren, wohlerzogen und in ehrbarer Gesellschaft wohlbewandert«. Die anderen werden immer der äußeren Einschränkung in Form von Polizei, der inneren in Form von Aberglauben bedürfen. Die besten Lebensanbeter sind wahrscheinlich diejenigen, die streng im Rahmen christlicher oder bürgerlicher Ethik erzogen wurden, in einer religiös temperierten Philosophie des gesunden Menschenverstands, und später gegen ihre Kinderstube revoltiert haben. Ihre Balancierstange ist am einen Ende mit den guten Sozialgewohnheiten ihrer Erziehung beschwert, am anderen Ende mit den antisozialen Gewohnheiten ihrer Revolte. Für den wohlgeborenen jungen Anwärter auf eine Zelle in der Abtei Thelem würde ich eine denkbar traditionelle, gentlemanbildende und anglikanisch orientierte Internatserziehung empfehlen, der an der Universität ein intensiver Lehrgang in theoretischer Skepsis und die Praxis der umstürzlerischsten Blakeschen Lehren folgen müßte. Die Einbuße seiner religiösen, geistigen und ethischen Glaubensregeln mag ihn in Neurosen stürzen und bis zum Selbstmord treiben – um so schlimmer für ihn! Doch wenn er zäh genug wäre, das alles zu überleben, könnte man ihn vertrauensvoll tun lassen, was er will. Seine Schultraditionen würden ihn ehrenhaft und vernünftig durch alle Anforderungen des gesellschaftlichen Lebens steuern lassen, während seine Ausbildung zum Skeptiker ihn gelehrt hätte, jene Einschränkungen zu ignorieren, die diese Traditionen seinem Handeln als Individuum, oder als Kolonie von Individuen, auferlegen. [. . .]

Leben und gelebte Routine

Es ist bemerkenswert, daß die Offenbarung des Lebens viele der Offenbarungen des Todes* bestätigt. Geschäftigkeit und Zerstreuungen, die Pascal so leidenschaftlich haßte, weil sie die Menschen vom Sterbenmüssen ablenken, sind dem Lebensanbeter verhaßt, weil sie die Menschen vom vollen Leben abhalten. Der Tod bringt den trivialen und törichten Charakter dieser Zerstreuungen zum Vorschein – doch das Leben tut es ebenso. Sein Schmerz und seine herannahende Auflösung ließen Iwan Iljitsch die Nichtigkeit seiner soliden bürgerlichen Laufbahn erkennen; doch wenn er jemals in seinem Leben einem wirklich lebendigen Menschen begegnet wäre, wenn er je ein Buch gelesen, ein Bild betrachtet, Musik von einem lebendigen Künstler gehört hätte, wäre ihm die gleiche Lektion erteilt worden.

Pascal aber und der spätere Tolstoi wollten die Offenbarung des Lebens nicht zulassen. Ihnen ging es darum, die Menschen zum Zwecke ihrer Demütigung in der Verwesung des Grabes zu wälzen, sie mit Verunglimpfung zu bestrafen. Sie verdammten nicht allein die ablenkenden und lebenszerstörenden Nichtigkeiten, mit denen die Menschheit ihre Tage anfüllt, sondern auch das Leben selbst, das gerade durch diese Nichtigkeiten zerstört wird. Der Verehrer des Le-

* Ich übernehme diesen Begriff von Schestow. *La Révélation de la Mort* lautet (in französischer Übersetzung) der Titel eines seiner interessantesten Bücher.

bens haßt genau wie sie die leeren Narreteien und Jämmerlichkeiten der menschlichen Normalexistenz. Übrigens hat der große Aufschwung von Wissenschaft und Industrie jenes Element von Narretei und Jämmerlichkeit im menschlichen Leben ungeheuer vermehrt. Kontoristen und taylorisierte Arbeiter lassen ihre stumpfsinnige Arbeit hinter sich, um ihre Freizeit unter den narkotischen Zerstreuungen von Zeitung, Kino und Radio zu absolvieren: sie erhalten immer weniger Gelegenheit für ein aktives und schöpferisches Eigenleben. Pascal und Tolstoi hätten sie mit ihrer Rede vom Tod aus der Verdummung in die Verzweiflung gestürzt; dagegen heißt der Rat des Lebensanbeters: *memento vivere*!

Wenn sich die Menschen daran erinnerten, daß ihnen das Leben aufgegeben ist, dann würden sie von allen Beschäftigungen ablassen, die bloßer Lebensersatz sind. Doch die meisten wollen ebensowenig leben, wie sie sterben wollen: sie fürchten sich vor dem einen so sehr wie vor dem anderen. Lieber vegetieren sie weiter im halben Koma mechanisierter Arbeit und mechanisierter Muße dahin. Langsam in Verwesung überzugehen ist ihr Glücksideal.

Wenn der Liebhaber des Lebens Einspruch gegen diesen Zustand erhebt, dann aus durchaus egoistischen Gründen. Die Leute haben das gute Recht zu verwesen, wenn sie verwesen wollen; das Beunruhigende an der Sache ist nur, daß sie dabei all die anderen, die nicht verwesen wollen, anstecken könnten. Eine Pestgrube ist nicht der gesündeste Ort, um dem Leben zu huldigen. [...]

Pascal, der Todesanbeter

Der konsequente Denker, der konsequente Moralist, ist entweder eine wandelnde Mumie oder aber, wenn er es noch nicht geschafft hat, seine ganze Vitalität zu ersticken, ein fanatischer Monomane. (Von den Bewunderern der Konsequenz werden diese Mumien gern ›abgeklärt‹ oder ›stoisch‹, die Monomanen ›zielbewußt‹ und ›einsinnig‹ genannt – als sei die Einsinnigkeit eine Tugend bei einem Wesen, das die gütige Natur mit einem vielsinnigen Geist ausgestattet hat! Einsinnigkeit mag ja bei Kühen und Pavianen noch angehen – bei einem Geschöpf, das sich brüstet, mit Shakespeare gattungsgleich zu sein, ist sie einfach eine Schande!)

Trotz heroischer Anstrengungen ist es Pascal nie ganz gelungen, das Leben, das in ihm steckte, zu unterdrücken. Es lag einfach nicht in seiner Macht, sich in einen frommen Automaten zu verwandeln. Nach wie vor verströmte er Lebenskraft, freilich nur durch einen einzigen Kanal. Er wurde zum Monomanen, zum Menschen, der nur ein Ziel kannte: sich selbst und all seinen Mitmenschen den Tod der christlichen Spiritualität aufzuerlegen. »Welche Religion«, so fragt er, »wird uns heilen von Stolz und Begehren?« Mit anderen Worten, welche Religion wird uns vom Leben heilen? Denn das Begehren ist Werkzeug des Lebens, und »der Stolz des Pfauen ist die Herrlichkeit Gottes« – nicht des Pascalschen Gottes, natürlich, sondern des Lebens-Gottes. Pascal kam zu dem Schluß, das Christentum sei als einzige Religion dazu geeignet, die Menschen vom Leben zu heilen. Deshalb mußten alle Menschen Christen werden. Pascal verwendete alle seine außerordentlichen Gaben auf den argumentativen Versuch, seine Mitmenschen zur konsequenten Todesanbetung zu bekehren.

Mit den *Lettres Provinciales* eröffnete er den Feldzug. Und was für großartiges Feldherrntalent bewies er dabei! Die Kasuisten wurden nach einem fürchterlichen Gemetzel in heillose Flucht geschlagen. Hingerissen von der herrlichen Prosa finden wir uns noch heute in dem Glauben, daß ihre Niederlage verdient und Pascal im Recht gewesen sei. Doch wenn wir unsere Ohren gegen die Zaubermusik verstopfen und nur die Substanz seiner Ausführungen betrachten, werden wir merken, daß das Recht ganz auf seiten der Jesuiten war und daß Pascal mit Hilfe seiner ungeheueren Geistesgaben der schlechteren Sache den Anschein der besseren verliehen hat. Die Kasuisten zeigten sich oft einfältig und pedantisch. Doch ihre Auffassung von Sittlichkeit war, vom Standpunkt des Lebens aus, ganz und gar vernünftig. Da sie die Verschiedenartigkeit der Menschen und die unendliche Vielfalt der Umstände verstanden, war ihnen auch klar, daß jeder Fall nach seinen eigenen Meriten behandelt werden mußte. Das Leben sollte angepflockt werden, aber mit einem dehnbaren Strick. Ein klein wenig sollte es schon umhertollen dürfen.

Solche Freizügigkeit erschien Pascal ganz abscheulich. Man durfte keine Kompromisse mit dem Leben schließen – dieses gräßliche Ding galt es rücksichtslos zu unterdrücken. Die Menschen mußten durch starre Gebote niedergehalten, in kategorische Imperative eingesargt, durch Höllenfurcht und unablässige Todesbetrachtung gelähmt und unter Bergen von Verboten begraben werden. Er sagte das in so erlesenem Stil und Tonfall, daß die Leute ihn bis auf den heutigen Tag für den Vorkämpfer einer hehren Sache hielten, während er in Wirklichkeit für die Mächte der Finsternis ins Feld zog.

Nach den *Lettres* kamen die *Pensées* – Material-Bruchstücke für ein geplantes Kolossalwerk christlicher Apologie. Unversöhnlich ging darin der Kampf gegen das Leben weiter. »Bewunderung verdirbt alles von Kindheit an. ›Oh, wie klug er ist! Oh, wie gut er ist!‹ Die Schulkinder in Port Royal, die nicht mit den Sporen des Neides und Ruhmes angestachelt werden, versinken in Gleichgültigkeit.« Pascal muß dieses Ergebnis herzlich erfreut haben: Ein Erziehungssystem, das Kinder in *nonchalance* versinken läßt, mußte in seinen Augen nahezu ideal sein. Wären die Kinder dabei in aller Stille zu Mumien vertrocknet, so hätte es den Stand der Vollkommenheit erreicht. Der Erwachsene sollte nun denselben abtötenden Einflüssen ausgesetzt werden wie das Kind.

Zuerst mußte nachgewiesen werden, daß er in einem Zustand hoffnungslosen Elends lebte. Es war eine Aufgabe, der Pascal sich mit der größten Hingabe widmete. All seine Bemerkungen über die *misère de l'homme* sind großartig. Doch worin besteht dieses Elend eigentlich? Wenn wir Pascals Argumente genauer besehen, so stellen wir fest, daß das Elend des Menschen darin besteht, nichts anderes zu sein als eben ein Mensch; nicht einfach widerspruchsfrei zu sein, wunschlos, allwissend und tot, sondern ganz im Gegenteil lebendig und voll von Begehrlichkeit, schwankend, widerspruchsvoll, mannigfach. Doch einem Ding zu verübeln, daß es nicht etwas anderes ist als es selbst, ist eine Kinderei. Schafe etwa sind keine Menschen; ist das schon Grund genug, von der *misère du mouton* zu reden? Mögen die Schafe das Beste aus ihrem Schaftum und die Menschen das Beste aus ihrem Menschentum machen!

Pascal aber will gar nicht, daß die Menschen das Beste aus ihrem Menschenleben machen – nein, das Allerschlechteste sollen sie daraus machen: sie sollen es wegwerfen. Nachdem er sie mit seinen Elendsgeschichten zu Boden gedrückt hat, bringt er sie in lähmende Berührung mit Tod und Unendlichkeit; im Angesicht dieses Dunkels, dieser Unendlichkeiten, demonstriert er die Nichtigkeit allen Denkens, Tuns und Begehrens. Zum krönenden Abschluß seiner Beweisführung ruft er den Jansenistengott, die christliche Offenbarung an. Wenn der Mensch seiner wahren Natur nach konsistent und begierdelos ist, dann (so lautet sein Argument) ist die jansenistische Todesanbetung eine seelische Notwendigkeit. Sie ist mehr als das: Solche Todesanbetung ist vom Gott des Todes höchstpersönlich zur heiligen Pflicht erhoben worden. Sie ist durch eine Offenbarung dekretiert, deren unzweifelhafte historische Wahrheit Pascal uns vor Augen zu führen behauptet.

Pascals Universum

Das Schauspiel von so viel Haß und Arglist ist zutiefst abstoßend. Haß zeugt Gegenhaß, und es fällt schwer, Pascal für seinen giftigen Abscheu vor allem, was am menschlichen Dasein schön und nobel ist, nicht seinerseits zu verabscheuen. Es ist jedoch ein Abscheu, den wir durch Mitleid abmildern müssen. Wenn dieser Mann wider den Heiligen Geist sündigte – und gewiß haben wenige so gesündigt wie er, da nur wenige mit solch außerordentlichen Gaben begnadet waren –, so deshalb, weil er nicht anders handeln konnte.

Seine Begierden waren, mit den Worten Blakes, schwach genug, um sich in Schranken halten zu lassen. Als schwächlicher, kranker Mensch hatte er Angst vor dem Leben und fürchtete die Freiheit. Nur mit den aus Krankheit und Entbehrung abgeleiteten mystischen Zuständen vertraut, hatte dieser Asket nie jene anderen, nicht weniger bedeutungsvollen Zustände erlebt, die die Erfüllung des Begehrens begleiten. Denn wenn wir den Wert mystischer Verzückung anerkennen, müssen wir gleichfalls den Wert der nicht weniger umwälzenden Erfahrungen anerkennen, die mit der Liebe in all ihren Erscheinungsformen verbunden sind, mit der Wahrnehmung sinnlicher Schönheit, mit Berauschung, rhythmischer Bewegung, mit Wut, Kampf und Triumph, kurz mit allen kräftigen Manifestationen des begehrenden Lebens.

Im zweiten Teil dieses Essays habe ich den psychologischen Standpunkt der Askese vertreten: Asketische Betätigung schafft einen Zustand von Anormalität, der es dem Asketen ermöglicht, aus seiner normalen Welt in ein anderes und, wie er empfindet, wichtigeres und wertvolleres Universum zu gelangen. Wut, das von sinnlicher Schönheit hervorgerufene Gefühl und der Orgasmus der begehrenden Liebe sind nun ihrerseits abnorme Zustände und darin der mystischen Ekstase ganz analog; Zustände, die es dem Wütenden, dem

Ästheten, dem Liebenden erlauben, für eine gewisse Zeit nicht-podsnap-artige Welten zu bewohnen, die ganz unmittelbar (mit der Unmittelbarkeit mystischer Welterfahrung) als besonders wertvoll und bedeutsam empfunden werden. Pascal war nur mit einem einzigen anormalen Weltall bekannt – demjenigen, das der ekstatische Mystiker für kurze Zeit bewohnt. Von allen anderen fehlte ihm jede persönliche Kenntnis: sein kränklicher Leib erlaubte ihm keine Annäherung an sie. Wie leicht verwerfen wir, was wir nicht kennen, wie gern verdammen wir – gleich dem Fuchs, der die Trauben verleumdete –, was wir nicht zu genießen vermögen!

Mit Pascals kränklichem Körper verband sich ein ungemein kraftvoller analytischer Verstand. Zu scharfsinnig, um sich von den groben Illusionen des Rationalismus hinters Licht führen zu lassen, zu subtil, um eine hausgemachte Abstraktion mit der Wirklichkeit zu verwechseln, verlachte er die akademischen Philosophen. Er begriff, daß die Basis der Vernunft selbst unvernünftig ist: Die Grundprinzipien kommen aus »dem Herzen«, nicht aus dem Geist. Diese Entdekkung wäre höchst bedeutsam gewesen, wenn Pascal sie nur mit dem richtigen Organ gemacht hätte. Doch statt das Herz mit dem Herzen zu entdecken, entdeckte er es mit dem Kopf. Auf abstrakte Weise verwarf er die Abstraktion, und auf vernünftigem Wege entdeckte er die Unvernunft. Sein Realismus war rein theoretischer Natur: Er lebte ihn nie.

Seine Intelligenz wollte ihm nicht erlauben, Befriedigung in den Gedankenkonstrukten und Abstraktionen der Rationalisten zu finden; und doch verlangte es ihn nach gedanklicher Fixierung und einfachen, verläßlichen Abstraktionen. Er schaffte es, diese Sehnsucht eines invaliden Philosophen zu stillen und zugleich sein intellektuelles Gewissen zu salvieren, indem er sich eine irrationale Abstraktion erwählte, um an sie zu glauben – den Gott der Christenheit. Ausgesetzt auf diesem unverrückbaren Fels der Jahrhunderte, fühlte er sich in Sicherheit: in Sicherheit vor der wogenden Flut der Erscheinungen, vor der Vielfalt, vor den Verantwortlichkeiten der Freiheit, vor dem Leben.

Wenn er sich ein Herz gefaßt hätte, um damit das Herz zu verstehen, wenn er einen Leib besessen hätte, um damit den Leib zu verstehen, und Instinkte und Begierden, die fähig gewesen wären, den Sinn von Instinkt und Begehren zu deuten, dann hätte aus Pascal ein Anbeter des Lebens werden können und nicht ein Gefolgsmann des Todes. Aber Krankheit hatte das Leben aus seinem Körper gewürgt und seine Begierden so sehr geschwächt, daß ihm die Tugend leichtfiel, ihnen standzuhalten. Gegen sein eigenes Herz kämpfte er mit aller Kraft seines hochgespannten und konzentrierten Willens an. Der Moloch religiöser Prinzipien verlangte sein Opfer. Folgsam vollzog Pascal sein Harakiri-Ritual. Der unersättliche Moloch aber wollte mehr Blut. Wieder war Pascal zu Diensten: Er wollte andere dahin bringen, zu tun, was er getan hatte. Der Moloch sollte sich an Innereien satt fressen. Alle Schriften aus der Feder Pascals sind höchst beredte Einladungen an die Welt, hinzugehen und Selbstmord zu verüben. Sie sind ein Triumph von Konsequenz und Prinzipientreue.

Musikalischer Beschluß

Doch auch der Lebensanbeter ist, auf seine Art, nicht weniger ein Mensch von Grundsätzen und Konsequenz. Intensiv zu leben: das ist sein oberster Leitsatz. Gerade seine Vielfältigkeit ist ein Zeichen dafür, daß er folgerichtig versucht, seinen Prinzipien gemäß zu leben. Denn die Harmonie des Lebens – des individuellen Lebens, das als allmählich sich wandelnde Einheit durch die Zeit hindurch besteht – ist eine Harmonie, die sich aus vielen Elementen aufbaut. Diese Einheit wird verstümmelt, wenn man irgendeinen Teil ihrer Vielfalt unterdrückt. Eine Fuge braucht all ihre Stimmen. Und auch im klangreichen Kontrapunkt des Lebens spielt jede einzelne kleine Melodie ihren unverzichtbaren Part. Die gesamte Harmonie der Welt klingt voll aus dem Menschen. Im *Menschen*. Doch Pascal wollte mehr sein als ein Mensch. Unter den ineinander verwobenen Melodien des menschlichen Kontrapunkts sind Liebeslieder und Zechgesänge, Märsche und wilde Tanzrhythmen, Haßhymnen und ausgelassene Gassenhauer. Abscheuliche Mißklänge in den Ohren eines Menschen, der seine Musik rein himmlisch haben wollte! Pascal befahl ihnen, still zu sein, und sie verstummten. Über sein Leben geneigt, lauschen wir erwartungsvoll auf einen Akkord von Engelsstimmen. Doch was für grelle und quälende Dissonanzen dringen zu uns durch die Ferne der Jahrhunderte!

(*Do What You Will*, 1929; Ü.: Herberth Herlitschka)

Variationen über einen Philosophen

Porträt eines Philosophen

In jenem Sommer 1816 weilte der Quästor der Deputiertenkammer zur Kur in einem kleinen, aber modischen Badeort der Pyrenäen. Am Morgen des 30. Juli wurde er wie üblich um sechs Uhr geweckt, und wie üblich empfand er dieses gräßliche Gefühl der Leere, Verwirrung und Unfähigkeit, das inzwischen seine tägliche Auferstehung aus dem Schlaf zu einem gefürchteten Ereignis machte. Denn in der ersten Stunde nach dem Aufstehen und weit über eine Stunde, nachdem er sich von der Tafel erhoben hatte, mußte er die Demütigung erfahren, weniger zu sein als er selbst, und am eigenen Leib den Triumph des Tieres über den Menschen, der Physiologie über Vernunft und Willen zu verspüren. »Ich elender Mensch«, so fragte er sich immer wieder während des Ankleidens, »wer wird mich erlösen vom Leibe dieses Todes?« *De corpore mortis hujus.* Wer wird mich erlösen, wer wird mich erlösen? Es kam keine Antwort.

Er verließ das Haus. Der Morgen war kalt, mit drohenden Wolken und einem Wind, der ihm durch und durch ging. Seine Nerven sprachen darauf wie eine Äolsharfe mit höchst quälender Dissonanz an. Es würde, das sah er voraus, einer seiner schlechten Tage werden.

Der Quästor betrat die Badeanstalt, erhielt sein Becken zugewiesen und streckte sich wenige Minuten später wohlig in dem warmen, mineralhaltigen Wasser aus. Aus dem Schwefeldampf tauchte ein Badewärter auf und brachte eine halbe Flasche Cauterets-Wasser und ebensoviel Eselsmilch. Der Quästor mischte die beiden Flüssigkeiten, trank, trocknete sich die Hände ab und öffnete sein Exemplar der Pascalschen *Pensées* mit Anmerkungen von Voltaire und Condorcet. Diesen Anmerkungen wandte er sich zuerst zu. Nicht, weil er sich Gewinn oder Aufklärung von ihnen versprach, sondern einfach, um sich über ihre Seichtheit, ihr vorsätzliches, frivoles Unverständnis zu entrüsten. Er las sie wieder und wieder, so wie einer verdrehterweise seinen schmerzenden Zahn befühlt, nur um das Wiederaufleben des Schmerzes zu spüren. Hier ließ sich Voltaire zum Thema Kontemplation vernehmen. Er fand es »äußerst komisch, daß sich jemand einredet, Trägheit begründe einen Anspruch auf Größe, während Tätigkeit eine Herabsetzung und Minderung unserer Natur bedeute«. Narr! Schwachkopf! Doch wie sollte auch eine solche Kreatur das Wesen der Kontemplation begreifen! Genug der äffischen Glossen. Der Quästor blätterte zurück, bis er sich mitten in den *Pensées* befand.

»Wir sind nicht zufrieden«, so las er, »mit dem Leben, das wir in uns selbst, in unserem eigenen Dasein besitzen; wir verlangen dazu noch ein imaginäres Leben in der Vorstellung, die andere von uns haben. Deshalb ist all unser Bemühen darauf gerichtet zu scheinen, was wir nicht sind. Wir spannen unablässig alle Kräfte an, um dieses imaginäre Wesen zu bewahren und zu verschönern, und lassen dasjenige verkommen, das wirklich unser ist.«

Der Quästor legte das Buch beiseite, nahm erneut einen Schluck Eselsmilch mit Abführsalz und sann traurig darüber nach, daß all seine eigenen Probleme aus dem Verlangen entstanden waren, zu scheinen, was er in Wirklichkeit nicht war. Als Mann der Tat zu gelten, obgleich er im Grunde ein Kontemplativer war; als Politiker zu gelten, wo ihn die Natur zu einem introspektiven Seelenforscher gemacht hatte; als Schöngeist zu gelten, wo Gott ihn zum Weisen bestimmt hatte. Welche Narretei! Und da gab es noch andere, beschämendere Narrheiten. Er blickte durchs Wasser hinab auf seine welken Schenkel und seinen ausgemergelten Leib. Wie lachhaft, wie jämmerlich unheldisch! Er war fast fünfzig und vorzeitig gealtert. *Ecce enim breves anni transeunt et semitam, per quam non revertar, ambulo*. Und doch unternahm er mit Pomade und Toilettenwässerchen, Mandelcreme und Puder immer noch Anstrengungen, jung zu scheinen und so auszusehen wie die Sorte Mann, die junge Personen des anderen Geschlechts so anziehend fänden, wie er selbst sie noch immer fand. Wozu machte er sich auf diese Weise zum Narren? Was hatte er bloß davon? Seine Schüchternheit und seine moralischen Grundsätze waren von so ausgeprägter Art, daß er diese unbestimmten Begierden nie in die Tat umsetzen würde. Und er war scharfsichtig genug, um zu erkennen, daß die jungen Personen ihn als alten Langweiler betrachteten, der mit einem Fuß schon im Grabe stand. Und doch beharrte er weiter auf seinen Bemühungen, ein anderer zu scheinen, als er war. Seine Torheit war zwecklos. Er folgte ihr und verharrte in ihr, so wie er der Tugend folgen und in ihr hätte verharren sollen: um des Lohnes willen, der sie sich selbst ist.

Aber, ach, dieser Duft von Moschus und Patschuli! Und, unter den Kerzenlüstern, diese Arme und Hälse, diese hochgeschnürten Busen, wie auf Servierschalen dargeboten – auf Silberschalen, wie das Erdbeereis bei dem Empfang, den der Staatssiegelbewahrer vorige Woche gegeben hatte. Wie liebenswürdig hatte der Gastgeber ihn angesprochen, wie aufmerksam hatte er zugehört, während der Quästor seine Ansichten über die beste Art, der Dynastie zu dienen, verbreitete! Und dann war wie üblich der Augenblick der Demütigung gekommen. Mitten in einem Satz merkte er plötzlich, daß der große Mann sich entfernt hatte und mit M. de Chateaubriand sprach – M. de Chateaubriand, um den im Moment ohnehin drei Paar nackter Arme, drei aufgetischte Busen, drei makellose Hälse und drei angeregt gerötete Gesichter in Posen von beinahe anbetender Bewunderung gruppiert waren. Diese Genien, diese goldenen Stimmen – im Verein mit einem Talmiintellekt! Bitter rief sich der Quästor ins Gedächtnis zurück, was er im Verlauf seiner alles andere als glänzenden Laufbahn so oft beobachtet hatte: daß Erfolg im öffentlichen Leben häufiger den Mängeln als den Verdiensten eines Menschen zuzuschreiben ist. Er seufzte, trank noch etwas Milch mit Laxativ, lehnte sich dann zurück und schloß die Augen. Seine Gedanken gerieten ins Wandern. Als der Badewärter an die Tür pochte, um zu melden, es sei acht Uhr, schreckte er auf und machte sich klar, daß er wieder eine der wenigen tausend Stunden, vielleicht sogar der wenigen hundert oder Dutzend, vergeudet hatte, die ihm noch blieben. *Miserere nobis!* Innerlich stöhnend entstieg er seinem Bad, und während er sich durch seine Kuranwendung eher noch elender fühlte, begann er die Mumie abzutrocknen, die einstmals die anziehende Gestalt eines der jüngsten Gardeoffiziere von Ludwig XVI. gewesen war.

Er kleidete sich an, eilte zurück in seine Wohnung, entkleidete sich abermals, ging für eine Stunde zu Bett, ohne daß er sich entspannen konnte, kleidete sich zum drittenmal an und setzte sich, gründlich verstimmt, an seine Korrespondenz. Seine Frau erschien mit dem Kaffee. Wie fühlte er sich? Gar nicht gut. Ob sie etwas für ihn tun könne? Nein, fuhr er sie an und schämte sich sogleich, wünschte sich jedoch erbittert, sie möge ihn in Ruhe lassen. Demonstrativ griff er zur Feder und begann zu schreiben. Sie verstand den Wink und verließ den Raum. Arme Frau, dachte er, als er hörte, wie sich die Tür hinter ihr schloß. Trotzdem, Gott sei Dank!

Mühsam, mit ungeheurem innerlichen Widerwillen, schrieb er einen Bericht an den Minister des Inneren über den Stand der öffentlichen Meinung in seinem Wahlbezirk. Danach nahm er ein neues Blatt und begann mit der Formulierung einiger Notizen zu Kant, um die ihn sein Freund Stapfer gebeten hatte.

»Dieser gefeierte Philosoph«, so schrieb er, »zog irrigerweise einen Trennungsstrich zwischen dem Erkenntnisprinzip und dem Prinzip der Sittlichkeit. Er vermochte nicht zu sehen, daß der ursprüngliche Willensakt zugleich die Grundlage der Erkenntnis und der menschlichen Moral bedeutet: Ohne jenes innere Gefühl der Anstrengung, welches das ›Ich‹ ausmacht, kann gar nichts, nicht einmal der Begriff der Wahrnehmung und Empfindung, unabhängig vom Willen im Verstand vorhanden sein. Und was nun das denkende Ich, das Noumenon, betrifft...« Sein rechtes Augenlid begann zu zucken. Er klingelte und gab Anweisung, sein Pferd zu satteln. Was dann folgte, wurde noch am selben Abend in seinem *Journal* festgehalten:

»Meine nervliche Verfassung war schlecht, und ich wollte soeben aufs Pferd steigen, in der Hoffnung, ein munterer kleiner Ausritt werde meine elende Maschine wieder ins Gleichgewicht bringen, als die Herzogin von Rohan in Begleitung meines Kollegen Castel-Bajac an meine Tür pochte, um Spenden für die Armen von Saint-Sauveur zu sammeln. Ich wußte von dieser Sammlung und hatte im voraus beschlossen, sechs Francs zu spenden, was mir als passabler Tarif für wohlsituierte Kurgäste erschien. Also ließ ich meinen Silbertaler in den Sammelbeutel fallen und fragte mich zugleich mit einer gewissen Befangenheit, ob ich mich verhalten hätte *comme il faut*. Daß dies nicht der Fall war, wurde mir überdeutlich, als die Herzogin mehrere Personen namentlich erwähnte, die ihr ein oder zwei Louisdor gegeben hatten. Ihre Worte bestürzten mich, und ich verspürte sogleich eine Erregung und ein Reuegefühl, die nicht heftiger hätten ausfallen können, wenn ich die niedrigste und niederträchtigste Schandtat begangen hätte. Doch mir fehlte die Geistesgegenwart zum Reden, und so ließ ich die wohltätige Dame ihren Abschied nehmen, ohne auch nur ein einziges Wort einzuwerfen.

Von diesem Augenblick an war es mir unmöglich, noch an irgend etwas anderes zu denken. Was mochte die Herzogin von mir halten? Was würde mein Kollege sagen, der dem Inhaber des Quästorenamtes alles andere als wohlgesonnen war? Mußte ich nicht zum Gespött der ganzen Gesellschaft werden? Und meine Spende, die meinen Verhältnissen so unangemessen war – trug sie nicht das Gepräge des schmutzigsten Geizes? ... Wo ich doch im allgemeinen so wenig am Geld hänge – wie leicht hätte ich der Herzogin einen Louisdor geben können! Warum nur hatte ich nicht einfach meine Börse geöffnet, mich zur Unterstützung der Unglücklichen bereit gezeigt und dazu leichthin bemerkt (was nur allzu wahr ist), daß eine solche Kollekte für so viele Arme im Einzelfall nur wenig würde ausrichten können? Statt dessen, welch linkisches Benehmen gegenüber der Herzogin! Was für ausgesprochen schlechte Manieren! Ich war untröstlich...

Ich stieg aufs Pferd, um die lästige fixe Idee abzuschütteln. Doch sie verfolgte mich überallhin. Also kürzte ich meinen Ausritt ab und kehrte nach Hause zurück, in der Absicht, die Herzogin aufzusuchen und meinem Beitrag einen Louisdor hinzuzufügen – samt einer eleganten kleinen Erklärung. Mit diesem Vorsatz begab ich mich zu ihrem Haus und schritt davor eine Weile auf und ab, trat jedoch nicht ein, aus Furcht, mich abermals zum Narren zu machen. Von derselben Sorge weiterhin gepeinigt, ging ich nach Hause zum Mittagessen. Meine Zwangsvorstellung verfolgte mich so sehr, daß ich Selbstgespräche hielt und dabei mit den Armen fuchtelte. Ich ertappte mich mehrmals in diesem fast an Irrsinn grenzenden Geisteszustand. Beim Essen sagte ich nichts zu meiner Frau; denn ich war zu sehr von meinen Gedanken beansprucht, und überhaupt vertraue ich anderen nie meine Gefühle oder Eindrücke an, wenn diese trauriger oder schmerzlicher Art sind.«

Seinem Tagebuch, und nicht etwa seiner Frau, vertraute der Quästor seine Nöte an. Er selbst blieb ungetröstet, doch die Nachwelt hat den Gewinn davon. Der Profit wurde nicht ihm gutgeschrieben, sondern voll und ganz uns – denn das *Journal intime* des Maine de Biran hat sich nach all den Jahren als wahrer Klassiker des inneren Lebens erwiesen, als Buch, das man lesen, bedenken und wieder lesen muß.

Philosophie wird meist auf einer Ebene höchster Abstraktion und weitester Verallgemeinerung konzipiert, und vermutlich ist das auch schön und gut so. Dennoch erscheint es vorteilhaft, zur Abwechslung einmal einige ihrer Probleme nicht gleichsam im leeren Raum, sondern im Rahmen einer tatsächlichen Existenz zu betrachten; und wenn es zufällig die Existenz eines Mannes ist, der selbst Philosoph war, dann um so besser. Denn dieser Umstand erlaubt uns, unsere

Gedanken nicht nur auf ein bestimmtes Leben in der Zeit hin zu entwickeln, sondern zugleich auf das Ideensystem hin, in dessen Begriffen der Eigentümer dieses Lebens seine Erfahrung zu deuten suchte.

Maine de Birans *Journal intime* ist innerhalb der Philosophiegeschichte ein fast einzigartiges Dokument. Dank seiner minutiösen und detaillierten Aufrichtigkeit lernen wir Biran daraus kennen, wie uns kein anderer großer Metaphysiker der Vergangenheit bekannt ist. Wir wissen, wie er sich von Tag zu Tag fühlte und wie er über das Gefühlte dachte; wir wissen, wie die physischen Befindlichkeiten seinem Geist zusetzten und seine Geisteszustände dem Körper; wir wissen, wie er auf die Natur ansprach, auf Kunstwerke, auf Menschen verschiedener Temperamente, Fähigkeiten und sozialer Stellung; wir wissen, was er wünschte, anstrebte und tatsächlich vollbrachte; wir wissen, was er dachte, und wir kennen den psychologischen, ja selbst den physiologischen Kontext seines Denkens – was und wie er wirklich *war*, während er die Rolle des Philosophen spielte. Aus all diesen Gründen und weil er ein Mann höchster Befähigung war (seine philosophischen Zeitgenossen nannten ihn »unser aller Meister« und den »größten französischen Metaphysiker seit Malebranche«), bietet uns Biran ein besonders nützliches Bezugssystem, in dessen Rahmen wir uns über das ewige Problem der Philosophie eigene Gedanken machen können. Ich versuche im folgenden keineswegs, eine neue Biographie Maine de Birans zu schreiben oder noch eine weitere Kritik seines Systems vorzulegen. Mich fesseln gewisse Aspekte der Natur und Bestimmung des Menschen; und ich möchte diese Dinge im – bald enthüllend hellen, bald nicht weniger enthüllend matten – Lichte von Maine de Birans Leben und Werk erörtern. Beginnen wir mit einer kurzen Chronik der äußeren Fakten.

François-Pierre Gontier de Biran, später (nachdem er ein »Maine« genanntes Gut geerbt hatte) als Maine de Biran bekannt, wurde am 29. November 1766 in der Hauptstadt der alten Provinz Périgord geboren, wo seine Familie, die notabel war, ohne nobilitiert zu sein, seit drei Jahrhunderten eine bedeutende Rolle in der örtlichen Geschichte und Politik gespielt hatte. Sein Großvater und Urgroßvater waren Bürgermeister von Bergerac gewesen. Sein Vater praktizierte als Arzt in derselben Stadt und verwaltete die in ihrer Umgebung gelegenen Familiengüter. Daheim und später am Kolleg der *Doctrinaires* zu Périgueux erzogen, erhielt der junge Biran im Sinne des 18. Jahrhunderts eine gründliche Ausbildung in Latein, Griechisch und Mathematik. Achtzehnjährig trat er in die königliche Leibgarde ein und wurde ein städtischer und höfischer ›Junger Mann von Welt‹. »Was in der Welt Vergnügen heißt« (und es war, wohlgemerkt, die Welt eines Choderlos de Laclos und Andréa de Nerciat), »genoß ich in vollen Zügen.«

Er genoß es fünf Jahre lang. Dann kam 1789. Im Oktober dieses Jahres erhielt Biran die Feuertaufe, als er mit der Compagnie de Noailles Versailles gegen den Pariser Mob verteidigte. Die Revolution nahm ihren Lauf, und wenig später wurde die königliche Leibwache aufgelöst. Biran hoffte auf eine neue militärische Laufbahn bei den Pionieren und stürzte sich in das Studium der Mathematik und Physik. Doch über den Zeitereignissen wurde ihm klar, daß die Aussichten eines ehemaligen Leibgardisten auf Übernahme in die neue Armee täglich geringer wurden, seine Aussichten dagegen, im Gefängnis und möglicherweise auf dem Schafott zu landen, tagtäglich größer. So entschied sich der junge Biran 1793 weislich für die Heimkehr ins Périgord. Während seines Aufenthaltes in Paris waren seine Eltern gestorben, und nun sah er sich im Besitz eines kleinen Gutes mit einem Herrenhaus aus dem 17. Jahrhundert, fünf Meilen von Bergerac, mit kleinem, aber regelmäßigem Einkommen. Das Haus hieß Grateloup, aus *gratum lupis*, ›den Wölfen willkommen‹, und in dieser waldigen Einsamkeit suchte er Zuflucht vor einer Welt voll revolutionärer Gewalttätigkeit. Draußen, jenseits des Schutzwalls aus Bäumen, ritt der unermüdliche Lakanal durchs Land und organisierte Gruppen von ›Bürgeraposteln‹, deren Aufgabe es war, den Bauern das Revolutionsevangelium zu predigen und Klatsch über Leute zu sammeln, die man royalistischer Sympathien verdächtigte. Dank dieser Apostel wanderten sechs Mitglieder der Biranschen Sippe für kurze Zeit ins Gefängnis, vier gingen freiwillig ins Exil. Unseren Philosophen jedoch ließ man unbehelligt.

Nach dem Sturz Robespierres säuberte die Regierung ihre Beamtenschaft von allen extremen Jakobinern und ernannte Männer mit weniger radikalen Überzeugungen, um die vakanten Stellen zu füllen. Biran entstammte einer Familie, die sich eines hohen Rufes der Rechtschaffenheit und Tüchtigkeit im Staatsdienst erfreute. Im Sommer 1795 wurde er zum Administrator des Departements Dordogne bestellt. Im selben Jahr verliebte er sich und heiratete Marie-

Louise Fournier, die junge Witwe eines seiner Vettern, M. de Cluzeau, der während des Terrors ins Ausland geflohen war und, da er nichts mehr von sich hören ließ, als tot galt.

Nach zwei Jahren als Administrator seiner Heimatprovinz wurde Biran von seinen Mitbürgern zu ihrem Vertreter im Rat der Fünfhundert gewählt. Die Politik des jungen Abgeordneten war offen antirevolutionär – so sehr, daß man seine Wahl, ehe er noch seinen Sitz einnehmen konnte, für ungültig erklären ließ. Biran sah sich gleichzeitig aus seinem Amt und aus der Politik entfernt. Eher erleichtert als betrübt, stürzte er sich auf die Philosophie und die Freuden der Häuslichkeit. Diese Jahre auf Grateloup, in Gesellschaft seiner Frau und der jungen Kinder, inmitten seiner Bücher und Papiere, waren die glücklichsten seines Lebens, ja, sie waren so glücklich, daß er keinerlei Aufzeichnungen darüber führte. Solange Marie-Louise lebte, blieb sein Tagebuch ungeöffnet.

Während dieser Zeit geschah es, daß Biran zum ersten Mal als Philosoph eine gewisse Aufmerksamkeit auf sich zog. Vom Institut de France erhielt er eine ehrenvolle Erwähnung für seine erste *Denkschrift über die Gewohnheit* und eine Goldmedaille für die zweite, revidierte und erweiterte Fassung dieses Traktats. Preise krönten auch die Werke, die er den Akademien von Berlin und Kopenhagen vorlegte. Er wurde der Freund und Korrespondent von Vertretern der alten Denkschule wie Cabanis und Destutt de Tracy, aber auch von Jüngeren, wie Gérando und Royer-Collard.

Dann, im Jahre 1805, nach nur acht Ehejahren, starb Marie-Louise ganz unerwartet. Nach dem Zeugnis von La Valette-Monbrun, Birans jüngstem Biographen, der diese Auskunft von einem direkten Nachfahren Birans erhielt, wurde ihr tödliches Leiden durch einen schmerzhaften Gefühlsschock herbeigeführt. Du Cluzeau, ihr erster Gatte, war nicht tot, wie man angenommen hatte – er war lediglich ein etwas unregelmäßiger Briefschreiber. Eines schönen Tages, nach elf Jahren der Wanderschaft in der Fremde, betrat er seelenruhig Marie-Louises gute Stube in Bergerac. Drei Wochen später war sie tot. Birans Elend war grenzenlos. Der Gram raubte ihm alle Denk- und Handlungsfähigkeit, ja allen Lebenswillen. Schließlich retteten ihn aber doch Zeit, Notwendigkeit und Gewohnheit – wider Willen. Nach sechs Monaten geistigen und physischen Niedergeworfenseins tauchte er allmählich erneut ins Leben empor. Er nahm seine Lektüre wieder auf, seine fragmentarische Schriftstellerei, sein analytisches Meditieren. Er schrieb lange Episteln an seine philosophischen Freunde und ließ den Episteln persönliche Besuche folgen.

Es war die Zeit seines vertrauten Umgangs mit den *Idéologues* von Auteuil, Cabanis und Destutt de Tracy. »Die beiden Freunde«, so schrieb er, »leben ausschließlich ihrer geliebten ›Ideologie‹. Ideologie, sagen sie, müsse das ganze Angesicht der Erde verändern, und eben deshalb fänden diejenigen, die aus eigensüchtigen guten Gründen an der Dummheit der Welt nicht rütteln wollten (die Anspielung gilt offensichtlich dem Ersten Konsul), die Ideologisten und ihre Ideologie so verabscheuenswert.« Biran selbst war viel zu sehr Realist und der Wirklichkeit innerer Erfahrung zu nah, um ein System zu übernehmen, das seine trügerische Perfektion der gröbsten und bedenkenlosesten Art von Vereinfachung verdankt. Die Weisen von Auteuil betrachteten ihn hoffnungsvoll als ihren Jünger; tatsächlich aber hatten sie, wie sie später feststellen mußten, einen Vogel ganz anderer Art ausgebrütet.

Zwei Jahre nach dem Tod seiner Frau war Biran wieder im Geschirr, diesmal als Beirat des Präfekten von Périgueux. Es war ein recht bescheidener Posten, aber er brauchte das Geld und hatte nichts Besseres finden können. Lieber hätte er eine Mathematikprofessur oder ein Rektorat an der Universität gehabt. Leider waren keine geeigneten Stellen verfügbar. Nun gut, wenn es denn wieder der Verwaltungsdienst sein mußte, wie wäre es dann mit einer Präfektur? Seine Freunde Maleville und Gérando taten ihr möglichstes, doch ohne Erfolg. Maleville überreichte dem Dritten Konsul sogar ein schön gebundenes Exemplar der *Denkschrift über die Gewohnheit*, mit durchschlagender und vernichtender Wirkung. Nachdem er ein paar Seiten überflogen hatte, verkündete Lebrun mit Nachdruck: »Jemand, der so ein Werk verfaßt hat, wird nie im Leben zu etwas nütze sein.« Damit hatte er natürlich vollkommen recht. Die *Denkschrift* ist ein Meisterwerk analytischer Introspektion – und für einen Mann der öffentlichen Geschäfte ist die Gabe der zergliedernden Selbstbetrachtung nicht nur nutzlos, sondern unter Umständen auch recht hinderlich.

Auf das Konsulat folgte das Kaiserreich. Doch die offizielle Meinung über die politischen Fähigkeiten unseres Philosophen änderte sich nicht. Biran mußte sich weiterhin mit seiner Ratsstelle begnügen. Ein Jahr verging, und der Kaiser zeigte sich etwas konzilianter: Der

Rat wurde zum Unterpräfekten von Bergerac befördert. Patriotischer Eifer lautete die Losung des Tages, und während seines sechsjährigen Regiments in Bergerac legte Biran einen bewundernswerten Eifer an den Tag. Nur wenige Bauern der Gegend konnten lesen, schreiben oder etwas anderes als ein barbarisches Patois sprechen; doch der Unterpräfekt erließ unzählige und ausgesprochen beredte Proklamationen, worin er sie ermahnte, für die Beendigung der Revolution dankbar zu sein und dem Kaiser ihre Dankbarkeit durch den Eintritt in die Nationalgarde und vor allem durch pünktliches Entrichten der Steuern zu bekunden – jener zermürbenden Kriegssteuern, die man abscheulicher- und geschmackloserweise mit Drohungen und nackter Gewalt eintreiben mußte. In den Proklamationspausen baute er Straßen und Brücken, propagierte Aufforstung und moderne Landwirtschaftsmethoden und richtete Stellen für eine kostenlose Impfung der Armen ein. Aus Kummer darüber, daß ständig Leute in die Dordogne fielen, ließ er im Hospital das neueste Wunder des technischen Zeitalters aufstellen, eine *machine fumigatoire*, die nach dem Zeugnis ihres Erfinders jeden Ertrunkenen unter Garantie ins Leben zurückbeförderte. Er gründete eine Medizinische Gesellschaft, holte die Barmherzigen Schwestern zurück in die Stadt, reformierte die Sekundarschule und importierte aus der Schweiz einen Pestalozzischüler als Leiter einer Bildungseinrichtung für das frühe Kindesalter.

Im Jahre 1809 taten seine Mitbürger, was sie schon vierzehn Jahre zuvor getan hatten, und wählten Biran zu ihrem Vertreter in der Gesetzgebenden Versammlung. Doch ein Unterpräfekt durfte erst von seinem Amt zurücktreten, wenn sein Nachfolger ernannt war; und da es dem Kaiser beliebte, mit dem Vollzug dieser Ernennung drei Jahre zu warten, nahm Biran seinen Sitz erst 1812 ein. Von da an bis zu seinem Tod im Jahre 1824 blieb er Abgeordneter für Bergerac und verbrachte den größten Teil des Jahres in Paris, während seine zweite Frau, die er 1814 geehelicht hatte, daheim das Gut verwaltete. Unter Napoleon, und auch später unter den Bourbonen, bezog ein Abgeordneter ein Salär, das in diesem Fall den entscheidenden Unterschied zwischen einem beengt, ja fast schäbig gehobenen Stand und behaglicher Unabhängigkeit ausmachte. Endlich konnte er sich nach Herzenslust Bücher kaufen, seine wissenschaftlichen und philosophischen Freunde zu Gastmählern laden, in der Kutsche fahren und seinem Hang frönen, allen Bittstellern ringsum Geld zu leihen.

Biran trat ins öffentliche Leben ein, als Napoleon eben im Begriff war, daraus abzutreten. Als Staatsbeamter hatte er dem Kaiser gut und treulich gedient. Als Antirevolutionär war er Bonaparte dankbar dafür, daß er die innere Ordnung wiederhergestellt hatte. Als Kind der Aufklärung jedoch verabscheute er den Militärdiktator und seine Soldateska; als überzeugter und gefühlsmäßiger Monarchist haßte er den Usurpator einer Amtsgewalt, die von Rechts wegen den Söhnen des heiligen Ludwig zustand. Ende 1813 bot sich Biran die Gelegenheit, seinen Gefühlen im Hinblick auf den Kaiser öffentlich Ausdruck zu geben. Mit seinem Freund Laîné und den drei anderen Mitgliedern des Rates der Fünf entwarf er eine danach von der Kammer angenommene Entschließung, in der ein unverzügliches Ende der Feindseligkeiten, ein gerechter Friedensschluß und ein größeres Maß Freiheit für das französische Volk gefordert wurden. Napoleons Antwort war die Auflösung der Kammer und die Fortsetzung eines aussichtslosen Krieges bis zum unvermeidlichen Ende.

Als die Bourbonen 1814 zurückkehrten, sah sich Biran fast in einer Heldenrolle und durch seine Ernennung zum Quästor der Kammer mit dem Doppelten des gewöhnlichen Abgeordnetengehaltes belohnt. Die Hundert Tage beförderten ihn zurück nach Grateloup, die Zweite Restauration wiederum bestätigte ihn im Quästorenamt. Durch Schüchternheit und stimmliche Schwäche an einer erfolgreichen Rednerlaufbahn gehindert, entwickelte er seine ganze parlamentarische Aktivität hinter den Kulissen, in Ausschüssen und Privatunterhaltungen mit Ministern und einflußreichen Kollegen. Als überzeugter Gemäßigter fühlte er sich in keiner Partei heimisch: Bei den Ultras als verkappter Liberaler verschrien, galt er den Liberalen als reaktionärer Monarchist. Es war eine ungemütliche Situation; doch zum Glück hatte Biran noch andere Interessen als die Politik. Nach eingehender Gewissensbefragung entschied er, daß er nicht verpflichtet sei, mehr als sechs Stunden am Tag auf seine parlamentarischen Aufgaben zu verwenden; die übrige Zeit durfte er rechtens der Philosophie und den Betätigungen des Privatlebens widmen. Er stand mit einigen der bedeutendsten Männer seiner Zeit auf vertrautem Fuß: mit Ampère, Cuvier, Guizot, Victor Cousin, Royer-Collard, de Gérando. An der Tafel, bei Spaziergängen im Luxembourg oder bei den vierzehntäglichen Zusammenkünften der Metaphysischen Gesellschaft erörterte er mit ihnen die Probleme der Natur des Menschen und seiner Stellung im Universum. Und all die Zeit über schrieb er unablässig, unter vielen Streichungen und Neufassungen, an irgendeinem Teil seiner ›umfassenden‹ Abhandlung, in der er dereinst sein vollendetes System darzulegen hoffte.

Als er starb, war sein *magnum opus* noch immer ein unverwirklichter Traum. Angesichts der Beschaffenheit des Biranschen Intellekts konnte es auch gar nicht anders sein. Als Empiriker des Geistes war er stets bereit, seine Meinungen im Lichte neuer Erfahrung zu modifizieren. Seine Gedanken kristallisierten sich nie zu einem vollkommenen System, sondern blieben im Hinblick auf einige lebenswichtige Fragen im Versuchsstadium, und sozusagen bis an sein Lebensende im Fluß. Dieses Ende kam 1824. Seine Philosophenkollegen zollten ihm den Tribut der Hochachtung und der Trauer; die Wähler von Bergerac bestimmten einen neuen Deputierten; und Birans Sohn Felix hörte man darüber Klage führen, daß der alte Herr so viele Bücher und Abhandlungen hinterlassen hatte, und so wenig Wertpapiere.

»Oh, warum ward ich geboren mit so anderem Gesicht?« Es war eine Frage, die sich auch Biran im Laufe seiner tagtäglichen Selbstgespräche immer wieder auf die Lippen drängte. Er war sich schmerzlich bewußt, »nicht wie der Rest seiner Rasse« geboren zu sein, sondern als Fremdling, fern der Heimat, in einer Umgebung, die ihm nicht zusagte, und zu deren Bewältigung er nach seiner erblichen Ausstattung wenig geeignet war. Doch während der Dichter sein Anderssein gegenüber den Mitmenschen einem Übermaß von Imagination und Intuition verdankt, gehörte der Philosoph einer verbreiteteren Klasse von Fremden an: den Introvertierten aus Veranlagung. Ein Porträt Birans im Alter von einundzwanzig Jahren zeigt ihn als einen jener schmächtigen, zartknochigen, dünnbemuskelten Charaktere, bei denen Nerven und lebenswichtige Organe unbehaglich nahe an der Oberfläche liegen. Solche Menschen sind in der Regel überempfindlich und neigen dazu, sich zum reinen Selbstschutz nach innen zu kehren und von ihrer Umgebung, die sie als permanente Bedrohung ihres Wohlbefindens erleben, abzuwenden. [...]

Wie der Rest seiner Spezies litt Biran ein Leben lang unter quälender Schüchternheit. Als er, in mittleren Jahren, die erste Audienz bei Ludwig XVIII. hatte, zitterten ihm die Knie, sein Herz schlug ihm bis zum Hals, und sein armer Magen war so arg in Mitleidenschaft gezogen, daß ihm fast die Schmach widerfuhr, sich vor den königlichen Füßen zu erbrechen. (Eine meiner eigenen frühesten Erinnerungen bezieht sich auf ein ähnliches Erlebnis, als der Prince of Wales und spätere König Eduard VII. eine Statue meines Großvaters enthüllte. Ich erinnere mich, wie mir mein Vater seinen Zylinder zuschob, für den Fall, daß es zum Schlimmsten käme. Gottlob kam es nicht soweit, und die Ehre war gerettet; doch diese Augenblicke gräßlicher Ungewißheit stehen mir noch immer als brennende Demütigung vor Augen. Wieviel schlimmer muß das der arme Biran empfunden haben! Bei einem fünf- oder sechsjährigen Kind, wie ich es war, sind solche Dinge verzeihlich. Aber bei einem Witwer mit zwei heiratsfähigen Töchtern und einem Sohn in der Armee, bei einem Parlamentsmitglied und bedeutenden Philosophen sind sie schlicht undenkbar. Und dennoch, so undenkbar sie sein mögen, solche Dinge geschehen tatsächlich. Der Schrecken ebenso wie der Reiz des wirklichen Lebens besteht ja gerade darin, daß sich immer wieder das Unvorstellbare ereignet.)

Es bedurfte keines Monarchen, um unserem Philosophen Lampenfieber zu verursachen. Jede und jegliche Versammlung seiner Mitmenschen schüchterte ihn ein. Öffentlich zu reden war für ihn eine Qual und oft eine physische Unmöglichkeit. Den folgenden offiziellen Bericht über einen seiner Versuche in der Redekunst entnehmen wir dem *Moniteur*: »M. Maine de Biran wird ans Rednerpult gerufen. Da die Schwäche seines Organs es dem Ehrenwerten Mitglied nicht erlaubt, sich genügend vernehmbar zu machen, ersucht er M. Blanchard-Bailleul, seine Meinung zu verlesen.« In der Kammer äußerte sich Birans Beredsamkeit fast immer durch einen Stellvertreter. An anderen Orten, wo eine Rede zu halten war, ohne daß sich ein freundlicher Vorleser fand, mußte er sich dazu zwingen, sein eigener Redner zu sein. Gelegentlich war seine Anstrengung auch von Erfolg gekrönt. Ungeachtet der »Schwäche seines Organs« hörten ihm die Leute zu und waren, wenn schon nicht tief bewegt, so doch beeindruckt von der Intelligenz und Ehrlichkeit des Redners. Doch es gab andere Augenblicke, wo sich der unselige Philosoph mit gedankenentleertem Kopf und gelähmten Stimmbändern auf all die Reihen erwartungsvoller Gesichter starren fühlte. Es stand in der Macht selbst der bescheidensten Zuhörerschaft, ihm derartige Demütigungen anzutun. So hatte ihm einmal die Stimme versagt, während er in seiner

Eigenschaft als Unterprefäkt in einer Knabenschule die Preisverteilung vornahm.

Birans Gefühl, fremd und unzulänglich in der Welt zu stehen, drückte sich darin aus, daß er Konflikten systematisch aus dem Weg ging und darauf verzichtete, auf seinem Recht zu bestehen. So groß war seine Abneigung gegen jeden Streit (ausgenommen in philosophischen Fragen, und auch dann nur unter Freunden), daß er sich in Gegenwart von Antagonisten entweder ganz still verhielt oder höflich und ein wenig heuchlerisch Ansichten zustimmte, die nicht die seinen waren. Wo es um Geld ging, zog er unweigerlich den Verlust dem Feilschen vor und den eigenen Nachteil einem Kampf gegen widerstreitende Interessen. Wenn man ihn um ein Darlehen bat, so war es ihm beinahe unmöglich, nein zu sagen, und nicht weniger schwer fiel es ihm, seine Schuldner auf Rückzahlung zu drängen. Seine Rechnungsbücher zeigen, daß nur einer von zehn Nachbarn, denen er auf diese Weise gefällig war, ihm je etwas zurückzahlte. Die übrigen waren offenbar der Meinung, daß es Zeichen von schlechtem Geschäftssinn sei, einen Gimpel nicht zu übervorteilen.

Gelegentlich zeitigte diese liebenswerte Abneigung gegen Streiterei und Anspruchsdenken die verheerendsten Folgen. Da ist beispielsweise der Fall der beiden Töchter Birans, Elisa und Adine. Nach dem Tod ihrer Mutter wurden die Mädchen unter die Obhut einer Tante, Mme Gérard, gestellt. Mme Gérard war eine Frau von exemplarischer Frömmigkeit und diabolischem Charakter. Tyrannisch aus den höchsten religiösen Grundsätzen, eine Leuteschinderin im Namen von Tugend und christlicher Nächstenliebe, eine Xanthippe, die ihre Scheltsucht für den Ausdruck rechtmäßiger Entrüstung hielt, mußte sie in allem ihren Kopf durchsetzen und die anderen unter das Joch ihres Willens zwingen. Sie genoß es so sehr, die zwei Halbwaisen zu tyrannisieren, daß sie ihnen, als sie erwachsen waren, nicht erlauben wollte, wegzuziehen und bei ihrem Vater zu wohnen. Paris, so behauptete sie steif und fest, würde sich nachteilig auf ihre Gesundheit und verhängnisvoll auf ihre Moral auswirken. In Grateloup wiederum würden sie unter einer Stiefmutter zu leiden haben. Daher mußten sie unbedingt bei ihrer lieben Tante in dem gefängnisähnlichen Domizil bei Périgueux bleiben. Mehrfach, aber immer ohne Nachdruck, plädierte der Philosoph für ihre Befreiung. Doch er hatte so viel Angst vor seiner Schwägerin und so viel physischen Widerwillen gegen die heftigen Szenen, die ihre Spezialität waren, daß er nicht zu insistieren wagte. So wurde die Errettung der Mädchen Monat um Monat, Jahr um Jahr aufgeschoben. Biran liebte seine Töchter zärtlich, er sehnte sich nach ihrer Gesellschaft, er wußte, wie leidenschaftlich sie hofften und beteten, endlich erlöst zu werden. Doch fürs erste versperrte ihm ein Drache den Weg, und unser Philosoph war leider Gottes kein Sankt Georg. Es war Elisa und Adine nicht bestimmt, den Klauen der Mme Gérard zu entkommen. Ihr Vater begnügte sich damit, ihnen in langen Briefen christliche Ergebung in ihr Los anzuempfehlen. Ein weniger zaghaft veranlagter Mann hätte die nötigen unangenehmen Schritte unternommen, um ihr Los in ein weniger Ergebung forderndes zu verwandeln. Als Biran starb, waren die Mädchen noch immer unverheiratet und in Obhut. Adine starb ihrem Vater 1834 nach, Elisa vier Jahre später. Ihre Tante war, wie nicht anders zu erwarten, auch im Zweiten Kaiserreich noch wohlauf und guter Dinge.

In Gesellschaft ließ sich Biran unweigerlich von den hohen Tieren und erfolgreichen Tatmenschen einschüchtern: selbst von der erbärmlichsten, langweiligsten und dümmsten Sorte ließ er sich imponieren. In ihrer Gegenwart verlor er alle Selbstsicherheit, ja sein moralisches Rückgrat und sogar seinen Verstand; er hörte sich Dinge sagen, die er nicht glaubte, und sah sich Dinge tun, die er verabscheute. Und das alles ohne Sinn und Zweck, denn diese Leute empfanden keinerlei Genugtuung über seine Selbsterniedrigung – sie verachteten und ignorierten ihn.

Ihren Frauen und Töchtern gegenüber fühlte unser Philosoph sich im allgemeinen etwas weniger gehemmt. Seine Manieren waren vom Feinsten und samt seiner formvollendeten Kleidung und dem gepuderten Haar das Produkt eines Jahrgangs vor 1789. Seine vertraute Unterhaltung atmete eine Rousseausche Empfindsamkeit. Er war verführerisch und dabei ungefährlich, bezaubernd, aber durchaus verläßlich. Stärker noch als die Gesellschaft der Frauen genoß er die der intellektuell Ebenbürtigen. Hier fühlte er sich als erster unter Gleichen und war als solcher anerkannt. Wenn es um philosophische Diskussionen ging, dann verfügte dieser verängstigte Unterling über Autorität, gebot dieser sprachlose, zitternde Redner über eine bald subtile, bald beißende, bald glanzvoll überzeugende Eloquenz. [...]

Wenn wir auf die Vergangenheit zurückblicken, neigen wir zu der Vorstellung, daß Menschen ein und derselben Geschichtsepoche tatsächlich in ein und derselben Welt lebten. In Wahrheit aber gibt es in jeder komplexen Gesellschaft viele verschiedene Welten, die voneinander durch undurchdringliche Mauern gegenseitiger Unkenntnis und Verständnislosigkeit getrennt sind. Dies erweist sich auch am Beispiel unseres Philosophen. Mozart war neun Jahre älter, Beethoven vier Jahre jünger als er. Und doch erwähnt dieser Musikliebhaber in seinem *Journal* nicht einmal ihre Namen. Im fortgeschrittenen Alter beschäftigte sich Biran zunehmend mit der Realität und Theorie der Mystik. Und doch wußte er nichts von Saint-Martin in Frankreich oder von den zeitgenössischen Theosophen jenseits des Rheins. Außerdem war Biran ein Metaphysiker; doch er las kein Deutsch: Kant war ihm nur aus einem französischen Kommentar, Kants Nachfolger nur aus den Gesprächen mit Stapfer und Victor Cousin bekannt. Er war stark an politischer Theorie interessiert; doch nie zitiert er Fourier oder Saint-Simon. Mit den zwei bedeutendsten literarischen Gestalten seiner Zeit, Chateaubriand und Madame de Staël, war er zwar persönlich bekannt; aber ihre Bücher haben ihm offenbar mißfallen. Jedenfalls beklagt er sich über eine moderne Neigung »zu unheilvoller Melancholie, und ungesunder Gier nach vagen Gefühlen«.

Die Welten, die Biran tatsächlich bewohnte, waren, neben der Welt seines inneren Erlebens, die der Politik und die der Wissenschaft und Philosophie. Die erste war die glitzernde, doch bedrückende Welt des Parlaments und der hohen ministerialen Gesellschaft; die zweite eine Welt der Intelligenz und des Intelligiblen, in der man mit berufsmäßigen Metaphysikern und philosophisch gesinnten Chemikern, mit Physikern und Paläontologen über das Wesen des Ich diskutierte, wo man mit Ärzten über physiologische und medizinische Fragen reden konnte, mit Mesmerschülern über tierischen Magnetismus und mit Pestalozzianern über Erziehung.

In jeder Geschichtsepoche werden Menschen jeglicher Art geboren und tun innerhalb einer kulturellen Umgebung, die sie günstig oder ungünstig finden mögen, mit ihren ererbten Gaben ihr Bestes. Kein einzelnes Individuum kann je für eine ganze Epoche repräsentativ sein, und sei es nur aus physiologischen Gründen: Ein Falstaff kann einfach keinen Wahlkreis von Cassianern vertreten, und ein Scrooge keine Pickwickier. Natürlich werden Menschen, die zur selben Zeit im selben Land leben, einander oberflächlich ähneln, insofern sie dieselben leicht erkennbaren Eigentümlichkeiten eines bestimmten Kulturstils aufweisen. Doch weiter unten, auf den Ebenen von Konstitution, Temperament, Talent, Geschmack und erworbenen Eigenschaften, werden sie einander radikal unähnlich. Die Ähnlichkeit beginnt erst wieder auf der allertiefsten Stufe, der des Spirituellen – bei jenem Etwas von Nicht-Wir, das der Grund unseres Daseins ist.

Nochmals: Kein Individuum kann seine Zeit repräsentieren; und unser Philosoph war wohl noch erheblich weniger repräsentativ als die meisten Menschen. Nur wenige haben ein so intensiv persönliches, so beständig nach innen gerichtetes und ichbewußtes Leben geführt wie er. Sein *Journal intime* hat als historisches Dokument recht geringen, als psychologisches Zeugnis unvergleichlichen Wert. Nicht eine Epoche erhellt es, sondern einen Geist und ein Temperament. Maine de Biran war keiner von denen, die sich mit leidenschaftlicher Lust oder mit nicht minder leidenschaftlicher Empörung in das Leben ihrer Zeit stürzen. Eher kann man sagen, daß er es mit chronischem Widerwillen erduldete, so wie man ein strapaziöses Klima erträgt, dem zu entfliehn die Umstände einem unmöglich machen. Und natürlich war das Leben während der Revolution und unter dem Kaiserreich, wenn man nicht gerade ein Faible für solche Dinge hatte, alles andere als ein Spaß. Nein, ein Spaß war es nicht; und doch, wenn wir von den Begegnungen unseres Philosophen erst mit den Jakobinern, danach mit Napoleon lesen, fällt uns an den Machthabern nicht ihr Wüten, sondern ihre Langmut auf. Mit ihren modernen Pendants verglichen, erscheinen die Revolutionäre des späten 18. und der Militärdiktator des frühen 19. Jahrhunderts beinahe menschlich.

Biran war Grundbesitzer und fast ein Aristokrat; er hatte in der königlichen Leibgarde gedient und gegen den Pariser Mob gekämpft. Und doch war es diesem Mann vergönnt, den Terror unbehelligt auf seinem Familiensitz Grateloup zu überleben. Hier studierte er in seiner Bibliothek Mathematik und Philosophie; hier, unter den Eichen seines Waldes, wandelte er, meditierte und las die Werke Rousseaus. Die ganze Zeit über zahlten seine Bauern ihre Pacht, und er selber lebte weiter als der kultivierte Herr, zu dem Geburt und Erziehung ihn gemacht hatten. Von Zeit zu Zeit vertraute er dem Tagebuch seine Gedanken über die politischen Zustände der Zeit an – die unrealistischen Gedanken eines Mannes, der im Glauben an den Siegeszug des Fortschritts erzogen war und der nun zu seiner Verblüffung entdecken mußte, daß sich äußerste Brutalität durchaus mit Wissenschaft, ›Aufklärung‹ und gepudertem Haar verträgt.

Daher die Heftigkeit seiner Rhetorik. Eben weil sie im Zeitalter eines Laplace und Lavoisier (der übrigens dem Terror zum Opfer fiel) begangen wurden, erschienen Biran die Verbrechen der Revolutionäre »tausendmal grausamer als die Proskriptionen eines Nero oder Caligula, als die Massaker in den Cevennen, in Irland oder in Schottland«. Das von Robespierre und seiner Meute vergossene Blut habe ausgereicht, »alle Scheiterhaufen der Inquisition zu löschen, wie es auch die Erinnerung an sie verwischt«. Doch tatsächlich waren diese Verbrechen, mengenmäßig gesprochen, nicht exzessiv; und, moralisch betrachtet, konnte man sie nicht als Alibi für ähnliche Übergriffe der Gegenseite hernehmen. Biran selbst, seinen Freunden und Landsleuten gegenüber hatten sich die Revolutionäre bemerkenswert rücksichtsvoll gezeigt. Einige wenige Verwandte und Nachbarn waren sicherheitshalber ins Exil gegangen. Von den im Périgord Verbliebenen hat das Revolutionstribunal ganze fünfundzwanzig zum Tod verurteilt, und nur ein paar hundert ins Gefängnis geworfen. Die übrigen zogen sich, wie Biran, ins Privatleben zurück und wurden in Ruhe gelassen.

Robespierre wurde gestürzt; dann kam das Direktorium, das Konsulat, das Kaiserreich. Gegen Ende der Napoleonischen Epoche wurde Biran – damals Abgeordneter für Bergerac – ein aktives Mitglied im Rat der Fünf, der in einer Resolution gegen Napoleons Gewaltherrschaft Einspruch erhob und mehr bürgerliche und politische Freiheit für das französische Volk verlangte. In einem Anfall von korsischer Wut beschimpfte der Kaiser die Kommission und löste die Kammer, die die Resolution angenommen hatte, kurzerhand auf. »*La nation*«, kreischte er in einem Paroxysmus der Selbstvergötzung, »*la nation a besoin de moi, et je n'ai pas besoin d'elle.*« Vom satanisch Erhabenen zum Lächerlichen und Schwachsinnigen ist es ein fast unermeßlich kleiner Schritt.

Napoleon war nur in Worten gewalttätig. Der Mann, der die anstößige Entschließung eigenhändig verfaßt hatte, kehrte in aller Ruhe heim nach Grateloup und zur Philosophie. Bei der Rückkehr der

Bourbonen tauchte Biran wieder auf, in der nächsten Annäherung an so etwas wie Glorienschein, die ihm je beschieden sein sollte. Der Monarch und die ganze königliche Familie zeigten sich unendlich huldvoll: Biran erhielt das Amt eines Quästors der Kammer, und dazu ein doppeltes Abgeordnetengehalt. Dann kam die Rückkehr von Elba. Ludwig XVIII. zog sich nach Gent zurück, Maine de Biran nach Grateloup. Diesmal machte er sich auf das Schlimmste gefaßt; doch wieder geschah nichts. Er hatte eine »unangenehme Aussprache mit dem Präfekten«, der – etwas befriedigender – eine »freimütige Unterredung« mit dem Distriktskommandeur folgte – weiter nichts. Er konnte tun, was er wollte, solange er sich nur vom politischen Leben fernhielt.

Birans Schmähungen Napoleons klingen fast ebenso entrüstet wie diejenigen, mit denen er die Jakobiner bedacht hatte. Sein Tagebuch während der Hundert Tage ist gespickt mit Wörtern wie »Usurpator«, »Despot«, »Verbrecher«. Doch die Hölle ist schließlich eine absteigende Spirale: Die Tyrannei hat ihre Abstufungen, beinahe sogar ihre Gattungsunterschiede. Biran ahnte es nicht, doch der Kreis zu dessen Insassen ihn die Geschichte verdammt hatte, lag ganz nahe dem oberen Rand des höllischen Abgrunds. Unter Richelieu hätte man ihn eingekerkert oder vielleicht wegen Hexerei verbrannt, wie Urbain Grandier. In unseren eigenen Tagen, unter Mussolini, wäre er sieben Jahre auf eine Insel oder in ein ödes apulisches Dorf verbannt worden; unter Hitler wäre er in einem KZ umgekommen; unter Stalin hätte er vor dem Volksgericht ein erbauliches Sündenbekenntnis abgelegt und wäre dann verschwunden, ohne eine Spur in der Geschichte zu hinterlassen – denn durch eine Geschichtsfälschung hätte man ihn sogar noch um seine posthume Existenz betrogen.

Bonaparte und die Jakobiner lebten in einem jener kurzen Goldenen Zeitalter, in denen selbst Revolutionäre und Diktatoren ihre Skrupel haben und tatsächlich glauben, daß andere Menschen (zumindest dann, wenn sie dem gebildeten Bürgertum angehören) gewisse mehr oder minder unveräußerliche Rechte besitzen. All das hat sich gründlich geändert. Unter dem modernen Diktator herrscht die Gleichheit allgemeiner Rechtlosigkeit. Und eine stetig anwachsende Zahl von Menschen nimmt diesen Stand der Dinge achselzuckend als normale und natürliche Lebensbedingung der Gattung Mensch hin. Napoleon betrachtete die Ideologisten – zu denen er irrtümlich auch

Biran zählte – als »eine Art Ungeziefer, das sich an meine Rockschöße heftet«. Doch diesen heftigen Worten folgten keineswegs die entsprechenden Taten. Cabanis, Destutt de Tracy, Maine de Biran wurden nur Ungeziefer *genannt*: Fliegenklappe, DDT und Kammerjäger wurden nie ernsthaft in Betracht gezogen. Die Insekten durften weiter herumschwirren und -kriechen und das Gift subversiven Denkens absondern; ohne größere Behinderung, als ihnen die kaiserliche Zensur auferlegte und jene Verordnung, die das Institut von seiner Klasse der Moralisch-Politischen Wissenschaften gesäubert und damit eine ganze Kategorie (für einen Diktator) höchst lästiger Spekulation abgeschafft hatte. Gegenüber Madame de Staël freilich zeigte sich Napoleon strenger als gegen Biran und die anderen »als Philosophen getarnten Verschwörer und Banditen«. Im Sinne eines mildernden Umstands muß man freilich einräumen, daß es diese nervenaufreibende Frau genau so und nicht anders haben wollte. Und das, was sie bekam, war letztlich nicht gar so schlimm: Die Verbannung erst aus Paris und dann aus Frankreich war eine wahrhaft milde Strafe, verglichen mit dem, was heute ein erboster Tyrann einem ideologischen Dissidenten verpassen würde.

Angesicht dieser Tatsachen – auf der einen Seite Napoleons Charakter und seine absolute Macht, auf der anderen Birans völlige Straflosigkeit und Madame de Staëls maßvolle Bestrafung – müssen wir uns fragen, warum wir 150 Jahre später in einer Zeit leben, die das Wiederaufleben von Sklaverei, Folter, Zwangsorthodoxie und brutaler Ketzerverfolgung erlebt hat. Wir können unmöglich hoffen, alle Gründe für diesen gewaltigen Wechsel zum Schlechteren aufzudekken; doch von unserem Aussichtspunkt in der Zeit können wir wenigstens einige der besonders wichtigen und offensichtlichen erkennen. Es ist lehrreich, zu sehen, wieweit unser Philosoph jene Tendenzen überhaupt wahrnahm, die in vier bis fünf Generationen die Welt Napoleons in die eines Hitler und Stalin verwandeln sollten.

Beginnen wir mit der geschichtlichen Bewegung, deren Bedeutung, ja Existenz Biran völlig unbewußt gewesen zu sein scheint: mit der industriellen Revolution. In seinem *Journal intime* und seinen diversen philosophischen Schriften findet sich meines Wissen kein einziger Hinweis auf die einigermaßen offenkundige Tatsache, daß die europäische Wirtschaftsstruktur soeben eine tiefgreifende und unwiderrufliche Wandlung erfuhr. Biran war (unter anderem) Berufspolitiker; viele Seiten seines Tagebuchs und nicht wenige substantielle Reden hat er politischen Fragen gewidmet. Doch der Gedanke, daß eine Gesellschaft viel radikaler durch eine Revolution der Produktionsmethoden verändert werden kann als durch eine Revolution der Regierungsformen, scheint ihm nie gekommen zu sein. Die Gründe dieser seltsamen Blindheit sind teils psychologischer, teils sozialer und geographischer Natur.

Biran hatte, wie wir sahen, eine besondere Begabung und Vorliebe für die Introspektion, und beide waren unvereinbar mit einem intensiven und anhaltenden Interesse an der Außenwelt bloßer Dinge. Zudem war dieser introvertierte Metaphysiker auch noch Gutsbesitzer in einer fast rein landwirtschaftlichen Region Frankreichs. Soweit er überhaupt an bloßen Dingen Anteil nahm, waren es Dinge, die mit den Wäldern, Weinbergen, Herden und Weiden seines heimischen Périgord zusammenhingen. Seine materielle und spirituelle Heimat waren Grateloup und die Psychologie, Paris und die maßvoll royalistische Politik. Von Lille und Lyon mit ihren wuchernden Industrieslums, den neuen Dampfmaschinen und Fabriken mit ihrer kostspieligen Technik und ihren reglementierten Arbeitern wußte er nichts, und wollte er nichts wissen.

Dieses Faktum mag weniger überraschen, sobald wir uns an den merkwürdigen Fall von Birans Zeitgenossen François-Charles Fourier erinnern. Fourier war ein Mann von hervorragender Intelligenz, der die neuen industriellen Methoden in Aktion gesehen und sein ganzes erwachsenes Leben damit verbracht hatte, über die Organisation der Gesellschaft und die Produktion und Verteilung von Wohlstand nachzudenken. Und doch konnte er noch im zweiten und dritten Jahrzehnt des 19. Jahrhunderts in seinen Schriften die Ansicht vertreten, die Probleme des raschen Transports seien durch die Zucht einer übernatürlich flinken Rasse von Zugtieren zu lösen; und dies zu einer Zeit, als Stephensons *Rakete* das Pferd bereits überholt hatte.

Wenn Maine de Biran in die Zukunft blickte, sah er unerfreuliche Visionen von Unbotmäßigkeit, Aufruhr, Anarchie und schließlich Militärdiktatur. Und darin sah er durchaus klar; denn jeder Ausbruch kollektiver Gewalt zieht unweigerlich eine mehr oder weniger anhaltende Verringerung individueller Freiheit nach sich. Was er nicht wahrnahm, war die heimtückischere Bedrohung von Freiheit und Würde des Menschen, die den neuen Produktionstechniken innewohnte. Ein Mensch ist ein nicht allzu kräftiges Lebewesen, begabt mit einem Geist, der auf seinen höheren Entwicklungsstufen spontan schöpferisch ist und Seinsweisen wahrzunehmen vermag, die »nicht von dieser Welt« sind. Ein solches Geschöpf kann naturgemäß nicht unaufhörlich leistungsfähig sein. Eine Maschine dagegen ist auf dauernde Effizienz hin konstruiert. Als Beaufsichtiger einer Maschine oder als Teil einer sozialen oder wirtschaftlichen Organisation, die der Maschine nachgebildet ist, wird dem Menschen eine für ihn unnatürliche und anormale Rolle aufgezwungen. In mehr als mäßigen Dosierungen verträgt sich Effizienz nicht mit dem Menschsein.

Doch in einer Welt fortgeschrittener Technologie tendiert Effizienz dazu, der Zweck zu werden, dessen Mittel die Menschen sind. Die Maschine stellt eine unerreichbare subhumane Norm auf; von Organisationen und Individuen wird erwartet, daß sie sich dieser Norm anpassen. Für das Nichterreichen dieses Ziels gibt es Sanktionen. Unter einem demokratischen System sind diese Sanktionen relativ mild: Man wird in die Klasse der ungelernten und sogar der unverwendbaren Arbeiter verwiesen. Unter der modernen totalitären Diktatur als einem auf höchste militärische Effizienz gedrillten Regime wird mit der Leistungsunfähigkeit etwas kürzerer Prozeß gemacht.

In diesem Zusammenhang darf ich die Worte eines modernen französischen Philosophen zitieren, dessen Denken manche Gemeinsamkeit mit dem Birans aufweist – Gabriel Marcel: »Praktiken wie die Liquidation unheilbar Kranker oder, während des Krieges, die physische Vernichtung von Sklaven, deren Erschöpfungsgrad sie nicht mehr ihres noch so jämmerlichen Hungerlohnes wert machte – Praktiken, die zu Recht als ungeheuerlich und inhuman gelten –, erweisen sich nun als unwiderlegbar logische Konsequenz einer ganz bestimmten Sichtweise« – der Sichtweise eines Spezialisten für Effizienz. »Solche Praktiken erregen gottlob immer noch allgemeine Empörung; doch vermutlich leider nur, weil die Menschheit an eine rein technische Welt vorerst nur unvollkommen angepaßt ist. Und es drängt sich uns die Einsicht auf, daß wir auf dieser Straße in die entsetzlichste Barbarei – in eine vernunftgestützte Barbarei – schon eine ganze Anzahl von Etappen zurückgelegt haben.«

Birans Zeitgenossen legten die ersten Etappen dieser Straße in begeistertem Galopp zurück. Fünfundzwanzig Jahre nach dem Tod unseres Philosophen begann Karl Marx damit, die kapitalistische Unmenschlichkeit anzuprangern. Während der folgenden fünfundsiebzig Jahre taten Gewerkschaften und liberale Gesetzgebung viel zur Milderung dieser Inhumanität. Dann kamen Krieg, Revolution und Wirtschaftskrise. Die drohende Anarchie wurde als Vorwand für eine Machtkonzentration in den Händen der herrschenden Oligarchie benützt. Mittlerweile hatte eine fortschreitende Technologie Effizienzideale entwickelt, die noch suhuman-lebensferner waren als je zuvor. Männer und Frauen sollten sich zu den Normen hinaufarbeiten, oder besser: hinableben, die von unerhört perfektionierten Maschinen und maschinenartigen Organisationen aufgestellt worden waren; wer das nicht schaffte, bekam es mit dem Staat zu tun – und dieser Staat war mit allem neuzeitlichen Komfort ausgestattet, von Maschinengewehren über Tonbandgeräte bis zu versteckten Mikrofonen.

Für Biran war das Unheimlichste an dem Mann, der unter Napoleon die Geheimpolizei geleitet hatte und nun, im Jahre 1815, dieselbe Schmutzarbeit für Ludwig XVIII. verrichtete, seine totale Prinzipienlosigkeit, seine Bereitschaft, für Geld und Macht alles zu tun. Er scheint sich nie klargemacht zu haben, daß das wahrhaft Beunruhigende an Fouché eher seine intellektuellen Qualitäten als seine moralischen Mängel waren; daß sein Geschäftssinn und seine Effizienz ihn viel gefährlicher machten als sein Charakter als gemeiner erpresserischer Intrigant. Noch weniger kam ihm der Gedanke, daß mit dem allgemeinen Fortschritt in Wissenschaft und Technologie vermutlich die Möglichkeiten der Regierungen anwachsen würden, ihre Bürger zu belauschen und zu bespitzeln, zu nötigen und zu reglementieren, Meinungen zu unterdrücken und zu fabrizieren, Wahrheit zu verheimlichen und Lügen einzuimpfen; und immer weiter wachsen würden, bis es fast unmöglich wäre, einen unorthodoxen Gedanken zu denken, und ganz unmöglich, einen erfolgreichen Aufstand durchzuführen.

Die industrielle Revolution war nicht die einzige große historische Bewegung, deren Bedeutung unserem Philosophen so gut wie ganz entgangen ist. Da gab es auch noch den Nationalismus. Biran war ein guter Franzose, aber er war auch ein guter Legitimist und Europäer der vorrevolutionären Spielart. Daher sein Unvermögen, die modernen Rasereien zu begreifen: daheim den Chauvinismus und draußen das Junge Deutschland, den Vorläufer des Pangermanismus, oder den im Entstehen begriffenen Italianismus und die Ismen des heiligen

Rußland und des britischen Empire. Während der Hundert Tage hören wir ihn im stillen darüber klagen, daß die große Mehrzahl seiner Landsleute nicht für den Sieg der Kosaken und Engländer, sondern des Tyrannen und seiner abscheulichen Soldateska betete: »Wir übersehen, daß der gefährlichste Feind derjenige ist, der bleiben wird, um uns zu verschlingen, wenn die anderen alle abziehn. Wir sind eine Schafherde, die sich mit dem Tiger gegen die Löwen verbündet, mit denen er im Streit liegt; wir bedenken nicht, daß er, sobald er mit unserer Hilfe seine eigenen Feinde vertrieben hat, über uns herfallen und uns mit seinen blutbefleckten Klauen zerreißen wird.«

Für Biran war das Credo des Nationalisten – daß ›wir‹ im Recht und ›sie‹ immer im Unrecht sind – alles andere als selbstverständlich. Er bewunderte die Großmut der Alliierten und sah die nationale Ehre bei diesen hochherzigen Siegern, die Frankreich von der Sklaverei des »neuen Attila« erlöst hatten, in guten Händen. Vorauszusehen, daß der nationalistische Götzendienst die herrschende Religion des 20. Jahrhunderts werden würde, dazu war Biran nach Temperament und Erziehung unfähig. Doch auch darin war er nicht der einzige kurzsichtige Prophet. Eine Generation nach seinem Tod konnte selbst ein so scharfer Beobachter wie Karl Marx die Bedeutung des Nationalismus noch stark unterschätzen. Marx war überzeugt davon, daß der Lokalpatriotismus sehr bald durch den Klassenpatriotismus ersetzt werden würde. Die Idee, daß der Kommunismus nicht zum ideologischen, emotionalen und politischen Ersatz für den Nationalismus werden könnte, sondern vielmehr zum Werkzeug im Dienst eines bestimmten Volkes und Reiches, war ihm offenbar völlig fremd. Marxens Zeitgenosse Mazzini hatte eine klarere Vorstellung von der Macht und fortwirkenden geschichtlichen Bedeutung des nationalen Dogmas. Doch Mazzini war so vollkommen durch seinen humanitären Idealismus und seine eigene Erfahrung fremder Unterdrückung verblendet, daß er die wesensmäßig böse und destruktive Natur des Nationalismus nicht zu erkennen vermochte. Binnen fünf Jahren nach erlangter Freiheit öffnet sich jede unterdrückte Nation dem Militarismus, und in zwei bis drei Generationen, manchmal in einer einzigen, wird sie, wenn die Bedingungen günstig sind, selbst zur imperialistischen Angreiferin, die darauf brennt, ihren Nachbarn die gleiche Unterdrückung aufzuerlegen, deren Opfer sie noch vor kurzem selbst war.

Biran beklagte sich häufig darüber, daß er zu spät geboren sei, und blickte sehnsüchtig auf die große Zeit französischer Literatur und Philosophie zurück, als das ursprüngliche Genie eines Bossuet, Fénelon und Malebranche durch ein System unerschütterlicher Überzeugungen Sinn und Ziel empfing. Durch die Zerstörung dieses Glaubenssystems hatten die »Nichts-als«-Philosophen des 18. Jahrhunderts die schöpferischen Energien der Menschheit geschwächt und in einem Zustand der Leere und Unfruchtbarkeit hinterlassen. Biran begriff nicht, daß der Horror der Natur vor einem Vakuum in der geistigen Welt ebensostark ist wie in der materiellen. Der Mensch erträgt es nun einmal nicht, im chronischen Zustand der Negation zu leben: Die Leerräume des Denkens und Fühlens verlangen nach Füllung, und wenn wir das Göttliche zurückweisen, so wird sein Platz unweigerlich von Ersatzgötzen eingenommen.

Auch dann, wenn ein Gottesglaube allgemeine Geltung besitzt, mag der Kult einer Ersatzgottheit die wahre Religion mancher zu jeder Zeit und aller zu manchen Zeiten sein. So steht es etwa mit dem organisierten Christentum. Es war immer eine religiöse Mixtur, bei der ein Teil Gotteskult mit vier oder fünf Teilen vergötzten Kirchenkultes und zwei bis drei Teilen Fetischismus vermengt war. Mit dem Verfall des Christentums verflüchtigte sich, was an Gotteskult vorhanden gewesen war; der Götzenkult der Kirche verwandelte sich in den ebenso götzendienerischen Kult des Staates und der Nation; und der Fetischismus verlagerte sich von Reliquien, Heiligenbildern und magischen Formeln auf Flaggen, Nationalhymnen und die Schlagworte der politischen und ökonomischen Theorie.

Die Revolutionszeit und das Kaiserreich bieten frühe Exempel dieses säkularen und völlig ungeschminkten Götzendienstes; doch die volle Entwicklung der neuen Religion blieb unserem Jahrhundert vorbehalten. Die »Nichts-als«-Philosophen, die mit dem Fortschritt der Technologie hochkamen, haben nun das Gebaren quasi axiomatischer Wahrheiten angenommen. Im Hochvakuum der modernen Welt bleibt keine Spur des Göttlichen oder Ewigen zurück, und die Begriffe von Staat, Nation, Partei können sich daher zu riesigen und monströsen Karikaturen Gottes aufblähen. Im Dienste dieses Gottsurrogates und seines Propheten Effizienz finden es totalitäre Diktatoren recht und schicklich, mit systematischer Bestialität aufzutreten. In den demokratischen Ländern beten wir denselben Gott und denselben Propheten an, doch unter dem Einfluß alter und belangloser Gewohnheit versäumen wir es, die praktischen Schlüsse zu ziehen, die sich mit logischer Folgerichtigkeit aus den Prämissen von Nationalismus und Technik ergeben. Gabriel Marcel meint offenbar, daß sich die innere Logik unserer Idolatrie bald als unwiderstehlich erweisen wird; und George Orwell bestimmt sogar das Datum unserer künftigen Bekehrung: 1984 werden wir allesamt unter totalitären Verhältnissen leben.

Eng mit der nationalen Idolatrie und dem Effizienzkult verbunden und eine kaum weniger ergiebige Quelle des Übels ist der Glaube an den zwangsläufigen Fortschritt und an die erlösende Macht der Geschichte, der Menschheit in einer mehr oder weniger fernen Zukunft das Heil zu bringen. Biran ist offenbar mit dem üblichen Aufklärungsglauben an einen allseitigen Fortschritt angetreten. Der Terror schreckte ihn aus diesem Glauben auf, und zu dem Zeitpunkt, da Bonaparte sich im Ruhm des Italieneroberers sonnte, empfand er bohrende Zweifel darüber, ob wissenschaftlicher und technischer Fortschritt zwangsläufig mit einer Verbesserung der Sitten Hand in Hand geht. Die Nachricht von der leichtfertigen Auslöschung der Republik Venedig ließ ihn über das *Jus gentium* nachgrübeln, wie es Grotius und Montesquieu formuliert hatten. Große Männer, wie schön und wahr hatten sie geschrieben! »Doch was hat das alles in der Praxis genützt? Hat es uns gerechter im Erobern, menschlicher und vernünftiger im Siegen gemacht? Was sich derzeit in Italien abspielt, beweist das Gegenteil.« Man wird an die Worte erinnert, die Herodot einem Perser im Gespräch mit Thersander aus Theben in den Mund legt: »Von allem Elend des Menschen ist es das bitterste, so viel zu wissen und nichts lenken zu können.« In seinem Zweifel an der Unausweichlichkeit und Generalität des Fortschritts begann Biran höchst bedenklich in jene Zukunft zu blicken, der die Liberalen mit so sanguinischer Hoffnung entgegensahen und der die Revolutionäre so viel gegenwärtige Güter, so viel zeitgenössische Freiheiten und Leben zu opfern bereit waren.

Wie konnten diese Leute nur der Zukunft so todsicher sein? Außer in einem höchst begrenzten Bereich ist die Zukunft unvorhersehbar, und kein Mensch kann sich mehr als die unbestimmteste Vorstellung von den ferneren Folgen seiner gegenwärtigen Handlungen machen. Auch die bestentworfenen Pläne zeitigen Konsequenzen, die kein noch so gescheiter Planer vorhersagen kann. Das lehrt uns die tägliche Erfahrung. Und doch leugnen die Revolutionäre und die Anwälte radikaler Reformen implizit das Faktum dieses unvermeidlichen Nichtwissens. Sie maßen sich Unfehlbarkeit an, nicht, wie der Papst, nur in Fragen der Lehre, sondern auch im Hinblick auf die morgigen, die im nächsten Jahr zu erwartenden Geschehnisse. Im Lichte dieses angemaßten Wissens behaupten sie, daß ihre Projekte das Glück der ungeborenen Generationen zur Folge haben werden. Und dieses künftige Glück werde so überwältigend sein, daß es sie rückwirkend darin rechtfertigt, den Menschen in der Gegenwart ohne Skrupel ein Elend im allergrößten Maßstab aufgezwungen zu haben. [...]

(*Themes and Variations*, 1950; Ü.: Herberth E. Herlitschka)

SKEPSIS UND GLAUBE

Glaube und Handeln

Den Sammlern menschlicher Musterexemplare (eine Tätigkeitsgruppe, zu der ich selbst gehöre; denn psychologische Varietäten sind das einzige, was ich je für sammelnswert gehalten habe) empfehle ich die beiden Bände von Jean Martet über Georges Clémenceau. Man mag Clémenceau als Politiker durchaus nicht restlos billigen: Man mag sogar manche Prinzipien und Methoden seiner Staatskunst verabscheuen. Aber trotz dieser Mißbilligung und trotz dieses Abscheus ist es unmöglich, den alten Tiger nicht zu bewundern, ist es unmöglich, einem solchen ganz außergewöhnlichen Menschen die Achtung zu versagen. Denn letztlich ist nichts bewundernswerter als Macht – nicht die organisierte Macht festgegründeter Staaten, die im allgemeinen verabscheuenswert ist, sondern die dämonische Energie des Lebens.

Mit dieser natürlichen, angeborenen Macht war Georges Clémenceau reichlich ausgestattet. Ein großer Mann unterscheidet sich von gewöhnlichen Menschen dadurch, daß er sozusagen von mehr als Menschengeist besessen ist. Dieser Geist kann gut oder böse sein; das ist beinahe gleichgültig. Wichtig dagegen ist, daß er mehr als Menschenmaß hat. Es ist die Übernatürlichkeit, die die Größe ausmacht und die wir zu bewundern gezwungen sind – sogar in den Fällen, wo die Übernatürlichkeit moralisch böse und zerstörerisch ist. Daß Clémenceau ›besessen‹ war, steht außer Frage. Seine bösen Geister mögen auf eine Art und Weise gewirkt haben, die wir mißbilligen, und zwar für Ziele, die nicht unsere Ziele sind, aber sie waren echte übernatürliche Geister und als solche unserer Bewunderung wert.

So viel der gewissermaßen irrelevanten Einführung in mein Thema. Denn mein Thema ist nicht Georges Clémenceau. Es ist ein Thema von allgemeiner psychologischer und historischer Bedeutung, das mir Clémenceaus Geist zufällig nahegebracht hat und für das die Laufbahn des Tigers eine gute Illustration abgibt. Denn als ich kürzlich Martets Buch las, stieß ich auf einige Worte, die der Autor von dem alten Staatsmann überliefert, und zwar im Zusammenhang mit einem Gespräch über die revolutionären Sozialisten. »Diese Leute«, sagte Clémenceau, »meckern und protestieren viel, solange man ihnen erlaubt, zu meckern und zu protestieren. Aber wenn man sagt: ›Schluß jetzt!‹, hören sie auf der Stelle auf... Sie sind zumeist Einfaltspinsel und zudem kaum mutiger als die Bourgeois – und das will wahrhaftig einiges heißen! Was den Leuten Mut gibt, sind Ideen. Aber eure Revolutionäre haben etwa ebenso viele Ideen wie meine Stiefel. Neid und Groll – das ist alles, was sie haben. Und genau das bringt einen nicht sehr viel weiter. Ich sah sie während des Krieges; ich sprach mit ihnen, ich versuchte, irgend etwas an ihnen zu finden; es war jämmerlich. Ich hatte mit diesen Kreaturen nie die geringsten Schwierigkeiten.«

»Was den Leuten Mut gibt, sind Ideen.« Der Satz ließe sich erweitern. Denn nicht nur Mut rührt aus Ideen her; auch die Entschlossenheit; auch die Kraft zum Handeln, die Kraft, fortgesetzt konsequent zu handeln. Denn obwohl es richtig ist, daß die meisten Ideen Rationalisierungen von Gefühlen sind, bedeutet das doch nicht, daß Gefühle in der Welt der Tat wichtiger sind als Ideen. Das Gefühl sorgt für den ursprünglichen Energievorrat, aber dieser Energievorrat schwindet schnell dahin, wenn die Gefühle nicht rationalisiert werden. Denn die Rationalisierung rechtfertigt die Gefühle und dient gleichzeitig sowohl als Ersatz wie auch als Stimulans für sie, wenn sie ruhen. Man kann nicht fortwährend leidenschaftlich empfinden – der menschliche Organismus erlaubt das nicht. Aber eine Idee hat Bestand; hat man sich einmal von ihrer Wahrheit überzeugt, rechtfertigt eine Idee die kaltblütige Fortführung von Handlungen, die das Gefühl einem nur in der Hitze des Augenblicks diktiert hätte. Sie tut sogar noch mehr, als Handlungen und Gefühle zu rechtfertigen; sie setzt sie durch. Wenn man eine Idee als wahr annimmt, wird es einem zur Pflicht, sie kaltblütig zu befolgen – eben nicht als zeitweiliges Gefühl, sondern als dauerhaftes Prinzip. Es wird einem sogar zur Pflicht, das ursprüngliche Gefühl, in dem die Idee wurzelte, wiederzubeleben – oder eher die neue und hochherzigere Emotion, die dank der Idee den Platz des Wurzel-Gefühls eingenommen hat, aus dem die Idee sich entwickelte.

Um ein einleuchtendes Beispiel zu wählen: Neid – gleichgültig, ob auf anderer Leute Glück in Geld- oder in Liebesdingen – wird ständig im Sinne einer politischen, ökonomischen oder ethischen Theorie rationalisiert. Für alle diejenigen, die sich nicht mit ihm messen können, ist der erfolgreiche Liebhaber ein Monstrum an Immoralität.

Der beneidete reiche Mann ist entweder eine verruchte Persönlichkeit oder stellvertretend verrucht, als Repräsentant eines bösen Systems. Und nachdem sie sich einmal von der Niederträchtigkeit derjenigen überzeugt haben, die sie beneiden, sind die Neider nicht nur in ihrer jetzt löblichen Feindseligkeit gegenüber den Beneideten gerechtfertigt; sie sind auch keine Neider mehr. Die Idee hat ihr widerwärtiges kleines Gefühl in rechtschaffene Empörung verwandelt, in eine vornehm-uneigennützige Tugendliebe und Bosheitsschelte. »*Ce qui donne du courage, ce sont les idées.*«

Unausweichlich erhebt sich dabei eine Frage. Welches sind die wichtigsten mutverleihenden, gefühlsverwandelnden und tatbegeisternden Ideen der gegenwärtigen Epoche? Es sind sicherlich nicht dieselben wie früher. Viele der großen Ideen, die unsere Vorfahren hinnahmen und wenig oder gar nicht in Frage stellten, werden heute nur noch halbherzig geglaubt oder gar geradeheraus abgelehnt. So haben die christlichen, die spezifisch katholischen und protestantischen Ideen, die ehedem so gewaltige Bedeutung besaßen und die Quelle so vieler kreativer und zerstörerischer Handlungen bildeten, heute einen Großteil ihrer Überzeugungskraft eingebüßt. Es gibt vergleichsweise wenige Frauen und Männer im zeitgenössischen Abendland, die ihre Gefühle fraglos im Sinne der christlichen Philosophie und der christlichen Ethik rationalisieren, wenige, die in den alten christlichen Ideen eine Quelle von Mut und Entschlossenheit, ein Motiv für fortgesetztes und effektives Handeln finden. Diese religiösen Ideen sind aber nicht die einzigen, die ihre Kraft eingebüßt haben. Auch die Wirksamkeit bestimmter, vordem ungeheuer bedeutsamer politischer Ideen hat nachgelassen. Alle die einst begeisternden Ideen des Liberalismus aus dem 19. Jahrhundert haben heute nur noch wenig Triebkraft. Nur unter den politisch naiven und unerfahrenen Völkern des Ostens sehen wir sie noch etwas von ihrem alten Einfluß entfalten.

Gegenwärtig ist die mächtigste politische Idee die des Nationalismus. Er ist der Rechtfertiger und verwandelnde Gestalter einer ganzen Fülle von Gefühlen, das fortdauernde Motiv von bedeutsamen individuellen und kollektiven Handlungen. Die Idee des Nationalismus war auch diejenige, die dem alten Clémenceau seine unbarmherzige und unbezähmbare Energie verlieh. »*Ce qui donne du courage, ce sont les idées.*« Er wußte das aus persönlicher Erfahrung.

Die Idee des Fortschritts ist eine weitere der großen zeitgenössischen Ideen. Ein Großteil persönlichen Ehrgeizes, ein Großteil von Habgier und Lust wird von dieser Idee geheiligt und gleichzeitig aktiv wirksam gemacht. In ebendieser Idee des Fortschritts, die sehr häufig mit der humanitären Idee allgemeinen Wohlergehens und allgemeiner Wohlfahrt gepaart wird, findet der moderne Geschäftsmann Rechtfertigungen für sein Handeln. Warum arbeitet er so hart? Warum setzt er sich so unbarmherzig mit seinen Rivalen auseinander? Um Macht zu erlangen und sich selbst zu bereichern, würde der zynische Realist antworten. Durchaus nicht, würde der Geschäftsmann empört antworten, ich arbeite und kämpfe für den Fortschritt, für den Wohlstand, für die Gesellschaft.

Es gibt, wie ich meine, Zeichen dafür, daß dieser Fortschrittsglaube und diese humanitären Ideen im Schwinden begriffen sind. Die jüngste Generation scheint weniger ängstlich als ihr Vorgänger darauf bedacht, ihr Geldscheffeln und Machtstreben im Sinne dieser Ideen zu rechtfertigen. Sie bekräftigt ganz offen, daß sie arbeitet, um in der Lage zu sein, sich in den Freizeitintervallen zu amüsieren. Das Ergebnis dieses Abrückens (vorerst natürlich noch ein sehr partielles Abrücken) von den begeisternden Ideen einer früheren Generation ist, daß die hektische Arbeitswilligkeit merklich abgenommen hat und der Energieaufwand, der in Geldscheffeln und Machtstreben investiert wird, geringer geworden ist als früher. Denn es darf als allgemeine Regel gelten, daß jede Minderung der Intensität von Überzeugungen zu einem Niedergang an effektiver Aktivität führt.

Und damit sehen wir uns mit zwei weiteren Fragen konfrontiert. Ist der Skeptizismus auf dem Vormarsch? Und wenn ja, welche Art von neuen Rechtfertigungsideen werden die Menschen aller Wahrscheinlichkeit nach anstelle der alten annehmen, an die sie nicht mehr glauben? Mein Eindruck ist der, daß die erste Frage mit ja beantwortet werden muß. Es gibt, wie ich meine, einen allgemeinen Zuwachs an Skeptizismus hinsichtlich der meisten bisher fraglos hingenommenen Ideen, besonders im Bereich der Ethik. Es läßt sich eine wachsende Tendenz beobachten, sich eher auf kurzlebige Emotionen als Verhaltensrichtlinien zu verlassen denn auf fixierte Ideen, in deren Sinne diese Gefühle bisher rationalisiert worden sind. Das Ergebnis ist eine allgemeine Minderung von Qualität und Quantität des Handelns bei den Skeptikern.

In seiner Extremform ist der Skeptizismus jedoch für die meisten Menschen unerträglich. Sie müssen an irgend etwas glauben; sie müssen irgendeine Art von rechtfertigenden Ideen haben. Die Gegebenheiten des zeitgenössischen Lebens (eine Rubrik, unter der wir jüngste politische Ereignisse, wissenschaftliche Entdeckungen und philosophische Spekulationen zusammenfassen müssen) haben uns eine nahezu vollkommene Skepsis im Hinblick auf die meisten religiösen, ethischen und politischen Ideen aufgezwungen, in deren Begriffen unsere Väter noch ihre Gefühle rationalisieren konnten. Denn die meisten dieser Ideen postulierten die Existenz bestimmter transzendentaler Wesenheiten. Aber gerade in bezug auf diese transzendentalen Wesenheiten zwingen die modernen Gegebenheiten uns zur Skepsis. Wir finden es augenblicklich schwer, an anderes zu glauben als an nichttranszendente Realitäten. (Gewiß ist diese Schwierigkeit wahrscheinlich nur vorläufiger Art: Ein Wandel der Umstände mag sehr schnell einen erneuten Glauben an transzendentale Ideen durchsetzen. Im Augenblick aber sind wir skeptisch in bezug auf alles, ausgenommen das Unmittelbare.)

In unserem Alltagsleben sind die wichtigsten unmittelbaren Realitäten wechselnde Wünsche, Gefühle und Stimmungen. Manche Menschen nehmen sie, wie sie kommen, und leben von der Hand in den Mund. Aber der ›Realismus‹, zu dem sie sich bekennen, ist nicht nur leicht schäbig und gemein, er ist auch steril. Er läßt ihnen keinen Mut, wie Clémenceau sagen würde, keinen Antrieb und keine Kraft, einen Weg effizienten Handelns einzuschlagen. Viele suchen deshalb nach neuen Rechtfertigungs-›Ideen‹ als Stütze und Rahmen ihres Lebens. Diese Ideen müssen, wie wir gesehen haben, keineswegs transzendentaler Art sein. Die charakteristische moderne Rationalisierung von Gefühlen, Wünschen und Stimmungen ist eine Rationalisierung im Sinne des Nichttranszendentalen – das heißt im Sinne einer bekannten Psychologie, nicht von postulierten Göttern, Tugenden, Gerechtigkeiten und ähnlichem. Der Nachdruck der Moderne liegt auf der Persönlichkeit. Wir rechtfertigen unsere Gefühle und Stimmungen unter Berufung auf das ›Recht auf Glück‹, auf das ›Recht auf Selbstverwirklichung‹. (Dieses berühmte ›Recht auf Selbstverwirklichung‹, undenkbar in Zeiten, da die Menschen der festen Überzeugung waren, daß sie Pflichten gegenüber Gott hätten, hat im Erziehungs- und Bildungswesen enormes Unheil angerichtet.)

Mit anderen Worten: Wir fordern, tun zu können, was wir mögen, und zwar nicht deshalb, weil dieses Tun-Können, was wir mögen, in Beziehung zu irgendeinem vermeintlich absoluten Guten steht, sondern weil es an sich gut ist. Eine armselige Rechtfertigung, die schwerlich ausreicht, die Menschen zu Mut und Aktivität zu bewegen. Und doch sind die modernen Gegebenheiten so beschaffen, daß wir nur im Sinne dieser Art von ›Idee‹ hoffen dürfen, unser Gefühls- und Triebleben mit Erfolg zu rationalisieren. Ich selbst habe das Gefühl, daß sich diese nichttranszendentalen Rationalisierungen verbessern lassen. Es ist möglich, wie Blake sagte, die Unendlichkeit in einem Sandkorn und die Ewigkeit in einer Blume zu sehen. Nur im Sinne einer solchen Idee, scheint mir, kann der moderne Mensch seine Gefühle und Triebe befriedigend ›rationalisieren‹ (obwohl diese Vorstellung auf mystische Weise irrational ist). Ob solche Rationalisierungen, pragmatisch gesprochen, ebensogut sind wie die alten, die in Begriffen transzendentaler Wesenheiten verfuhren, weiß ich nicht zu sagen. Insgesamt gesehen bezweifle ich es eher. Aber sie sind, wie ich meine, die besten, die die modernen Gegebenheiten uns zu treffen erlauben.

(*Music at Night*, 1931; Ü.: Hans-Horst Henschen)

Über Gnade

»Verdienst«, schreibt Michelet im Zuge eines Angriffs auf die christliche Auffassung von Gnade, »besteht angeblich darin, von Gott geliebt zu werden, von Gott auserwählt und für die Erlösung vorherbestimmt zu sein. Und Schuld, Verdammung? Von Gott verabscheut zu werden, für die Verdammung vorherbestimmt zu sein.« Das war mehr, als ein Demokrat aus leidenschaftlicher Überzeugung schlukken konnte. »Wer mag heute noch glauben, daß Gott Erlösung nach seiner Gunst austeilt, daß das Heil ein willkürliches und launenhaftes Privileg ist? Was immer jemand dazu sagen mag, die heutige Welt glaubt und glaubt mit unerschütterlichem Vertrauen an Gerechtigkeit, an gleiches Recht ohne Privilegien.«

Charles Péguy befaßte sich in einer seiner Jugendschriften mit demselben Thema. Denn »so wie wir eins (*solidaires*) sind mit den Verdammten dieser Erde, so ... sind wir auch eins mit den in alle Ewigkeit Verdammten. Wir lassen nicht gelten, daß es unmenschlich behandelte Menschen geben soll; daß es unbürgerlich behandelte Bürger oder Menschen geben soll, die aus dem Tor irgendeiner Stadt verwiesen werden. Das ist die tiefe Bewegung, von der wir beseelt werden, die große Bewegung der Universalität, die die Kantische Ethik ebenso wie uns selbst in unseren Forderungen beseelt. Wir lassen nicht gelten, daß es da auch nur eine einzige Ausnahme geben, daß irgendeine Tür vor irgend jemandes Nase zugeschlagen werden soll. Ob im Himmel oder auf Erden, wir lassen nicht gelten, daß es Bruchteile der Stadt geben soll, die nicht in die Stadt einbezogen sind.«

»Keine Auserwählten mehr.« Die Worte sind ein wunderbarer Kriegsruf. Aber ein Kriegsruf ist nur selten – und vielleicht nie – eine Wahrheit. »Keine Auserwählten mehr« ist der Ausdruck eines Wunsches, keine Tatsachenfeststellung. Denn gibt es, so wie die Dinge nun einmal liegen, nicht bestimmte Türen, die manchen Leuten für immer verschlossen bleiben müssen, nicht manche unentrinnbaren und vorherbestimmten Verdammungen, nicht manche unvermeidlichen Erwählungen? Pelagianer und Arminianer, Philanthropen und Demokraten (die Häresie bleibt trotz verschiedener Namen immer dieselbe) haben zur Antwort gegeben: nein. Es liegt immer in der

Macht des Menschen, seine eigenen Ziele zu gestalten: Menschliche Anstrengung und richtiges Handeln sind dafür immer ausreichend.

Aber nicht nur die Orthodoxie, auch die Fakten selbst verurteilen, wie mir scheint, solche Häretiker. Denn sind Gnade und Verdammung, hier und jetzt, und ganz abgesehen von irgendeinem hypothetischen Leben nach dem Tode, nicht beobachtbare Fakten? Unangenehme Fakten, ohne Zweifel – aber auch die Schwerkraft ist manchmal ein sehr unangenehmes Faktum, etwa wenn das Kabel unseres Aufzuges im obersten Stockwerk eines Wolkenkratzers reißt. Kein Zweifelsvorbehalt, kein Nicht-gelten-lassen-Wollen wird Menschen, die die Oberkante von Klippen übertreten haben, davor bewahren, in den Abgrund zu stürzen. Zäune rund um Steinbrüche aufzustellen, ist richtig und vernünftig; aber zu behaupten, es sei unmöglich zu fallen, ist dumm. Michelet und Péguy, so scheint mir, ähneln Menschen, die sich weigern, die Existenz der Schwerkraft anzuerkennen. »Denn wer da hat, dem wird gegeben, daß er die Fülle habe; wer aber nicht hat, von dem wird auch genommen, was er hat«, ist die Formulierung eines Naturgesetzes.

Wir können manches tun, um die Wirksamkeit dieses Gesetzes einzuschränken, genau wie wir manches tun können, um (mit Hilfe von Zäunen, Fallschirmen und ähnlichem) die Wirksamkeit des Schwerkraftgesetzes einzuschränken. Beispielsweise können manche sozialen Klüfte durch Gesetzgebung eingezäunt werden. Wir können darauf hinwirken, daß ein Mensch keine politische Macht hat, die nicht auch seine Mitmenschen haben. Wir können die Extreme von Reichtum und Armut abschaffen. Wir können allen Kindern dieselbe Erziehung und Ausbildung angedeihen lassen. Die Wirksamkeit des Gesetzes der Gnade wird durch diese Mittel eingeschränkt; aber wir können das Gesetz selbst ebensowenig abschaffen wie das Gesetz der Schwerkraft.

Gelegenheiten und Umstände, unter denen das Gesetz sich zur Geltung bringen kann – das ist alles, was wir abzuschaffen vermögen, und nicht einmal eine große Anzahl dieser Gelegenheiten und Umstände. Denn wenn wir es einem Menschen auch verwehren können, mehr Geld zu haben als ein anderer, können wir dennoch nicht ihrer beider angeborene Fülle von Geist und Charme, von Sensibilität und Willensstärke, von Schönheit, Mut und besonderen Begabungen egalisieren. Allen denen, die ganz zu Unrecht viel von dieser erblichen

Fülle, viel an wertvoller persönlicher Erfahrung, Kenntnissen, Energie und gesellschaftlichem Einfluß haben, wird auch noch gegeben werden; und denen, die nichts haben, wird auch noch das wenige, das sie haben, genommen werden. Die Demokraten tun ihr Bestes, damit den Besitzlosen nicht auch noch die Türen vor der Nase zugeschlagen oder den Auserwählten sperrangelweit geöffnet werden; aber vergebens.

Denn obwohl wir verhindern können, daß ein Mensch politische, wirtschaftliche oder Bildungsprivilegien in Besitz nimmt, die seinen Mitmenschen vorenthalten bleiben, können wir ihn (wenn er von Natur aus begabt ist) nicht daran hindern, von seinen Bildungsprivilegien einen unvergleichlich viel besseren Gebrauch zu machen als seine Mitmenschen, sein Geld auf menschlichere und schicklichere Weise auszugeben und Macht über diejenigen auszuüben, die keine Verantwortung übernehmen wollen und deren einziger Wunsch darin besteht, geführt zu werden. Der Mensch, der sagte »*Plus d'élus*«, war selbst ein Erwählter – jedenfalls in bestimmter Hinsicht. Denn ein Mensch kann eine gewisse Art von spirituellem Reichtum haben (und wird dafür angemessen belohnt werden), und gleichzeitig können ihm bestimmte andere Gaben und Gnaden fehlen (für deren Fehlen er bestraft werden kann). Intellektuell beispielsweise kann er haben; und es wird ihm gegeben werden; emotional und ästhetisch aber kann ihm auch noch genommen werden, weil er nicht hat.

Aus menschlicher Sicht ist das Wesen der Dinge zutiefst ungerecht. Es ist unmöglich, Gottes Wege für den Menschen im Sinne menschlicher Moral oder gar menschlicher Vernunft zu rechtfertigen. In den Schlußkapiteln des Buches Hiob wird Gott nicht seiner Güte wegen gerechtfertigt, nicht der Billigkeit seiner Verfügungen wegen, sondern deshalb, weil er, wie seine merkwürdigen, rätselhaften und häufig unheilvollen Weisungen bezeugen, über alle menschliche Vorstellungskraft hinaus mächtig und gefährlich und wunderbar schöpferisch ist; weil er zugleich so beängstigend und bewundernswert ist, daß wir ihn gar nicht genügend lieben oder fürchten können; weil er letztlich absolut unverständlich ist. Der wilde Esel und das unbezähmbare Einhorn, das Kriegsroß, das zu Trompetenschall wiehert, der Habicht und der stolze Adler, »dessen Junge schon Blut saufen« – das sind Gottes Embleme, diese heraldischen Tiere, die auf den Bannern des Himmels dargestellt sind. Die Argumente, die Er, aus dem Wetter redend, vorbringt – oder eher die bloßen Beschreibungen von Wunderwesen –, sind zuviel für Hiob. Beschämt bekennt er, daß er »im Unverstand geredet hat über Dinge, die zu wunderbar und unbegreiflich sind«. »Darum widerrufe ich und atme auf in Staub und Asche.«

Hiobs Ausruf ist, wie mir scheint, das Schlußwort zu diesem beunruhigenden Thema. Mit Iwan Karamasows Formulierung müssen wir »das Universum akzeptieren«, nicht nur *trotz* der schrecklichen und unverständlichen Dinge, die darin vorgehen, sondern gewissermaßen *wegen* ihnen. Wir müssen es unter anderem deshalb akzeptieren, weil es, aus unserer menschlichen Sicht, völlig und göttlich unannehmbar ist. »Willst du wirklich mein Recht zerbrechen, mich schuldig sprechen, damit du recht behältst?« fragt Gott Hiob, und ohne sich zu einer Erklärung dessen herabzulassen, was sein eigenes Rechtbehalten sein könnte, fährt er fort und beschließt seine außergewöhnliche zoologische Argumentation mit Behemoth und Leviathan. »Wie eine Zeder läßt das eine hängen seinen Schwanz; straff sind verflochten seiner Schenkel Sehnen.« Und das andere: »Wer öffnet die Tore seines Mauls? Rings um seine Zähne lagert Schrecken.« Behemoth und Leviathan sind überzeugender als der makelloseste Syllogismus. Hiob ist überwältigt, dem Erdboden gleichgemacht; die göttliche Logik schreitet auf Elefantenfüßen einher.

»Verdienst besteht darin, von Gott geliebt zu werden, von Gott auserwählt und für die Erlösung vorherbestimmt zu sein.« Und »Gerechtigkeit ist nicht genug«. Michelet zürnte den Christen wegen dieser Behauptungen. Im Grunde aber und von ihren mythologischen Verkrustungen befreit sind diese Behauptungen unglücklicherweise auch noch wahr. Unser Universum ist das Universum von Behemoth und Leviathan, nicht das von Helvétius und Godwin. Erlösung (geschweige denn Erfolg) ist in dieser Behemoth-Welt nicht die zwangsläufige Belohnung für das, was wir Verdienst nennen; es ist die Frucht bestimmter angeborener Eigenschaften des Geistes (Eigenschaften, die aus menschlicher Sicht verdienstvoll sein können – oder auch nicht), mit anderen Worten: es ist das Ergebnis von Günstlingswirtschaft und Prädestination. Gerechtigkeit ist nicht genug; Glaube (im Sinne von etwas Nichtmoralischem, aber irgendwie Gottgefälligem) ist ebenfalls nötig – und in manchen Fällen tatsächlich sogar allein ausreichend –, um das Heil zu verbürgen. Persönliche Integrität, Glück, ja sogar das allgemeine Gute kann auch, aus menschlicher Sicht, von unmoralischen Leuten und als Ergebnis ungerechter Handlungen erreicht werden; während die gerechten Taten moralisch guter, aber zum Unglück prädestinierter, nichtgottgefälliger Menschen auf Verdammung für die verdienstvollen Akteure und auf Katastrophen für ihre Umgebung hinauslaufen können.

In seinem befremdlichen und sehr schönen Buch *Das Schloß* hat sich Franz Kafka in den Begriffen einer alptraumhaft-realistischen Allegorie zur Inkommensurabilität von göttlichen und menschlichen Werten geäußert. Nach menschlichen Maßstäben sind die Beamten in seinem himmlischen Schloß auf böswillige Weise launenhaft und ineffizient bis an die Grenze der Blödigkeit. Wenn sie Belohnungen austeilen, dann aus reinem Nepotismus, und wenn sie Strafen austeilen, dann sehr oft für ehrenwerte und vernünftige Handlungen. Vor allem sind sie nie berechenbar und beständig. Denn manchmal sehen sich die moralisch guten und vernünftigen Menschen belohnt (denn es kommt vor, daß sie irgendwie ebenso gottgefällig wie moralisch gut und vernünftig sind); und manchmal werden die unmoralischen und unvernünftigen hart bestraft (wie wir uns das ja auch vorstellen) – aber für Taten, die bei anderen, glücklicher prädestinierten als Verdienst gegolten hätten. Man kann nie genau wissen. Und daß man nie genau wissen kann, ist gerade der ›springende Punkt‹ bei den Dingen. In dieser Unvorhersehbarkeit liegt zumindest ein Teil seiner Göttlichkeit, und einer unserer Gründe für die Hinnahme des Universums ist gerade folgender: daß es uns ein unlösbares Rätsel aufgibt.

Hier muß ich eine sehr dringliche Unterscheidung zwischen Erlösung und Erfolg machen. (Ich benutze letzteres Wort nicht in dem verengten Sinne von Samuel Smiles, sondern im weitestmöglichen. Cézanne hat nie eines seiner Bilder verkauft; aber er war ein höchst erfolgreicher Maler, das heißt: erfolgreich in bezug auf die Malerei.) Diejenigen, die Begabungen haben, werden für ihr Glück mit angemessenem Erfolg belohnt; aber daraus folgt nicht, daß ihnen dafür das Heil zuteil wird – ich meine: das Heil in der hiesigen Welt; denn wir können die hypothetische Zukunft nach dem Tode nicht sinnvoll erörtern. Es mag ein posthumes Himmelreich geben oder auch nicht; sicherlich aber gibt es, wie Jesus betonte, ein Himmelreich in uns, das uns zu Lebzeiten zugänglich ist. Erlösung in diesem inwendigen Himmelreich besteht in einem bestimmten Gefühl der persönlichen

Integrität und Erfüllung, einem zutiefst befriedigenden Bewußtsein, ›in Ordnung‹ zu sein. (*In sua volontade è nostra pace.*) Für normale Männer und Frauen ist das Bewußtsein, sich, aus menschlicher Sicht, auf verdienstvolle Weise verhalten zu haben, vielfach eine notwendige Vorbedingung der Erlösung. Aber keineswegs in allen Fällen. Man kann sich aus dem einfachen Grunde erfüllt und ›in Ordnung‹ fühlen, daß der Morgen zufällig schön ist. Erlösung ist ein Geisteszustand, ist etwas, was unser Bewußtsein erfüllt, wenn die verschiedenen Elemente unseres Seins in Harmonie miteinander und mit der uns umgebenden Welt sind. Um diese Harmonie zu erreichen, müssen wir möglicherweise verdienstvoll handeln – aber möglicherweise auch gar nichts dergleichen tun. Es ist möglich, daß wir unverdient in den Genuß jener Harmonie kommen – daß wir, in der Sprache der Orthodoxie, durch Gottes Gnade gerettet werden.

Je größer und außergewöhnlicher die erfolgverheißenden und -verdienenden Gaben eines Menschen sind, um so schwerer wird es in der Regel für ihn sein, jene Harmonie zu erreichen, deren er sich als Erlösung bewußt wird. Die Armen im Geiste sind weniger erfolgreich als die Reichen im Geiste, können aus eben diesem Grunde aber auch leichter errettet werden. Dank ihrer Armut sind sie sich nämlich vieler Möglichkeiten von Zwietracht gar nicht bewußt, die die Reicheren so leicht in wirkliche Disharmonie verkehren können. Zwar ist die Erlösung der Reichen im Geiste, wenn sie jene Harmonie erlangen, eine bessere Erlösung als die der geistig Armen; der Himmel hat seine Sphären. Harmonie aber ist immer Harmonie, und auf ihrer niedrigeren Ebene sind die geistig Armen ebenso ernstlich errettet wie die Reichen auf ihrer. Auch werden mehr von ihnen errettet, sowohl absolut als auch in Beziehung zu ihrer Gesamtzahl. Die kosmische Ungerechtigkeit scheint damit durch ein gewisses kompensatorisches Entgegenkommen gegenüber den Enteigneten gemildert zu werden, die sich letztlich als die Eigner von etwas erweisen, das sie berechtigt, eine Gabe zu empfangen. Dieses Etwas (das, soweit es sich um Erfolg handelt, nichts ist und keinerlei Wert hat) ist ihre Armut. Das Gesetz der Gnade bleibt auch hier gültig: »Denn wer da hat, dem wird gegeben, daß er die Fülle habe.« Die Armen haben Armut und bekommen Erlösung; sie haben keine Talente, und Erfolg bleibt ihnen deshalb versagt. Umgekehrt werden diejenigen, die Talente haben, mit Erfolg belohnt; weil sie aber keine leicht harmonisierbare Einfalt des Herzens besitzen, erlangen sie keine Erlösung, oder aber sie wird ihnen nur widerwillig gewährt. Es ist für die spirituell Reichen nahezu ebensoschwer, Zugang zum Himmelreich zu erlangen, wie für die materiell Reichen.

Erfolg wird denen zuteil, die Begabungen haben; in vielen Fällen aber wird er ihnen nur dann zuteil, wenn diese Begabungen, aus menschlicher Sicht, auf verdienstvolle Weise genutzt werden. Es gibt durchaus auch viele Fälle, in denen das Bewußtsein, verdienstvoll gehandelt zu haben, für die persönliche Erlösung unerläßlich ist. Zu individuellem Erfolg oder individueller Erlösung zu verhelfen ist jedoch nur eine sekundäre oder nebensächliche Funktion der Sittlichkeit. Der ›springende Punkt‹ am verdienstvollen Verhalten ist der, daß es sozial wertvolles Verhalten ist. Das Individuum hat Erfolg aufgrund seiner Begabungen und wird durch Gnade errettet – weil es über bestimmte rettende Charaktereigenschaften verfügt oder irgendeinen – gewöhnlich nicht moralischen, aber gottgefälligen – Akt des ›Glaubens‹ geleistet hat. Werke sind die Dinge, die nicht das Individuum, sondern die Gesellschaft erretten, die die Ungerechtigkeiten einer Welt lindern, deren Emblem Behemoth ist. Zäune um Steinbrüche herum aufzustellen – das sind Werke.

Das Christentum heißt das Aufstellen von Zäunen im Umkreis von Steinbrüchen gut; aber es besteht auch sehr nachhaltig darauf, daß die Steinbrüche weiter existieren und das Gesetz der Schwerkraft unveränderlich ist. In dieser Hinsicht erweist es sich als völlig wissenschaftlich; obwohl es zweifellos nicht ganz so wissenschaftlich ist, wenn es eine der nichtmoralischen Bedingungen der Erlösung mit der Zustimmung zum Arianischen Credo gleichsetzt. Der demokratische Humanismus dagegen ist nichtwissenschaftlich. Seine Apostel verkünden Erlösung durch Werke und scheinen zu glauben, daß das Gesetz der Gnade, wenn es denn existiert, durch einen Parlamentsbeschluß ersetzt werden kann. Nicht damit zufrieden, Zäune im Umkreis von Steinbrüchen aufzustellen, leugnen solche Philanthropen wie Michelet und Péguy paradoxerweise die Möglichkeit des Fallens. Wenn die Menschen dann tatsächlich fallen, liegt das eher an der Böswilligkeit mancher ihrer Mitmenschen, nicht am Wirken eines Naturgesetzes.

Wenn die Welt ein schlechter Ort ist (und Behemoth ist nicht wegen seiner Tugenden bemerkenswert), müßten religiöse Mythen dann nicht eigentlich wahr sein? Die Existenz der bösen Fakten einzuräumen und sie einem religiösen Mythos einzuverleiben, heißt sie gewissermaßen entschuldigen und sogar heiligen. Aber das Böse sollte nicht entschuldigt oder geheiligt werden; die Veränderung dessen, was böse ist, ist eine der ersten menschlichen Pflichten. Sind im Kampf gegen das Böse nicht alle Waffen legitim? Man kann doch eine Sache nicht wirksamer herabsetzen als durch die Behauptung ihrer Nichtexistenz oder – wenn sie denn einmal existiert – ihres nebensächlichen und vorübergehenden Charakters. Rein praktische Religionen wie Christian Science oder demokratischer Humanismus machen von diesen Waffen vogelstraußartiger Leugnung und willentlicher Ignoranz freien Gebrauch. Die Anhänger von Christian Science weigern sich, wenn sie die Kranken zu heilen versuchen, anzuerkennen, daß es so etwas wie Krankheit wirklich gibt. Die Humanisten leugnen, wenn sie die Ungerechtigkeit angreifen, die Existenz der Gnade. Vom Standpunkt des Werbefachmanns aus haben sie wahrscheinlich recht. »*Keine Krankheit mehr*« und »*Plus d'élus*« sind bewundernswerte Slogans, die den Absatz großer Warenladungen von Christian Science und demokratischem Humanismus in einem bemerkenswert kurzen Zeitraum sichern. Werden sie aber auch auf Dauer den Verkauf solcher Güter garantieren? Die Antwort auf die zweite Frage lautet: Nein, es gibt viele Leute, die diese Slogans nicht ansprechen. Und vermutlich wird es solche Leute auch in Zukunft geben; so daß die Anwort auf die erste Frage nur eingeschränkt positiv ausfällt. Mit »*Keine Krankheit mehr*« und »*Plus d'élus*« läßt sich die Ware auch weiterhin an einige Menschen verkaufen, aber nie an alle. Um von einer Mehrheit von Menschen über lange Zeiträume hinweg akzeptiert zu werden, müssen Mythen im Grunde ebenso wahr wie nützlich sein. Die erfolgreichen Religionen sind zumindest partiell wissenschaftlich; sie akzeptieren das Universum, mit Einschluß des Bösen, mit Einschluß von Behemoth und mit Einschluß der krassen Ungerechtigkeit der Gnade.

Eine Gefahr bedroht die wissenschaftlichen, die allzu realistischen Religionen: sie können sich dabei ertappen, wie sie verkünden, daß, »was immer da ist, auch richtig ist«. Die Fakten sind nicht zwangsläufig gut, weil sie Fakten sind; man ist jedoch versucht, es zu glauben. Der menschliche Geist hat die Neigung, nicht nur dem, was er für wertvoll hält, Existenz, sondern auch dem, was ist, Wert zuzuschreiben.

Wenn wir das Universum akzeptieren, müssen wir es aus Gründen akzeptieren, die reine Hiobsgründe sind – um seiner göttlich-beängstigenden und göttlich-schönen Unmenschlichkeit willen oder, anders ausgedrückt, weil es nach unseren Maßstäben völlig unannehmbar ist. Wir müssen Behemoth akzeptieren, müssen ihn aber unter anderem deshalb akzeptieren, damit wir ihn um so besser bekämpfen können.

Gnade ist eine Gegebenheit, und das Gesetz der Gnade ist unentrinnbar. Aber ein religiöser Mythos, der nur auf Gnade baute und es versäumte, auch von Gerechtigkeit zu sprechen, wäre sehr unbefriedigend. Der Mythos Nietzsches ist ein solcher Mythos. Die Werte, die er umwertet, sind die sozialen Werte, und er wertet sie in Werte der Gnade um. »*Rien que des élus*«, sagt der Philosoph der Gnade: nur noch Auserwählte, und wer kein Auserwählter ist, ist nichts. Das Gesetz der Gnade sollte ohne Einschränkung wirksam sein dürfen. Keine Zäune im Umkreis irgendeines Steinbruchs; diejenigen, die die Natur verstoßen hat, sollten ermutigt werden zu fallen. Eine solche Lehre steht chronisch kranken Menschen sehr gut an, die einsam in Alpenhotels oder Pensionen an der Riviera leben. (Ich selber fühle mich nach einem oder zwei Monaten Isolation in den Dolomiten oder am Tyrrhenischen Meer ebenfalls immer intensiv aristokratisch.) Aber für die Menschen im prosaischen London, Berlin oder Paris, die das tatsächliche Geschäft des Stoßens über Klippen zu besorgen haben, für die Menschen, die gestoßen werden müssen...? Man braucht die Frage nur zu stellen, um gewahr zu werden, daß eine Religion uneingeschränkter Gnade da einfach nicht weiterhilft.

Wie gewöhnlich müssen wir einen Kompromiß schließen – oder eher an der Differenz festhalten und die beiden inkompatiblen Elemente, Gnade und Gerechtigkeit, einfach Seite an Seite nebeneinanderstellen, ohne den vergeblichen Versuch zu unternehmen, ihren Widerspruch zu versöhnen. Einander gegenseitig feind, können diese beiden Prinzipien von Gnade und Gerechtigkeit in der Praxis nur von denen versöhnt werden, die verspüren, was im Jargon der demokratischen Theologie ›Solidaritätsgefühl‹ heißt – mit anderen Worten: von denen, die ihre Mitmenschen lieben. Manche Männer und Frauen haben ein besonderes Liebestalent; sie sind, wie ich meine, ebenso wenige an Zahl wie diejenigen, die ein besonderes Talent für Malerei oder Mathematik haben. Den von Geburt an weniger gut Ausgestatteten haben das Christentum und – neuerdings – der Humanismus die Kunst des Liebens beizubringen versucht. Es ist eine sehr schwer zu erwerbende Kunst, und die Erfolge ihrer christlichen und demokratischen Lehrer sind denn auch nicht bemerkenswert gewesen.

Die meisten Menschen lieben ihre Mitmenschen nicht oder lieben sie nur *in abstracto* oder in Abwesenheit. In Krisenzeiten allerdings können sie von jenem ›Solidaritätsgefühl‹ mitgerissen werden, können sie sich eins fühlen mit »*les damnés de la terre, les forçats de la faim*«. Aber Katastrophen gibt es nicht chronisch, und in gewöhnlichen Zeiten sind die Gefühle für die Verdammten dieser Erde bei den meisten von uns praktisch nicht existent. Wenn ihre Sache uns nicht gewaltsam zur Kenntnis gebracht wird, denken wir einfach nicht über sie nach. Zu gegebener Zeit, wenn die Wissenschaft der Psychologie ein angemesseneres Instrumentarium entwickelt hat, wird vielleicht eine bessere Technik entdeckt werden, die den Menschen die Kunst des Liebens beibringt. (Andererseits können unsere Nachkommen natürlich eine neue Ordnung entwickeln, etwas wie Wells' Seleniten – eine Insektengesellschaft, in der Liebe vollkommen unnötig ist.) Die wissenschaftliche Psychologie kann eben da Erfolg haben, wo Christentum und politische Religionen versagt haben. Hoffen wir es. In einer Welt, in der die meisten Menschen dazu erzogen worden sind, ihre Mitmenschen zu lieben, wäre es keine Schwierigkeit, die Ansprüche der Gerechtigkeit und die der Gnade miteinander zu versöhnen, allgemeine Gleichheit mit Günstlingswirtschaft. In dieser wirklichen Welt aber, wo so wenige Menschen ihre Nachbarn lieben, wo diejenigen, die nicht haben, diejenigen, die haben, beneiden und diejenigen, die haben, diejenigen, die nicht haben, verachten oder häufiger sogar einfach nicht zur Kenntnis nehmen, einfach nicht wahrnehmen – in dieser unserer wirklichen Welt ist eine solche Versöhnung in der Tat schwierig.

(*Music at Night*, 1931; Ü.: Hans-Horst Henschen)

Franziskus und Grigorij, oder die beiden Arten von Demut

Wir nennen ihn den heiligen Franziskus. Den armen kleinen Mann von Assisi, den kleinsten der kleinen Brüder – so dagegen nannte er sich selbst am liebsten. Demütig. Er glaubte, demütig zu sein. Er war stolz auf seine Demut.

Nun ist Demut eine hervorragende Sache, solange es sich dabei um die richtige Art von Demut handelt. Ebenso steht es mit der richtigen Art von Stolz. Welches aber sind die richtigen Arten von Demut und Stolz? Offensichtlich die Arten, die *ich* gutheiße. Sind sie aber noch etwas darüber hinaus? Ich weiß es nicht, hoffe es aber. Auf den folgenden Seiten habe ich die Gründe für diese meine Hoffnung niedergelegt. Inzwischen möchte ich vorab sagen, daß ich weder die Demut des armen kleinen Mannes schätze noch seinen Stolz. Hätte ich die Angewohnheit, mich eines klerikalen Jargons zu bedienen, würde ich sagen, daß es sich dabei nicht um ›wahren‹ Stolz, nicht um ›wahre‹ Demut handelte. Denn wahrer Stolz, meine Brüder, ist fraglos frei von Eitelkeit. Ich verabscheue eitle Menschen ebenso, wie ich Leute liebe, die stolz sind auf ihr Menschentum und sich für ihre Menschenrechte und ihre Menschenwürde einzusetzen verstehen. War der Stolz von Franziskus ein Stolz der wahren Art? »*Cum esset gloriosus animo*«, wie einer seiner Zeitgenossen von ihm sagte, »*et nollet aliquem se praecellere*« (da er von prahlerischer Gemütsart war und nicht hinnehmen wollte, daß jemand ihn übertraf), bezweifle ich das.

Seine gesamte Geschichte spricht für seine Eitelkeit. Seine jugendlichen Ausschweifungen beispielsweise – was trieb ihn dazu? Reiner Snobismus. Ein liederliches Leben war damals, wie in späteren Zeiten, ein Zeichen von Adel. Eitel legte er es als Sohn eines Krämers darauf an, die erlesensten Früchtchen des umbrischen Adels zu übertreffen – an Geldvergeudung, Saufgelagen, lärmenden Spektakeln und Bettgeschichten. Und als er im Jahre 1202 Kriegsgefangener in Perugia war, pflegte er zu seinen Kameraden zu sagen: »Ihr werdet sehen, eines Tages wird mich die ganze Welt verehren.«

Später fand er in Träumen von einem fahrenden Rittertum eine imaginäre Kompensation für die Mittelklassen-Realität seiner Existenz. Es bot sich eine Gelegenheit zur Verwirklichung dieser Träume im richtigen Leben; Franziskus ergriff sie. Er bestellte sich unter großen Kosten eine prächtige Ritterrüstung. Sein Auftritt darin war blendend. »Ich bin sicher«, sagte er prophetisch, »daß ich ein großer Fürst werde.« Und damit ritt er aus Assisi los, um sich dem Feldzug von Walter von Brienne nach Apulien anzuschließen. Er ritt zwanzig Meilen weit, bis nach Spoleto, und kehrte dann, nach nur einem Tag fahrenden Rittertums, wieder in den Schutz des elterlichen Heims zurück. Sabatier vermutet, daß er von seinen adeligen Gefährten ›gehänselt‹ worden sei. Das ist sehr wohl möglich. Denn kurz nach dem unglückseligen Feldzug scheint er in einen Zustand gequälter retrospektiver Scham und brütender Niedergeschlagenheit verfallen zu sein. Allmählich aber brach sich die alte Leidenschaft wieder Bahn. Ein »großer Fürst« sein, »von der ganzen Welt verehrt« werden, sich von niemandem übertreffen lassen. Aber wie sollte er diese Sehnsüchte verwirklichen? Er hatte den ritterlichen Weg versucht und war kläglich gescheitert. In seinem Elend wandte er sich der Religion zu, und hier, in der Religion, entdeckte er ein neues Betätigungsfeld, um jene persönliche Auszeichnung zu erreichen, nach der sich seine Seele so glühend und unaufhörlich verzehrte. Die Welt weigerte sich, ihn als Assisis größten Kriegsmann anzuerkennen. Nun gut. Dann sollte sie ihn eben als Assisis größten Gottesmann anerkennen.

Zwischen dem modernen, professionellen Sportler und einem bestimmten Typus des christlichen Asketen besteht eine außerordentliche Ähnlichkeit. Die *Historia Lausiaca* liest sich wie eine Hochleistungschronik der Nachkriegsleichtathletik. Das Eremitenleben in der Thebais war eine Angelegenheit des Rekordaufstellens und Rekordbrechens. Bruder A wäscht sich nur an Ostermontagen. Sehr gut; Bruder B wird sich überhaupt nicht waschen. Bruder C lebt von einer Unze Brot pro Tag und fastet drei Tage in der Woche. Der mit ihm wetteifernde Bruder D nimmt das Training auf und schafft es schließlich, vier Tage in der Woche zu fasten und an den verbleibenden dreien mit noch kleineren Rationen auszukommen. Bruder X stellt einen Weltrekord auf, indem er nur so viel Wasser trinkt, wie sich jede Nacht in Gestalt von Tau an einem kleinen Schwamm niederschlägt. Und so fort. Wir könnten uns durchaus in die Welt versetzt fühlen, von deren Aktivitäten auf den Sportseiten der Abendzeitungen berichtet wird.

Es ist des Hinweises wert, daß die modernen Rekordbrecher bereit waren, um des Geldes oder, häufiger noch, um des bloßen Zeitungsruhmes willen größere Härten und Strapazen auf sich zu nehmen, als die Mönche der Thebais – zumindest nominell – um ihrer religiösen Prinzipien willen auf sich nahmen. Zeitgenössische Berufsfaster haben die Asketen weit hinter sich gelassen. Und gibt es irgend etwas bei Palladius, das mit der Leistung jener amerikanischen Tanzpaare zu vergleichen wäre, die ihren unaufhörlichen Foxtrott tagelang ohne Pause durchhalten?

Der heilige Franziskus hatte etwas von einem Rekordbrecher an sich. Er war glücklich in jenem ganz privaten Bewußtsein, etwas einzigartig Anstrengendes geleistet zu haben, wie es auch die Belohnung des alpinen Kletterers für seine Mühen ist. Wenn er seine Leprakranken geküßt hatte, fühlte er sich wie der erste Mensch auf irgendeiner Aiguille de la Folie. Aber der Beifall seines eigenen Gewissens war ihm nicht genug; Franziskus konnte nie sein Verlangen vergessen, ein »großer Fürst« zu sein, von aller Welt mit Beifall bedacht zu werden. Er ergötzte sich an der Publizität, die seine Almosenspenden und später seine Kirchenstiftungen, sein theatralischer Verzicht auf sein Erbteil, sein Beten und seine asketischen Praktiken ihm eintrugen. Er war nicht in der Lage gewesen, als fahrender Ritter Erfolge einzuheimsen; freiwilliges Leiden aber stand in seiner Macht. In Askese und Selbsterniedrigung konnte er Berühmtheit erlangen und Rekorde brechen, aber auf keinem anderen Gebiet. Daher seine Bewunderung für Selbsterniedrigung und Askese. Vollkommenheit, so bedeutete er Bruder Leo, liegt weder in Wundern noch in der Gelehrsamkeit, noch in der Bekehrung der Heiden (er hatte auf keinem dieser Gebiete Erfolge erzielt), sondern darin, vom Pförtner in die Nässe und Kälte einer Winternacht hinausgejagt zu werden, im freiwilligen Leiden. Insbesondere im öffentlichen Leiden, wie er hätte hinzufügen können. Seine Schüler waren dazu angehalten, ihn zu beschimpfen und ihm in Gegenwart seiner Gemeinde seine Sünden vorzuwerfen.

Die Rekordsucht lag in dem Ziel, ein möglichst zahlreiches Publikum zu erreichen. Es gibt manche Menschen, deren vorherrschende Leidenschaft die Öffentlichkeitssucht ist. Sie schrecken vor nichts zurück, wenn man nur über sie spricht. Es ist nichts Ungewöhnliches, in amerikanischen Zeitungen von Jugendlichen zu lesen, die Einbrüche, Raubüberfälle und sogar Morde einzig und allein deshalb begangen haben, um »in die Schlagzeilen zu kommen«. Die Motive, die diese Jugendlichen zum Verbrechen treiben, trieben Franziskus zur Heiligkeit. Zum Glück für ihn selbst und wohl auch für die abendländische Welt hatte er im Grunde ein tugendhaftes Temperament. Ein tugendhaftes Temperament ist jedoch etwas Negatives. Franziskus hätte nie sein Verlangen nach Berühmtheit gestillt und wäre nie heiliggesprochen worden oder hätte je von sich reden gemacht, wenn er lediglich tugendhaft gewesen wäre. Er war auch eine machtvolle Persönlichkeit; ein Dämon redete aus ihm, und er sprach als Mann von Autorität.

Jemandem, der auf diese Weise spricht, schenken die Menschen Gehör. »So groß war die Verehrung, die man ihm entgegenbrachte«, sagt Thomas von Spoleto in seiner Beschreibung des Besuchs, den der Heilige im Jahre 1220 der Stadt Bologna abstattete, »daß Männer und Frauen ihm in Scharen folgten, und jeder, dem es gelang, einen Zipfel seines Gewandes zu berühren, pries sich glücklich.« Glücklich muß sich auch der Mann gepriesen haben, dessen Ehrgeiz als Jugendlicher darauf gerichtet war, »von der ganzen Welt verehrt« zu werden. Der Erfolg steigerte wenn auch nicht die tatsächliche Macht, die in ihm steckte, so zumindest doch sein Machtgefühl.

Folgendermaßen begegnete der kleinste der kleinen Brüder dem künftigen Gregor IX., als jener staatsmännische Kleriker bei seinem Auftritt vor dem Generalkapitel von 1218 zu verstehen gab, Franziskus täte besser daran, den gebildeten Mitgliedern des Ordens mehr Gewicht zu geben und seine Politik an der der älteren Ordensregeln auszurichten: »Der Herr hat mich auf den Weg der Einfachheit und Demut berufen. Darin hat Er mir die Wahrheit für mich und alle diejenigen gezeigt, die an mich glauben und mich nachahmen möchten. Sprecht mir also nicht von den Regeln des heiligen Benedikt, des heiligen Augustinus, des heiligen Bernhard oder anderer, sondern nur von denen, die Gott in Seiner Gnade mir zu enthüllen für richtig befunden und von denen Er mir zu verstehen gegeben hat, daß Er damit einen neuen Bund mit der Welt schließen wollte, denn Er will nicht, daß wir irgendeinen anderen haben. Durch Euer Studieren und Eure Weisheit wird Gott Euch zunichte machen. Im übrigen aber vertraue ich darauf, daß Gott Euch züchtigen wird.«

Das war Franziskus' ›Weg der Demut‹! Man fühlt sich zu ihm hingezogen, wenn er so auftritt. Denn Macht, die natürliche Macht des individuellen Geistes, ist immer bewundernswert und schön, solange sie nicht mißbraucht wird. Es gab allerdings Gelegenheiten, bei denen Franziskus seine Macht mißbrauchte, bei denen er sie um der bloßen Lust willen einsetzte, sich mächtig und als »großer Fürst« zu fühlen – beispielsweise als er den armen Masseo demütigte, weil er so hübsch und klug war, oder als er in Zypern, auf dem Weg nach Ägypten, Bruder Barbaro zwang, einen Brocken Eselsdung zu essen, weil er gehässig über einen Gefährten gesprochen hatte. Das sind Fälle bloßer Einschüchterung und eines »großen Fürsten« keineswegs würdig.

Zumeist aber setzte Franziskus seine Macht auf edlere Art und Weise ein. Wenn er sie, ganz anarchisch, ›gegen die Regierung‹ benutzte oder um den Stolz der Reichen und Gebildeten zu demütigen und ihre fette Selbstgefälligkeit zu treffen, kann man ihren Äußerungen nur mit Entzücken folgen. Und wie melancholisch ist das Schauspiel des armen Franziskus am Ende seiner Laufbahn, wenn er im Namen des Gehorsams vor der Obrigkeit auf seine Macht verzichtet und seinen Dämon individueller Anarchie an die plumpen und brutalen Mächte der organisierten Gesellschaft abtritt! Er versuchte ernsthaft, sich selbst zu überreden, daß er gut daran tat, sich der Kirche gegenüber geschlagen zu geben. »Ein Mensch gibt alles auf, was er hat, ein Mensch büßt sein Leben ein« (Jesus hatte seine Schüler gelehrt, daß sie ihr Leben wegwerfen müßten, wenn sie das Leben gewinnen wollten), »wenn er sich selbst vollständig in die Hände seines Oberen gibt und ihm Gehorsam erweist. Und wenn der Geringere Dinge sieht, die besser oder nützlicher für das Heil seiner Seele wären als die, die sein Oberer ihm auferlegt, soll er Gott das Opfer seines Willens bringen.«

In seinem Herzen aber wußte er, daß all das, soweit er selbst betroffen war, nur Sophisterei war und er falsch daran getan hatte, seinem inneren Dämon die Treue zu brechen. Ein Mensch kann freiwillig Eselsdung essen – wegen einer Wette, um einen Rekord zu brechen oder um Gott zu gefallen, um des Vergnügens willen, seinen Willen im Kampf gegen den instinktiven Ekel zu behaupten – und doch nicht geschändet oder erniedrigt sein; er kann sich sogar gestärkt und geadelt fühlen, wenn er das tut, und mit Freuden davon essen. Mit Freuden hatte Franziskus die verfaulende Hand des Leprakranken geküßt. Bruder Barbaro aber war *befohlen* worden, jenen Eselsdung zu essen; und jetzt, beim Herbstkapitel des Jahres 1220, wurde Franziskus seinerseits so behandelt, wie er Barbaro behandelt hatte. Widerstrebend und gegen seinen Willen aß er Kot. Für ihn, die machtvolle Persönlichkeit, den Mann, aus dem ein Dämon sprach, war das eine Schande. Solange Demut eine Frage des Gehorsams gegenüber seinem eigenen Willen war, fand er sie bewundernswert. Solange er sich selbst erniedrigen *wollte*, erniedrigte er sich mit *Wonne*. Sich aber dem Willen anderer Menschen zu unterwerfen, gegen sein eigenes Wollen – das war eine ganz andere Frage*.

Sich aus Prinzip zu unterwerfen, weil es der eigene Wille ist, sein Fleisch abzutöten und seinen Trieben entgegenzuarbeiten, um die eigene bewußte Persönlichkeit zu behaupten – ist das Demut? Für mich klingt es eher nach dem Willen zur Macht. Aber die Selbsterniedrigung, der Dienst? Sie sind akzidentiell, nicht essentiell. Wäre Franziskus Erfolg als Soldat und Kriegsmann beschieden gewesen, hätte sich sein Wille zur Macht in der gewaltsamen Beherrschung anderer zum Ausdruck gebracht. Die Durchsetzung des persönlichen Willens ist ebensosehr die Essenz der asketischen Demut des Heiligen wie die der Würde und des Römerstolzes. *Et mihi res, non me rebus, subjungere conor* (mir die Dinge zu unterwerfen suche ich, nicht mich den Dingen) ist ein Motto, das Franziskus sich zu eigen gemacht haben könnte. Es ist allerdings ein Motto, auf das sich jedermann verpflichten könnte; denn es ist ein ausgezeichnetes Motto. Ein Mensch sollte danach streben, sich die Dinge zu unterwerfen – wobei zu den ›Dingen‹ auch sein eigener Körper und seine eigenen Triebe zu zählen sind und sein bewußter Wille den Namen ›Selbst‹ trägt. Er sollte – zumindest zeitweise. Es gibt aber auch Gelegenheiten – und eben das weigert sich die franziskanische Moral ebenso einzuräumen wie die römische oder die von Samuel Smiles –, bei denen ein Mensch es zulassen sollte, von den Dingen unterworfen zu werden. Es gibt Gelegenheiten, bei denen er recht daran tut, seinen Willen zu opfern, sein bewußtes Verlangen, die äußeren Umstände ebenso zu beherrschen wie

* Als Franziskus die Leitung des Ordens aufgab, welche Gefühle beherrschten ihn da? Sabatier sagt dieses, Goetz etwas anderes. Ich schließe mich Sabatier an – zum Teil deswegen, weil ich seine Version für psychologisch wahrscheinlicher halte, hauptsächlich aber (und zum Leidwesen der historischen Wahrheit!), weil sie eine bessere Geschichte ergibt und genauer zu dem paßt, was ich sagen wollte.

die Leidenschafts- und Triebkräfte seines eigenen Seins; es gibt Zeiten, da das, was am Menschen göttlich ist, das LEBEN nämlich, dieses Opfer verlangt.

Die größten Sünden, wahrscheinlich sogar die einzigen Sünden, sind die Sünden gegen das Leben. Diejenigen, die durchweg versuchen, sich die Dinge zu unterwerfen, begehen diese Sünden mit unfehlbarer Sicherheit. Denn zu den ›Dingen‹, die sie sich unterwerfen, zählen wesentliche Elemente ihres eigenen lebendigen Selbst. Sie opfern das Ganze für jenen kleinen Teil ihres Seins, der über intellektuell formulierte Prinzipien und einen bewußten Willen verfügt. Um demütig und tugendhaft im franziskanischen Stil zu werden, muß ein Mensch die Dinge willentlich und beständig seinem Selbst unterwerfen. Er darf nie vergessen, spirituell zu sein, er darf seinem Willen keine Pause gönnen; er muß sich unausgesetzt aller Leidenschaften und aller Dinge des Fleisches enthalten. Und das heißt: Er muß die eine Hälfte seines Seins der anderen aufopfern. Aber ist es denn nicht möglich, sich eine bessere, weil weniger mörderische Tugend vorzustellen, eine Demut, die weniger jenes Willens zur Macht verdächtig ist? Der Heilige und der Stoiker stimmen darin überein, ›sich selbst‹ gegenüber demütig zu sein. Sollten sie aber nicht gleichzeitig eine ausgleichende Demut gegenüber den ›Dingen‹ üben?

Einem Franziskus wäre solche Demut als reine Verruchtheit erschienen. Die Kirche durfte gewisse Zweifel an seiner Lehre hegen, aber ja nicht an seiner Sittlichkeit; er war auf orthodoxe Weise heilig. Gute Christen haben zu allen Zeiten, freilich auf inkonsequente Weise, Demut gegenüber den Dingen geübt; aber nur Häretiker haben sie auch gepredigt. Beispielsweise der russische Chlüst.

Grigorij Rasputin, der neueste und bemerkenswerteste Heilige dieser Sekte, predigte »Erlösung durch Sünde«. Die Menschen, lehrte er, müssen ihren spirituellen Stolz vor den ›niedrigeren‹ Elementen ihres Wesens beugen, müssen sich den Umständen und den Gefühlen und Impulsen anheimgeben, die diese Umstände in ihnen wachrufen. Diejenigen, die danach streben, beständig ›gut‹ und ›spirituell‹ zu sein, diejenigen, die es danach gelüstet, jederzeit und gemäß festgelegten Prinzipien das bewußt gewollte ›höhere Leben‹ zu führen, sind von einem luziferischen Stolz besessen; denn in ihrer hybriden Überheblichkeit streben sie danach, mehr zu sein als Menschen. Das Christentum aber schreibt Demut vor. Deshalb soll der Geist sich vor dem

Fleisch erniedrigen, der Wille vor den Schüben des Triebs und der Intellekt vor den Leidenschaften. Sich der Sünde anheimgeben – das ist die wahrste Demut. Und wenn man gesündigt hat, muß man bereuen. Denn Reue ist gottgefällig, und ohne Reue kein Heil. Aber ohne Sünde kann keine Reue sein. Deshalb... Der Schluß liegt auf der Hand. Nach Erlösung strebend, praktizierte Rasputin, was er predigte, und sündigte – am augenfälligsten, wie es bei den Chlüsten üblich war, mit Bezug auf das siebente Gebot.

Zu Beginn seiner Laufbahn scheint er auf nicht einmal unangenehme Pan'sche und arkadische Weise gesündigt zu haben. Aber später, als er vom Land in die Stadt übergesiedelt und zum einflußreichsten Mann in Rußland geworden war, verflüchtigte sich die ursprüngliche Aufrichtigkeit, und unschuldig, wie sie anfangs war, wurde seine Sünde auf zivilisierte Weise verfeinert und, wenn man den über ihn kolportierten Geschichten glauben darf, schäbig und ziemlich schmutzig. Eine große Zahl dieser Geschichten sind offenkundige Lügen, wie sie sich stets im Umkreis des Namens eines außerordentlichen Mannes herauskristallisieren, wenn er nur lange genug in die anrüchige Phantasie der achtbaren Bourgeoisie eingesikkert ist. Aber sogar nach allen erforderlichen Abstrichen bestehen, wie ich meine, gute Gründe zu der Annahme, daß der Starez in ebendem Maße entartete, wie er Erfolg hatte. Seine späteren städtischen Entgleisungen stehen zu den ländlichen Orgien seiner Jugend in beinahe derselben Beziehung wie eine schwarze Messe des 18. Jahrhunderts oder ein modischer Hexensabbat zum alten vorchristlichen Fruchtbarkeitskult, dessen Überbleibsel das immer mehr entartende, mehr und mehr bewußt verruchte mittelalterliche Hexenwesen war.

Man mag Rasputin persönlich mißbilligen. (Aber nach der Lektüre der unvoreingenommenen und hinlänglich gut dokumentierten Biographie von Fulop-Miller ist es schwer, heftige Mißbilligung zu äußern. Der Starez scheint alles in allem eine sympathische Figur gewesen zu sein. Zumindest kann man nicht umhin, ihn tausendmal mehr zu lieben und zu bewundern als irgendeinen der aristokratischen Spitzbuben, Narren, Schwächlinge und Neurastheniker, in deren Mitte er sein außergewöhnliches Geschick vollendete. Zumindest war Rasputin ein Mensch; und darüber hinaus sogar eine Macht. Ein Mensch mit einem Dämon im Leib. Und Dämonen sind immer bewundernswert.) Was immer jedoch an Grigorij, dem Menschen, mißbilligenswert gewesen sein mag, Grigorij, der Moralphilosoph, ist eine Persönlichkeit, die ernst genommen werden muß. Denn er stellt eine Alternative zur christlichen Ethik auf; er predigt eine moralische Häresie, die, wenn man auch nur eine Ahnung von psychologischen Realitäten hat, in vieler Hinsicht den Vorzug vor der moralischen Orthodoxie des Christentums und dem zeitgenössischen Geschäftswesen verdient.

Daß die Chlüsten ausgerechnet *christliche* Häretiker waren, ist bedauerlich. Denn das bedeutete, daß sich ihr gesamtes Denken zwangsläufig im Banne der Orthodoxie vollzog, von der sie abwichen. So übernahmen sie als Axiom den absurden christlichen Dualismus von Geist und Materie, verderbtem Fleisch und gesundem Geist. Ihr Ritual, das freudig und spontan-dionysisch hätte sein sollen, neigte infolgedessen dazu, in bewußt unanständige Entgleisungen zu entarten. Sie sprachen über Leben und Religion, sie lebten das eine und vollzogen die rituellen Handlungen des anderen in Begriffen von Sünde, Reue und postumer Erlösung. Die Bedeutung ihrer Lehre wird auf diese Weise weitgehend verdunkelt. Wir sollten jedoch versuchen, die Substanz der Lehre von ihrer bedauerlicherweise christlichen Form zu trennen. Diese Substanz läßt sich in jenem für diesen Anlaß leicht modifizierten Hexameter des lateinischen Dichters zum Ausdruck bringen: »*Et mihi res, et me rebus subjungere conor.*« Ich suche mir die Dinge zu unterwerfen und, wenn die Gelegenheit es erfordert, auch mich den Dingen. Das ist die Demut Grigorijs.

Es ist ganz unnötig, alle die Vorurteile aufzuzählen, die sich ergeben, wenn das bewußt wollende Selbst sich gelegentlich den ›Dingen‹ unterwirft – oder, mit anderen Worten: den äußeren Umständen und den unmittelbaren Reaktionen der leidenschaftsgelenkten und triebhaften Seite der Persönlichkeit auf diese Umstände. Wir werden mit einem aus verschiedenen Elementen zusammengesetzten Wesen geboren. Wenn wir einigen dieser Elemente das Existenzrecht verweigern, wenn wir sie zu unterdrücken versuchen, werden sie zunächst rebellieren und später, wenn uns bei unseren Mordversuchen Erfolg beschieden war, atrophieren und verfallen, wobei sie eine Art spiritueller Blutvergiftung auslösen. Ein Moralsystem, das auf Blutvergiftung hinausläuft und den Status chronischer Blutvergiftung sogar noch als das vollkommene Leben idealisiert, ist zweifellos nicht das Beste, was menschlicher Erfindungsreichtum anraten kann. Mit gutem Recht ziehen wir jene Sittenlehre vor, die die Unterwerfung des Selbst unter die Dinge ebenso lehrt wie die der Dinge unter das Selbst und die auf diese Weise nicht nur soziale Effizienz verbürgt (denn ein gutes Leben-in-Gesellschaft ist beinahe ausschließlich eine Frage der Unterwerfung der Dinge unter das Selbst), sondern auch Vollkommenheit und Gesundheit des individuellen Lebens.

La Fontaine hat den ganzen Problemkreis in einer seiner besten Fabeln zusammengefaßt – der Fabel von den beiden philosophischen Gärtnern, dem Griechen und dem Skythen. Der Grieche beschneidet seine Bäume zu ihrem eigenen Besten:

J'ôte le superflu, dit l'autre; et, l'abattant,
Le reste en profite autant.

Außer dem Überfluß, sprach der andre, kommt nichts abhanden;
Ich helfe dadurch dem Rest zum Zweck und Nutzen.

Der Skythe wendet sich seiner *triste demeure* zu und macht sich daran, seinen Kollegen nachzuahmen. Mit welch ausschweifendem Eifer!

Il ôte de chez lui les branches les plus belles
Il tronque son verger contre toute raison...
Tout languit et tout meurt.
Ce Scythe exprime bien
Un indiscret stoicien:
Celui-ci retranche de l'âme
Désirs et passions, le bon et le mauvais,
Jusqu'aux plus innocents souhaits.
Contre de telles gens, quant à moi, je réclame.
Ils ôtent à nos cœurs le principal ressort;
Ils font cesser de vivre avant que l'on soit mort.

Vernunftlos raubt er die schönsten Zweige und Triebe,
Es hagelt in seinem Obstgarten Hippenhiebe ...
Bis alles welkt und alles stirbt.
Dieser Skythe,
Unbesonnen, beschneidet er die Seelenblüte,

Wünsche, Triebe, gute, schlechte,
Bis zur allerreinsten Regung:
Solches Tun ist nicht das rechte;
Man raubt unserm Herzen jede Bewegung,
Sogar das Leben, bevor es der Tod erwirbt.

Und dadurch, daß sie uns zu einer Art Tod im Leben verurteilen, hätte er hinzufügen können, verurteilen sie uns auch zu einem verfrühten Verfall. Die Abtötung des Fleisches im religiösen Sinne des Ausdrucks hat eine nur allzu schmerzhaft-medizinische Abtötung der Seele zur Folge – spirituelle Fäule, Verwesung, Gestank.

Die chlüstischen Prinzipien haben einen weiteren Anwendungsbereich als nur den ethischen. Sie sind auch für den Künstler von Bedeutung, sowohl für den Lebens-Künstler als auch für den beruflichen Schöpfer. Niemand kann leben – in Fülle und harmonisch –, niemand kann Schönes hervorbringen, wenn er sich nicht manchmal den Dingen unterwirft, den unbekannten Seinsweisen der Außenwelt und seinem eigenen Unbewußten. Die moderne ›Naturverehrung‹ entspringt der Anerkennung dieses Umstandes. »*Come forth*«, sagte Wordsworth,

Come forth, and bring with you a heart
That watches and receives.

Ins Freie komm, und bring ein Herz,
Das aufschaut und empfängt.

Hätte er nur immer im Sinne seines eigenen Ratschlages gehandelt, anstatt mit einem Herzen voller Anglikanertum und Mittelklassen-Achtbarkeit ins Freie zu kommen, er wäre ein besserer Dichter gewesen.

Die Verehrung der Natur ist eine moderne, künstliche und etwas bedenkliche Erfindung verfeinerter Geister. Bewundernswert, aber irgendwie und in zu vielen Fällen eher lächerlich, weil gar so verfeinert, so unverwurzelt und Oberschichten-orientiert. In den Wäldern von Dorking hat Meredith das Gehabe einer schnurrbärtigen Marie Antoinette, die eine Schäferin spielt. Die Griechen waren keine Wordsworthianer oder Meredithsten; sie gingen nie auf Wandertouren und verschwendeten auch keine unnötigen Energien auf das Erklimmen von Berggipfeln. Dennoch hielt ihre Religion sie in vertrauterer Verbindung mit der befremdlichen Welt der äußeren Dinge und der (für den bewußten Willen und Intellekt) kaum weniger befremdlichen inneren Welt der leidenschaftsgelenkten und triebhaften Reaktionen auf die Dinge, als das die ganze hochherrschaftliche Naturverehrung der Modernen hätte tun können. Ihr Ritual brachte sie in direkte physische und emotionale Beziehung zu den Naturkräften – Kräften, die ihre Mythologie ihnen zwar auf anthropomorphe Weise dargestellt hatte, aber eben im Bild des Menschen als von dunklen Leidenschaften und Gelüsten bewegtes Wesen und dann wieder des bewußten, spirituellen und intellektuellen Menschen. Der Gott der modernen Naturverehrer prägt sich nur allzu leicht und allzu ausschließlich die Vorstellung als *homo sapiens* ein – *sapiens* in der *n*-ten Potenz.

Der heilige Franziskus wird häufig als der erste Naturverehrer in Europa seit den Zeiten der Griechen begrüßt – eine Behauptung, die von den Fakten nicht bestätigt wird. Das mittelalterliche Europa war voller echter Naturverehrer, aber der heilige Franziskus gehörte nicht dazu. Die echten Naturverehrer waren die Anhänger jener alten vorchristlichen Religion, die in Gestalt des Hexenwesens mit seiner geheimnisvollen Organisation und seinen traditionellen Riten durch das ganze Mittelalter fortdauerte. Als Fruchtbarkeitskult diente diese alte Religion dazu, eine direkte, partizipierende Gemeinschaft der menschlichen Seele und der Seelen der Tiere, der Pflanzen und Orte, der Jahreszeiten und der Sonne herzustellen. Die Leute, die an einem solchen Hexensabbat teilnahmen, waren keine kultivierten Wanderschuhtouristen mit lauter erstklassigen pantheistischen Gefühlen im Angesicht der malerischen Winkel des Lake District. Trotzdem aber – oder vielleicht gerade deshalb – waren sie intensivere Naturverehrer als die besten aller Wordsworthianer.

Franziskus fehlten die Vorteile, die er aus einer gesunden heidnischen Erziehung unter Hexen hätte ziehen können. Seine Familie war orthodox christlich. Die rituelle Kommunion mit den Dingen war ihm unbekannt. Wie Wordsworth mußte er sich seine eigene Naturverehrung erfinden, mußte er sie durch eine Art Zauberkunststück aus einem Vakuum hervorbringen. Verfolgt man seinen Lebenslauf, wird man gewahr, daß dieser Zaubertrick nur unvollkommen

›klappte‹. Denn Franziskus war nicht bereit, sich den Dingen zu unterwerfen; es fehlte ihm gänzlich an der Bescheidenheit derer, die sich eine Zeitlang passiv fremden Einflüssen aussetzen können; stets agierte er mit einer zu stolzen Vorsätzlichkeit, als daß er seiner Seele je hätte erlauben mögen, an unbekannten Seinsweisen zu partizipieren.

Moderne Schriftsteller haben an ihm seine bestrickende Zuneigung zu Tieren gerühmt. Es ist ein Lob, das, wenn wir dem Zeugnis der Originaldokumente Glauben schenken können, auf die merkwürdigste Weise irreführt. Daß Franziskus Esel seine Brüder und Dompfaffen seine Schwestern nannte, reicht von sich aus nicht hin, um zu beweisen, daß er in irgendeiner brüderlichen Gemeinschaft mit seiner Adoptivfamilie lebte. Man erlaube mir, in diesem Zusammenhang eine Geschichte aus den *Fioretti* zu zitieren, von Bruder Juniper, »einem seiner erwähltesten Schüler ... einem Mann von großer Hingabe und Barmherzigkeit, von dem der heilige Franziskus sagte: ›Jeder, der sich und die Welt so überwunden hätte wie Bruder Juniper, wäre ein guter kleiner Bruder.‹« Hier nun die geringfügig gekürzte Anekdote. »Zu einer Zeit, als Bruder Juniper, in Liebe zu Gott entbrannt, in Santa Maria degli Angeli einen kranken Bruder besuchte, fragte er ihn voller Mitleid: ›Kann ich dir irgendeinen Dienst erweisen?‹ Und der Kranke antwortete: ›Ein großer Trost wäre es mir, wenn du mir einen Schweinsfuß zum Essen verschaffen könntest.‹ Auf der Stelle rief Bruder Juniper: ›Überlaß das mir; ich werde dir unverzüglich einen holen.‹ Also machte er sich auf, nahm ein Messer und rannte, vor Eifer glühend, durch den Wald, wo mehrere Schweine sich suhlten, warf sich auf eines davon, schnitt ihm einen Fuß ab und lief heim, das Schwein mit dem derart verstümmelten Bein zurücklassend; und er wusch den Fuß, richtete ihn her und briet ihn ... und brachte ihn dem Kranken mit großer Mildtätigkeit. Und der Kranke aß ihn begierig auf, zum großen Entzücken und Trost von Bruder Juniper, der, voller Freude, ihm von der Mißhandlung des Schweines erzählte, um das Herz dieses Mannes zu ergötzen. Inzwischen hatte der Schweinehirt seinem Herrn *seine* Version von Bruder Junipers Großtat berichtet; und dieser Besitzer des Schweines lief voller Wut zum Hause der Brüder, nannte sie ›Heuchler, Diebe, Lügner, Spitzbuben und Lumpen‹ und fragte: ›Warum habt ihr meinem Schwein den Fuß abgeschnitten?‹ Der heilige Franziskus entschuldigte sich in aller Demut und versprach, ihm seinen ganzen Verlust zu ersetzen. Aber der Besitzer des Schweines war damit noch nicht besänftigt, sondern ging voller Zorn davon. Der heilige Franziskus sagte bei sich: ›Kann Bruder Juniper das aus allzu unbesonnenem Eifer getan haben?‹ Folglich befragte er Bruder Juniper, der ihm fröhlich antwortete, nicht als jemand, der einen Fehler begangen hatte, sondern als jemand, der einen Akt großer Barmherzigkeit verübt zu haben glaubte, und sagte: ›Lieber Vater mein, es ist wahr, daß ich besagtem Schwein einen Fuß abgeschnitten habe... Und die Stärkung, die unser kranker Bruder erhielt, und den Trost im Herzen bewegend, den besagter Fuß ihm spendete, hätte ich hundert Schweinen die Füße abgeschnitten, so wie ich es diesem einen tat, und fürwahr, mich dünkt, Gott hätte gesagt: Es ist wohlgetan.‹ Woraufhin ihn der heilige Franziskus ernstlich tadelte. ›O Bruder Juniper‹, rief er, ›warum hast du uns so großes Ärgernis gegeben? Nicht ohne Grund beklagt sich dieser Mann.‹ Und er gebot dem fehlgeleiteten Bruder, hinzugehen und sich bei dem Besitzer des Schweines zu entschuldigen.

Bruder Juniper war verblüfft, daß sich einer über eine so barmherzige Tat erzürnte; denn es schien ihm, daß diese zeitlichen Dinge nichtig waren, es sei denn, daß die Menschen in ihrer Nächstenliebe sie mit ihren Nachbarn teilten. ›Warum war der Mann nur so aufgebracht, wenn er doch sah, daß dieses Schwein, dem ich den Fuß abschnitt, eher Gottes als seines ist?‹ Dennoch tat er, wie ihm geheißen war, machte den Besitzer des Schweines ausfindig und setzte ihm die Sache mit solcher Milde, Schlichtheit und Demut auseinander, daß dieser Mann, wieder zu sich selbst gekommen, sich zu Boden warf, nicht ohne viele Tränen zu vergießen, und in der Einsicht, was er den Brüdern Falsches getan und gesagt hatte, ging, das Schwein einfing, es tötete und es gebraten, mit großer Hingabe und vielen Tränen, zu Santa Maria degli Angeli brachte und es den Brüdern zu essen gab, aus Reue über das, was er ihnen Unrechtes angetan hatte. Und der heilige Franziskus, über die Herzenseinfalt und Geduld des besagten heiligen Bruders Juniper in den Stunden der Prüfung nachsinnend, sagte zu seinen Gefährten und den anderen Umstehenden: ›Wollte Gott, meine Brüder, daß ich einen ganzen Wald solcher Junipers hätte!‹«

So endet diese erbauliche Geschichte. Uns bleibt es überlassen, unsere eigenen Schlüsse draus zu ziehen. Ich fürchte, sie werden nicht durchweg zugunsten des heiligen Franziskus ausfallen. Von Bruder Juniper konnte man natürlich nicht erwarten, daß er es besser hätte wissen sollen. Alle Anekdoten, die sich um seine Person ranken, schildern ihn als halbwilden Hanswurst, der seit seiner Bekehrung von einer einzigen Idee besessen war – der Idee des franziskanischen Christentums. Er war zu schwachköpfig, als daß er hätte sehen können, daß in der blutigen Verstümmelung eines wehrlosen Tieres etwas lag, das mit reinster christlicher Nächstenliebe unvereinbar war. Für diesen Tölpel und den zweifellos ähnlich tölpelhaften Bruder, dessen Verlangen nach Schweinsfüßen ohne Frage *fons et origo* des ganzen Vorfalles war, bedeutete die Verstümmelung des Schweines nicht nur einen rühmlichen Akt von Nächstenliebe: Sie war auch ein ausgesucht launiger Einfall. Juniper erzählte die Geschichte »voller Freude, um das Herz dieses Mannes zu ergötzen«. Und zweifellos würde auch jeder einfältige Bauer des 13. Jahrhunderts beim Anblick eines Schweines mit nur drei Beinen, das unter Quieken und Grunzen einen blutenden Stumpf durch den Wald schleppte, in wieherndes und brüllendes Gelächter ausgebrochen sein. Aber was war mit Franziskus? Was war mit dem Mann, den seine modernen Biographen mit rührseliger, vegetarischer Sentimentalität übergossen haben – als ersten Tierliebhaber und Propheten der Naturverehrung und Philanthropie? Wir sehen ihn den übereifrigen Juniper tadeln – aber nicht dafür, daß er sich Leckerbissen von dem lebenden Schwein abgeschnitten hat; sondern nur dafür, daß er Ärgernis gegeben, daß er den Mönchen Unannehmlichkeiten mit dem Publikum bereitet hat. Kein Gedanke an das Schwein und seinen blutenden Beinstumpf und sein Gequieke im Wald. Es fällt ihm nicht einmal ein, seinem schwachsinnigen Schüler zu bedeuten, daß es kein vollkommener Akt der Barmherzigkeit ist, Schweine zu verstümmeln und sie blutend liegenzulassen. Im Gegenteil, er findet, als das Ärgernis beseitigt ist, daß Juniper sich ganz bewundernswert verhalten hat. »Wollte Gott, meine Brüder, daß ich einen ganzen Wald solcher Junipers hätte!« »Amen«, antworteten seine Gefährten. Nur die Schweine schwiegen merkwürdigerweise still.

Die Wahrheit ist, daß Franziskus nie in irgendeinem lebendigen, sympathetischen Kontakt zur Natur gestanden hat. Er war zu emsig damit befaßt, seine Willenskraft auszuüben – an anderen Menschen, um sie zu bessern; an sich selbst, indem er Askese übte und christliche

Demut praktizierte –, als daß er in der Lage gewesen wäre, sich den nichtmenschlichen Einflüssen von draußen zu unterwerfen und damit am fremden Leben der Dinge teilzuhaben. In der Sphäre heidnischer Naturverehrung war die willentliche Demut von Franziskus halsstarriger Stolz. Er hat nie ein Tier wirklich geliebt, weil er nie bereit war, sich auch nur einen Augenblick lang an die Stelle des Tieres zu versetzen. Die Geschichte von Bruder Junipers Schwein zeigt nämlich, daß Franziskus sich gar nicht bewußt war, daß es da eine Stelle gab, an die er sich hätte versetzen können. Die berühmtere, weil liebenswertere Geschichte von seiner Vogelpredigt zwingt uns zu demselben Schluß. Bei aufmerksamer Lektüre werden wir gewahr, daß er sich nie auch nur einen Deut um die Vögel als Vögel kümmerte – als Geschöpfe, das heißt: als von ihm selbst völlig verschiedene Wesen, die ein gänzlich anderes und wohltuend nichtmenschliches Leben führen, an dem der Mensch jedoch durch geduldige Sympathie und Demut manches für sich entdecken kann. Was uns betrifft, so ist der ›springende Punkt‹ an den Tieren das, was Whitman von ihnen sagt, nämlich

They do not sweat and whine about their condition,
They do not lie awake in the dark and weep for their sins,
They do not make me sick discussing their duty to God,
Not one is dissatisfied, not one is demented with the mania
of owning things,
Not one kneels to another, nor to his kind that lived thousands
of years ago,
Not one is respectable or unhappy over the whole earth.

Sie schwitzen und jammern nicht über ihren Zustand,
Sie liegen nicht wach im Dunkeln und beweinen ihre Sünden,
Sie setzen mir nicht bis zum Übermaß zu mit Erörterungen
ihrer Pflichten gegenüber Gott,
Nicht eines ist unzufrieden, nicht eines besessen von der Manie,
Dinge zu besitzen,
Nicht eines kniet vor einem anderen nieder noch vor seiner Art,
die vor Tausenden von Jahren lebte,
Nicht eines ist achtbar oder unglücklich auf der ganzen Welt.

Franziskus konnte das nicht merken, weil es ihm an der erforderlichen Demut fehlte, weil er sich weigerte, sich den Dingen zu unterwerfen; er war nie in der Lage, in eine sympathetische Beziehung zu Geschöpfen einzutreten, deren Seinsweise eine andere war als seine eigene. Er sprach mit den Vögeln, als ob sie achtbare und arbeitsame Christen mit zartbesaitetem Gewissen, gutfundierter Theologie und starkem Gefühl für ihre Pflichten gegenüber Gott wären – natürlich gegenüber Franziskus' Gott, nicht der gefiederten Gottheit des Bauernhofs und des Waldesdickichts.

Mr. Chesterton findet Belege für das ausgeprägte Naturgefühl des heiligen Franziskus in dessen treffenden Geschlechtszuweisungen – etwa der Weiblichkeit an Schwester Mond, der Männlichkeit an Bruder Sonne und so fort. Philologisch genauer unterrichtete Leser aber haben in diesen Zuweisungen wenig mehr gefunden als einen Tribut an die lateinische und italienische Grammatik. *Luna* ist grammatisch weiblichen Geschlechts; was liegt also näher, als den Mond ›Schwester‹ zu nennen? Räumen wir jedoch um der Argumentation willen ein, daß der Heilige mehr als bloß grammatische Absichten hatte, wenn er Dingen weibliche oder männliche Namen gab. Die Argumente gegen die Grammatik sind am stärksten in bezug auf die Vögel. Denen wendet er sich als seinen Schwestern zu, obwohl *uccello* männlich ist – wenn auch daran erinnert werden muß, daß *avis* in einer wahrscheinlich früheren lateinischen Fassung der *Fioretti* ein weibliches Wort ist. »Meine kleinen Schwestern, die Vögel.« Chesterton hätte zweifellos Beifall geklatscht. Aber der Erpel und der Dompfaff, der Sperling, der prahlerische Pfau und der arrogant einherstolzierende Hahn – wie hätten sie gegen diese Beleidigung protestiert! »Uns deine kleinen Schwestern zu nennen? Ebensogut hättest du sagen können: Meine kleinen Schwestern, die Offiziere der Grenadiergarde.«

Ein Mensch versäumt etwas, wenn er keine teilhabende und lebendige Beziehung zur nichtmenschlichen Welt der Tiere und Pflanzen, der Landschaften, Sterne und Jahreszeiten aufbaut. Und wenn es ihm mißlingt, auch das Nicht-Selbst zu sein, und sei es stellvertretend, mißlingt es ihm überdies, vollständig er selbst zu sein. Es kann keine vollständige Einheit der Seele ohne Demut gegenüber den Dingen geben, ebensowenig ohne den Willen, sie zu unterwerfen. Diejenigen, denen es an dieser Demut fehlt, sind schlechte Lebens-Künstler.

Aber sie sind auch schlechte Kunst-Künstler. Denn die schöpferischen Künste verlangen, genau wie die Künste des Lebens, von den sie Ausübenden einen Wechsel einander widersprechender Aktivitäten – Unterwerfung der Dinge unter das Selbst und des Selbst unter die Dinge. Die Künstler, deren Einstellung zu den Dingen eine allzu passive Bescheidenheit ist, sind nur zur Hälfte Schöpfer. In dem, was sie tun, ist noch immer ein Element von Chaos; das schwerfällige Material, mit dem sie arbeiten, haftet noch immer verzerrend an der Form, die sie daraus herzuleiten versuchen. Sie sind entweder Sklaven der Erscheinungen (wie die schwächeren Impressionisten); oder sie sind, als Sklaven von Leidenschaft und Gefühl, allzu lauthals am Beteuern (wie die schwächeren Elisabethaner und Romantiker, die immer allzu lauthals am Beteuern waren) und versäumen es darüber völlig, trotz oder wegen ihrer hysterischen Emotionalität, ein bewegendes Werk hervorzubringen. Denn aufgrund einer scheinbaren Paradoxie sind Künstler, die sich allzu vorbehaltlos der Leidenschaft überlassen, nicht fähig, Leidenschaft zu gestalten – sondern nur ihre Parodie oder bestenfalls wilde, groteske Zügellosigkeit. Die Literaturgeschichte zeigt, daß der extreme romantische Stil sich nur für die gargantueske Komödie eignet, nicht für die Tragödie; für die Beschreibung gewaltiger Absurdität, nicht gewaltiger Leidenschaft.

Der Versuch, das Leben gleichsam im Rohzustand künstlerisch darzustellen, läuft beinahe ausnahmslos auf die Produktion von etwas Leblosem hinaus. Die Dinge müssen in gewissem Grade dem verallgemeinernden, abstrahierenden und rationalisierenden Intellekt unterworfen werden; sonst wird es dem Kunstwerk, dessen Material diese Dinge sind, an Substantialität und sogar – wie getreu auch direkte Eindrücke verarbeitet werden – an Leben fehlen. Beispiele für die Leblosigkeit von Werken, von deren Wirklichkeitsnähe sich erwarten ließ, daß sie ihnen Vitalität verleihen würde, lassen sich im Übermaß finden. In ihrer Besorgnis, alle tatsächlichen Lichtwirkungen der Dinge zu erfassen, ließen die Impressionisten es zu, daß sich alle Substantialität aus ihren Werken verflüchtigte; die Welt auf ihren Bildern büßte ihre Körperlichkeit ein und starb. Oder der Fall der Brüder Goncourt in der Literatur: Eben da, wo sie am akribischsten aus ihren eigenen vollen Notizheften transkribieren, werden ihre Romane am leblosesten. Als zeitgenössisches Beispiel läßt sich das Werk von Dorothy Richardson zitieren. Ihre mikroskopische Treue in bezug auf psychologische Fakten vereitelt ihre eigenen Ziele. Auf ihre einfache und atomistische Grundstruktur reduziert, verblassen ihre Figuren in ihrer Existenz als ungeteilte Menschen. Ein ähnliches Geschick hat die Werke der Surrealisten ereilt. Sie haben uns nicht die fertigen Produkte kreativen Denkens vor Augen geführt, sondern die traumartigen Zusammenhanglosigkeiten, die das kreative Denken als seine Rohmaterialien benutzt. Es ist die Statue, die lebt, nicht der Stein.

Wenn aber allzuviel Demut gegenüber den ›Dingen‹ für die Kunst verhängnisvoll ist, ist es allzuviel Arroganz nicht minder. Zuwenig zu beteuern, mit Rücksicht auf einen moralischen oder ästhetischen Stoizismus, ist ebenso schädlich wie zuviel Beteuerung. Die Kunst jener Sklaven der Erscheinungswelt, denen es an Kraft oder Willen mangelt, das Chaos der unmittelbaren Erfahrung zu organisieren, ist immer unvollkommen; nicht unvollkommener aber als die Kunst derjenigen, die es zu angestrengt zu organisieren bestrebt sind, derjenigen, die nicht zufrieden sind, solange sie die unendliche Vielgestaltigkeit der Natur, ihre Lebendigkeit und Lebhaftigkeit und Zartheit, ihre fließenden Linien und subtil geschwungenen oder willkürlich gebrochenen Oberflächen nicht durch die metallische und strenge Einfachheit einiger abstrakter geometrischer Formen ersetzt haben.

Ganze Epochen der Literatur- und Kunstgeschichte sind durch diese geometrisierende Manie in Mitleidenschaft gezogen worden. Das französische *Grand Siècle* beispielsweise – ein Zeitalter, das zwar genuin große Werke hervorbrachte (denn letztlich kann ein Mensch, wenn er nur über hinreichend viel Kraft und Talent verfügt, schöne Dinge aus den unscheinbarsten Materialien und gegen nahezu jeden Widerstand hervorbringen), aber noch größere hätte schaffen können, wenn seine ästhetische Theorie nicht so hartnäckig vom Schatten Euklids verdunkelt worden wäre. Die Geometrie ist eine ausgezeichnete Sache; aber eine gut komponierte Landschaft mit Figuren ist etwas noch Besseres. Die Literatur der Gegenwart ist wahrscheinlich nicht genug geometrisch. Sie beteuert zuviel; sie überläßt sich allzu passiv den äußeren Erscheinungen; sie ist übertrieben am Rohstoff von Denken und Einbildungskraft interessiert und nicht genug an der Verarbeitung dieses Materials zu vollkommenen Formen. Bei der zeitgenössischen Malerei aber liegt der Fall anders. Die mit dem größten Selbstbewußtsein begabten modernen Maler, denen der Impressionismus auf der einen Seite und eine konventionell-realistische Literarität auf der anderen widerstrebte, transformierten ihre Kunst willentlich in eine Sparte der Geometrie. Die Möglichkeiten des Kubismus in seiner strengsten Form waren jedoch bald erschöpft. Es kam zu einer allgemeinen Rückkehr zur Gegenständlichkeit – aber zu einer Gegenständlichkeit, die in ihren gewollten Weglassungen und Entstellungen noch immer zu arrogant-geometrisch verfuhr. Die Kunst ist angesichts ihres Gegenstandes noch immer nicht bescheiden genug. Die Maler bestehen darauf, die Außenwelt allzu vollständig ihrem abstrahierenden und geometrischen Intellekt zu unterwerfen. Eine Art ästhetische Askese hält sie davon ab, die Welt in ihrem Umkreis und die Schönheit, die sie so verschwenderisch darbietet, rückhaltlos und ohne Hintergedanken zu genießen. Aus Prinzip unterdrücken sie ihr Naturgefühl, genau wie ein Stoiker oder ein Mönch seine Leidenschaften unterdrückt. Tyrannisch zwingen sie den Dingen ihren Willen auf; sie setzen willkürliche Formen eigener Machart an die Stelle der beinahe ausnahmslos subtileren und anziehenderen Formen, mit denen ihre direkte Erfahrung sie beschenkt. Das Ergebnis ist, wie mir scheint, eine Verarmung, eine Abtötung der Kunst gewesen. Es gibt willkommene Zeichen, daß die Maler selbst zu ebendiesem Schluß kommen. Zumindest scheinen sie ihre Askese ein wenig zu bereuen; sie scheinen etwas von ihrer geometrischen Arroganz abzurücken; sie pflegen eine gewisse Demut gegenüber den Dingen. Der alte Renoir faßte die Wahrheit über die Malerei in einem orakelhaften Satz zusammen: »*Un peintre, voyez-vous, qui a le sentiment des fesses et du téton, c'est un homme sauvé*« (Sehen Sie, ein Maler, der ein Gespür für Busen und Hinterbacken hat, ist ein geretteter Mensch). Gerettet – aber durch Grigorijs »Erlösung durch Sünde«, durch Unterwerfung des Selbst unter die Dinge, durch völlige Demut angesichts jener göttlichen und geheimnisvollen Natur, von der Busen und Hinterbacken nur ein Teil sind, wenn auch, von unserem allzu menschlichen Standpunkt aus, zweifellos ein besonders wichtiger Teil. Denn dieses »Gespür für Busen und Hinterbacken« ist einfach nur ein Spezialfall des Naturgefühls, und die Umarmung vollkommener Liebe ist die Kommunion des Selbst mit dem Nicht-Selbst, die Wordsworthsche Teilhabe an unbekannten Seinsweisen in ihrer intensivsten und vollständigsten Form.

Der Künstler wird also, wie der Mensch, durch Sünde gerettet.

Aber er wird auch durch Sündelosigkeit gerettet – gerettet durch die Unterwerfung der Dinge unter das Selbst wie des Selbst unter die Dinge. Franziskus und Grigorij haben beide sowohl recht als auch unrecht. Getrennt führen beide in die Irre; zusammen aber und mit ihren jeweiligen Widersprüchen sind sie die besten Führer.

(*Do What You Will*, 1929; Ü.: Hans-Horst Henschen)

Unser Glaube

Keine Philosophie ist völlig objektiv. Die reine Liebe zur Wahrheit ist immer bis zu einem gewissen Grad vermischt mit einer Nötigung, die auch von den edelsten und geistesstärksten Philosophen bewußt oder unbewußt empfunden wird – der Nötigung, eine gegebene Form persönlichen oder sozialen Verhaltens zu rechtfertigen und die herkömmlichen Vorurteile einer gewissen Klasse oder Gemeinschaft vernunftmäßig zu erklären. Der Philosoph, welcher Sinn in der Welt findet, ist nicht nur damit befaßt, diesen Sinn zu erhellen, sondern auch zu beweisen, daß er sich am klarsten in einer bestehenden Religion, in einem anerkannten Sittengesetz ausprägt. Der Philosoph, welcher keinen Sinn in der Welt findet, ist nicht ausschließlich mit einem Problem reiner Metaphysik beschäftigt; es liegt ihm auch daran zu beweisen, daß es keinen stichhaltigen Grund gibt, warum er persönlich nicht handeln sollte, wie er will, oder warum seine Freunde nicht die politische Macht ergreifen und so regieren sollten, wie es ihnen für sich selbst am vorteilhaftesten erscheint.

Die willensmäßigen, den verstandesmäßigen gegenüberstehenden Gründe für ein Verfechten etwa der Lehre des Materialismus können vorwiegend erotische sein wie bei Lamettrie (siehe die lyrischen Schilderungen der Freuden des Bettes in *La Volupté* und am Schlusse seines *L'Homme Machine*) oder politische wie bei Karl Marx. In gleichem Maße hat der Wunsch, eine besondere Form politischer Organisation oder auch persönlichen Machtstrebens zu rechtfertigen, an der Formulierung von Philosophien teil, welche das Vorhandensein eines Sinnes in der Welt behaupten. Christliche Philosophen haben ohne besondere Schwierigkeit Erscheinungen wie Imperialismus, Krieg, kapitalistisches System, Folter, Zensur freier Meinungsäußerung, kirchliche Tyrannei jeder Art, von der Tyrannei Roms bis zu den Tyranneien von Genf und Neuengland, gerechtfertigt. In allen diesen Fällen behaupteten sie, daß der Sinn der Welt grade ein solcher sei, wie er sich mit den erwähnten Schändlichkeiten vertrug oder sogar am vollständigsten durch sie ausgedrückt wurde. Und selbstverständlich traten alsbald Philosophen auf, welche diesen christlichen Sonderanwälten nicht nur das Recht absprachen, Ungerechtigkeit durch eine Berufung auf den Sinn der Welt zu rechtfertigen, sondern auch, irgendeinen solchen Sinn zu finden. Unter den gegebenen Umständen war das nicht überraschend. Jede bedenkenlose Entstellung der Wahrheit zeugt andere, entgegengesetzte Entstellungen. Die Leidenschaften mögen bei diesem Vorgang Befriedigung finden, die uneigennützige Liebe zum Wissen erleidet eine völlige Verfinsterung.

Für mich selbst, wie zweifellos für die meisten meiner Zeitgenossen, war die Philosophie der Sinnlosigkeit wesentlich ein Werkzeug der Befreiung. Was wir ersehnten, war die Befreiung von einer bestimmten politischen und wirtschaftlichen und von einer bestimmten sittlichen Ordnung. Wir wandten uns gegen die herrschende Moral, weil sie unsere sexuelle Freiheit niederhielt; wir wandten uns gegen das politische und wirtschaftliche System, weil es ungerecht war. Die Anhänger dieses Systems behaupteten, daß sie gewissermaßen den Sinn der Welt verkörperten (einen christlichen Sinn, betonten sie). Es gab eine wunderbar einfache Methode, diese Leute zu widerlegen und zugleich uns selbst in unserer politischen und erotischen Revolte zu rechtfertigen: Wir konnten einfach verneinen, daß die Welt irgendeinen Sinn habe. Auch nach dem Weltkrieg, als die Philosophie der Sinnlosigkeit triumphierend in Mode kam, spielte der Wunsch, eine gewisse geschlechtliche Freizügigkeit zu rechtfertigen, bei der Popularisierung der Sinnlosigkeit zumindest eine ebenso wichtige Rolle wie das Verlangen nach Befreiung von einer ungerechten und untauglichen Gesellschaftsordnung.

Gegen Ende der zwanziger Jahre setzte die Reaktion ein – weg von der leichtlebigen Philosophie allgemeiner Sinnlosigkeit und hin zu den harten, grimmigen Theologien nationalistischer und revolutionärer Götzenanbetung! Es wurde wieder Sinn in die Welt gebracht, aber nur stellenweise. Das Weltall als Ganzes blieb auch weiter sinnlos. Einige Teile jedoch, wie die Nation, der Staat, die Klasse, die Partei, wurden mit Bedeutung und höchstem Wert ausgestattet. Die allgemeine Annahme einer Lehre, welche der Welt als einem Ganzen Sinn und Wert abspricht, während sie beides in höchstem Maß gewissen willkürlich gewählten Teilen des Ganzen zuerkennt, kann nur schlimme und verheerende Folgen haben. »Alles, was wir sind (und daher alles, was wir tun), ist das Ergebnis dessen, was wir gedacht haben.« Wir haben uns selbst als Mitglieder höchst sinn- und werthaltiger Gemeinschaften inmitten eines sinnlosen Weltalls gedacht –

vergotteter Nationen, vergöttlichter Klassen und was sonst noch so alles. Und weil wir so gedacht haben, ist die Wiederaufrüstung in vollem Schwung, wird der wirtschaftliche Nationalismus immer heftiger, der Kampf rivalisierender Propaganden immer hitziger und ein allgemeiner Krieg immer wahrscheinlicher.

Es war die offenkundig giftige Beschaffenheit der Früchte, die mich zwang, den philosophischen Baum, auf welchem sie wuchsen, einer näheren Prüfung zu unterziehen. Gewiß ist es schwer, ja vielleicht unmöglich, einen notwendigen Zusammenhang zwischen der Wahrheit und dem praktisch Guten aufzuweisen. Es scheint jedoch die Natur den menschlichen Geist so eingerichtet zu haben, daß er sich beim Leugnen eines solchen Zusammenhangs nur sehr widerwillig beruhigt. Sogar die Menschen, die aus politischen oder sexuellen Gründen die Lehre von der völligen Sinnlosigkeit annehmen, werden, wir wir gesehen haben, in sehr kurzer Zeit ihrer Philosophie so überdrüssig (trotz der Dienste, die sie ihnen leistet), daß sie sie bereitwillig gegen jedes Dogma, und sei es noch so offenbar widersinnig, eintauschen. Diese Tatsache, daß der Geist eine gewisse Schwierigkeit darin findet, sich die Philosophie der Sinnlosigkeit zu eigen zu machen, ist bedeutungsvoll, wenn auch nur insofern, als sie die Frage aufwirft, ob die Wahrheit und das Gute der Natur der Dinge nach nicht doch irgendwie miteinander zusammenhängen. Auch ist die alte Berufung der Stoiker auf den *consensus gentium* keineswegs ganz unerheblich. Unter Menschen, welche eine gewisse Höhe der Zivilisation und der persönlichen Freiheit von Leidenschaften und sozialen Vorurteilen erreicht haben, besteht ein wirklicher *consensus gentium* in bezug auf ethische Grundsätze. Die ethischen Lehren des Tao-te-king, Gautama Buddhas und seiner Schüler in der kleineren und vor allem in der größeren Sammlung, die Lehren der Bergpredigt und der besten christlichen Heiligen sind nicht voneinander verschieden. Daß so viele Philosophen und Mystiker aus den verschiedensten Kulturkreisen teils auf logischem, teils auf intuitivem Weg zu der Überzeugung kamen, daß die Welt Sinn und Wert besitzt, ist eine so zwingende Tatsache, daß wir uns über sie nicht einfach hinwegsetzen dürfen. [...]

Die Naturwissenschaften befassen sich, wie wir gesehen haben, nur mit den mathematischer Behandlung zugänglichen Aspekten der Wirklichkeit; den Rest lassen sie einfach unbeachtet. Aber einige der auf diese Weise vernachlässigten Erfahrungen – z. B. ästhetische und religiöse – werfen viel Licht auf unser Problem. Erfahrungen solcher Art und den Gewißheiten, die sie im Hinblick auf die Beschaffenheit der Welt bieten, wollen wir uns nun zuwenden.

Art und Bedeutung der ästhetischen Erfahrung zu behandeln würde uns zu weit führen. Es genügt hier der Hinweis, daß die besten Werke der Literatur, der bildenden Kunst und Musik uns mehr bieten als bloßes Vergnügen; sie geben uns Kunde vom Wesen der Welt. Das *Sanctus* in Beethovens *Missa Solemnis*, Seurats *Grande Jatte*, *Macbeth* – solche Werke sagen uns durch wunderbare, aber untrügliche Andeutungen etwas Bedeutsames über die letzte Wirklichkeit hinter den Erscheinungen. Sogar von der Vollendung kleinerer Meisterwerke – mancher Sonette Mallarmés etwa oder mancher chinesischer Keramiken – können wir erleuchtende Ahnungen erhalten des »tiefer noch Verwobenen«, des »Friedens Gottes, welcher höher ist denn alle Vernunft«. Das Thema Kunst ist jedoch ungeheuer und schwierig, und mein Raum ist begrenzt. Ich will mich daher auf die Erörterung gewisser religiöser Erfahrungen beschränken, welche unser Problem unmittelbarer berühren, als die Erfahrungen des Schaffens und Genießens von Kunstwerken es tun.

Meditation ist, nach Mr. Irving Babbitts Worten, die Kunst, eine »überrationale Willenskonzentration« hervorzubringen. Aber Meditation ist noch weit mehr als eine Methode der Selbsterziehung. Sie galt auch in allen Weltteilen und seit den fernsten Zeiten als eine Methode, Kenntnis von dem Wesen der Dinge zu erwerben und eine Verbindung zwischen der Seele und dem innersten Prinzip des Weltalls herzustellen. Meditation ist, mit anderen Worten, die Technik der mystischen Erfahrung. Richtig und mit gebührender Vorbereitung – körperlicher, geistiger und sittlicher – ausgeübt, kann die Meditation in einen Zustand führen, den man »transzendentales Bewußtsein« genannt hat – unmittelbare Wesensschau einer letzten geistigen Wirklichkeit und Einswerden mit ihr, die, über das Ich hinausreichend, in ihm selbst beschlossen erscheint. (»Gott in den Tiefen unseres Seins«, sagt Ruysbroek, »empfängt Gott, der auf uns zukommt; Gott schaut Gott.«)

Nichtmystiker haben die Gültigkeit der mystischen Erfahrung geleugnet, haben sie als bloß subjektiv und illusorisch bezeichnet. Aber man darf nicht vergessen, daß die unmittelbare Intuition jedem als subjektiv und illusorisch erscheinen muß, der sie nicht selbst erfahren hat. Dem Tauben ist es unmöglich, sich irgendeine Vorstellung vom Wesen und Sinn der Musik zu machen. Und nicht nur das physische Hindernis kann ein Musikverstehen unmöglich machen. Ein Inder z. B. findet europäische Orchestermusik unerträglich lärmend, kompliziert, unvernünftig, unmenschlich. Er kann es nicht glauben, daß irgend jemand Schönheit und Sinn, ja den Ausdruck tiefster und zartester Gefühle in dieser umständlichen Kakophonie erkennen sollte. Und doch, wenn er lange genug geduldig zuhört, wird er endlich begreifen – nicht nur theoretisch, sondern auch in unmittelbarer Intuition –, daß diese Musik alle Eigenschaften besitzt, welche Europäer ihr zuschreiben.

Nur die allereinfachsten unter den bedeutsamen und lustbetonten Erlebnissen stehen allen Menschen ohne Unterschied offen. Um zu den übrigen Zugang zu haben, muß man sich einer angemessenen Schulung unterziehen. Sogar die Freuden des Alkohols und Tabaks zu genießen verlangt eine gewisse Schulung; der erste Whisky schmeckt abscheulich, die erste Pfeife dreht selbst den stärksten Knabenmagen um. Ebenso ist das erste Shakespearesonett sinnlos, die erste Bachfuge sterbenslangweilig, die erste Differentialgleichung eine wahre Qual. Übung jedoch verändert die Beschaffenheit unserer geistigen Erfahrungen, und so läßt uns das Vertrautwerden mit einem Gedicht voller verborgener Schönheiten, mit einem kunstreichen kontrapunktischen Stück oder einer mathematischen Ableitung in unmittelbarer Intuition Schönheit und Sinn erleben.

In der sittlichen Welt ist es nicht anders. Ein im Gutsein geübter Mensch kommt zu unmittelbaren Intuitionen über den Charakter und die gegenseitigen Beziehungen der menschlichen Wesen, über seine eigene Stellung in der Welt, die von den Intuitionen des durchschnittlichen Sinnenmenschen durchaus verschieden sind. Wissen ist stets eine Funktion des Seins. Was wir wahrnehmen und verstehen, hängt davon ab, was wir sind; und was wir sind, hängt zum einen Teil von äußeren Umständen ab, zum anderen und tieferen Teil aber davon, welche Anstrengungen wir machen, um unser Ideal zu verwirklichen, und welcher Art dieses Ideal ist. Die Tatsache, daß Wissen vom Sein abhängt, führt natürlich zu zahllosen Mißverständnissen. Die Bedeutung von Wörtern etwa verändert sich tiefgreifend, je nach dem Charakter und den Erlebnissen dessen, der sie gebraucht. So bedeuten dem Heiligen Wörter wie »Liebe«, »Barmherzigkeit«, »Mitleid« etwas ganz anderes als dem gewöhnlichen Menschen. Diesem wieder erscheint Spinozas Behauptung, daß »Glückseligkeit nicht der Lohn der Tugend, sondern die Tugend selbst« ist, einfach als unwahr. Tugendhaft zu sein ist für ihn ein höchst langweiliger und trübseliger Zustand. Aber es ist klar, daß für jemand, der Gutsein geübt hat, Tugend wirklich Glückseligkeit ist, während ihm das Leben des gewöhnlichen Menschen mit seinen kleinen Lastern und den langen Zeiten animalischer Gedanken- und Gefühllosigkeit als eine wirkliche Folter erscheint. [...]

Die heutige Auffassung von der geistigen Beziehung des Menschen zum Weltall wurde vorweggenommen durch die buddhistische Lehre, daß Begierde die Quelle der Illusion ist. Die Seele ist in dem Maße frei von Illusion, als sie die Begierde überwunden hat. Das gilt nicht nur für den Wissenschaftler, sondern ebenso für den Künstler und Philosophen. Nur der selbstlose Geist kann über den Gemeinverstand und über die Grenzen des animalischen oder durchschnittlich sinnlichen Menschenlebens hinausgelangen. Der Mystiker zeigt den höchsten Grad der Selbstlosigkeit, den Menschen erreichen können, er vermag sich daher von der gewöhnlichen Begrenztheit vollkommener freizumachen als der Wissenschaftler, der Künstler oder der Philosoph. Was er jenseits der Welt des durchschnittlichen Sinnesmenschen entdeckt, ist eine geistige Wirklichkeit, die allen scheinbaren Einzelwesen einheitschaffend zugrunde liegt – eine Wirklichkeit, in der er aufgehen und aus der er sittliche, ja physische Kräfte ziehen kann, welche nach gewöhnlichen Maßstäben nur als übernormal bezeichnet werden können.

Die letzte Wirklichkeit, wie sie sich dem erschließt, der willens ist, sein Sein so zu verwandeln, daß er unmittelbare Erkenntnis von ihr gewinnt, ist, wie wir gesehen haben, nicht-persönlicher Natur. Da sie nicht persönlich ist, haben wir kein Recht, ihr ethische Qualitäten zuzuschreiben. »Gott ist nicht gut«, sagt Meister Eckehart. »Ich bin gut.« Güte ist das Mittel, wodurch Menschen die Illusion, unabhängige Einzelwesen zu sein, überwinden und sich auf eine Ebene des Seins emporheben können, auf der es ihnen möglich wird, durch innere Sammlung und Meditation die Tatsache ihres Einsseins mit der letzten Wirklichkeit zu erfassen, diese zu erkennen und sich bis zu einem gewissen Grad wirklich mit ihr zu verbinden. Diese letzte

Wirklichkeit ist »der Friede Gottes, welcher höher ist denn alle Vernunft«. Güte ist der Weg, auf welchem wir uns ihr nähern können. »Endliche Wesen«, um es mit Royces Worten zu sagen, »sind, was sie sind, infolge einer Unaufmerksamkeit, die sie für ihre wirkliche Beziehung zu Gott und zueinander blind macht.«

Diese Unaufmerksamkeit ist, in der Sprache des Buddhismus, die Frucht der Begierde. Wir lassen es an Aufmerksamkeit für unsere wahre Beziehung zur letzten Wirklichkeit und, durch sie, zu unseren Mitmenschen fehlen, weil wir es vorziehen, auf unser animalisches Wesen und unser Fortkommen in der Welt aufmerksam zu sein. Es ist klar, daß wir das Animalische in uns und seine biologischen Bedürfnisse niemals ganz vernachlässigen dürfen. Unser Sonderdasein ist nicht durchaus Illusion. Das Element der Besonderheit in den Dingen ist eine nackte Erfahrungstatsache. Nicht einmal in der wissenschaftlichen und philosophischen Theorie läßt sich Mannigfaltigkeit restlos auf Einheit zurückführen, um so weniger im Leben, das wir als Körper leben, das heißt als besondere Gruppierungen letzter identischer Energieeinheiten. Es ist dem Wesen der Sache nach unmöglich, dem Animalischen in uns keine Aufmerksamkeit zu schenken, aber unter den Lebensbedingungen der Kultur ist es gewiß unnötig, ihm alle oder die meiste Aufmerksamkeit zu schenken.

Güte ist die Methode, durch welche wir unsere Aufmerksamkeit von dieser besonders beschwerlichen Angelegenheit, dem animalischen Wesen, unserem eigenen Sonderdasein, abwenden. Innere Sammlung und Meditation unterstützen die Güte auf zweierlei Art: indem sie, nach Babbitts Worten, »eine überrationale Willenskonzentration hervorrufen« und indem sie dem Geist den Zugang zu der Erkenntnis eröffnen – nicht nur theoretisch, sondern auch durch unmittelbare Intuition –, daß die Sonderwelt des durchschnittlichen Sinnenmenschen nicht identisch ist mit dem Weltall als Ganzem. Umgekehrt hilft Güte der Meditation natürlich dadurch, daß sie uns von dem animalischen Wesen ablöst, und so den Geist für die Aufmerksamkeit auf seine wahre Beziehung zur letzten Wirklichkeit und zu den Mitmenschen öffnet. Güte, Meditation, mystische Erfahrung und die letzte, in der mystischen Erfahrung entdeckte unpersönliche Wirklichkeit sind organisch verbunden. Dies beseitigt die Befürchtungen, welche Albert Schweitzer jüngst in seinem Buch über indisches Denken ausgesprochen hat. Die Mystik, so behauptet er, gebe das richtige Weltbild; aber, obgleich richtig, sei es dem ethischen Gehalt nach unbefriedigend. Die letzte Wirklichkeit der Welt sei nicht moralisch (»Gott ist nicht gut«) und der Mystiker, im Einswerden mit der letzten Wirklichkeit, verschmelze mit einem nichtmoralischen Sein und sei daher nicht selbst moralisch. Das aber ist bloßer Wortstreit ohne Rücksicht auf die Erfahrungstatsachen. Es ist dem Mystiker unmöglich, seiner wahren Beziehung zu Gott und den Mitmenschen Aufmerksamkeit zu schenken, wenn er nicht zuvor seine Aufmerksamkeit von seinem animalischen Wesen und gesellschaftlichen Erfolgstreben losgelöst hat. Er kann aber seine Aufmerksamkeit von diesen Dingen nicht anders lösen als durch beharrliche und bewußte Übung der höchsten Sittlichkeit. Gott ist nicht gut; aber wenn ich auch nur die geringste Gotteserkenntnis haben will, muß ich wenigstens in einem geringen Maß gut sein; und wenn ich so vollständige Gotteserkenntnis haben will, als menschliche Wesen sie haben können, muß ich so gut sein, als menschliche Wesen es sein können.

Tugend ist die wesentliche Voraussetzung der mystischen Erfahrung. Und das ist nicht alles. Nicht einmal theoretisch ist eine letzte Wirklichkeit, welche unpersönlich und daher nicht moralisch ist, mit einer moralischen Ordnung auf der menschlichen Ebene unvereinbar. Unsere Untersuchung hat gezeigt, daß körperlich wie geistig eine Einheit den unabhängigen Einzelwesen zugrunde liegt, welche das Weltall des Gemeinverstandes erfüllen. Es ist nun eine Erfahrungstatsache, daß wir entweder unsere Abgegrenztheit gegen andere Wesen und die letzte Wirklichkeit der Welt unterstreichen können, oder unsere Einheit mit ihnen und mit ihr. Bis zu einem gewissen Grad jedenfalls ist unser Wille dabei frei. Menschen sind Geschöpfe, welche als animalische Wesen und Personen dazu neigen, sich als unabhängig und höchstens durch rein biologische Bande miteinander verknüpft anzusehen, aber soweit sie Animalität und Personalität überwinden, sich als Teile in unvergleichbar größeren physischen und geistigen Ganzen wahrzunehmen vermögen. Für solche Wesen lautet das grundlegende sittliche Gebot: Du sollst Deine Einheit mit allem Sein verwirklichen! Menschen können aber ihre Einheit mit anderen und mit der letzten Wirklichkeit nicht verwirklichen, wenn sie sich nicht in den Tugenden der Liebe und des Verstehens üben. Liebe, Mitfühlen und Verstehen sind die primären Tugenden im ethischen

System, und organisch verbunden mit dem wissenschaftlich-mystischen Weltbild – wenn wir es nun so nennen dürfen. Die letzte Wirklichkeit ist unpersönlich und nichtethisch. Aber wenn wir unsere wahre Beziehung zur letzten Wirklichkeit und zu unseren Mitmenschen verwirklichen wollen, müssen wir Sittlichkeit üben und (da keine Persönlichkeit über sich selbst hinauszukommen vermag, wenn sie nicht entsprechend frei von äußerem Zwang ist) die Persönlichkeit der anderen achten. Der Glaube an einen persönlichen moralischen Gott hat nur allzuoft in der Theorie zu Dogmatismus und in der Praxis zu Unduldsamkeit geführt, zu einer beharrlichen Weigerung, Persönlichkeit zu achten, und zur Verübung jeder Art von Schändlichkeit im Namen der göttlich moralischen Person.

»Auf der Tatsache der Unbeständigkeit des Bösen«, sagt Whitehead, »beruht die sittliche Ordnung der Welt.« Das Böse ist es, was Abgrenzung bewirkt; und was Abgrenzung bewirkt, ist selbst-vernichtend. Diese Selbstvernichtung des Bösen kann plötzlich und gewaltsam sein, wenn etwa mörderischer Haß einen Konflikt auslöst, der zum Tode des Hassers führt; sie kann allmählich vor sich gehen, wenn Degeneration Kraftlosigkeit und Aussterben bewirkt; oder sie kann zu einer Besserung führen, wie eine lange Reihe böser Taten einen solchen Überdruß an Zerstörung und Entartung bei den Tätern hervorruft, daß sie sich entschließen, einen anderen Weg einzuschlagen, und so aus Bösem Gutes werden lassen.

Die Unbeständigkeit des Bösen wird uns von der Entwicklungsgeschichte des Lebens deutlich vor Augen geführt. Biologische Spezialisierung kann als das Bestreben einer Art angesehen werden, auf ihrer Abgegrenztheit zu bestehen; und das Ergebnis der Spezialisierung ist, wie wir gesehen haben, negativ verderblich, da es weiteren biologischen Fortschritt ausschließt, positiv verderblich, da es zum Aussterben der Art führt. Ebenso läßt sich innerartlicher Wettbewerb als das Bestreben zusammengehörender Einzelwesen ansehen, in ihrer Abgegrenztheit und Unabhängigkeit zu beharren; die Wirkungen innerartlichen Wettbewerbs sind, wie wir gesehen haben, fast ausnahmslos schädlich. Dagegen sind die Eigenschaften, welche zu biologischem Fortschritt geführt haben, die gleichen, die es dem Einzelwesen erlauben, der Abgegrenztheit zu entkommen: Intelligenz und die Neigung zum Zusammenwirken. Liebe und Verstehen sind auch biologisch höchste Werte. Haß, Achtlosigkeit, Dummheit aber und alles, was die

Abgegrenztheit verschärft, führt – wie geschichtliche Tatsachen beweisen – dazu, daß die Art entweder ausstirbt oder ein lebendes Fossil wird, unfähig weiterer Entwicklung.

(*Ends and Means*, 1937; U.: anonym)

Wunder im Libanon

In einem der nördlichen Vororte von Beirut steht eine häßliche kleine armenische Kirche, an deren Besuch unter normalen Umständen kein Tourist auch nur im Traum denken würde. Doch in diesem Mai, 1954, handelte es sich eben nicht um normale Umstände. Wir waren nämlich gekommen, ein Wunder zu schauen.

Es hatte sich zwei, drei Tage zuvor ereignet. In der Nische, wo man zwischen den Gottesdiensten den Abendmahlskelch aufbewahrte, war auf dem Stein ein Lichtfleck erschienen. Kein Sonnenstrahl war für die Erscheinung verantwortlich zu machen, und es gab auch sonst keinerlei Anhaltspunkte, wie man uns versicherte, daß der Stein irgendeine phosphoreszierende oder fluoreszierende Substanz enthielt. Und doch blieb die Tatsache bestehen, daß man während der letzten Tage jeden Morgen ein schwaches Leuchten wahrgenommen hatte, das den ganzen Tag anhielt und abends wieder verblaßte. Für die Armenier stellte das Wunder vermutlich den eindeutigen Beweis dar, wie recht ihre Vorfahren gehabt hatten, als sie die konkurrierenden Orthodoxien von Rom und Byzanz zugunsten der Lehre ablehnten, daß Christi Leib nach seiner Taufe (aber erst dann) aus ätherischem Feuer bestand und »nicht den normalen Verdauungs-, Sekretions- und Ausscheidungsprozessen unterworfen war«. Für uns übrige war das Ganze entweder ein Schabernack oder ein ganz normales Ereignis in einem ungewöhnlichen Zusammenhang, beziehungsweise eine jener köstlichen, den rechtschaffenen Wissenschaftler beunruhigenden Abweichungen von der Norm, die sich von Zeit zu Zeit in all ihrer rätselhaften Sinnlosigkeit tatsächlich ereignen und einfach nicht hinwegerklären lassen.

Bei unserer Ankunft wimmelte es in der Kirche von, fast hätte ich gesagt, Pilgern – aber dieses Wort weckt (zumindest im gegenwärtigen Zeitalter des Unglaubens und somit der religiösen Feierlichkeit) die Vorstellung von Andacht; und von Andacht, oder auch nur gesittetem Benehmen, konnte nicht die Rede sein. Wenn diese Leute nun aber keine Pilger waren, in der Un-Chaucerschen Bedeutung dieses Begriffs, so waren sie doch auch nicht einfach Touristen. Gewiß war Neugier einer ihrer Beweggründe, aber, das spürte man deutlich, nicht der stärkste. Was die meisten in die Kirche geführt hatte, war eine Art Eigennutz. Sie waren auf der Suche nach schnellem Profit hierher gekommen, wie die Goldsucher 1849 nach Kalifornien – ein wilder Haufen spiritueller Goldgräber, die nach *Mana*-Nuggets suchten, nach Adern aus 22-karätigem Glück, mit einem Wort: nach etwas, das es umsonst gab.

Etwas, das es umsonst gab – aber was denn konkret? Wenn sich Leute massenhaft um einen Filmstar drängen, dann können sie um Autogramme bitten, Taschentücher und Federhalter stehlen oder sich zum Andenken einen Fetzen von ihrer oder seiner Kleidung abreißen. Ähnlich konnte es im Mittelalter passieren, daß Gläubige einen aufgebahrten Toten, der im Geruch der Heiligkeit stand, entkleideten oder sogar zerstückelten. Kleidungsstücke konnte man in Streifen reißen, Haare konnte man auszupfen, Zehen und Finger amputieren, Ohren und Brustwarzen abschneiden und als Amulette nach Hause tragen. Hier jedoch gab es leider keinen Leichnam; nur Licht, und Licht ist nicht greifbar. Man kann sich nicht einfach eine Scheibe vom Spektrum abschneiden und in die Tasche stecken. Die Menschen, die gekommen waren, um diese Comstock-Ader des Übernatürlichen auszubeuten, wurden bitter enttäuscht; hier gab es nichts mitzunehmen. Das Leuchten in der Nische war praktisch immateriell. Dann entdeckte eine junge Frau zum Glück für alle Beteiligten, daß aus irgendwelchen Gründen einer der von der Decke herabhängenden Kronleuchter naß war. Langsam bildeten sich ziemlich schmutzige Wassertropfen, die in zunehmend längeren Intervallen herabfielen. Zwar glaubte kein Mensch, daß an diesem Vorgang irgend etwas übernatürlich sei; aber zumindest fand er in einem übernatürlichen Kontext statt. Darüber hinaus besaß das Wasser am Kronleuchter im Vergleich zu dem Licht in der Nische einen immensen Vorteil: Man konnte es nicht nur anschauen, sondern auch berühren. Also wurde einem großen Mann ein Junge auf die Schultern gehievt. Man reichte dem Jungen Taschentücher, er befeuchtete sie in der Schmutzbrühe der Lampe und gab sie ihren Eigentümern zurück, die nun glücklich im Besitz eines aufgeladenen Fetischs waren, der zweifellos kleinere Leiden kurieren, Potenzverlust beheben und Gebete um Erfolg in Liebe und Beruf an die richtige Adresse weiterleiten konnte.

Doch liegt der »Suche nach dem Wunderbaren« (um Ouspenskys Ausdruck zu verwenden) nicht immer nur Eigennutz zugrunde. Es gibt Menschen, die die Wahrheit um ihrer selbst willen lieben und, wie die Gründer der Gesellschaft für Psychologische Forschung, bereit sind, auch am Grund der schmutzigsten, stinkendsten Brunnen danach zu suchen. Viel verbreiteter als die Wahrheitsliebe ist allerdings die Begierde nach Wundern, die Liebe zum Schwindel *per se*. Es gibt auch eine merkwürdige psychische Störung, eine Art Neurose, manchmal mild, manchmal schwer, die man als »Das Kryptogramm-Geheimgesellschafts-Syndrom« bezeichnen könnte. Welch ein Vergnügen, ein Eingeweihter zu sein! Wie köstlich, die paranoide Glut zu spüren, die mit dem Bewußtsein einhergeht, zum innersten Zirkel zu gehören, einer der wenigen Überlegenen und Privilegierten zu sein, die zum Beispiel wissen, daß die ganze Geschichte, Vergangenheit, Gegenwart und Zukunft, in den Steinen der Großen Pyramide gemeißelt steht; daß Jesus, genau wie Madame Blavatsky, sieben Jahre in Tibet verbracht hat; daß Bacon sämtliche Werke Shakespeares geschrieben hat und nie gestorben, sondern nur verschwunden ist, um ein Jahrhundert später als Graf von Saint-Germain wiederzukehren, der heute immer noch lebt und zwar entweder (nach Überzeugung von Mrs. Annie Besant) in einem Schloß in Mitteleuropa oder wahrscheinlich eher in Gesellschaft zahlloser Lemuren in einer Höhle nah beim Gipfel des Mount Shasta; oder wahlweise, daß Bacon zwar starb und begraben wurde, aber (selbstredend) nicht dort, wo die breite Masse sein Grab vermutet, sondern in Williamsburg, Virginia, oder noch besser auf einer Insel vor der kalifornischen Küste, in der Nähe von Santa Barbara. In derlei Geheimnisse eingeweiht zu sein, stellt ein hohes, seltenes Privileg dar und verleiht einen ähnlichen Rang, als wäre man Mr. Rockefeller oder ein Ritter des Hosenbandordens.

Esoterische Hirngespinste über Grabmäler der Vierten Dynastie, über Juristen des sechzehnten und Abenteurer des achtzehnten Jahrhunderts sind harmlos. Wenn jedoch praktizierende Politiker und Machthungrige sich für Esoterik interessieren, dann könnte das gefährlich werden. Ob faschistisch oder revolutionär, jede konspirative Gruppe weist eine bestimmte Quote von Männern und Frauen auf, die am Kryptogramm-Geheimgesellschafts-Syndrom leiden. Und das ist noch nicht alles. Sämtliche Geheimdienste bestehen größtenteils aus Leuten, die (unter glücklicheren Umständen oder bei etwas anderem Charakter) völlig harmlos damit beschäftigt wären, tibetanischen Gurus nachzujagen, den Beweis zu erbringen, daß es sich bei den Engländern um die Verlorenen Zehn Stämme handelt, schwarze Messen zu zelebrieren oder (die Lieblingsbeschäftigung von Charles Williams' überspannteren Figuren) das Tetragrammaton rückwärts zu intonieren. Würden sich all diese Neurotiker damit zufriedengeben, das Mantel-und-Degen-Spiel nach den Spielregeln des Patriotismus zu spielen, dann wäre ja irgendwie alles in Ordnung. Aber die Geschichte der Spionage zeigt klar und deutlich, daß es vielen zwanghaften Esoterikern nicht genügt, nur einer einzigen Geheimen Gesellschaft anzugehören. Um ihr seltsames Vergnügen noch zu steigern, arbeiten sie nicht nur für ihre eigene Abteilung, sondern heimlich auch noch für den Feind und enden schließlich in einem Delirium der Doppelzüngigkeit damit, daß sie alle und jeden betrügen. Auf den geborenen Geheimagenten, den Menschen, dem das Spionieren ausgesprochen Spaß macht, kann man sich, da er ein Neurotiker ist, niemals verlassen. Gut möglich, daß die tatsächliche Sicherheit einer Nation im umgekehrten Verhältnis zur Größe ihres Geheimdienstes steht. Je größer die Zahl ihrer Geheimagenten und Spione, desto höher die Wahrscheinlichkeit des Verrats.

Aber zurück zu unserem Wunder. »Was halten Sie davon?« fragte ich unseren libanesischen Begleiter. Er strich sich den schwarzen Bart, lächelte und zuckte in beredtem Schweigen die Achseln. Da selbst ein ausgebildeter Thaumaturg – er hatte bei Derwischen gelernt, auf Nagelbetten zu liegen, in Katalepsie zu verfallen, telepathische Meisterstücke zu vollbringen, Menschen allein durch Berührungen an Hals oder Rücken in Hypnose zu versetzen –, wußte er, wie schwer man arbeiten mußte, bis man auch nur die geringsten paranormalen Fähigkeiten besaß. Er begegnete Amateur-Wundertätern und Wundern, die sich von selbst ereigneten, mit größter, unerschütterlicher Skepsis.

Am Fuß der Altarstufen hatte sich eine Menschenschlange gebildet. Wir stellten uns ebenfalls an und schoben uns langsam vorwärts, um zu gegebener Zeit auch einen Blick in die Nische zu werfen. Daß ich persönlich nichts sah, lag nicht am Abendmahlskelch, sondern an meinen schlechten Augen. Meine Begleiter und alle übrigen sahen das Leuchten ganz deutlich. Es war zwar ein armenisches Wunder; aber selbst Maroniten, selbst Uniaten, selbst Moslems und Drusen mußten zugeben, daß sich etwas ereignet hatte.

Wir bahnten uns den Weg zur Tür. Der kleine Junge auf den Schultern des hochgewachsenen Mannes war immer noch damit beschäftigt, Taschentücher in Reliquien zu verwandeln. In der Sakristei wurden bereits Ansichtskarten des Abendmahlskelchs und der erleuchteten Nische verkauft.

In Edward Conzes hervorragender Darstellung des Buddhismus gibt es eine eindrucksvolle Passage über die historisch und vielleicht auch psychologisch unvermeidliche Beziehung zwischen Spiritualität und Aberglauben, zwischen der höchsten und der niedrigsten Form der Religiosität. »Historisch betrachtet«, bemerkt Conze, »zählten das Zurschaustellen übernatürlicher Kräfte und das Vollbringen von Wundern zu den Hauptursachen dafür, daß Einzelpersonen und ganze Volksstämme zum Buddhismus übertraten.« Selbst die »kultiviertesten und intellektuellsten« unter den Buddhisten »neigten zu der Ansicht, der Glaube an Wunder sei für das Fortbestehen jedes spirituellen Lebens unerläßlich. In Europa wurde vom 18. Jahrhundert an die Überzeugung, geistige Kräfte könnten auf materielle Ereignisse einwirken, vom Glauben an die unerbittliche Herrschaft der Naturgesetze abgelöst: mit dem Resultat, daß die moderne Gesellschaft immer mehr den Zugang zur religiösen Erfahrung verloren hat. Keine der bekannten Religionen ist zur vollen Entfaltung gelangt, ohne sowohl den spirituellen als auch den magischen Aspekt in sich zu schließen. Wenn sie sich dem spirituellen Aspekt verweigert, wird aus der Religion nur noch ein Herrschaftsinstrument... Dies war im Nazismus und im modernen Japan der Fall. Klammert die Religion jedoch die magische Seite des Lebens aus, dann schneidet sie sich so sehr von den lebendigen Kräften in der Welt ab, daß sie nicht einmal mehr die spirituelle Seite des Menschen zur Vollendung bringen kann.« Der Buddhismus hat (ebenso wie das Christentum in seiner Blütezeit) »erhabene Metaphysik mit dem Festhalten an den verbreitetsten Formen des Aberglaubens der Menschheit« kombiniert. Der Text des Prajnaparamita sagt uns, daß man »vollkommene Weisheit nur durch die totale Auslöschung des Eigennutzes erlangen kann«. Und doch wird diese höchste spirituelle Weisheit in den gleichen Texten als »eine Art magischer Talisman oder glückbringendes Amulett empfohlen... Von all den Paradoxen, die uns die Geschichte des Buddhismus bietet, ist diese Verbindung von spiritueller Verneinung des Eigennutzes mit magischer Abhängigkeit vom Eigennutz vielleicht eines der bemerkenswertesten.«

Das gleiche Paradox findet man im Christentum. Den Hintergrund und Kontext für die mystische Spiritualität des 14. Jahrhunderts bildete jenes Ideensystem, das solche Männer wie Chaucers Ablaßprediger ins Leben rief und jenen Prediger, der im *Decamerone* durchs Land reist und eine Schwanzfeder des Heiligen Geistes zur Schau stellt. Oder man denke an die Blütezeit der französischen Spiritualität drei Jahrhunderte später mit Charles de Condren und Olier, mit Lallemant und Surin und Mme de Chantal. Sie, die im Geiste einen Gott anbeteten, der Geist ist, lebten zur gleichen Zeit, in der sich die abscheulichsten Manifestationen des Teufels-Aberglaubens ereigneten, und waren im Fall Surins sogar tief darin verstrickt. Weißer Sand ist sauber, aber steril. Möchte man eine Rabatte anlegen, muß man die Erde mit Laub bedecken oder möglichst eine Ladung Dung untergraben. Werden wir in der Religion jemals das Äquivalent zur Hydrokultur erleben – daß nämlich spirituelle Blumen ohne Unterstützung durch Jauche oder Fäulnis gedeihen, in einer Lösung aus reiner Liebe und reinem Verständnis? Ich hoffe es zwar inbrünstig, habe da aber leider so meine Zweifel. Genau wie saubere Landwirtschaft wird auch saubere Spiritualität noch lange die Ausnahme sein. Schmutz wird die Regel bleiben, und nicht zu knapp. Okkulter Schmutz, der wie üblich einige wenige mystische Blüten treibt und ein ganzes Heer von Zauberern, Priestern und Fanatikern hervorbringt. Anti-okkulter Schmutz – der Schmutz ideologischen und technologischen Aberglaubens –, in dem persönliche Enttäuschungen gedeihen wie Giftpilze im dunklen Dickicht politischer Tyrannei. Oder gar (und das wäre am grauenvollsten) eine Mischung aus beiden Sorten von Schmutz, die solche Mißgeburten produziert wie medial veranlagte Kommissare, hellseherische Ingenieure, NKWDs und FBIs, die sowohl mit der Fähigkeit zu außersinnlicher Wahrnehmung als auch mit Walkie-Talkies und versteckten Mikrofonen ausgestattet sind.

(*Adonis and the Alphabet*, 1956; Ü.: Sabine Hübner)

Wissen und Verstehen

Wissen wird erworben, wenn es uns gelingt, eine neue Erfahrung in das begriffliche System einzufügen, das auf unseren alten Erfahrungen beruht. Zu Verstehen kommt es, wenn wir uns vom alten freimachen und damit einen direkten, unvermittelten Kontakt zum Neuen herstellen, zu dem in jedem Augenblick enthaltenen Geheimnis unserer Existenz.

Das Neue ist das auf jeder Erfahrungsebene unvermittelt neu Gegebene – gegebene Wahrnehmungen, gegebene Gefühle und Gedanken, gegebene unstrukturierte Bewußtseinszustände, gegebene Beziehungen zu Dingen und Personen. Das Alte ist unser selbstverfertigtes System von Ideen und Wortmustern. Es ist der Bestand an fertigen Gegenständen, die durch Gedächtnis oder analytische Überlegung, durch Gewohnheit und die automatischen Assoziationen anerkannter Begriffe aus dem gegebenen Geheimnis hergestellt worden sind. Wissen ist primär ein Wissen um diese fertigen Dinge. Verständnis ist in erster Linie ein direktes Bewußtsein der Rohmaterialien.

Wissen vollzieht sich immer im Sinne von Konzepten und kann nur mit Hilfe von Worten oder anderen Symbolen weitergegeben werden. Verständnis ist nicht begrifflich und kann deshalb auch nicht weitervermittelt werden. Verständnis ist eine unmittelbare Erfahrung, und unmittelbare Erfahrung kann nur (sehr unangemessen) beredet, dagegen nie geteilt werden. Niemand kann wirklich fremden Kummer und fremdes Leid nachempfinden, anderer Menschen Liebe, Freude oder Hunger spüren. Und ähnlich kann niemand das von einem anderen erlebte Verständnis einer gegebenen Situation oder eines gegebenen Ereignisses nachvollziehen. Natürlich kann es Wissen von einem solchen Verständnis geben, und dieses Wissen kann durch Rede, Schrift oder andere Symbole weitergegeben werden. Ein solches kommunizierbares Wissen ist nützlich als Mahnung, daß es in der Vergangenheit spezifische Formen von Verständnis gegeben hat und daß Verständnis zu allen Zeiten möglich ist. Aber wir müssen uns stets gegenwärtig halten, daß Wissen von Verständnis nicht das gleiche ist wie Verständnis, das seinerseits der Rohstoff von Wissen ist. Es ist vom Verstehen so verschieden wie ein ärztliches Penicillin-Rezept vom Penicillin selber.

Verständnis ist nicht ererbt und kann auch nicht mühsam erworben werden. Es ist etwas, das sich, wenn die Umstände günstig sind, sozusagen aus eigenem Antrieb einstellt. Wir alle sind Wissende, immer; aber nur gelegentlich und ohne unser Zutun verstehen wir das Geheimnis der gegebenen Realität direkt. Folglich sind wir auch sehr selten versucht, Verstehen mit Wissen gleichzusetzen. Die meisten der außergewöhnlichen Männer und Frauen, die in jeder Situation Verständnis haben, sind intelligent genug zu sehen, daß Verstehen von Wissen verschieden ist und begriffliche Systeme, die auf vergangener Erfahrung beruhen, für die Lebensführung ebenso unerläßlich sind wie spontane Einsichten aufgrund neuer Erfahrungen. Aus diesen Gründen wird der Fehler der Identifizierung von Verstehen und Wissen nur selten begangen und stellt deshalb kein ernsthaftes Problem dar.

Wie anders liegt dagegen der Fall beim entgegengesetzten Fehler, der auf der Voraussetzung beruht, daß Wissen dasselbe wie Verstehen und damit austauschbar ist! Alle Erwachsenen verfügen über große Bestände von Wissen. Manches davon ist genaues, anderes ist ungenaues Wissen, und wieder anderes sieht nur wie Wissen aus und ist weder genau noch ungenau; es ist einfach bedeutungsleer. Das, was einem Satz Sinn verleiht, sind nicht (um die Formulierungen des hervorragenden zeitgenössischen Philosophen Rudolf Carnap zu benutzen) »die begleitenden Bilder oder Gedanken, sondern die Möglichkeit, daraus einen perzeptiven Satz abzuleiten, mit anderen Worten: die Möglichkeit der Verifizierung. Um einem Satz Sinn zu verleihen, ist die Präsenz von Bildern nicht ausreichend, sie ist nicht einmal notwendig. Wir haben kein Bild des elektro-magnetischen Feldes, noch auch, so würde ich sagen, des Gravitationsfeldes; dennoch haben die Sätze, die die Physiker über diese Felder aussagen, einen vollkommenen Sinn, weil sich daraus überprüfbare Folgesätze ableiten lassen.«

Metaphysische Lehren sind Sätze, die sich nicht operational verifizieren lassen, zumindest nicht auf der Ebene gewöhnlicher Erfahrung. Sie können einen Geisteszustand zum Ausdruck bringen, auf eben die Weise, wie die lyrische Dichtung expressiv ist; aber sie haben keine bestimmbare Bedeutung. Die Information, die sie übermitteln, ist nur Pseudo-Wissen. Aber diejenigen, die metaphysische Lehren formulieren, und die gläubigen Anhänger solcher Lehren haben dieses Pseudo-Wissen irrigerweise immer für Wissen gehalten und entsprechend auch ihr Verhalten darauf abgestimmt. Sinnloses Pseudo-Wissen ist zu allen Zeiten eine der Haupttriebkräfte individuellen und kollektiven Handelns gewesen. Und das ist einer der Gründe, warum der Verlauf der menschlichen Geschichte so tragisch und gleichzeitig so befremdend grotesk gewesen ist. Handeln, das auf sinnlosem Pseudo-Wissen beruht, ist immer unangemessen, unsachlich und läuft folglich auf die Art von Verwirrung hinaus, in der die Menschheit immer gelebt hat – jene Art von Verwirrung und Chaos, die die Engel zum Weinen und die Satiriker zu schallendem Gelächter treibt.

Genau oder ungenau, triftig oder sinnlos, sind Wissen und Pseudo-Wissen so weit verbreitet wie Mist und werden deshalb für ebenso selbstverständlich gehalten. Verständnis dagegen ist beinahe ebenso selten wie Smaragde und deshalb hochgepriesen. Die Wissenden wären von Herzen gerne Verstehende; aber entweder schließt ihr Bestand an Wissen nicht auch das Wissen ein, was zu tun ist, um Verstehende zu werden, oder sie wissen theoretisch, was sie tun sollten, fahren aber fort, trotzdem das Gegenteil davon zu tun. In beiden Fällen hegen und pflegen sie die tröstliche Selbsttäuschung, daß Wissen und vor allem Pseudo-Wissen schon Verständnis *ist*. Zusammen mit den nahe verwandten Fehlern der Über-Abstraktion, der Über-Verallgemeinerung und der Über-Vereinfachung ist das die verbreitetste aller intellektuellen Sünden und die gefährlichste.

Von der gewaltigen Summe menschlichen Elends ist meiner Schätzung nach etwa ein Drittel unvermeidbares Elend. Das ist der Preis dafür, daß wir körperliche Wesen und mit ererbten Genen ausgestattet sind, die verhängnisvollen Mutationen unterworfen sind. Das ist der von der Natur erzwungene Zins für das Privileg des Lebens auf der Oberfläche eines Planeten, dessen Erdkruste größtenteils unfruchtbar, dessen Klima launenhaft und unfreundlich ist und zu dessen Bewohnern eine ungeheure Menge von Mikro-Organismen zählen, die in der Lage sind, beim Menschen selbst, aber auch bei seinen Haustieren und Kulturpflanzen eine immense Vielzahl von tödlichen oder schwächenden Krankheiten hervorzurufen. Zu diesen Nöten kosmischen Ursprungs gesellt sich die sehr viel umfangreichere Gruppe vermeidbarer Katastrophen, die wir selbst über uns bringen. Denn zumindest zwei Drittel unserer Nöte haben ihren Ursprung in menschlicher Dummheit, menschlicher Bösartigkeit und jenen großen Antreibern und Rechtfertigern von Dummheit und Bösartigkeit – Idealismus, Dogmatismus und Bekehrungseifer im Banne religiöser oder politischer Idole. Aber Bekehrungseifer, Dogmatismus und Idealismus gibt es nur, weil wir unaufhörlich intellektuelle Sünden begehen. Wir sündigen durch Zuschreibung konkreten Sinnes an sinnloses Pseudo-Wissen; wir sündigen, weil wir zu faul sind, im Sinne von Multi-Kausalität zu denken, und statt dessen der Über-Vereinfachung, Über-Verallgemeinerung und Über-Abstraktion frönen; und wir sündigen, indem wir die falsche, aber angenehme Vorstellung hegen und pflegen, daß begriffliches Wissen und vor allem begriffliches Pseudo-Wissen dasselbe wie Verständnis sind.

Dafür seien einige offenkundige Beispiele angeführt. Die Greueltaten etablierter Religionen (und die etablierten Religionen haben, wie wir nie außer acht lassen wollen, letztlich ebensoviel Schaden angerichtet, wie sie Gutes getan haben) sind im Grunde jenem Irrtum anzulasten, »daß man den Finger, der auf den Mond zeigt, für den Mond selbst hält« – mit anderen Worten: dem Irrtum, daß man den verbalisierten Begriff für das gegebene Mysterium hält, auf das er zeigt oder häufiger nur zu zeigen scheint. Das ist wie gesagt eine der Ursünden des Intellekts, und es ist eine Sünde, der die Theologen mit einer ebenso grotesken wie abscheulichen rationalistischen Aufgeblasenheit gefrönt haben. Aus der Nachsicht mit dieser Art von Vergehen ist in den meisten der großen religiösen Überlieferungen der Welt eine phantastische Überschätzung des Wortes erwachsen. Diese Überschätzung des Wortes führt nur allzu häufig zur Herstellung und götzenhaften Verehrung von Dogmen, zum hartnäckigen Beharren auf der Einheit des Glaubens und zur Forderung nach Zustimmung aller Beteiligten zu einem Bündel von Sätzen, die, obwohl sinnlos, als sakrosankt betrachtet werden sollen. Diejenigen, die sich dieser Götzenanbetung von Worten nicht fügen, müssen ›bekehrt‹ und, wenn sich das als unmöglich erweist, entweder verfolgt oder, wenn es den Dogmen-Predigern dazu an politischer Macht fehlt, zum Scherbengericht verurteilt und gebrandmarkt werden. Die unmittelbare Erfahrung der Realität eint die Menschen. Konzeptualisierte Überzeugungen, darunter sogar der Glaube an einen Gott der Liebe und

Rechtschaffenheit, entzweien sie und veranlassen sie, wie das der traurige Abriß der Religionsgeschichte bezeugt, sich jahrhundertelang ununterbrochen gegenseitig die Kehlen durchzuschneiden.

Über-Vereinfachung, Über-Verallgemeinerung und Über-Abstraktion sind drei weitere Sünden, die eng mit jener ersten verwandt sind, sich Wissen und Pseudo-Wissen als dasselbe wie Verständnis vorzustellen. Der über-verallgemeinernde Über-Vereinfacher ist derjenige, der, ohne jeglichen Beweis, behauptet: »Alle X sind Y«, oder: »Alle A haben eine einzige Ursache, nämlich B.« Der Über-Abstrahierende ist derjenige, der sich nicht mit Jones und Smith, mit Jane und Mary als Individuen abgeben mag, sondern es vorzieht, sich über Gegenstände wie Menschheit, Fortschritt, Gott, Geschichte und Zukunft auszulassen. Dieser Art von intellektueller Pflichtvergessenheit frönt jeder Demagoge, jeder Kreuzfahrer. Im Mittelalter war die beliebteste Über-Verallgemeinerung: »Alle Ungläubigen sind verdammt.« (Denn für die Muslime bedeutete »alle Ungläubigen« »alle Christen«; für die Christen »alle Muslime«.) Beinahe ebenso beliebt war der sinnlose Satz: »Alle Ketzer sind vom Teufel besessen« oder: »Alle verschrobenen alten Frauen sind Hexen«. Im 16. und 17. Jahrhundert wurden Kriege und Verfolgungen durch den leuchtend klaren und einfachen Glauben gerechtfertigt: »Alle Römisch-Katholischen (oder wenn man zufällig auf der Seite des Papstes stand: alle Lutheraner, Kalvinisten und Anglikaner) sind Gottes Feinde.« In unseren Tagen behauptete Hitler, daß alle Übel dieser Welt nur eine Ursache hätten, nämlich die Juden, und daß die Juden untermenschliche Feinde der Menschheit seien. Für die Kommunisten haben alle Übel dieser Welt ebenfalls nur eine Ursache, nämlich die Kapitalisten, und alle Kapitalisten und ihre bürgerlichen Helfer sind untermenschliche Feinde der Menschheit. Angesichts dieser Sachverhalte ist es vollkommen klar, daß keine dieser über-verallgemeinernden Behauptungen irgendwie wahr sein kann. Aber das Bedürfnis nach intellektueller Sünde ist fürchterlich stark. Alle sind der Versuchung ausgesetzt, und nur wenige sind fähig, ihr zu widerstehen.

Im Leben menschlicher Wesen gibt es sehr viele Situationen, in denen nur begriffliches, akkumuliertes und mittels Worten weitervermitteltes Wissen von praktischem Nutzen ist. Wenn ich beispielsweise Schwefelsäure herstellen oder Bankbuchhalter werden möchte, gehe ich nicht bis zu den Anfängen von Chemie oder Ökonomie zurück; ich beginne mit dem heutigen Stand dieser Wissenschaften. Mit anderen Worten: Ich gehe in eine Schule, wo die einschlägigen Kenntnisse gelehrt werden, ich lese Bücher, in denen die in der Vergangenheit akkumulierten Erfahrungen auf diesen besonderen Gebieten zusammengetragen sind. Ich kann die Funktionen eines Buchhalters oder Chemikers allein auf der Grundlage von Wissen erlernen. Für diesen besonderen Zweck ist es nicht nötig, viel Verständnis für konkrete Situationen zu haben, wie sie alle Augenblicke aus den Tiefen des gegebenen Geheimnisses unserer Existenz auftauchen. Für mich als Berufstätigen ist wichtig, daß ich mit dem ganzen begrifflichen Wissen auf meinem Gebiet vertraut bin. Unsere Zivilisation ist eine industrielle Zivilisation, in deren Rahmen keine Gesellschaft prosperieren kann, wenn sie nicht über eine Elite von sorgfältigst ausgebildeten Wissenschaftlern und eine bemerkenswerte Armee von Ingenieuren und Technikern verfügt. Der Besitz und die weite Streuung eines großen Betrages an genauem, spezialisiertem Wissen ist zur Grundvoraussetzung nationalen Überlebens geworden.

In den Vereinigten Staaten scheint dieses Faktum in den vergangenen zwanzig oder dreißig Jahren in Vergessenheit geraten zu sein. Berufsmäßige Pädagogen haben John Deweys Theorien vom »Lernen durch Tun« und von der »Erziehung als Lebensanpassung« aufgegriffen und sie derart angewendet, daß es in manchen amerikanischen Schulen heute Tun ohne jedes Lernen gibt, im Verein mit Kursen zur Anpassung an alles und jedes, ausgenommen das grundlegende Faktum des 20. Jahrhunderts, daß wir in einer Welt leben, in der Unkenntnis der Wissenschaft und ihrer Methoden den kürzesten und sichersten Weg in die nationale Katastrophe bedeutet. Im Laufe des vergangenen halben Jahrhunderts hat jede andere Nation große Anstrengungen unternommen, immer mehr jungen Leuten immer mehr Wissen zu vermitteln. In den Vereinigten Staaten haben die berufsmäßigen Pädagogen den entgegengesetzten Weg eingeschlagen. Um die Jahrhundertwende hatten 56% der Schüler an amerikanischen *High Schools* Algebra als Fach; heute werden weniger als ein Viertel davon wenigstens noch in das Gebiet eingeführt. Im Jahre 1955 lernten 11% aller amerikanischen Jungen und Mädchen Geometrie; fünfzig Jahre zuvor lag der Prozentsatz bei 27. Physik wird als Fach von 4% belegt – im Gegensatz zu 19% im Jahre 1900. 50% der amerikanischen *High Schools* bieten keine Kurse in Chemie mehr an, 53% keine in Physik.

Dieser rapide Verfall an Wissen ist nicht von einem entsprechenden Zuwachs an Verständnis begleitet gewesen; denn es versteht sich von selbst, daß die *High-School*-Kurse in Lebensvorbereitung und -anpassung eben nicht Verständnis lehren. Sie lehren lediglich Konformität mit den üblichen Konventionen individuellen und kollektiven Verhaltens. Es gibt keinen Ersatz für genaues Wissen, und im Verlauf des Erwerbs von genauem Wissen gibt es keinen Ersatz für Konzentration und anhaltende praktische Schulung. Für alles, ausgenommen die Hochbegabten, muß Lernen, gleichgültig nach welcher Methode, immer harte Arbeit sein. Bedauerlicherweise gibt es manche berufsmäßigen Pädagogen, die zu glauben scheinen, daß Kindern keinerlei harte Arbeit abverlangt werden könne. Überall da, wo Ausbildungsmethoden auf dieser Voraussetzung beruhen, werden sich die Kinder tatsächlich auch nicht viel Wissen erwerben; und wenn diese Methoden eine oder zwei Generationen lang befolgt werden, wird die Gesellschaft, die sie toleriert, sich in vollem Verfall begriffen sehen.

Theoretisch können Wissensdefizite durch Lehrplanänderungen wettgemacht werden. In der Praxis wird eine Lehrplanänderung wenig Gutes bewirken, wenn sie von keiner entsprechenden Änderung der Einstellung der berufsmäßigen Pädagogen begleitet ist. Denn der Ärger mit amerikanischen Pädagogen beruht, wie ein ausgezeichneter Vertreter dieses Berufsstandes, H. L. Dodge, schreibt, darauf, daß sie »alle Fächer – von Körperpflege bis Philosophie – im Prozeß der Selbstverwirklichung für gleich wichtig und untereinander austauschbar halten. Diese Anarchie der Werte hat zur Verdrängung der etablierten natur- und geisteswissenschaftlichen Fächer durch diese neuen Bereiche geführt.« Ob die berufsmäßigen Pädagogen dazu bewogen werden können, ihre gegenwärtigen Einstellungen zu ändern, ist ungewiß. Sollte es sich als unmöglich erweisen, müssen wir uns auf den tröstlichen Gedanken zurückziehen, daß die Zeit nie stillsteht und niemand unsterblich ist. Was Überredung und die Drohung nationalen Verfalls nicht zustande bringen, werden Ruhestand, hoher Blutdruck und Tod bewerkstelligen, langsamer zwar, aber viel sicherer.

Die breite Streuung genauen Wissens ist eine der wesentlichen

Funktionen von Erziehung, und wir vernachlässigen sie auf unsere eigene Verantwortung. Offensichtlich sollte Erziehung jedoch mehr sein als die Vermittlung genauen Wissens. Sie sollte auch lehren, was Dewey Lebensvorbereitung und Selbstverwirklichung genannt hat. Aber wie genau sollen Selbstverwirklichung und Lebensvorbereitung gefördert werden? Auf diese Frage haben moderne Pädagogen unterschiedliche Antworten bereit. Die meisten dieser Antworten gehören dem einen oder anderen der beiden Haupttypen von Erziehung an, dem progressiven oder dem klassischen. Antworten des progressiven Typs finden Ausdruck im Angebot von Kursen zu Themen wie »Familienleben, Verbraucherschutz, Berufsberatung, körperliche und geistige Gesundheit, Ausbildung zum Weltbürgertum und zur Staatskunst und zuletzt – und ich fürchte: als Tiefpunkt –« (ich zitiere wiederum die Formulierungen von H. L. Dodge) »Grundlagenausbildung«.

Wo Antworten des klassischen Typs vorgezogen werden, bieten die Pädagogen Kurse in Latein, Griechisch, moderner europäischer Literatur, Weltgeschichte und in Philosophie an – aus irgendeinem unerfindlichen Grund ausschließlich westlichen Zuschnitts. Shakespeare und Chaucer, Vergil und Homer – wie fern diese Autoren scheinen, wie unwiderruflich tot! Warum sollten wir uns also Umstände damit machen, die Klassiker zu lehren? Die Gründe dafür sind tausendmal dargelegt worden, aber selten mit größerer Eindringlichkeit und Luzidität als von Albert Jay Nock in seinen *Memoirs of a Superfluous Man*. »Die Literaturen der Griechen und Römer liefern das längste, vollständigste und am ehesten kontinuierliche Zeugnis, das wir von der Beschäftigung jenes seltsamen Geschöpfes, des *homo sapiens*, mit praktisch jedem Einzelgebiet spiritueller, intellektueller und sozialer Aktivität besitzen. Folglich ist der Geist, der sich gründlich mit diesem Zeugnis auseinandergesetzt hat, weitaus mehr als nur ein disziplinierter Geist; er ist ein erfahrungsgesättigter Geist. Er hat, wie Emerson sagt, ein Gefühl ungeheurer zeitlicher Tiefe vermittelt bekommen und sieht den zeitgenössischen Menschen und sein Wirken aus der Perspektive, die diese profunde und gewichtige Erfahrung ihm eröffnet hat. Diese Studien wurden richtigerweise Entwicklungsstudien genannt, weil sie, mehr als alle anderen, auf kraftvolle Weise die Reife förderten. Cicero sagte die ungeschminkte Wahrheit, als er darauf hinwies, daß diejenigen, die keine Kenntnis dessen haben, was sich vor ihrer Zeit abgespielt hat, immer Kinder bleiben müssen. Und wenn jemand den kollektiven Geisteszustand der heutigen Epoche – oder im Grund jeder beliebigen Epoche – und den Gebrauch charakterisieren möchte, den sie von ihren Kräften der Beobachtung, der Reflexion und des logischen Schließens macht, täte er gut daran, das Wort ›Unreife‹ zu benutzen.«

Der fortschrittliche und der klassische Erziehungsansatz sind nicht unvereinbar. Es ist durchaus möglich, eine schulische Ausbildung in der lokalen Kulturtradition mit einer an die üblichen Konventionen des sozialen Lebens angepaßten halb psychologischen, halb berufsbildenden Lehre zu kombinieren und diese Kombination dann wieder mit einer Schulung in den Naturwissenschaften zu kombinieren, mit anderen Worten: mit der Vermittlung genauen Wissens. Ist das jedoch genug? Kann ein solcher Bildungsweg auf die Selbstverwirklichung hinauslaufen, die er als sein Ziel ausgibt? Die Frage verdient genaueste Prüfung.

Natürlich kann niemand an der Bedeutung akkumulierter Erfahrung als Wegweiser für individuelles und soziales Verhalten zweifeln. Wir sind Menschen, weil unsere Vorfahren in einem sehr frühen Stadium der Gattungsentwicklung einen Weg zur Bewahrung und Verbreitung der aus Erfahrung gewonnenen Resultate entdeckten. Sie lernten sprechen und waren damit in der Lage, das, was sie wahrgenommen und was sie aus der gegebenen Faktizität und der selbstentwickelten Phantasie erschlossen hatten, in eine Reihe von Konzepten zu übersetzen, die von jeder nachfolgenden Generation erweitert und weiter vererbt werden konnte, als aus Sinn und Unsinn gemischter Schatz für die Nachwelt. Mit Albert Jay Nocks Worten: »Der Geist, der sich gründlich mit diesem Zeugnis auseinandergesetzt hat, ... ist ein erfahrungsgesättigter Geist.« Das einzig Ärgerliche, soweit *wir* betroffen sind, ist nur, daß die aus einem solchen Studium der Klassiker abgeleitete stellvertretende Erfahrung in mancher Hinsicht für die Gegebenheiten des 20. Jahrhunderts völlig irrelevant ist.

In vieler Hinsicht ähnelt die moderne Welt natürlich der Sphäre, die schon die Menschen der Antike bewohnten. In anderer Hinsicht jedoch sind die Unterschiede radikal. Beispielsweise war in *ihrer* Welt das Tempo des Wandels äußerst niedrig; in *unserer* dagegen bringt die fortschreitende Technologie einen Zustand chronischer Revolution hervor. Für sie war Kindstötung etwas Selbstverständliches

(Theben war die einzige griechische Stadt, in der Kindesaussetzung verboten war) und Sklavenhaltung nicht nur etwas für den griechischen Lebensstil Unerläßliches, sondern auch der Natur Immanentes und daher Richtiges; *wir* sind die Erben des Philanthropismus des 18. und 19. Jahrhunderts und müssen *unsere* wirtschaftlichen und demographischen Probleme mit Methoden lösen, die nicht auf so schauerliche Weise an jüngere totalitäre Praktiken erinnern. Weil bei ihnen alle Schmutzarbeit von Sklaven verrichtet wurde, hielten *sie* jede Art manueller Tätigkeit für eines Herrn essentiell unwürdig und setzten ihre über-abstrakten, über-rationalen Theorien deshalb auch nie dem Prüfstein des Experiments aus; *wir* haben gelernt oder lernen zumindest doch, operational zu denken. *Sie* verachteten die ›Barbaren‹, machten sich nie die Mühe, eine Fremdsprache zu lernen, und konnten die Regeln der griechischen Grammatik und Syntax deshalb ganz naiv für die Gesetze des Denkens halten; *wir* dagegen haben das Wesen der Sprache begreifen gelernt, die Gefahr, Worte zu ernst zu nehmen, das allgegenwärtige Erfordernis linguistischer Analyse. *Sie* wußten nichts von der Vergangenheit und waren deshalb, Cicero zufolge, wie die Kinder. (Thukydides, der größte Historiker der Antike, beginnt die Vorrede zu seiner Darstellung des Peloponnesischen Krieges mit der kühnen Behauptung, vor seiner Zeit habe sich nichts von größerer Bedeutung ereignet.) *Wir* haben uns im Laufe der letzten fünf Generationen eine Kenntnis der menschlichen Vergangenheit erworben, die mehr als eine halbe Million Jahre zurückreicht und die Aktivitäten von Stämmen und Nationen jedes Kontinents umfaßt. *Sie* entwickelten politische Institutionen, die, im Falle Griechenlands, hoffnungslos unstabil und, im Falle Roms, nur allzu fest in einem Schema von Aggressivität und Brutalität verankert waren. Was *wir* dagegen brauchen, sind einige Fingerzeige in der Kunst, eine gänzlich neue Art von Gesellschaft aufzubauen, dauerhaft, aber wagemutig, stark, aber human, hochorganisiert, aber freiheitsliebend, elastisch und anpassungsfähig. Auf diesem Gebiet können Griechenland und Rom uns nur negative Lehren erteilen – indem sie uns, auf ihre divergierenden Weisen, demonstrieren, wie man es *nicht* macht.

Aus alledem erhellt, daß eine klassische Ausbildung in den Sprachen und Literaturen der Zeit vor zweitausend Jahren durch irgendeine Schulung in den Humanwissenschaften von heute und morgen ergänzt werden muß. Die Progressiven beteuern, eine solche Schulung werde von ihnen ja vermittelt; wir brauchen aber zweifellos etwas Informativeres, etwas Nützlicheres in dieser sich schwindelerregend schnell wandelnden Welt als Kurse in Verbraucherschutz und zeitgemäßer Berufsberatung. Aber selbst dann, wenn eine adäquate Ausbildung in den Sprachen und Literaturen der Vergangenheit, der Gegenwart und der vorhersehbaren Zukunft sich entwerfen und allen zugänglich machen ließe – wären damit die Ziele von Bildung, von Bildung im Unterschied zu faktischer und theoretischer Unterweisung, erreicht? Wären die Empfänger einer solchen Bildung dem Ziel der Selbstverwirklichung näher? Ich fürchte, die Antwort lautet: Nein. Denn an diesem Punkt sehen wir uns mit einer jener wesensmäßigen Paradoxien unserer seltsamen Existenz als Amphibien konfrontiert, die, ohne darin gänzlich zu Hause zu sein, ein halbes Dutzend nahezu unvereinbarer Welten bewohnen – die Welt der Begriffe und die Welt der Daten, die objektive und die subjektive Welt, die kleine, helle Welt des personalen Bewußtseins und die weite, geheimnisvolle Welt des Unbewußten. Wo es um Bildung geht, läßt sich diese Paradoxie in der Feststellung zum Ausdruck bringen, daß das Medium der Bildung, nämlich die Sprache, absolut notwendig, aber auch verhängnisvoll ist; daß der Gegenstand von Bildung, nämlich die begriffliche Anhäufung vergangener Erfahrung, unerläßlich, aber auch ein zu umgehendes Hindernis ist.

»Die Existenz geht der Essenz voraus.« Im Gegensatz zu den meisten metaphysischen Sätzen läßt sich dieser Slogan der Existentialisten tatsächlich verifizieren. ›Wolfskinder‹, die von Tier-Müttern an Kindes Statt angenommen und in Tier-Umwelten aufgezogen wurden, haben die Gestalt von Menschen, sind aber keine. Die Essenz des Menschentums ist offenkundig nichts, mit dem wir geboren werden; sie ist etwas, das wir herstellen oder in das wir hineinwachsen. Wir lernen sprechen, wir akkumulieren begriffliches Wissen und Pseudo-Wissen, wir ahmen unsere älteren Mitmenschen nach, wir verfertigen uns feste Denk-, Gefühls- und Verhaltensschemata, und auf diesem Wege werden wir Menschen, verwandeln uns in Persönlichkeiten. Die Elemente aber, die uns zu Menschen machen, sind eben die Elemente, die Selbstverwirklichung behindern und von Verständnis abhalten. Humanisiert werden wir durch die Nachahmung anderer, durch Erlernung ihrer Sprache und durch Erwerb des angehäuften Wissens, das die Sprache verfügbar macht. Aber wir verstehen nur dann, wenn wir einen direkten, unvermittelten Kontakt zur Erfahrung herstellen, indem wir uns von der Tyrannei der Wörter, bedingten Reflexe und sozialen Konventionen befreien.

Die größte Paradoxie unserer Existenz besteht in folgendem: daß wir, um zu verstehen, uns zunächst mit all dem intellektuellen und emotionalen Gepäck belasten müssen, das ein Hindernis für wirkliches Verständnis darstellt. Tiere verstehen eine Situation nicht, es sei denn auf verschwommene, vorbewußte Weise, wenn sie darauf auch mit ererbtem Instinkt oder mit einem *ad-hoc*-Akt von Intelligenz so reagieren können, *als ob* sie sie verstünden. Bewußtes Verständnis ist das Privileg von Männern und Frauen, und es ist ein Privileg, das sie sich, merkwürdig genug, durch den Erwerb der nützlichen oder strafbaren Gewohnheiten, der Denk-, Gefühls- und Wahrnehmungsstereotypien, der Verhaltensrituale und des Bestandes an Wissen aus zweiter Hand und des Pseudo-Wissens verdient haben, dessen Besitz das größte Hindernis für das Verstehen ist. »Lernen«, sagt Laotse, »besteht darin, Tag für Tag dem eigenen Vorrat hinzuzufügen. Die Praxis des Tao besteht darin, Tag für Tag davon abzuziehen.«

Das bedeutet natürlich nicht, daß wir einzig vom Abziehen leben können. Lernen ist ebenso notwendig wie Verlernen. Wo immer technisches Können benötigt wird, ist Lernen unerläßlich. Von der Jugend bis ins Alter, von Generation zu Generation müssen wir fortfahren, unseren Bestand an nützlichem und relevantem Wissen zu mehren. Nur auf diese Weise dürfen wir hoffen, uns effektiv mit unserer physischen Umwelt auseinandersetzen zu können – und mit den abstrakten Ideen, die es den Menschen ermöglichen, sich ihren Weg durch die Vielschichtigkeit von Zivilisation und Technologie zu bahnen. Aber es ist nicht der richtige Weg, um uns mit unseren persönlichen Reaktionen auf uns selbst oder auf andere Menschen auseinanderzusetzen. In solchen Situationen muß das Verlernen angehäufter Konzepte den Vorrang haben; auf eine neue Herausforderung dürfen wir nicht mit unserer alten Konditionierung reagieren, nicht im Banne eines begrifflichen Wissens, das auf der Erinnerung an vergangene und gänzlich verschiedene Ereignisse beruht, nicht durch Befragung der gesetzmäßigen Mittelwerte, sondern mit einem entblößten und gleichsam neugeborenen Bewußtsein. Einmal mehr sind wir mit der großen Paradoxie des menschlichen Lebens konfrontiert. Es ist unsere Konditionierung, die unser Bewußtsein entwickeln hilft; um aber dieses entwickelte Bewußtsein voll ausschöpfen zu können, müssen wir damit beginnen, uns der Konditionierung zu entledigen, die es zu entwickeln geholfen hat. Indem wir begriffliches Wissen auf begriffliches Wissen häufen, ermöglichen wir bewußtes Verständnis; aber dieses potentielle Verständnis kann sich nur verwirklichen, wenn wir alles davon abgezogen haben, was wir zuvor aufgehäuft hatten.

Nur deshalb, weil wir Erinnerungen haben, sind wir von unserer Selbstidentität als Personen und Mitglieder einer gegebenen Gesellschaft überzeugt.

The child is father of the Man;
And I could wish my days to be
Bound each to each by natural piety.

Des Mannes Vater ist das Kind; –
Und dies mein Wunsch: daß Tag dem Tag
Die Frommheit der Natur verbinden mag.

Was Wordsworth *natural piety* (Naturfrömmigkeit) nannte, würde ein Verstehens-Lehrer als Schwelgen in emotional besetzten Kindheits- und Jugenderinnerungen beschreiben. Die sachbezogene Erinnerung – beispielsweise die Erinnerung an die beste Art und Weise der Herstellung von Schwefelsäure oder der Buchführung – ist ein ungeteilter Segen. Die psychologische Erinnerung aber (um Krishnamurtis Ausdruck zu benutzen), die emotional – ob positiv oder negativ – besetzte Erinnerung, ist schlimmstenfalls die Quelle von Neurose und Wahn (Psychiatrie ist größtenteils die Kunst, die Patienten von den Gespenstern ihrer negativ besetzten Erinnerungen zu befreien); im besten Fall verursacht sie Ablenkungen von der Aufgabe des Verstehens – Ablenkungen, die, obwohl sozial nützlich, dennoch zu überwindende oder zu vermeidende Hindernisse sind.

Emotional besetzte Erinnerungen festigen die Bande des Familienlebens (oder machen das Familienleben manchmal auch unmöglich!) und dienen, konzeptualisiert und als Kulturtradition eingeübt, sogar dazu, Gemeinschaften zusammenzuhalten. Auf der Ebene des Verstehens, auf der Ebene der Nächstenliebe und in gewissem Grade auch auf der Ebene des künstlerischen Ausdrucks liegt es in der Macht des

Individuums, seine soziale Tradition zu transzendieren und die Grenzen der Kultur zu überschreiten, in der es erzogen worden ist. Auf der Ebene von Wissen, Verhalten und Brauch und Herkommen kann es sich nie sehr weit von der *persona* entfernen, die ihm Familie und Gesellschaft vorgezeichnet haben. Die Kultur, innerhalb deren es lebt, ist ein Gefängnis – aber ein Gefängnis, das jedem Gefangenen, der das wünscht, den Genuß der Freiheit ermöglicht, ein Gefängnis, dem seine Insassen aus diesem und einer ganzen Reihe anderer Gründe ein gewaltiges Maß an Dankbarkeit und Treue schulden. Aber obwohl es unsere Pflicht ist, »Vater und Mutter zu ehren«, ist es ebenso unsere Pflicht, »Vater und Mutter zu hassen, unsere Brüder und Schwestern, ja, das eigene Leben« – jenes gesellschaftlich bedingte Leben, das wir für selbstverständlich halten. Obwohl es für uns unerläßlich ist, Tag für Tag unseren kulturellen Bestand zu mehren, ist es ebenso unerläßlich, davon abzuziehen und wieder abzuziehen. Es gibt, um den Titel von Simone Weils posthumem Essay zu zitieren, ein großes »Bedürfnis nach Wurzeln«; aber es gibt gelegentlich auch ein ebenso dringendes Bedürfnis nach völliger Wurzellosigkeit.

Im augenblicklichen Zusammenhang ist dieses Buch von Simone Weil – und das Vorwort, das T. S. Eliot zur englischen Ausgabe beigesteuert hat – besonders aufschlußreich. Simone Weil war eine Frau von großem Können, heroischer Tugend und grenzenloser spiritueller Sehnsucht. Unglückseligerweise – für sie selbst wie für ihre Leser – wurde sie jedoch von einer Last an Wissen und Pseudo-Wissen niedergebeugt, die ihre eigene nahezu manische Überschätzung von Wörtern und Begriffen für sie unerträglich schwer machte. Ein geistlicher Freund berichtet von ihr, er könne sich nicht erinnern, »Simone Weil, trotz ihres rechtschaffenen Bedürfnisses nach Objektivität, im Verlauf einer Diskussion je nachgeben gesehen zu haben«. Sie war so tief in ihrer Kultur verwurzelt, daß sie schließlich glaubte, Worte seien von oberstem Wert. Daher ihre Lust an der Auseinandersetzung und die Hartnäckigkeit, mit der sie sich an ihre Überzeugungen klammerte. Daher auch ihre bei so vielen Gelegenheiten unter Beweis gestellte merkwürdige Unfähigkeit, den zeigenden Finger vom Mond zu unterscheiden, auf den er zeigt. »Aber warum schwatzest du über Gott?« fragte Meister Eckehart; und aus der Tiefe seines Verständnisses der gegebenen Realität fügte er hinzu: »Was immer du von ihm sagst, ist unwahr.« Ganz zwangsläufig; denn »die heilbringende

Wahrheit wurde von Buddha nie gepredigt« – noch von irgendwem sonst.

Wahrheit läßt sich auf viele Arten und Weisen definieren. Wenn man sie aber als Verstehen definiert (und eben so haben alle Meister des spirituellen Lebens sie stets definiert), wird deutlich, daß »Wahrheit gelebt werden muß, und an dieser Lehre gibt es nichts zu deuteln; jegliches Deuteln verstößt mit Sicherheit gegen ihre Absicht«. Das war etwas, das Emerson wußte und wonach er beständig handelte. Zur Überraschung und beinahe rasenden Erbitterung jenes streitbaren Manipulierers religiöser Begriffe, des älteren Henry James, weigerte er sich grundsätzlich, über irgend etwas zu argumentieren. Und dasselbe galt für William Law. »Hinweg also mit der Fiktion und den Tätigkeiten des diskursiven Denkens, sei es für oder gegen das Christentum! Sie sind nur der Mutwille des Geistes, solange er Gott nicht kennt und gleichgültig ist gegen sein eigenes Wesen und seinen eigenen Stand... Denn weder Gott noch Himmel oder Hölle, weder der Teufel noch das Fleisch kann auf andere Weise von dir oder in dir erkannt werden als durch ihre eigene Existenz und Offenbarung in dir. Und jedes vorgebliche Wissen von irgendeinem dieser Dinge, jenseits dieses selbstverständlichen Fühlens ihrer Geburt in dir und ohne es, ist nur solches Wissen, wie es der Blinde vom Licht hat, das nie in ihn eingedrungen ist.«

Das bedeutet natürlich nicht, daß diskursives Denken und Argumentieren wertlos sind. Wo Erkenntnis auf dem Spiel steht, sind sie nicht nur wertvoll; sie sind unerläßlich. Erkenntnis und Wissen aber sind nicht dasselbe wie Verstehen. Wenn wir verstehen wollen, müssen wir uns von unserer Kultur lösen, die Sprache umgehen, uns unserer emotional besetzten Erinnerungen entledigen, Vater und Mutter hassen, und vom Bestand unserer Begriffe abziehen und wieder abziehen. Die Bedürfnisse »müssen eine ›Jungfrau‹ sein, jener Mensch, von dem Jesus empfangen ward. Jungfrau besagt soviel wie ein Mensch«, schreibt Meister Eckehart, »der von allen fremden Bildern ledig ist, so ledig, wie er war, da er noch nicht war«.

Simone Weil muß theoretisch mit diesem Bedürfnis nach kultureller Jungfräulichkeit, nach völliger Wurzellosigkeit vertraut gewesen sein. Leider aber war sie zu tief in ihre eigenen und die Ideen anderer Menschen eingebettet, verließ sie sich zu abergläubisch auf die Magie der Worte, die sie so gewandt zu handhaben verstand, als daß sie in der Lage gewesen wäre, nach dieser Erkenntnis zu handeln. »Die Speise«, schrieb sie, »die ein Kollektiv seinen Mitgliedern bietet, hat kein Äquivalent im Universum.« (Gott sei Dank!, möchten wir hinzufügen, nachdem wir an der spirituellen Nahrung geschnuppert haben, die viele der untergegangenen Kollektive der Vergangenheit zubereiteten.) Mehr noch, die Speise, die das Kollektiv liefert, ist »Nahrung nicht nur für die Seelen der Lebenden, sondern auch für die Seelen der noch Ungeborenen«. Schließlich bildet »das Kollektiv das einzige Organ zur Aufbewahrung der spirituellen Schätze, die von den Toten aufgehäuft wurden, das einzige Organ, durch das die Toten mit den Lebenden sprechen können. Und die einzige irdische Realität, die mit dem ewigen Geschick des Menschen verbunden ist, ist das ausstrahlende Licht derer, denen es gelungen ist, sich dieses von Generation zu Generation weitergegebenen Geschicks vollends bewußt zu werden.«

Dieser letzte Satz konnte nur von jemandem niedergeschrieben werden, der systematisch Wissen mit Verstehen verwechselte, selbstverfertigte Konzepte mit der gegebenen Realität. Natürlich ist Wissen von dem wünschbar, was Menschen, die jetzt bereits tot sind, über ihr Verständnis der Realität gesagt haben. Aber daran festzuhalten, daß ein bestimmtes Wissen vom Verständnis anderer Menschen für uns dasselbe ist wie eigenes Verstehen, ist ein Fehler, vor dem alle Meister des spirituellen Lebens stets gewarnt haben. Der Buchstabe – nach dem Worte des heiligen Paulus – »tötet«. Er ist deshalb unerheblich für die stets neuartige Realität, die nur in der »Klarheit des Geistes« verstanden werden kann. Was die Toten angeht, so laßt sie ihre Toten begraben. Denn nicht einmal die begeistertsten Seher und Gottesmänner der Vergangenheit »haben die heilbringende Wahrheit gelehrt«. Es versteht sich von selbst, daß wir die Berichte über das Realitätsverständnis toter Menschen nicht außer acht lassen sollten. Im Gegenteil, wir täten gut daran, alles darüber in Erfahrung zu bringen. Aber wir müssen alles über sie wissen, ohne sie zu ernst zu nehmen. Wir müssen alles über sie wissen und uns gleichzeitig deutlich bewußt bleiben, daß solches Wissen nicht dasselbe ist wie Verstehen und daß Verstehen sich nur einstellt, wenn wir alles abgezogen haben, was wir wissen, und uns selbst leer und jungfräulich gemacht haben, frei, wie wir waren, als wir noch nicht waren.

Wenn wir uns jetzt vom Hauptteil des Buches dem Vorwort zuwenden, finden wir ein noch schlagenderes Beispiel für jene buchstäblich widersinnige Überbewertung von Worten und Meinungen, zu der die Kultivierten und Hochgebildeten auf so verhängnisvolle Weise neigen. »Ich weiß nicht«, schreibt T. S. Eliot, »ob sie (Simone Weil) in der Lage ist, die Upanischaden auf Sanskrit zu lesen – oder wenn ja, wie groß ihre Beherrschung dessen sein mag, was ja nicht nur eine hochentwickelte Sprache ist, sondern auch eine Denkweise, deren Schwierigkeiten sich um so gewaltiger vor einem europäischen Forscher auftürmen, je gewissenhafter er sich um sie bemüht.« Aber wie alle anderen großen Werke der östlichen Philosophie sind die Upanischaden keine Systeme reiner Spekulation, in denen die Feinheiten der Sprache überaus wichtig sind. Sie wurden von ›Transzendentalen Pragmatikern‹ geschrieben, wie wir sie nennen könnten, deren Hauptinteresse darauf gerichtet war, eine Doktrin zu lehren, die ›greifen‹ sollte, eine metaphysische Theorie, die operational geprüft werden konnte, und zwar nicht nur durch Perzeption, sondern durch die direkte Erfahrung des ganzen Menschen auf jeder Ebene seines Wesens. Um die Bedeutung von *tat tvam asi*, »du bist Es«, zu verstehen, ist es nicht erforderlich, ein profunder Sanskrit-Kenner zu werden. (Ähnlich ist es durchaus nicht erforderlich, ein profunder Kenner des Hebräischen zu werden, um die Bedeutung von »Du sollst nicht töten« zu verstehen.)

Verständnis der Lehre (im Gegensatz zu begrifflichem Wissen von der Lehre) stellt sich nur bei denen ein, die sich entschließen, jene Operationen zu vollziehen, die es ermöglichen, daß *tat tvam asi* ein gegebenes Faktum direkter, unmittelbarer Erfahrung wird oder, mit Laws Worten, »ein selbstverständliches Fühlen ihrer Geburt in ihnen«. Konnte Simone Weil Sanskrit oder nicht? Die Frage ist vollkommen nebensächlich – sie ist lediglich ein besonders in die Nase steigender kultureller Köder – quer über den Pfad gelegt, der von Selbstheit zu Nicht-Selbstheit, vom begrifflich bedingten Ich zum unbedingten Geist führt. Was nämlich die Upanischaden oder jedes andere Werk hinduistischer oder buddhistischer Philosophie anlangt, so verdient nur eine Frage völlig ernst genommen zu werden. Und zwar die folgende: Wie kann eine Wortgruppe, *tat tvam asi*, wie kann ein metaphysischer Satz wie *Nirwana und samsara sind eines* in die direkte, unmittelbare Erfahrung eines gegebenen Faktums verwandelt werden? Wie kann die Sprache und die gebildete Narretei der

Kenner (denn mehr ist sie in diesem Zusammenhang nicht) umgangen werden, so daß die individuelle Seele schließlich jenes *Es* versteht, das, trotz aller ihrer Anstrengungen, dieses fundamentale Faktum zu leugnen, mit dem *du* identisch ist? Genauer, welche Methoden sollten dabei befolgt werden? Die von den Patanjali- oder die von den Hinayana-Mönchen vorgeschriebenen? Die der Tantristen des nördlichen Indiens und Tibets oder die der fernöstlichen Taoisten, der Zen-Anhänger? Oder diejenigen, die der Heilige Johannes vom Kreuz oder der anonyme Autor der *Cloud of Unknowing* beschworen haben?

Wenn der europäische Forscher in dem Gefängnis eingesperrt bleiben möchte, das seine privaten Sehnsüchte und die von seinen Vorgängern ererbten Denkschemata für ihn geschaffen haben, soll er sich ruhig, auf dem Wege über Sanskrit, Pali, Chinesisch oder Tibetisch, in das verbale Studium eines Weges stürzen, »dessen Schwierigkeiten sich um so gewaltiger auftürmen, je gewissenhafter er sich um ihn bemüht«. Wenn er sich andererseits selbst transzendieren möchte, und zwar durch wirkliches Verständnis des Faktums, das in den Upanischaden und anderen Werken beschrieben oder angedeutet wird als das, was wir in Ermangelung eines besseren Ausdrucks »spirituelle Religion« nennen, muß er die Probleme von Sprache und spekulativer Philosophie außer acht lassen oder sie zumindest für zweitrangig halten und seine Aufmerksamkeit statt dessen auf die praktischen Mittel konzentrieren, anhand deren der Fortschritt von Wissen zu Verstehen sich am wirksamsten vollziehen läßt.

Von den positiv besetzten kollektiven Erinnerungen, die in einer kulturellen oder religiösen Tradition organisiert werden, wollen wir jetzt zu den positiv besetzten privaten Erinnerungen zurückkehren, die die Individuen zu einem System der ›Naturfrömmigkeit‹ verbinden. Wir haben nicht mehr Recht, uns in Naturfrömmigkeit zu suhlen – das heißt in emotional besetzten Erinnerungen an vergangenes Glück und entschwundene Liebe –, als frühere Nöte zu beklagen und uns mit Gewissensbissen über alte Kränkungen zu plagen. Und wir haben nicht mehr Recht, die Gegenwart zu vergeuden und uns im Genuß der Zukunft und gänzlich hypothetischer Wonnen zu verlieren, als sie an die angstvolle Vorwegnahme möglicher Katastrophen in künftigen Tagen zu verschwenden. »Es gibt keine größere Qual«, sagt Dante, »als sich im Elend glücklicher Zeiten zu erinnern.« »Hört also auf, euch glücklicher Zeiten zu erinnern, und nehmt euer gegenwärtiges Elend hin«, würde die scheinbar wenig verständnisvolle Reaktion der Verständnis-Begabten lauten. Die Leerung des Gedächtnisses wird vom Heiligen Johannes vom Kreuz als eine gute Vorstufe zur Vereinigung mit Gott und als unerläßliche Vorbedingung dieser Einheit beschrieben.

Das Wort *Buddha* läßt sich mit ›erwacht‹ übersetzen. Diejenigen, die lediglich von den Dingen wissen oder nur zu wissen glauben, leben im Zustand eines selbst-bedingten und kulturell bedingten Somnambulismus. Diejenigen, die die gegebene Realität in der Form, wie sie sich in jedem Augenblick darstellt, verstehen, sind voll erwacht. Das mit angenehmen Erinnerungen besetzte Gedächtnis ist ein Schlafmittel, oder genauer: ein Anreiz zur Trance. Empirisch wurde das von einem amerikanischen Schlafforscher entdeckt, W. B. Fahnestock, dessen Buch *Statuvolism, or Artificial Somnambulism* im Jahre 1871 erschien. »Wenn bestimmte Leute den Wunsch haben, in diesen Zustand (des künstlichen Somnambulismus) einzutreten, setze ich sie in einen Stuhl, in dem sie sich völlig bequem fühlen. Dann werden sie unterwiesen, sich im Geist an einen vertrauten Ort zu versetzen, gleichgültig wo, solange sie nur bereits dort gewesen sind und in Gedanken gern erneut dort sein möchten. Wenn sie sich im Geist an diesen Ort versetzt oder sich auf das gewünschte Objekt konzentriert haben, bemühe ich mich, indem ich fortgesetzt auf sie einrede, ihren Geist an diesen Ort zu fesseln... Das muß eine gewisse Zeitlang fortgesetzt werden.« Schließlich wird damit »Hellsehen induziert«.

Jeder, der mit Hypnose experimentiert oder einen erfahrenen Hypnotiseur dabei beobachtet hat, wie er einen schwierigen Probanden in Trance versetzt, weiß, wie effektiv Fahnestocks Methode sein kann. Durch Zufall wurde die entspannende Wirkung positiv besetzter Erinnerungen in einem anderen medizinischen Zusammenhang wiederentdeckt, und zwar durch einen Ohrenarzt, W. H. Bates, der seine Patienten die Augen schließen und sie die Szenen ihrer glücklichsten Erlebnisse erinnern ließ. Dadurch wurden muskuläre und mentale Verspannungen gelöst, und die Patienten waren in der Lage, Augen und Geist auf lockere und deshalb effiziente Weise schweifen zu lassen. Aus alledem wird ersichtlich, daß es, wenn positiv besetzte Erinnerungen auch zu spezifischen therapeutischen Zwecken benutzt werden können und sollten, doch zu keinem wahllosen Schwelgen in

›Naturfrömmigkeit‹ kommen darf; denn dieses Schwelgen kann auf einen tranceähnlichen Zustand hinauslaufen – auf einen Zustand, der den Gegenpol zu jener Wachheit des Verständnisses bildet. Diejenigen, die mit unerfreulichen Erinnerungen leben, werden neurotisch und diejenigen mit erfreulichen somnambul. Es ist genug, daß jeglicher Tag seine eigene Plage habe – *und* sein eigenes Gutes.

Die Musen der griechischen Mythologie waren die Töchter der Erinnerung, und jeder Schriftsteller ist, wie Marcel Proust, in die hoffnungslose Suche nach der verlorenen Zeit verstrickt. Ein guter Schriftsteller aber ist derjenige, der es versteht, *[de] donner un sens plus pur aux mots de la tribu* (den Worten des Stammes einen reineren Sinn zu verleihen). Dank diesem reineren Sinn werden die Leser auf seine Worte mit einem sehr viel größeren Maß an Verständnis reagieren, als wenn sie – in ihrer gewöhnlichen selbst-bedingten und kulturbedingten Weise – auf die Ereignisse reagiert hätten, die die Worte bezeichnen. Ein großer Dichter muß allzuviel Erinnerungsarbeit leisten, als daß er mehr sein könnte als ein sporadisch Verstehender; aber er weiß sich in Worten auszudrücken, die andere Menschen zum Verstehen hinführen. Verlorene Zeit läßt sich nie wieder zurückgewinnen; aber auf seiner Suche danach kann er seinen Lesern Schimmer der zeitlosen Realität vermitteln.

Im Gegensatz zum Dichter ist der Mystiker »ein Sohn der Gegenwart«. »Vergangenheit und Gegenwart verhüllen Gott vor unserem Blick«, sagt Jalal-ud din Rumi, der in erster Linie Sufi und erst in zweiter ein großer Dichter war. »Laßt beide das Feuer verzehren. Wie lange wollt ihr euch von diesen Segmenten teilen lassen wie Schilfrohr? Solange es geteilt ist, birgt das Schilfrohr keine Geheimnisse, und es erklingt auch nicht im Anhauch von Lippen oder Atem.« Zusammen mit seinem Spiegelbild in der Antizipation ist das emotional besetzte Gedächtnis eine Schranke, die uns vom Verständnis ausschließt.

Naturfrömmigkeit kann sehr leicht in künstliche Frömmigkeit umschlagen; denn manche emotional besetzten Erinnerungen sind allen Mitgliedern einer gegebenen Gesellschaft gemeinsam und eignen sich zur Begründung religiöser, politischer oder kultureller Traditionen. Diese Traditionen werden den Jüngeren jeder nachfolgenden Generation systematisch eingeimpft; sie spielen eine bedeutsame Rolle im langen Drama ihrer Konditionierung für das Leben-in-Gesellschaft.

Da die einer Gruppe gemeinsamen Erinnerungen verschieden von den Erinnerungen sind, wie sie von anderen Gruppen geteilt werden, ist die durch Tradition gestiftete soziale Solidarität immer nur partiell und exklusiv. Natürliche und künstliche Frömmigkeit herrscht in Beziehung zu allem, was zu *uns* gehört, und paart sich mit Argwohn, Abscheu und Verachtung im Hinblick auf alles, was zu *ihnen* gehört.

Künstliche Frömmigkeit läßt sich auf zwei Weisen herstellen, organisieren und fördern – durch die Wiederholung verbaler Glaubens- und Kultformeln und durch den Vollzug symbolischer Handlungen und Rituale. Wie nicht anders zu erwarten, ist die zweite die effektivere Methode. Welches ist für einen Skeptiker der leichteste Weg, gläubig zu werden? Die Frage wurde bereits vor dreihundert Jahren von Pascal beantwortet. Der Ungläubige muß »so handeln, als ob er glaubte, muß sich mit Weihwasser besprengen, Messen lesen lassen usw. Auf natürlichem Wege wird ihn das glauben machen und betören.« (*Cela vous abêtira* – wörtlich: Das wird Euch dumm machen.) Wir müssen dumm gemacht werden, beharrt Jacques Chevalier, der seinen Helden gegen die Kritiker verteidigt, die sich von Pascals schonungsloser Sprache getroffen fühlen; wir müssen unsere Intelligenz verdummen, weil »intellektueller Stolz uns von Gott abzieht und uns auf die Ebene von Tieren herabwürdigt«. Was natürlich vollkommen richtig ist.

Aus dieser Wahrheit folgt aber nicht, daß wir nach der von Pascal und allen Protagonisten aller Religionen beschriebenen Art und Weise verdummen sollten. Intellektueller Stolz kann nur durch die Entwertung anmaßender Worte kuriert werden, nur durch die Befreiung von begrifflichem Pseudo-Wissen und dadurch, daß wir uns selbst in Richtung der Realität öffnen. Auf bedingten Reflexen beruhende künstliche Liebe verschiebt den intellektuellen Stolz nur vom aufgeblasenen Individuum auf die noch aufgeblasenere Kirche. Ein Stockwerk höher ist der Stolz wieder intakt. Für den überzeugten Gläubigen ist Verständnis oder direkter Kontakt zur Realität äußerst schwer. Mehr noch, der bloße Umstand, daß man ein Gefühl starker Ehrfurcht vor einem verehrten Ding, Dogma oder Menschen empfindet, verbürgt noch nicht die Existenz des Dinges, die Unfehlbarkeit der Person oder die Wahrheit des Dogmas.

Wie aufschlußreich ist in diesem Zusammenhang der Bericht über ein Experiment, das vom einfallsreichsten und vielseitigsten der *Emi-*

nent Victorians unternommen wurde, von Sir Francis Galton! Ziel des Experiments, schreibt er in seiner Autobiographie, war es, »Einblick in die niedrigen Gefühle von Barbaren und anderen in bezug auf die Macht von Bildern zu gewinnen, von denen sie wissen, daß sie Menschenwerk sind. Ich wollte, wenn irgend möglich, in diese Gefühle eindringen... Es war schwierig, ein geeignetes Versuchsobjekt zu finden, denn es sollte an sich selbst ganz ungeeignet sein, solche Gefühle zu erwecken. Ich entschloß mich schließlich für ein komisches Bild, ich glaube: aus *Punch*, und schrieb ihm den Besitz göttlicher Eigenschaften zu. Ich wandte mich ihm mit viel Ehrerbietung zu, so als ob es über eine ungeheure Macht geböte, das Verhalten der Menschen ihm gegenüber zu belohnen oder zu bestrafen, und fand es nicht weiter schwierig, die Unmöglichkeit dessen, was ich da vorgab, zu ignorieren. Das Experiment glückte. Ich begann für dieses Bild einen Großteil der Gefühle, die ein Barbar zu seinen Götzenbildern unterhält, zu empfinden und mir lange zu bewahren; so lernte ich die ungeheure Macht würdigen, die sie auf ihn ausüben können.«

Das Wesen des bedingten Reflexes liegt darin, daß, wenn die Glocke ertönt, der Hund Speichel absondert, daß, wenn das hochverehrte Bild erblickt oder das häufig wiederholte Credo, die Litanei oder das Mantra ausgesprochen wird, das Herz des Gläubigen von Ehrfurcht und sein Geist von Gottvertrauen erfüllt wird. Und das vollzieht sich ganz unabhängig vom Inhalt des wiederholten Satzes oder vom Wesen des Bildes, dem Ehrerbietung erwiesen wird. Der Gläubige reagiert nicht auf eine gegebene Realität; er reagiert auf ein Ding, ein Wort, eine Geste, die automatisch eine zuvor eingeübte posthypnotische Suggestion ins Spiel bringen. Meister Eckhart, der scharfsinnigste aller Religionspsychologen, hat das mit aller Deutlichkeit erkannt. »Denn wahrlich, wenn einer wähnt, in Innerlichkeit, Andacht, süßer Verzücktheit und in besonderer Begnadung Gottes mehr zu bekommen als beim Herdfeuer oder im Stalle, so tust du nicht anders, als ob du Gott nähmest, wändest ihm einen Mantel um das Haupt und schöbest ihn unter eine Bank. Denn wer Gott in einer (bestimmten) *Weise* sucht, der nimmt die Weise und verfehlt Gott, der in der Weise verborgen ist. Wer aber Gott *ohne* Weise sucht, der erfaßt ihn, wie er in sich selbst ist; und ein solcher Mensch lebt mit dem Sohne, und er ist das Leben selbst.«

»Wenn Du nach dem Buddha ausschaust, wirst Du den Buddha

nicht zu Gesicht bekommen.« »Wenn Du vorsätzlich versuchst, Buddha zu werden, ist Dein Buddha *samsara.*« »Wenn jemand das Tao sucht, verliert er das Tao.« »Wenn Du versuchst, Dich in Übereinstimmung mit dem Sosein zu bringen, entfernst Du Dich auf der Stelle davon.« »Wer immer sein Leben bewahren will, der wird es verlieren.« Das ist das Gesetz der Gegenläufigen Anstrengung. Je angestrengter wir etwas mit Bewußtsein zu tun versuchen, um so weniger Erfolg haben wir dabei. Tüchtigkeit und die Resultate von Tüchtigkeit stellen sich nur bei denen ein, die die paradoxe Kunst erlernt haben, gleichzeitig zu tun und untätig zu sein, Entspannung und Aktivität zu kombinieren, sich als Personen aufzugeben, damit die immanente und transzendente unbekannte Quantität Wurzeln schlagen kann. Wir können uns nicht zwingen zu verstehen; alles, was wir tun können, ist, einen Geisteszustand bei uns zu fördern, in dem sich Verständnis vollziehen kann. Was ist das für ein Zustand?

Zweifellos ist es kein Zustand reduzierten Bewußtseins. Die Realität, wie sie fortwährend gegeben ist, kann nicht von einem Geist verstanden werden, der posthypnotischer Suggestion verfallen oder von seinen emotional besetzten Erinnerungen so konditioniert ist, daß er auf das lebendige *jetzt* reagiert, wie wenn es das tote *damals* wäre. Auch nicht von einem Geist, der auf bloße Konzentration als Medium eines besseren Realitätsverständnisses geschult ist. Denn Konzentration ist lediglich systematische Ausschließung, ist Aussperrung alles anderen aus dem Bewußtsein bis auf *einen* Gedanken, *ein* Ideal, *ein* Bild, und damit Negation aller Gedanken, Ideale und Bilder. Wie wahr, wie luftig, wie heilig auch immer, kann doch kein Gedanke oder Ideal oder Bild Realität enthalten oder zum Verständnis der Realität führen. Noch kann die Negation von Bewußtheit auf jene vollständigere Bewußtheit hinauslaufen, die für das Verständnis nötig ist. Diese Dinge können bestenfalls zu einem Zustand ekstatischer Loslösung führen, in dem ein besonderer Aspekt der Realität, der sogenannte ›spirituelle‹ Aspekt, erfaßt werden kann. Wenn die Realität in ihrer Fülle und in der Form, wie sie fortwährend gegeben ist, verstanden werden soll, muß eine Bewußtheit am Werk sein, die nicht eingeschränkt ist, weder willentlich – durch Andacht oder Konzentration – noch unfreiwillig – durch bloße Gedankenlosigkeit oder die Macht der Gewohnheit. Verständnis stellt sich ein, wenn wir vollkommen bewußt sind – uns der Grenzen unserer mentalen und physischen Möglichkeiten voll und ganz bewußt sind.

Das ist natürlich eine sehr alte Lehre. »Erkenne dich selbst« ist ein Ratschlag, der so alt ist wie die Zivilisation und wahrscheinlich noch ein gutes Stück älter. Um jenen Ratschlag zu befolgen, muß ein Mensch mehr tun, als in bloßer Introspektion zu schwelgen. Wenn ich mich selbst kennenlernen möchte, muß ich meine Umwelt kennen; denn als Körper bin ich Teil dieser Umwelt, ein natürliches Objekt unter anderen natürlichen Objekten, und als Geist bestehe ich zu einem großen Teil aus meinen unmittelbaren Reaktionen auf die Umwelt und aus meinen sekundären Reaktionen auf jene primären Reaktionen. In der Praxis ist »Erkenne dich selbst« ein Ruf nach totaler Bewußtheit. Was enthüllt denjenigen, die sie praktizieren, diese totale Bewußtheit? Sie enthüllt die Begrenztheiten des Dinges, das jeder von uns ›ich‹ nennt, und die Ungeheuerlichkeit, die völlige Absurdität seiner Ansprüche. »Ich bin der Herr meines Schicksals«, schrieb der arme Henley am Schluß eines kleinen rhetorischen Prunkstücks, »ich bin der Steuermann meiner Seele.« Nichts könnte weiter von der Wahrheit entfernt sein. Mein Schicksal läßt sich nicht meistern; ich kann nur mit ihm zusammenarbeiten und es damit bis zu einem gewissen Grade lenken. Und ich bin auch nicht der Steuermann meiner Seele; ich bin nur ihr lautester Passagier – ein Passagier, der nicht hinreichend wichtig ist, um einen Platz an der Tafel des Kapitäns zu finden, und nicht einmal vom Hörensagen weiß, wie das Seelen-Schiff aussieht, wie es gehandhabt wird und wohin die Reise führt.

Totale Bewußtheit beginnt, mit einem Wort, mit der Vergegenwärtigung meiner Unwissenheit und meiner Ohnmacht. Wie setzen sich elektrochemische Vorgänge in meinem Gehirn in die Wahrnehmung eines Streichquartetts von Haydn um oder in einen Gedanken, sagen wir, an die Jungfrau von Orléans? Ich habe nicht die leiseste Ahnung – ebensowenig wie irgend jemand sonst. Oder man nehme ein scheinbar einfacheres Beispiel. Kann ich meine rechte Hand hochheben? Die Antwort lautet: Nein, ich kann es nicht. Ich kann nur den Befehl dazu geben; das tatsächliche Hochheben wird von irgend jemand anderem besorgt. Von wem? Ich weiß es nicht. Wie? Ich weiß es nicht. Und wenn ich gegessen habe, wer verdaut dann Brot und Käse? Wenn ich mich geschnitten habe, wer heilt dann die Wunde? Wenn ich schlafe, wer gibt dem müden Körper wieder Stärke, wer dem neurotischen Geist Gesundheit? Alles, was ich sagen kann, ist, daß ›ich‹ diese Dinge nicht zu tun vermag. Das Verzeichnis dessen, was ich nicht weiß und was ich nicht zu leisten in der Lage bin, ließe sich nahezu unendlich verlängern. Sogar die Behauptung, daß ich denke, wird von den beobachtbaren Fakten nur teilweise gedeckt. Descartes' Urgewißheit »Ich denke, also bin ich« erweist sich bei genauerer Prüfung als überaus zweifelhafter Satz. Ist es wirklich *ich*, der da denkt? Wäre es nicht richtiger zu sagen: »Gedanken treten in die Existenz, und manchmal bin ich mir dessen bewußt?« Die Sprache, jene Schatzkammer fossiler Beobachtungen und latenter Philosophie, legt die Vermutung nahe, daß ebendies in Wirklichkeit passiert. Wann immer ich mir darüber klar werde, daß ich besser als gewöhnlich denke, neige ich dazu zu sagen: »Eine Idee ist mir eingefallen« oder: »Mir kam etwas in den Sinn« oder: »Ich sehe ganz deutlich, daß ...«. In jedem dieser Fälle impliziert der Satz, daß die Gedanken ihren Ursprung irgendwo ›da draußen‹ haben, in irgend etwas, das auf der mentalen Ebene der Außenwelt analog ist.

Die totale Bewußtheit bestätigt die Hinweise idiomatischen Sprechens. In Beziehung zum subjektiven ›ich‹ ist der überwiegende Teil des Geistes draußen. Meine Gedanken sind ein Bündel mentaler, aber doch stets externer Fakten. Ich erfinde meine besten Gedanken nicht; ich finde sie. Die totale Bewußtheit enthüllt also folgende Befunde: daß ich zutiefst unwissend bin, daß ich ohnmächtig bis zum Grade völliger Hilflosigkeit bin, und daß die wertvollsten Elemente meiner Persönlichkeit unbekannte Mengen sind, die ›da draußen‹ existieren, als mentale Objekte, die von meiner Kontrolle mehr oder weniger unabhängig sind. Diese Entdeckung mag auf den ersten Blick demütigend und sogar niederdrückend wirken. Wenn ich sie jedoch rückhaltlos akzeptiere, werden diese Befunde zu einer Quelle von Frieden, zum Anlaß für Heiterkeit und Frohsinn. Ich bin unwissend und ohnmächtig, und doch: da bin ich! – zweifellos unglücklich, zutiefst unzufrieden, aber lebendig und munter. Trotz allem überlebe ich, ich komme durch, manchmal komme ich sogar voran. Aus diesen beiden Reihen von Befunden – meinem Überleben einerseits und meiner Unwissenheit und Ohnmacht andererseits – kann ich nur schließen, daß das Nicht-Ich, das auf meinen Körper aufpaßt und mir die besten Einfälle eingibt, verblüffend intelligent, gut unterrichtet und stark ist. Und als selbstbezogenes Ich tue ich mein Bestes, die wohltätigen

Funktionsweisen dieses Nicht-Ich zu behindern. Aber trotz meiner Vorlieben und Abneigungen, trotz meiner Böswilligkeit, trotz meiner Verblendung, trotz meiner nagenden Ängste, trotz meiner Überbewertung der Worte und trotz all meines selbstverdummenden Beharrens auf einem Leben nicht in der gegenwärtigen Realität, sondern in Erinnerung und Antizipation erhält dieses Nicht-Ich, mit dem ich verbunden bin, mich aufrecht, schützt mich, gibt mir eine lange Reihe neuer Chancen.

Wir wissen sehr wenig und bringen sehr wenig zustande; aber wenn wir uns dazu entschließen, steht es uns frei, mit einer größeren Macht und einem umfassenderen Wissen zu kooperieren, mit einer unbekannten Menge von zugleich Immanentem und Transzendentem, Physischem und Mentalem, zugleich Subjektivem und Objektivem. Wenn wir kooperieren, werden wir gesund und wohlauf sein, sogar im schlimmsten aller denkbaren Fälle. Wenn wir uns weigern zu kooperieren, werden wir alles verkehrt machen, sogar unter den günstigsten aller Umstände.

Diese Schlußfolgerungen sind nur die Erstlingsfrüchte totaler Bewußtheit. Eine reichere Ernte wird folgen. In meiner Unwissenheit bin ich doch sicher, daß ich in Ewigkeit Ich bin. Diese Überzeugung wurzelt in einer emotional besetzten Erinnerung. Erst dann, wenn das Gedächtnis, mit den Worten des heiligen Johannes vom Kreuz, völlig leer ist, kann ich dem Gefühl meiner wasserdichten Abgeschiedenheit entrinnen und mich damit darauf vorbereiten, von Augenblick zu Augenblick die Realität auf allen ihren Ebenen zu verstehen. Aber das Gedächtnis kann nicht durch einen Willensakt, durch systematische Disziplin oder durch Konzentration geleert werden – nicht einmal durch Konzentration auf die Idee der Leere. Es kann nur durch totale Bewußtheit geleert werden. Wenn ich mir also meiner Ablenkungen bewußt bin – die zumeist emotional besetzte Erinnerungen oder auf solchen Erinnerungen basierende Phantasien sind –, kommt der mentale Wirbel automatisch zu einem Ende, und das Gedächtnis wird geleert, zumindest für einen Augenblick oder zwei. Und wenn ich mir meines Neides, meines Zorns und meiner Lieblosigkeit völlig bewußt bin, werden diese Gefühle, solange die Bewußtheit anhält, durch eine realistischere Reaktion auf die Ereignisse in meinem Umkreis ersetzt.

Meine Bewußtheit darf natürlich nicht durch Billigung oder Verurteilung verseucht sein. Werturteile sind bedingte, verbalisierte Reaktionen auf primäre Reaktionen. Totale Bewußtheit ist eine primäre, nichtgewählte, unparteiische Reaktion auf die gegenwärtige Lage als Ganzes. Es gibt dabei keine einschränkenden bedingten Reaktionen auf die primäre Reaktion, auf die reine kognitive Erfassung der Situation. Wenn Erinnerungen an verbale Formulierungen von Lob oder Tadel im Bewußtsein auftauchen, sind sie unvoreingenommen zu prüfen, genau wie jede andere empirische Gegebenheit. Berufsmoralisten setzen Vertrauen in den gewöhnlichen Willen, glauben an Bestrafungen und Belohnungen und sind Adrenalin-Süchtige, die nichts mehr lieben als eine ordentliche Orgie rechtschaffener Empörung. Die Meister des spirituellen Lebens dagegen setzen wenig Vertrauen in den gewöhnlichen Willen oder den Nutzen von Belohnungen und Bestrafungen für ihre Zwecke und frönen keinerlei rechtschaffener Empörung. Die Erfahrung hat sie gelehrt, daß die höchsten Güter nach Lage der Dinge nie durch Moralpredigten erreicht werden können. »Richtet nicht, auf daß ihr nicht gerichtet werdet«, ist ihr Wahlspruch und totale Bewußtheit ihre Methode.

Mit einer Verspätung von zwei- oder dreitausend Jahren haben jetzt einige zeitgenössische Psychiater diese Methode entdeckt. »Sokrates«, schreibt Carl Rogers, »entwickelte neue Ideen, die sich als sozial konstruktiv erwiesen haben.« Warum? Weil er »bemerkenswert frei von Abwehr und erfahrungsoffen war. Der dahinterstehende Gedanke beruht primär auf der in der Psychotherapie gemachten Entdeckung, daß wir der für das gesamte Tierreich charakteristischen sinnlichen und viszeralen Erfahrung die Gabe freier, ungerichteter Bewußtheit hinzufügen können, deren einzig das menschliche Tier in vollem Maße fähig zu sein scheint; wir haben einen Organismus, der sich der Forderungen der Kultur ebenso bewußt ist wie der eigenen physiologischen Forderungen nach Nahrung und Sexualität, der sich seines Bedürfnisses nach freundschaftlichen Beziehungen ebenso bewußt ist wie seines Bedürfnisses nach Selbsterhöhung, der sich seiner sanften und sensiblen Zärtlichkeit anderen gegenüber ebenso bewußt ist wie seiner Feindseligkeit anderen gegenüber. Wenn der Mensch weniger ist als Mensch im vollen Sinne, wenn er verschiedenen Elementen seiner Erfahrung den Zutritt zum Bewußtsein verweigert, haben wir in der Tat nur allzuoft Grund, ihn und sein Verhalten zu fürchten, wie das die augenblickliche Weltsituation bezeugt. Aber wenn er Mensch im vollen Sinne ist, wenn er ein vollständiger Organismus ist, wenn jenes besondere menschliche Attribut der Bewußtheit von Erfahrung voll wirksam ist, darf man Vertrauen in sein Verhalten setzen.«

Besser spät als nie! Es ist tröstlich, die unvordenklich alten Gemeinplätze mystischer Weisheit als brandneue Entdeckungen in der Psychotherapie auftauchen zu sehen. *Gnosce teipsum* – erkenne dich selbst. Erkenne dich selbst im Verhältnis zu deinen offen geäußerten Absichten und deinen verborgenen Motiven, in bezug auf dein Denken, deinen physischen Funktionen und zu jenen größeren Nicht-Ichs, die dafür sorgen, daß, trotz aller Sabotageversuche des Ich, das Denken erträglich relevant und die Funktionsweise nicht allzu anormal wird. Sei dir völlig dessen bewußt, was du tust und denkst, ebenso der Personen, mit denen du in Beziehung stehst, und der Ereignisse, die dich zu jedem Zeitpunkt deiner Existenz antreiben. Sei dir unvoreingenommen bewußt, realistisch, ohne vorschnelles Urteil, ohne daß du auf deine gegenwärtigen kognitiven Reaktionen in Begriffen erinnerter Wörter reagierst. Wenn du das tust, wird dein Gedächtnis leer werden, Wissen und Pseudo-Wissen werden auf den ihnen gemäßen Rang zurückgestuft, und du wirst Verständnis haben – mit anderen Worten: du wirst jeden Augenblick in direktem Kontakt mit der Realität sein.

Mehr noch, du wirst entdecken, was Carl Rogers deine »sanfte und sensible Zärtlichkeit gegenüber anderen« nennt. Und nicht nur *deine* Zärtlichkeit, sondern die kosmische Zärtlichkeit, die grundlegende stimmige Ordnung des Universums – trotz Tod und Leiden. »Und wenn Er mich maßregelt, will ich doch auf Ihn vertrauen.« Das ist die Äußerung von jemandem, der volle Bewußtheit hat. Und ein anderer Ausspruch dieser Art: »Gott ist die Liebe.« Vom Standpunkt des gesunden Menschenverstandes aus ist die erste die Raserei eines Wahnsinnigen, die zweite trotzt aller Erfahrung und ist offensichtlich unwahr. Aber der gesunde Menschenverstand beruht nicht auf totaler Bewußtheit; er ist das Produkt von Konvention, von vernetzten Erinnerungen an die Aussprüche anderer Menschen, von persönlichen, durch Leidenschaft und Werturteile eingeschränkten Erfahrungen, von geheiligten Begriffen und von nacktem Eigennutz. Totale Bewußtheit eröffnet den Weg zum Verstehen, und wenn irgendeine gegebene Situation verstanden ist, wird das Wesen aller Realität manifest, und die sinnlosen Aussprüche der Mystiker erweisen sich als wahr oder zumindest als so wahr, wie ein verbaler Ausdruck des Unaussprechlichen sein kann. Eines in allem und alles in einem; *samsara* und *nirwana* sind dasselbe; Vielheit ist Einheit, und Einheit ist nicht so sehr eines als nicht-zwei; alle Dinge sind leer, und doch sind alle Dinge der Dharma-Leib des Buddha – und so fort.

Nach dem Maßstab des begrifflichen Wissens sind solche Sätze vollkommen sinnlos. Erst wenn sich Verstehen eingestellt hat, ergeben sie Sinn. Denn wo Verstehen ist, ist auch eine erlebte Verschmelzung von Zweck und Mitteln, von Weisheit, die die zeitlose Verwirklichung des Soseins ist, und Mitgefühl, das wirkende Weisheit ist. Von all den abgegriffenen, schmutzigen, eselsohrigen Wörtern unseres Wortschatzes ist ›Liebe‹ sicherlich das schmuddeligste, muffigste und schwammigste. Von einer Million Kanzeln heruntergedröhnt, lasziv aus Hunderten von Millionen Lautsprechern geschmachtet, ist es ein Greuel für guten Geschmack und Anstandsgefühl geworden, eine Obszönität, die man kaum noch über die Lippen bringt. Und doch muß sie ausgesprochen werden, denn schließlich ist und bleibt Liebe das letzte Wort.

(*Adonis and the Alphabet*, 1956; Ü.: Hans-Horst Henschen)

Anmerkungen

9 REVOLUTIONEN (Revolutions, 1929, Nr. 365): **17** *Les Conquérants*: 1928 erschienener Roman über die Anfänge der Kommunistischen Revolution in China und das existentielle Engagement ihrer Führer.

19 DIE NEUE ROMANTIK (The New Romanticism, 1931, Nr. 264): **23** *Majakowski*: aus »Hundertfünfzig Millionen. Ein Poem«; hier nach der englischen Version übersetzt; in der Übertragung von H. Huppert (Werkausgabe, Edition, Suhrkamp) liest sich die Stelle etwas anders: »... eine Stadt, in *einem* Punkt zusammengeschraubt – / völlig elektrodynamisch-mechanisch. / Vierzehntausend Straßen hat Chikago – der Sonnenplätze Strahlpfeile – / mit je siebenhundert Quergassen: jede eine Jahrdauer Eisenbahneile... / Meilenhoch in Chikago strudeln himmelwärts akrobatische Bahnen den Stahlstrang.« – *Lalla Rookh*: eine Serie phantastischer orientalischer Verserzählungen, verbunden durch eine Rahmenhandlung in Prosa (1817).

25 ANMERKUNGEN ZUR FREIHEIT UND ZU DEN GRENZEN DES GELOBTEN LANDES (Notes on Liberty and the Boundaries of the Promised Land, 1930, Nr. 291): *Lord Acton*: vgl. J. E. E. Dalberg-Acton, »Essays on Freedom and Power«, Boston 1948. – **26** *Chatsworth*: Herrenhaus des Herzogs von Denver in Derbyshire. – *Welbeck*: Welbeck Abbey in Nottinghamshire, Sitz der Herzöge von Portland. – **27** auf Martins... Gemälde: vgl. Anm. zu II, 243. – »*Urbs Sion*«: aus dem artistischen Langgedicht »De contemptu mundi« des Bernhard von Cluny (12. Jh.), V. 301 ff. – **30** *andernorts angemerkt*: in dem Essay »Das Land«, I, 36f.

33 STIERKÄMPFE UND DEMOKRATIE (Bull fights and Democracy, 1931, Nr. 902): Huxleys erster von 178 Beiträgen für den »Chicago Herald and Examiner«, September 1931 – April 1935, die in zahlreichen amerikanischen Zeitungen nachgedruckt wurden.

36 ZU BESUCH AUF EINEM SCHLACHTSCHIFF (On Going Over a Battleship, 1931, Nr. 902)

39 DEUTSCHE FREUDENFEUER (German Bonfires, 1933, Nr. 902)

41 ILLEGALER HUMOR: NAZIVERORDNUNG VERBIETET BAYERNWITZE (Illegal Humor – Bavarian Jokes Prohibited by Nazi Decree, 1934, Nr. 902)

43 DER WILDGEWORDENE AFFE: EINE LEKTION AUS ›GULLIVERS REISEN‹ (Angry Ape – A Lesson of ›Gulliver's Travels‹, 1935, Nr. 902): *»Was für ein Wunderwerk«*: »Hamlet«, II,II,300 ff. – *»einem wütendem Affen gleich«*: »Maß für Maß«, II,II,119 ff.; vgl. II, 249.

45 WORTE UND VERHALTENSWEISEN (Words and Behaviour, 1937, Nr. 448; CE): Dieser Essay fehlt als einziger – aus gutem Grund – im Nachdruck des Bandes »The Olive Tree«, der 1937 bei Albatross in Leipzig erschien. – **53** *»A shroud of talk«*: Shelley, »Letter to Maria Gisborn«, V. 155. – *»The poor wretch«*: Coleridge, »Fears in Solitude«, 108–23. – **56** *Hegel*: von Huxley fehlzitiert; die Formel lautet: »es ist der Gang Gottes in der Welt, daß der Staat ist: sein Grund ist die Gewalt der sich als Wille verwirklichenden Vernunft.« (»Grundlinien der Philosophie des Rechts«, § 258)

60 MORGEN UND MORGEN UND DANN WIEDER MORGEN (Tomorrow and Tomorrow and Tomorrow, 1956, Nr. 407; CE): Der Titel stammt aus »Macbeth«, V,v,19.

73 ACEDIA (Accidie, 1920, Nr. 70): *daemon meridianus*: Mittagsdämon. – *gastrimargia* etc.: Schlemmerei, Unzucht, Habsucht, Trübsinn, Neid, Zorn, Hochmut; indem er die ›acedia‹ (geistliche Niedergeschlagenheit, Verzweiflung am Heil) neben dem Trübsinn (tristitia) eigens aufführt, macht Huxley aus den sieben Todsünden acht. – *taedium cordis*: Überdruß oder Trägheit des Herzens. – **74** *»Fitti nel limo«*: Dante, »Inferno«, VII (nicht V), V. 121–26. – *Burtons ›Anatomy‹*: berühmtes satirisch-essayistisch-therapeutisches Kompendium der Melancholie, 1621–51; deutsche Auswahl übs. vom Hsg., Mainz 1988. – *Mr. Matthew Green*: 1696–1737, Autor des witzigen Gedichts »The Spleen«, das eine frugale, kontemplative Lebensführung als Heilmittel gegen Langeweile und Launenhaftigkeit empfiehlt. – **76** *»L'Ennui«*: aus »Spleen«, ›Tableaux Parisiens‹, I, XXVI; von Huxley mehrfach zitiert.

79 VERGNÜGUNGEN (Pleasures, 1923, Nr. 332): *Lord Northcliffe*: 1865–1922; britischer Zeitungszar, dessen Massenblätter »Daily Mail« und »Daily Mirror« kräftige patriotische Meinungsmache betrieben. – *Mr. Bryan*: 1913–15 amerikanischer Außenminister; Sozialreformer, Pazifist, Gegner des Dollarimperialismus. – *Comstock*: vgl. Anm. zu I, 281.

84 ARBEIT UND FREIZEIT (Work and Leisure, 1924, Nr. 451): *Poincaré*: bedeutender Mathematiker und Physiker (1854–1912). – **85** *Back* *to Methuselah*: vgl. Anm. zu III, 142. – **87** *Hugh Walpole*: populärer Romancier (1884–1941). – **88** *Nat Gould*: erfolgreicher Journalist und Schriftsteller (1857–1919); schrieb ca. 130 Romane zum Thema Pferderennen. – *Argal*: für »ergo«; vgl. Kaufmann von Venedig, II, II,55.

92 KRIEG DER GENERATIONEN? (A Generation-War?, 1931, Nr. 902): *ein junger Mann*: Thomas Bastard in seiner Epigrammsammlung »Chrestoleros« (griech.: ›nützliche Posse‹) von 1598, Buch VII, IX.

95 »MOHNSAFT« (Poppy Juice, 1932, Nr. 902): nicht in den Sammelband »Moksha« (1980) aufgenommen, der Huxleys Essays zur Drogenfrage enthält.

97 MÖNCHE UNTER REAGENZGLÄSERN (Monks Among Test Tubes, 1932, Nr. 902)

99 DER KULT DES INFANTILEN (The Cult of the Infantile, 1932, Nr. 902): *Die Chereeble-Brüder*: vgl. Anm. zu II, 51. – *la jeune fille*: »Mon cœur mis à nu«, XXXIII: »La jeune fille épouvantail, monstre, assassin de l'art«. – *Lowell*: James Russell L. (1819–91), zu seiner Zeit hochangesehener amerikanischer Dichter, Kritiker, Diplomat. – **100** *Barries Buch*: »Peter Pan, oder der Junge, der nicht groß werden wollte«, dramatische Fantasie von Sir James Barrie; 1904 erstmals aufgeführt. – *Theresa von Lisieux*: Theresa vom Kinde Jesu, 1873–97, französische Karmeliterin, deren Autobiographie »Geschichte einer Seele« 1898 posthum erschien.

101 WARUM SINKT DIE SELBSTMORDRATE IN KRIEGSZEITEN? (Suicide – Reasons Why its Sharp Rise Halted During War, 1934, Nr. 902)

103 HYPERION GEGEN SATYR (Hyperion to a Satyr, 1956, Nr. 209): Titel nach »Hamlet«, I,II,140 (Vergleich von Hamlets Vater mit seinem Stiefvater): »Solch trefflicher Monarch! der neben diesem / Apoll bei einem Satyr...« (Hyperion to a satyr). – *Mantegazza*: seinerzeit vielgelesener, aphoristischer Autor der »Physiologie der Liebe« (1877) und verwandter Schriften. – »*Continuous as the stars*«: Str. II des bekannten Wordsworth-Gedichts »The Daffodils«; Übs. nach W. Breitwieser. – **104** »*O bitter barren woman!*«: aus George Merediths Gedichtzyklus »Modern Love« (1862; Nr. VI) über den seelischen Zerfall ehelicher Liebe. – **105** »*Wie schmutzig*«: »De contemptu mundi«, III,IV: »quam turpis pater! quam turpis mater! quam abominabilis soror! Conceptus est homo de sanguine per ardorem libidinis putrefacto...« etc. – *»sic nec extremis«*: aus den »Collationes« des Odo von Cluny, II,IX; unmittelbar vor der zitierten Stelle findet sich der Satz: ›Denn wenn die Menschen sehen könnten, was unter der Haut liegt, so wie die Luchse Böotiens, von denen es heißt, daß sie nach innen sehen können, dann würde ihnen vor dem Anblick der Weiber grausen‹. – **107** *Havelock Ellis*: Arzt, Sexual- und Literaturwissenschaftler, bekannt v. a. für seine »Psychology of Sex«, 1897–1910. – *Ein zeitgenössischer Dichter*: W. H. Auden, in »Under Which Lyre« (1946): »Nor, above all, make love to those / Who wash too much«. – **108** *in den Worten von Sir Hugh Evans*: »Die Lustigen Weiber von Windsor«, I,I,16. – **109** *»Hundepack«*: »Coriolan«, III,III,120 ff. – *»das Pack«*: ibid. IV,VI, 129 ff. – *»kreischte das Gesindel«*: »Julius Caesar«, I,II,240 ff. – *»sein trüber Hauch«*: »Antonius und Cleopatra«, V,II, 209 ff. – **110** *Mr. Micawber*: Figur des unverwüstlichen Optimisten aus Dickens »David Copperfield«. – **111** *Mohenjo-Daro*: ›Ort der Toten‹; große Ruinenstätte am Unterlauf des Indus; bedeutendste Siedlung der Indus-Kultur des 3. Jahrtausends v. Chr. mit einem für das Altertum einzigartigen Be- und Entwässerungssystem. – **112** Salimbene: Vgl. Anm. II,203. – **114** *Gott des Lichtes und der Schönheit*: Apoll, der als Sonnengott den Namen Hyperion führt. – *die Celia seines Gedichts*: vgl. II, 63 – **116** *in einem streng Pickwickschen Sinn*: vom allgemeinen Sprachgebrauch abweichende spezielle Bedeutung; vgl. Dickens »Pickwick Papers«, Kap. I. – *Musikbanken*: in Butlers satirischer Utopie »Erewhon« (1872; Kap. XV) halten die ›Musikbanken‹ die Scheinwährung der konventionellen Religion im Umlauf – Geld ohne jede Kaufkraft.

118 IRRUNGEN, WIRRUNGEN, KIRRUNGEN (Madness, Badness, Sadness, 1956, Nr. 233; CE): *»Die dumme Konsequenz«*: aus dem Essay »Self-Reliance«. – **126** *Bodin*: Theoretiker einer Stärkung der Staatsgewalt, dessen Souveränitätsbegriff den Absolutismus begründen half, der sich andrerseits aber auch für die Prinzipien der Toleranz einsetzte (1530–96).

134 ERSTER PHILOSOPHEN-SONG (First Philosopher's Song, 1920; Nr. 529)

135 FÜNFTER PHILOSOPHEN-SONG (Fifth Philosopher's Song, 1920, Nr. 528)

136 SPINOZAS WURM (Spinoza's Worm, 1929, Nr. 392): *schreibt Spinoza*: in einem Brief vom 10. 11. 1665 an Altenbourg. – **137** *Do what you will*: aus William Blake, »The Everlasting Gospel«, Teil C, Schluß. –

138 *Burns' ›Allzu Gerechte‹*: die selbstgerechten puritanischen Heuchler der »Address to the Unco Guid or the Rigidly Righteous«. – **139** *Sodomsfrucht*: vgl. Anm. zu II, 43. – **142** *Back to Methuselah*: aus fünf Einzeldramen bestehendes philosophisches Menschheitsdrama Shaws (1922) über die Evolution des künftigen Menschen zu langlebigem Übermenschentum, d. h. zu erkennender Weisheit. – **146** *Meleager*: Griechische Anthologie, XII, xxxiii. – *Deus prudens*: Oden I, iii, 21 f. – **151** *Hurengöttin*: der Erfolg. – *Taylorismus*: vgl. Anm. zu II, 71. – *Weber, Tawney*: Max Webers Aufsätze zur protestantischen Ethik (1920); R. H. Tawneys »Religion and the Rise of Capitalism« (1922). – **152** *Samuel Smiles*: vgl. Anm. zu I, 236.

158 PASCAL (1929), Nr. 323; die hier überarbeitete Übersetzung von H. Herlitschka erschien 1960 als selbständige Publikation; gekürzt): *»Il est bon«*: Fragment 422 der Ed. Brunschvigg. – *»Die Wasser Babylons«*: Fr. 459. – *englisches Kirchenlied*: »Abide with me« von H. F. Lyte. – *noumena*: Huxley spielt mit der Lautähnlichkeit von *numina* (Götter) und *noumena* (Begrifflichkeiten). – **160** *»Verlache die Philosophie«*: »Se moquer de la philosophie, c'est vraiment philosopher« (Fr. 4). – *Arcadia*: Schäferroman von Sir Philip Sidney (1590). *Grand Cyrus*: heroisch-galanter Barockroman von Madeleine de Scudéry in 10 Bänden, der sich europäischer Beliebtheit erfreute (1649–53). – *»Unsere Seele«*: Fr. 233. – *»Es liegt nicht in unserem Vermögen*: ibid. – **161** *»Wenn die Wahrheit«*: Fr. 18 b. – *»C'est en manquant«*: Fr. 233. – *»Il n'y a rien«»*: Fr. 272. – **162** *Kardinal Newman*: 1801–90, Exponent einer hochkirchlich-anglikanischen Reformbewegung (Oxford Movement), 1845 zum Katholizismus konvertiert; sein geistlicher Rechenschaftsbericht »Apologia pro Vita sua« erschien 1864. – **164** *Primo de Rivera*: Gründer und erster Führer der rechtsgerichteten spanischen Falange; nach Ausbruch des Bürgerkrieges 1936 von republikanischer Seite hingerichtet. – *Charles Maurras*: französischer Schriftsteller und Politiker; führender Ideologe der antidemokratisch-chauvinistischen Action Française (1868–1952). – **165** *»L'homme est ni ange ni bête«*: Fr. 358. – *»Ich bin ganz und gar bereit«*: Fr. 378. – *»Ces grands efforts«*: Fr. 351. – *»Was eines Menschen«*: Fr. 352. – *seine Schwester*: Die Skizze einer Biographie Pascals von der Hand seiner Schwester, Mme Périer, ist vielen Ausgaben der ›Pensées« beigefügt. – **168** *»Dans l'art«*: Fr. 30. – »Siechtum«: vgl. »Prière pour demander à Dieu le bon usage des maladies«. – *»Ein weiteres Prinzip«*: Fr. 82. – *Blake*: »The Marriage of Heaven and Hell«, V, 1 f. – **171** *Max Nordau*: 1849–1923, Arzt und Schriftsteller, rationalistischer Zeitkritiker, der in dem vieldiskutierten Buch »Entartung« (1892) Erscheinungsformen zeitgenössischer Kunst als Krankheitssymptome ›erklärt«. – *sub specie Podsnapitatis*: ›im Zeichen der Podsnap-Philosophie‹, d. h. der Norm selbstgefälliger Beschränktheit, wie sie diese Figur aus Dickens' »Our Mutual Friend« (1865) verkörpert. – **172** *Babbitts*: nach der Hauptfigur von Sinclair Lewis' Roman »Babbitt« (1922) über das Leben in einer rigid standardisierten, ›modernen‹ amerikanischen Großstadt. – *aufs innigste zu wünschen...* Hamlets Formel für den Selbstmord in III, I, 63 f. – **174** *»C'est un appesantissement«*: Fr. 200. – *»le fini«*: Fr. 233. – **175** *»Unendlichkeit in einem Körnchen Sand«*: vgl. Blakes berühmten Vierzeiler aus »Auguries of Innocence«: »To see a world in a grain of sand / And a Heaven in a wild flower, / Hold infinity in the palm of your hand / An eternity in an hour.« – *Blakes Gabe*: »The Marriage of Heaven and Hell«, xiv. – **177** *Tante Jobisca*: aus Edward Lears Nonsens-Ballade »The Pobble Who has No Toes«. – *Tu, was du willst*: Prinzip von Rabelais' humanistischer Utopie des ›Klosters zum Freien Willen‹; vgl. Anm. zu I, 206; von Huxley im Titel des Essaybandes »Do What You Will«, dem dieser Text entstammt, mit einer Blakeschen Formel gekreuzt (vgl. Anm. zu III, 137). – **178** *Iwan Iljitsch*: aus Tolstois Erzählung »Der Tod des Iwan Iljitsch«. – **180** »Der Stolz des Pfauen«: Aus Blake, »The Marriage of Heaven and Hell«, VIII – **181** *»Bewunderung verdirbt«*: Fr. 151. – **183** *»aus dem Herzen«*: »Le cœur a ses raisons, que la raison ne connaît point« (Fr. 277).

185 VARIATIONEN ÜBER EINEN PHILOSOPHEN (Variations on a Philosopher, 1950, Nr. 420; die hier überarbeitete Übersetzung von H. E. Herlitschka erschien 1952; gekürzt): *De corpore*: Römer 7:24. – **186** *»Wir sind nicht zufrieden«*: Fragment 147 der »Pensées«. – *Ecce enim*: »Siehe, meine kurzen Jahre gehen dahin, und ich wandle den Weg, des ich nicht wiederkehren werde« (Hiob 16:22). – **191** *Choderlos de Laclos und Andréa de Nerciat*: Autoren erotischer Romane des 18. Jhs.: »Gefährliche Liebschaften« (1782); »Félicia« (1775); vgl. I, 253. – **196** *»Oh, warum«*: »O why was I born with a different face?« (Blake, »Mary«, V. 21 f.). – **201** *Cassianer*: Menschen wie Cassius, über den der Titelheld in Shakespeares »Julius Caesar« sagt: »Laßt wohlbeleibte Männer um mich sein... / Der Cassius dort hat einen hohlen Blick; / Er denkt zuviel: die Leute sind gefährlich« (I,II,189 ff.). – *ein Scrooge keine Pickwickier*: gegen den rundlich-jovialen Mr. Pickwick bei Dickens ist Scrooge (aus der Erzählung »A Christmas Carol«) der Inbegriff des dürren Finsterlings. – **205** *Stephensons ›Rakete‹*: die erste Dampflokomotive. – **207** *der Mann, der... die Geheimpolizei geleitet hatte*: zu Joseph Fouché vgl. die Biographie von S. Zweig. – **210** *Grotius und Montesquieu*: in »De jure belli ac pacis« (1625) bzw. »De l'Esprit des lois« (1748).

215 GLAUBE UND HANDELN (Beliefs and Actions, 1931, Nr. 102): *Clémenceau*: 1841–1929, Führer der französischen Radikalsozialisten, glühender Patriot, ab 1917 Ministerpräsident mit diktatorischer Vollmacht, Verkörperung des Geistes von Versailles. – **219** »Recht auf Glück«: die in der amerikanischen Verfassung neben Leben und Freiheit als Grundrecht festgehaltene »pursuit of happiness«.

221 ÜBER GNADE (On Grace, 1931; Nr. 305): *Michelet*: 1798–1874; großer romantischer Geschichtsschreiber Frankreichs, der in seinem umfangreichen Werk Rationalismus und Poesie, Fortschrittsglauben und Volksnähe zu verbinden sucht. – *Charles Péguy*: 1873–1914, Schriftsteller, Verleger, Sozialist, später Vertreter eines patriotisch gefärbten mystischen Katholizismus; bedeutender Dichter. – *Pelagianer*: Pelagius vertrat gegen Augustin die später von der Kirche verurteilte Lehre einer Heilserlangung aus eigener Kraft und einer Ablehnung der Erbsünde. – *Arminianer*: oder Remonstranten; niederländische Christengemeinschaft, die die kalvinistische Prädestinationslehre – in Holland ein Fundament der Staatskirche – verwarfen (Remonstration von 1610). – *»Denn wer da hat«*: Matth. 13:12. – **223** *»Plus d'élus«*: ›Keine Auserwählten mehr‹. – **226** *In sua volontade*: eigentlich »E'n la sua volontade«: ›In seinem Willen liegt unser Frieden‹ (Dante, Paradiso III,85). – **228** *»was immer da ist«*: »Whatever is, is right« (A. Pope, »Essay on Man«, 1734, I, 294); Ausdruck eines philosophischen Aufklärungs-Optimismus und Echo von Leibniz' ›bester aller möglichen Welten‹. – **229** *»Rien que des élus«*: ›Nichts als Auserwählte‹. – **230** *»les damnés«*: ›die Verdammten der Erde, die Zuchthäusler des Hungers‹. – *Wells' Seleniten*: die zugleich insektenhaften und technisch fortschrittlichen Mondbewohner aus dem phantastischen Roman »The first Men in the Moon« von 1901; diesem Text verdankt »Brave New World« einige seiner antiutopischen Motive, besonders das der ›Konditionierung‹ künftiger Bürger im ›Embryonalzustand‹ für bestimmte Gesellschaftsfunktionen.

231 FRANZISKUS UND GRIGORIJ, ODER DIE BEIDEN ARTEN VON DEMUT (Francis and Grigory, or The Two Humilities, 1929, Nr. 184): **232** *Historia Lausiaca*: von Palladius (Bischof von Hellenopolis und selbst ehemaliger Eremit) um 419 verfaßte Geschichte der Wüstenväter, dem Kammerherren Lausus gewidmet. – **236** *»Et mihi res«*: Horaz, Episteln, I,I,19.– **240** *»J'ôte le superflu«*: Lafontaine, Fables, XII, xx: »Le Philosophe Scythe«; deutsche Version von R. Mayr. – **241** *»Come forth«*: Wordsworth, »The Tables Turned«, aus »Lyrical Ballads«. – **243** *Bruder Juniper*: vgl. Anm. zu I, 257; die Anekdote gehört nicht zum Text der »Blümlein des Hl. Franziskus«. – **244** *einen ... Wald* *solcher Junipers*: Das Wort bedeutet ›Wacholder‹. – **246** *Whitman*: im »Song of Myself«, V. 32 ff. – **248** *allzu lauthals am Beteuern*: nach Hamlet III,II, 240: »The lady doth protest too much.« – *Dorothy Richardson*: 1873–1957, modernistische Erzählerin, deren aus 12 Romanen bestehender Zyklus »Pilgrimage«, eine minuziös unendliche Weltspiegelung im sensitiven weiblichen Bewußtsein, 1915–38 erschien.

252 UNSER GLAUBE (Beliefs: Kap. xiv aus »Ends and Means, 1937, Nr. 25; CE; die unter dem Titel »Unser Glaube« 1939 als selbständige Schrift bei Bermann Fischer, Stockholm, erschienene Übertragung von unbekannter Hand ist die erste deutsche Version eines Huxley-Essays; gekürzt): *Lamettrie*: 1709–51; Mediziner und materialistischer Philosoph der französischen Aufklärung, den Friedrich II. nach dem Skandal um sein Hauptwerk »L'Homme Machine« (1748) nach Berlin holte. – **255** *Ruysbroek*: 1293–1381, flämischer Mystiker. – **258** *Royce*: 1855–1916, philosophischer Vertreter eines willensbetonten Pragmatismus.

262 WUNDER IM LIBANON (Miracle in Lebanon, 1955, Nr. 246; CE): in der *Un-Chaucerschen Bedeutung*: echte Wallfahrer, und nicht wie in den »Canterbury Tales« von einer Vielzahl weltlicher Motive getrieben. – **263** *Comstock-Ader*: H. T. P. Comstock, ein amerikanischer Goldsucher, entdeckte 1859 in Nevada eine überaus ergiebige Goldader. – *Charles Williams*: 1886–1945, Dichter, Theologe, Romancier; seine Romane lassen sich als ›metaphysische Thriller‹ charakterisieren. – **267** *im Decamerone*: Huxleys Erinnerung an die Geschichte VI,x spielt ihm hier einen Streich: Frate Cipolla stellt nicht eine Schwanzfeder des Heiligen Geistes, sondern eine Flügelfeder des Engels Gabriel zur Schau; als man ihm zum Possen die Feder mit ein paar Kohlen vertauscht, gibt er diese für Kohlen vom Rost des heiligen Laurentius aus.

268 WISSEN UND VERSTEHEN (Knowledge and Understanding, 1956, Nr. 223; CE): In einem unveröffentlichten Brief an Cass Canfield (Herausgeber von Bantam Books) vom 22. 1. 1959 schlägt Huxley diesen Essay für die Aufnahme in CE vor, »möglichst am Ende der Serie [der letzten Abteilung], da er nach einer Reihe von Kritikpunkten einen positiven Beitrag zum Thema leistet.« Dieser Wunsch wurde erfüllt: »Wissen und Verstehen« ist der abschließende Essay in CE. – **269** *Carnap*: deutsch-amerikanischer Philosoph (1891–1970), Mitglied des sog. Wiener Kreises, Hauptvertreter des logischen Empirismus; wendet die formale Logik konsequent auf die Wissenschaftssprache an. – **280** *»The child is father«*: aus Wordsworths »Immortality Ode«, übs. von W. Breitwieser. – **281** *Simone Weil*: 1903–43, Mystikerin, Sozialphilosophin, Angehörige der Résistance; »L'Enracinement«, 1952, beschreibt und deutet ihre Erfahrung als Fabrikarbeiterin. – **282** *William Law*: englischer Theologe und Mystiker, geistiger Vater des Methodismus; sein »Serious Call to a Devout and Holy Life« (1728) war eines der einflußreichsten Bücher des Jahrhunderts. – **282** *»müssen eine ›Jungfrau‹ sein«*: aus Meister Eckehart, »Deutsche Predigten«, ed. und übs. J. Quint, Predigt Nr. 2. – **285** *Cloud of Unknowing«*: vgl. Anm. zu I, 261. – *sagt Dante*: in Inferno V, 121ff. (Paolo und Francesca). – **287** *»Es ist genug«*: Matth. 6:34. – *donner un sens*: Mallarmé über Poe; vgl. II, 115. – **288** *Eminent Victorians*: Titel einer ironischen Serie viktorianischer Biographien von Lytton Strachey (1918). – **291** *der arme Henley*: Schlußverse von »Out of the night that covers me«; W. E. Henley, 1849–1903, war ein begabter Lyriker des Fin de Siècle, in dessen Werk realistische, patriotische und elegische Tonarten miteinander wechseln.

Personenregister

Die Essays und Gedichte in diesem Band wurden folgenden Buchausgaben und Zeitschriften entnommen:

Adonis and the Alphabet, London 1956
Alkong the Road, London 1925; ^{2}1985
Collected Essays, London 1939
Collected Poems, London 1971
Do What You Will, London 1929
Music At Night, London 1931
On the Margin, London 1923
Themes and Variations, London 1950
Chicago Herald

Die Kunst des Sehens
Was wir für unsere Augen tun können.
Aus dem Englischen übertragen und mit einem Nachwort von Christoph Graf.
167 Seiten. Serie Piper 216

Narrenreigen
Roman.
Aus dem Englischen von Herbert Schlüter.
295 Seiten. Serie Piper 310

Parallelen der Liebe
Roman.
Aus dem Englischen von Herberth E. Herlitschka.
367 Seiten. Serie Piper 1682

Die Pforten der Wahrnehmung – Himmel und Hölle
Erfahrungen mit Drogen.
Aus dem Englischen von Herberth E. Herlitschka.
134 Seiten. Serie Piper 6

Schöne neue Welt – Dreißig Jahre danach
Roman der Zukunft – Wiedersehen mit der Schönen neuen Welt.
Aus dem Englischen von Herberth E. Herlitschka.
369 Seiten. Geb.

Die Teufel von Loudun
Roman.
Aus dem Englischen von Herberth E. Herlitschka.
399 Seiten. Serie Piper 1510

Wiedersehen mit der Schönen neuen Welt
Aus dem Englischen von Herberth E. Herlitschka.
128 Seiten. Serie Piper 670

Zeit muß enden
Roman.
Aus dem Englischen von Herberth E. Herlitschka.
385 Seiten. Serie Piper 1046

PIPER